远东国际军事法庭庭审记录·中国部分
——全面侵华辩方举证（上）

Transcripts of the Proceedings
of the International Military Tribunal for the Far East:
The China related
——Inland China Division (Volumn 1)

主编 程兆奇

沈希希 译　程维荣 校

上海交通大学出版社
SHANGHAI JIAO TONG UNIVERSITY PRESS

国家图书馆出版社
National Library of China Publishing House

内容提要

本书所译，为远东国际军事法庭庭审记录中1947年4月22日至同年5月5日期间的中国部分（上），主要由辩方提出证据，其内容以日本侵华战争中1937年卢沟桥事变与上海八一三事变为主，也涉及相关内容，例如日本策划分裂华北、中国各地的抗日救亡包括抵制日货运动的目标与方针、日机轰炸英美军舰等。

本书以上海交通大学出版社、国家图书馆出版社2013年英文版《Transcripts of the Proceedings of the International Military Tribunal For the Far East（远东国际军事法庭庭审记录）》为底本翻译，参照雄松堂1968年日文版《遠東國際軍事裁判速記録》校对。

图书在版编目(CIP)数据

远东国际军事法庭庭审记录.中国部分／东京审判研究中心编译. —上海：上海交通大学出版社，2016
ISBN 978-7-313-14847-6

Ⅰ.①远… Ⅱ.①东… Ⅲ.①远东国际军事法庭—史料 Ⅳ.①D995

中国版本图书馆CIP数据核字(2016)第080135号

远东国际军事法庭庭审记录·中国部分
——全面侵华辩方举证（上）

主　　编：程兆奇	译　著：沈希希
出版发行：上海交通大学出版社	地　　址：上海市番禺路951号
邮政编码：200030	电　　话：021-64071208
出 版 人：韩建民	
印　　制：上海景条印刷有限公司	经　　销：全国新华书店
开　　本：787 mm×960 mm　1/16	印　　张：28
字　　数：357千字	
版　　次：2016年5月第1版	印　　次：2016年5月第1次印刷
书　　号：ISBN 978-7-313-14847-6/D	
定　　价（共十二册）：1200.00元	

版权所有　侵权必究
告读者：如发现本书有印装质量问题请与印刷厂质量科联系
联系电话：021-59815625*8028

前　言

本册所译,为东京审判庭审记录中1947年4月22日至同年5月5日期间与中国有关的部分(上),以日本侵华战争中1937年卢沟桥事变与上海八一三事变为主,也涉及相关内容,主要由辩方提出证据,询问证人,由检方对证人进行交叉询问。

本册中,辩方针对起诉书指控的罪状,采用宣读陈述与证人证词、日本方面的政府声明、外务大臣演讲记录、外务省发言人发言记录、其他官方档案资料,以及相关外交使团决议等形式,并且通过询问本方证人,为日本战犯进行辩护。检方则通过指出日方证据的无效,以及对证人进行交叉询问,对辩方证据进行辩驳,进而提出检方观点。

虽然辩方试图利用各种所谓证据,竭力将日军侵华罪行说成是"自卫"而非"预谋",将中日战争责任推给中方,但是从本册庭审记录使用的辩方资料中,读者仍然可以得知以下各点:

第一,日方在表面上声称"没有侵占中国领土的野心"、"要努力创造一种和睦亲善的关系",而实质上却在华北步步紧逼,侵占热河,后来又扶植"冀东防共自治政府"等亲日政权,策动"华北自治",公然进行将华北从中国分裂出去的阴谋活动。

第二,由于日本加紧分裂华北,中国各地兴起了包括抵制日货的抗日救亡运动,后来又形成了抗日民族统一战线。日方所称"目前事件加剧的根本原因在于南京政府的政策","日本出于自卫被迫拿起武器",显然有悖事实。

第三,1937年卢沟桥事变发生后,日中两国政府关于解决事变的方针,以及日本增兵华北、发动全面侵华战争的经过,都充分证明了日方

"不扩大方针"、日军作战部署"不能被说成是针对中国军队的全面作战计划,而仅仅是针对第二十九军的作战计划"之说大谬。

第四,卢沟桥事变前后,在北平及其附近地区发生的一系列中日冲突,包括丰台、广安门、廊坊与通州等事件的经过,可以判定当时在日军的进逼之下,双方的冲突是不可避免的,从中也可以看到中国军民奋起抗击的情形。

第五,从1937年上海八一三事变的起因与经过,可以看到中国地方当局为解决事变而做出的努力,以及西方各国对事变的态度,同时也可以看到日本不顾中方的立场和国际社会的态度,蓄意增兵上海,从而引发了大规模的淞沪抗战。

第六,日军飞机在长江上轰炸中国内撤军民时,也轰炸了英国与美国军舰,导致日本与英美关系紧张。

除此以外,本册还记载了日方通过召开大连会议与建立东方旅行社,将"满铁"势力扩展到华北;国民政府发布敦睦令,要求"努力与我之盟国保持亲密友谊"、"严格制止煽动针对盟国之骚乱与不利感情之言辞与行为";关东军与华北驻屯军的矛盾;以及当时的日苏关系等情况。

总的来说,本册记录的东京审判相应阶段程序严格,检方辩驳较为有力。读者只要对辩方立场和说辞加以分析,就不难发现其矛盾舛误之处,进而从辩方资料中看到日本发动全面侵华战争的罪恶。因此,本册所载庭审记录具有独特的史料价值。《李顿调查团报告书》曾作出结论:"毫无疑问,强大的日军侵略了中国领土,对包括北平在内的地区进行大范围的军事控制";"日本通过陆、海、空对中国实施的一系列军事行动大大超越了引起冲突的事件,这样的行为不可能有利或推动两国间的友好合作"。本册所涉及的庭审记录,可以说在若干方面印证了这个结论。

本册由沈希希翻译,由程维荣校对。译稿完成后,上海交通大学东京审判研究中心的石鼎老师、陈丽娜老师编制了索引。在出版过程中,得到上海交通大学出版社郁金豹老师和金迪老师的大力支持与协助，在此一并表示衷心感谢。

程维荣

2014 年 4 月

本册出庭发言者

法　官
　　威廉·弗拉德·韦伯

检察官
　　弗兰克·S.塔夫纳　　　　　倪征燠
　　亨利·格兰顿·诺兰　　　　亚瑟·S.柯明斯-卡尔
　　大卫·尼尔森·萨顿　　　　罗纳德·亨利·奎廉

辩护律师：
　　阿里斯蒂德斯·G.拉扎勒斯　国分友治
　　迈克尔·列文　　　　　　　威廉·洛根
　　神崎正义　　　　　　　　　萨缪尔·艾伦·罗伯茨
　　阿尔弗雷德·W.布鲁克斯　　宗宫信次
　　阪埜淳吉　　　　　　　　　E.理查德·哈里斯
　　欧文·坎宁安

证　人
　　河边正三　　　　　　　　　和知鹰二
　　樱井德太郎　　　　　　　　桥本群
　　和智恒藏　　　　　　　　　田中新一

河边虎四郎　　　　　冈本季正

柴山兼四郎　　　　　武田勇

石川顺　　　　　　　青木武

菅岛高　　　　　　　三并贞三

桂镇雄　　　　　　　小林淑人

古山胜夫

凡 例

1. 本书主要根据庭审记录英文版翻译，参照日文版校对，内容按照庭审记录顺序排列，不作变更。

2. 正文前"本册出庭发言者"名单，为译者与校对者整理而成。

3. 为方便阅读，由译者与校对者将全书分段并加各段标题。分段根据庭审内容，标题仅起提示作用。

4. 本书内容尽可能保留原状。

5. 除了另有标明，脚注为译者与校对者所加。

6. 原文中少量明显错误或者有疑问的地方，译稿以脚注形式指出。

7. 译稿中的引文，有的地方参考了其他译本，恕不一一指出。

目 录

一、开场白 *001*

二、丰台事件、卢沟桥事变与广安门事件 *015*

三、义和团运动以后日本在华北的驻军 *044*

四、廊坊事件与日本对华方针 *073*

五、日本与冀察政权的关系 *100*

六、关东军、"满洲国"与华北 *118*

七、中日政府关于华北局势的交涉 *143*

八、通州事件与天津局势 *155*

九、中国各地抵制日货事件 *184*

十、大连会议与东方旅行社 *206*

十一、日本对西方国家的政策声明 *217*

十二、中国的抗日救亡运动 *241*

十三、西安事变与全国各界救国会 *273*

十四、上海事变的发生 *288*

十五、虹桥机场事件与商务印书馆事件 *320*

十六、日军大举进攻上海 *344*

十七、日机轰炸美英舰船 *373*

十八、日机轰炸南京与广州 *397*

索引 *419*

一、开场白

1947 年 4 月 22 日，星期二
日本东京都旧陆军省大楼内远东国际军事法庭

（9:33 开庭。）

……

韦伯庭长：拉扎勒斯先生。

拉扎勒斯辩护律师：庭长阁下，为了译文的准确，我开场陈述的部分内容在最后时刻略微作了修改，修改部分已经提交给语言部。这不会浪费什么时间吧。

韦伯庭长：塔夫纳先生。

塔夫纳检察官：检方对开场陈述第 8 页最后两段提出异议。从"看一眼地图"开始的第一段，涉及英国和伊朗的关系、美国和丹麦的关系，与现在的题目没有任何关联性与重要性，因为这两个事件在这段指控中尚未发生，同样适用此前法庭驳回的理由。紧接着的第二段是同一时期政治家的言论，因为同样的理由，检方认为它不能成立。由于认为这些证据无效，检方觉得有必要对开庭陈述提出异议。

韦伯庭长：根据多数议决，异议成立，不采纳该文件。

拉扎勒斯辩护律师：庭长阁下，难道辩方不能在法庭裁定前回应检方的异议吗？

韦伯庭长：塔夫纳先生说了这么久，您始终没有开口，我只能认为您无意争辩。如果您的确想过的话，我只能说抱歉，长时间的停顿让我认为您没有想要提出异议。是因为庭上的灯光让您一言不发吗？

拉扎勒斯辩护律师： 您的脸一直朝向您的一位同僚，您那么全神贯注，我不想打扰您，阁下，我一直在等待机会。

韦伯庭长： 我会时不时地转向这位或那位同僚，您不应该因为这一点而犹豫。感谢您的好意。

拉扎勒斯辩护律师： 谢谢，阁下。

韦伯庭长： 让我们听听您的说法。

拉扎勒斯辩护律师： 塔夫纳先生声称开场陈述的"看一眼地图便可以知道，苏联的欧洲和亚洲邻国及前邻国发生了什么"这句话是起诉书所涉日期以后的事情，并不正确。芬兰的战事，波兰因为与希特勒的协议而遭分割，立陶宛、拉脱维亚、爱沙尼亚的消失，这些事件都发生在1938年、1939—1940年间，这一时期苏联发生的这些事情是日本拒绝加入互不侵犯条约的原因。如果宣读完第二部分——中国共产主义运动的相关内容，就会发现这两句是非常重要的，并非检方所指出的那样。被告在中国采取的许多军事行动可以解释为是出于担忧，出于对于共产主义在全世界扩张的合理、正当的恐惧。我们会引用书面证词证明被告的行为的确是出于那些恐惧，我将引用官方书面证词之类的材料作为被告的证据。

韦伯庭长： 塔夫纳先生并没有特定地对您说的那句话提出异议。

拉扎勒斯辩护律师： 我认为塔夫纳先生说过他们对"看一眼地图便可以知道，苏联在欧洲和亚洲的邻国及前邻国做了什么"的句子和上个月杜鲁门总统对国会的讲话有异议，阁下。

韦伯庭长： 日本并不关心苏联另一边的邻国发生了什么，而是担心苏联这边的邻国要发生什么。这句话与"事实证明，日本有理由对共产主义在中国的蔓延，甚至共产主义在日本本土的扩张感到担忧，事实上日本的确感到恐惧——这种扩张意味着日本的灭亡"并不矛盾。

拉扎勒斯辩护律师： 塔夫纳先生告诉我说，他不是针对这几句提出异议,阁下。

塔夫纳检察官：庭长阁下,我在声明里是对最后两句话表示异议。

拉扎勒斯辩护律师：请容我多说一句,阁下。杜鲁门总统说的话,这些被告早就在说。时至今日,我们想要引用杜鲁门总统的演讲解释被告在1937年中国事变爆发时就已经预见的内容。

韦伯庭长：作为一位美籍辩护律师,请不要过分利用盟国法庭的宽容,有些言论可能被认为是敌对宣传。

现在休庭15分钟。

(10:45休庭。)

(11:00重新开庭。)

法庭执行官：远东国际军事法庭现在开庭。

韦伯庭长：拉扎勒斯先生。

拉扎勒斯辩护律师：庭长阁下,辩方很难理解休庭前阁下所说的话,我们必须声明,我们从来不认为美国总统或者美国国会的评论会被称作敌对宣传。

韦伯庭长：当然不会。您前面所说的完全是一派胡言。

拉扎勒斯辩护律师：那么,庭长阁下……

韦伯庭长：您坚持要把总统的观点当作对盟国的抨击,且同我们现在的案子扯上关系。塔夫纳先生尽量避免宣读出这些部分,您却不管是否相关都要宣读出来。我们已经默许您抨击美国,虽然这样的抨击令人生厌。您认为有必要,我们没有阻止您,我们也默许您抨击英国,您却开始纯粹以侮辱盟国为乐。

这就是我的看法,我不会收回我之前的态度。当你们仅仅因为苏联人与此有关就指责他们,为了表现我们在这个重大事件上的宽容,我们不曾提出任何异议或显露任何不满。

说到底,我是一名英国籍法官、一名澳大利亚法官,我不会有任何其他的身份。我不会容忍任何对我的国家或者出席本法庭的其他国家的不正当侮辱，我对我的祖国忠贞不渝。如果美国律师认为他们有比忠于自己国家更高的信仰，那他们可以尽管去做。

拉扎勒斯辩护律师： 庭长阁下，您说我们抨击美国、抨击英国，这并不是事实。阁下，我们所做的一切只是提交已经存在的相关证据，并不是抨击我们自己的国家。

至于拿诋毁苏联取乐，我向您保证我同瓦西里耶夫将军和斯米尔诺夫将军在法庭外保持着最真诚的关系。

我从来没有这么想过。我永远不会忘记我们是站在同一边的。我也不会忘记，正是因为那些苏联官兵奋不顾身的战斗，才给了我活着出现在这个法庭上的机会。

请您相信，阁下，很多事情也许对我们个人来说很难接受，但是作为一名由美国指定来替被告辩护的律师，我们承担着更多的责任。我们必须呈现所有的证据，请您理解。

韦伯庭长： 您没有必要将异议的证据公布于众。塔夫纳先生没有这样做。您知道我们会解读为您在引导我们。您坚持要说出来，这可不好。

拉扎勒斯辩护律师： 庭长阁下，请允许我解释一下。此前庭长和律师之间对于塔夫纳先生究竟对哪几句话提出异议存在歧义，而我试图把这个问题弄清楚。我向您保证，我没有哪怕一点点的破坏或亵渎庭审规则的意图。

韦伯庭长： 我们接受您的解释。

拉扎勒斯辩护律师： 我可以开始宣读了吗，庭长阁下？

韦伯庭长： 可以。

拉扎勒斯辩护律师： 非常感谢。

韦伯庭长： 请您记住在这个问题上我依然持有裁定的权力。

拉扎勒斯辩护律师： 那么，我将等待法庭的裁定，庭长阁下。

韦伯庭长：维持原来的裁定，异议有效，文件内容不予采纳。第 8 页上遭到异议的部分，即从"看一眼地图"开始一直到第 9 页上"停止它的蔓延"为止的整个部分都不在法庭上宣读。

拉扎勒斯辩护律师：涉华部分分为六节，我们对每节的证据分别做出概述。相关诉因为 1 至 6、18、19、27、28、44 至 50、53 至 55 各项。

第一节　卢沟桥事变和日本的不扩大方针

1937 年 7 月 7 日半夜 11 时 40 分，一支正在演习的日本部队在卢沟桥附近遭中国军队开火袭击，中国当局企图迅速地就地解决这一事件。

韦伯庭长：有些词从副本中删除了，拉扎勒斯先生，这大概就是您提到的修改部分。

拉扎勒斯辩护律师：修改的部分很少，庭长阁下，非常少。

日本依据 1900 年华北事变连名公书第 9 款，以及义和拳协议第 9 款[1]，在华北地区常驻军队。根据 1902 年天津归还后的中日条约，日本有进行此类军事演习的权利。具体规定如下。

外国军队无需获得中国当局许可，有权进行野战练习及打靶等训练，除了实弹演习以外。

当天晚上，日本部队正在为一场检阅做准备，演习中枪支没有上子弹，全都是空膛。关于这一点我们将提供证据。因此，日军进行这样的演习并没有违反任何协议内容。我们有更多的证据可以

---

[1] 华北事变连名公书：指 1900 年八国联军攻占北京以后，12 月 24 日由西班牙驻华公使代表英、法、美、俄等 11 国给清朝的照会，共 12 款。义和拳协议，即 1901 年 9 月 7 日清朝政府与十一国公使签订的《辛丑条约》，共 12 款及若干附件。

证明，事件的发生完全是在日方意料之外。证据如下：

（1）事件发生时大部分原本驻扎在北平的日军为准备检阅去了通州。

（2）驻扎在天津的第二联队为检阅去了山海关。

（3）华北驻屯军司令官田代中将身染沉疴完全无法指挥部队[1]，不久便过世了。

（4）步兵旅团长河边正三少将离开北平去了山海关，检阅在那里的第二联队。

（5）在天津，日军基地没有充足的武器弹药。

另一方面，中国军队在永定河岸驻扎了大约一个营，步步推进。7月8日，当日军参谋本部得到事变的消息后迅速作出反应，决定不扩大事变影响，尽可能快地就地解决此事。这是日本当局在相当长一段时间内对事变的一贯态度。

当晚6时42分，日军参谋总长发了一份电报给中国驻屯军司令官，为防止事变扩大，禁止其进一步动用军事力量。7月9日，参谋次长今井将军电告中国驻屯军参谋长，要求其根据下列条件解决事变。

（1）对事变负有责任的中国军队退回永定河东岸。

（2）保证今后的安全。

（3）处分对事变负责的相关人员。

根据参谋本部命令，日军代表会见了中国军队代表并且在7月11日达成一项协议，内容包含以上各条，即承认这场事变的责任方是中方。7月18日，冀察政务委员会委员长、第二十九军军长宋哲元将军来到天津，正式承认11日签订的协议。整个事件原本

---

[1] 华北驻屯军：日本驻中国华北的侵略军。至1937年抗战全面爆发为止，华北驻屯军又称中国驻屯军。

在这时候应该终结了。但是，7月25日廊坊事件发生，天津和北平之间的电报线被切断。日军在征得中国军队的同意后，对遭破坏的电报线进行了修理，位置在距离北平东南大约50公里的地方。日军修理时遭到中国军队的袭击。

接着，7月26日爆发了广安门事件。在征得中国军队同意后，日方派部队到北平保护在那里的日本公民。一部分日军刚进城，中国人突然关闭城门，将另一部分日军隔在城外。两边的日军都受到了中国人的攻击。有一位参与行动的证人可以为这个事件作证。此时，中国军队大量聚集华北并完全包围了丰台日军。到7月27日，日方已经穷尽可以和平解决事端的方法，最终不得不诉诸武力。同一天，在东京的内阁书记官长发表了同样的声明。声明中表达得很清楚，日军作战对象是中国军队而非中国民众。声明进一步指出，为了尊重第三国的利益，同时也为了保护日本民众的生命和财产，希望可以尽快地重铸和平与秩序。这清楚地表明日本并没有侵占华北的野心。到此刻为止，日本行动的范围只限于北平及周围地区。7月29日通州事件中，中国保安队杀害了大约200名日本居民。[1]就在同一天内，驻塘沽和天津的日军也都受到攻击。上述事端导致事件在该地区蔓延。在整个7月里，不管日方如何渴望和尝试不扩大事件的影响，局势都没有变化。是中国方面不断违反7月11日签署的协议，对抗日军。事实证明，日军在上述每一次事件中作出的反应，都是出于自我防卫。

7月10日当天，中国空军和四个师的陆军被派往河南北部边境。12日，山西、河南、湖北、安徽和江苏五省的部队聚集在陇海铁

---

[1] 通州事件，1937年7月发生在河北通州（即通县）的战斗。27日晨，日军2 000人突然包围通县守军傅鸿恩营，令其缴械投降。傅营奋起抵抗，终因力量悬殊退出战斗。翌日夜，东北军旧部张庆余等策动伪冀东防共自治政府保安队3 000余人起义，遂占领通县，包围伪冀东防共自治政府，并与驻通县日军、特务战至29日，歼其大部，随后转移。

路和平汉铁路沿线。中国军队开始大举北进，8月，中国的中央军已经包围了日本的华北驻屯军。有证据表明，在8月15日，蒋介石发布总动员令，建立了总司令部，自任海陆空三军总司令，全国被划分成为四个战区。至此，中国已经做好发动战争的全面准备。8月底，近40万中国部队涌进河北省。通过这种种行动，中国使一系列的局部事件升级成相当于大规模战争的武装冲突。

于是，日本在8月31日决定派三个师团到中国。日军除了应战，别无他法。日本在11月20日才成立大本营。证据表明，日本没有像被指控的那样进攻中国，没有违反任何条约。

被告方有证据证明，华北事变是由一场意料之外的地方事件引发的，尽管日方想方设法不让事件扩大，它最终演变成为大规模的战争。我们可以证明，卢沟桥事变之前在华北地区的自治运动和华北事变没有关系，它们之间完全没有联系。

1933年5月塘沽协定签订之后，同年6月17日，中国国民政府建立了北平政务整理委员会，管理河北、察哈尔、山东、山西、绥远五省及北平、天津两市，任命黄郛为委员长。华北的政策都由该机构制定。

在黄郛的推荐下，殷汝耕被任命为冀东非军事区23个县的行政督察专员。1935年的农民自治运动非常得势，同年11月，冀东建立了以殷汝耕为首的防共自治委员会。尽管这完全是地方事务，中国政府却利用它作抗日宣传，使局势日趋严重。宋哲元离任察哈尔省主席和第二十九军军长后，被任命为平津卫戍司令。同年11月底，他提出组成华北自治政府。12月11日，中国国民政府行政院批准了请求。同月15日，以宋哲元为首的冀察政务委员会成立，管理河北、察哈尔两省及北平、天津两市。这同样是中国内部事务。显然这个委员会被授权处理军事、外交、财政、通信和人事问题，但事实上它一直与国民政府保持千丝万缕的联系，委员会中大部分成员在国民政府中任要职。证据表明,宋哲元在华北的活动伴随着赤化倾向。尽管宋哲元本人是亲日派,他的许多同僚却是拥护抗日和共产主义运动的共产党。

这部分证据的提出将由宫田、大原和列文各辩护人负责。

第二节 中国共产党的活动与抗日运动

有证据表明,是中国共产党的活动导致了抗日运动。1920年9月,在共产国际远东部长维金斯基的指导下,建立中国共产党的会议在上海召开。1921年5月中国共产党正式成立。1924到1927年间,共产党和国民党之间有过合作。从那之后,两党分裂,彼此之间开始斗争不断。中国共产党引领着整体的排外运动,他们进一步开展了抗日运动并最终使其发展到两国交战的地步。事实证明,在1935年的第七次代表大会上,共产国际宣扬它的民族团结教条,用时髦的幌子反法西斯,谴责帝国主义,呼吁对日战争。紧接着,同年8月1日,中国共产党制定了实施对日战争的《八一宣言》,实则开始为战争做准备。可以证明,这份宣言与在亚洲发生的一系列事件密不可分。

1936年12月,中国共产党制定了所谓的"十二月决议",决定组成抗日联军并为预想的抗日战争建立一个国防政府。接着,西安事变发生,蒋介石被扣押。他被释放的条件之一是承诺停止剿共,代之对日开战。证据表明,自西安事变起,中国抗日运动的性质发生了三个重要变化:第一个变化,抗日精神成了中国的政策工具之一;第二个变化,军队加入到这场运动中;第三个变化,共产主义运动进一步发展。事实表明,为了获得自由,蒋介石将军不得不同意对日作战。上述合作政策就像共产党军队公开声明的一样,是为了扩大抗日统一战线的权宜之计。

既然共产主义运动摆脱了国民政府的束缚，它的行动便不受限制，抗日宣传活动加剧。在这场宣传活动中，共产党形成了几项原则。中国共产党是世界共产主义运动的武装先锋，共产主义运动在中国的发展威胁到日本的安全，在1935年第三国际第七次代表大会上，中国共产党宣布日本是宿敌。

有证据表明，上述1935年会议宣言、1936年扣押蒋介石、1937年卢沟桥事变，这三个事件是紧密相关的，是一个步步推进的蓄谋，目的在于把日本拖入战争。中国高层官员的相关陈述将会作为证据，证明他们曾认为"只有一场同其他国家的大规模战争，才能统一中国，停止内战"。所有的这一切证据都可以表明，中日战争的筹划者和发起者不是日本，而是另有其人。

证据表明，在卢沟桥事变发生后的7月8日，共产党通电声明将联合国民政府军队发动对日战争。同样有证据表明，中国共产党、苏联共产党、前共产国际三者之间存在密切的联系。如前所述，中国共产党在共产国际的指导下成立，并且保持着接受共产国际指令的关系。这种指挥的性质和范围将在后面的证据中阐明。

事实证明，日本有理由对共产主义在中国的蔓延，甚至共产主义在日本本土的扩张感到担忧，事实上日本的确感到恐惧——这种扩张意味着日本的灭亡。

这部分证据将由大原、伊藤以及坎宁安各辩护人负责提出。

第三节 华中事态的发展

上海事变和华北事变毫无关联。1932年，签订了《上海停战协定》。证据表明，几乎在华北事变的同时，中国违反停战协定，在非军事区建筑要塞。

在这座国际都市发生的事件是为了得到国际干预。8月9日，日本海军陆战队中队长大山和他的司机被枪杀。中国公开在上海周边集结部队,到8月12日,兵力总数达5万人。而在那里负责保护日本居民的日本海军陆战队总数仅4 000人。翌日,两军交火。因此,日本政府和参谋本部决定向上海输送两个师团的兵力,以便在紧急情况下保证陆战队的安全及保护那里的日本居民。

派遣军在8月23日到达上海时,已经在数量上占压倒性优势的中国军队进一步增加。日本政府一直坚持不扩大事态的政策,努力避免两军开战,但是当中国军队的人数增加到30万至40万人时,很明显事情不会这么了结。11月5日,日本的三个师团抵达杭州,[1]意欲阻止大量从浙江省前进至上海的中国军队,驻上海的日军数量无法保障当地日本居民的安全。

这部分将由伊藤、宗宫和罗伯茨各辩护人负责提出证据。

第四节　占领南京和日本尝试维持和平的努力

1937年11月,与在杭州登陆的日军交战后,中国军队往西撤退。日军担心遭到反攻,便沿苏州、嘉兴、无锡、湖州继续追击。为了应对中国军队反击的持续威胁,战线不断扩大。

攻陷南京前,德国大使提出了媾和条件。其要点是:承认"满洲国",改善华北和内蒙古的状况,共同阻止共产主义扩张,在经济发展方面进行合作,此外还有损害赔偿问题。对此,中方迟迟没有回应。随着1938年1月15日期限的截止,和平的机会也终结了。事实证明,"帕奈"号事件和"瓢虫"号事件是通过道歉和赔偿的方式解决的,且被认为符合当时的国际法和外交实践。

关于对中国45个至50个不同城市发动进攻的指控,我们将呈

---

[1] 应为日军在杭州湾金山卫登陆。

上日军军令系统的相关证据,证明在进入城市前司令官给部队下达命令的相关证据,对攻击平民的行为由军法会议给予惩罚的相关证据,在一些地方被夸大成暴行的相关证据,在另一些地方被捏造及嫁祸于日军暴行的相关证据。此外,在对强盗、非正规军、游击队和其他不能被称为正规军人的处理上,我们将引证国际法认定的关于剥夺法律保护权利和在法律保护之外的好战分子的规定。在任何情况下,我们都将用确凿的证据证明对各被告的指控不过是苛责。

上述部分将由伊藤、冈本、宗宫、和林、马蒂斯、科尔、布鲁伊特、罗伯茨和哈里斯先生等辩护人负责提出证据。

第五节　攻占汉口及后续

事实表明,从上海事变之后,日本政策是希望尽可能快地终止事端。首相近卫公爵在1938年11月3日及同年12月22日的声明中都表明,日本没有侵占中国领土的野心。在这一点上结论性的证据是日中之间的协议。在该协议中,日本甚至放弃它在之前协议中享有的治外法权。

关于被指控的经济侵略,事实表明,日本没有垄断中国经济,更没有排除第三国势力。日本投资开发中国的未开发资源,是为了双方的共同利益。组建于1938年11月7日的华北开发株式会社总资金3.5亿日元,并且将兴中株式会社改造成自己的子公司,投资于交通、港口、通信、电力、矿产和盐业。同日组建的华中振兴株式会社投资1亿日元于华中地区的铁路、运输、电力、油气和矿产。两家公司都为中国的福祉做出了贡献。

事实表明,日本实施的经济统制是出于军事需要,这和其他占领国在战时的做法一样,也是被国际法认可的。为了保护日本商务企业免遭暴力侵扰和维持占领军,这些手段是不可或缺的。事实进一步表明,当军事需要不再存在,经济统制权就回到了中方手中,即使战事仍在中国其他地方延续。同样地,出于战争的紧急需要,有时必须对第三方采取暂时的限制措施。

关于鸦片的指控声称,鸦片被用来削弱中国人的意志,同时为日本敛财。证据表明,罂粟的种植在中国历来就存在,鸦片提供了大量的赋税,鸦片的使用从未停止。进一步的证据表明,日本曾建议中国政府启动在日本、朝鲜和台湾都颇为有效的鸦片统制程序,迫使已知的鸦片交易需要执照经营并通过认可的渠道供给。对于中国的鸦片问题,国联的态度是予以统制,而非禁止。日本鸦片统制程序的有效性可以由事实和数据来说明。日本只是希望中国能复制这个已经在台湾经过实践,并且在世界范围内得到认可的"逐步减少"政策,绝对禁止是不可行的。这样安排,常规鸦片吸食者可以从授权者那里公开获得他所需要的最小剂量。这样,购买被限制在授权者手中,从其他渠道不可以获得鸦片,鸦片的流通得以控制。证据表明,贩卖鸦片的全部所得都进了新一届中国政府的金库,日军或其政府并没有像被指控的那样获得分毫。

这部分将由盐原、三文字、高野、福尔曼和威廉姆斯等辩护人负责提出证据。

第六节(最后一部分) 中国的新政权

日本被指控在中国建立了几个在日本掌控下作为侵略手段的独立政府。事实表明,因为中国的广袤、贫瘠以及大范围的群雄割据,一旦中央政府控制不力,地方自治体常常一跃而起自行维护和平秩序。中日之间冲突时,这种自治体开始出现,随着时间的推进,自治体逐步发展并联合,最后形成规模,取代了原有的政府。

这些自治体致力于维护和平与秩序，为了使占领区保持稳定，日本自然会支持它们。它们不是像被指控所说的傀儡政府，而是独立的，由日中协议认可的。事实表明，"中华民国"主席汪精卫不是一步登天，他曾是中华民国副首领以及蒋介石手下的国民党中央主席，他曾追随孙中山参与国民革命，并且帮助建立中华民国。他一直以来都是中国政府的领导者之一。

证据表明，汪精卫逃离重庆，企图迅速地与日本和解。对于渴望实现同中国和平的日本来说，自然会支持他。当他在1940年3月30日建立"国民政府"的时候，他用的是中国国旗，采取反共产主义政策、和平政策，并且重新定都南京。

日本承认汪精卫政权是中国的合法政府，是中国尽早获得和平的最好形式。从日中之间缔结的条约可以看出新政府并非傀儡政府。

证据可以支持辩方的观点——被告并没有谋划任何阴谋，没有计划发动对中国的侵略战争，没有用鸦片来麻痹中国人、筹措战争资金，也没有强加一个汪精卫傀儡政府给中国。总而言之，被告不接受起诉书的指控。

这部分由三文字正平、山田、花井、弗内斯和布鲁伊特辩护人负责提出证据。日本律师团主席神崎博士，将协同参与所有各节证据的提出。

现在我请迈克尔·列文先生介绍涉华部分的第一节。

二、丰台事件、卢沟桥事变与广安门事件

韦伯庭长：列文先生。

列文辩护律师：庭长阁下，我的同事拉扎勒斯先生在此前指出，辩护的第一节是关于1937年7月7日发生在卢沟桥的事变及日本的不扩大方针。对于这个事件，日本政府的官方态度显得非常重要。鉴于几分钟前这些证据刚被提到，我相信没有必要再在这里对证据做更多的赘述了。

我们现在提交辩方第1134号文件，这是一份关于从卢沟桥事变到大本营建立期间所有事件的时间及地点的声明。这份证词一方面便于法庭和律师的工作，另一方面也可以作为相关证据的参考。我不打算在法庭上宣读这份文件。

韦伯庭长：诺兰先生。

诺兰检察官：如果法庭允许，检方对这份证据表示异议。文件所述必须是被证实的证据，庭长阁下，这份文件不仅仅是一个时间表那么简单，其中不止一次地出现了"中国军队不法开火"、"中国军队在非法的情况下开火"之类的陈述。我们认为，诸如此类的描述在这份时间表中出现是不合适的。

韦伯庭长：对于那些不合适的部分，我们不予理会。

列文辩护律师：我正是这么想的。

韦伯庭长：我能向您保证，尽管"不法"这一用词有可能成为最后结论用词，但在这之前，我们所有人都对该词不予理会。在此范围内异议有效，列文先生。

列文辩护律师：很好，庭长阁下。

韦伯庭长：按程序接受。

法庭书记官：辩方第1134号文件被法庭接受为第2477号证据。

（前述文件被标以辩方第2477号证据并被法庭接受。）

列文辩护律师：我们提交辩方第985号文件，日本政府一份关于派遣军队到华北的官方声明，发表于周报第40号。

韦伯庭长：诺兰先生。

诺兰检察官：我们认为辩方第985号文件涉及一个重要问题。在这部分，辩方罗列的证据中出现大量据说由情报局编辑的文件。这些文件或者来自情报局，或者来自所谓的外务省发言人，它们都遵从同一个行文模式，且都是为证明：第一，日本不扩大事变的愿望；第二，中国士兵的不法攻击；第三，日本士兵出于自卫的行为。

庭长阁下，我非常清楚，本法庭宪章规定日本的省级政府或其下属机构的文件可以采纳为证据，其前提是这类文件必须有足够的证明力。而就目前的这些文件而言，它们是通常所知的新闻印刷品——为了向国内外传播，还会配上日本字画插图。不管它是不是一种宣传，在我们看来，它什么都证明不了。庭长阁下，在中国发生的事应该用更具说服力的证据来证明，情报局或所谓外务省发言人声称的在中国发生的事，根本无法证明在中国真正发生了什么。

检方主张，鉴于在本案中没有足够的证明力，所有这些新闻稿都不应该被采纳为证据。

韦伯庭长：列文先生。

列文辩护律师：庭长阁下，这是外务省正式文件，其中详细阐明了日本政府对派兵华北的态度，文件内的资料来自日方和中方渠道。诚然，他们是从自己角度发表声明的，是把事实呈现给法庭，不是真正意义上的证据。然而，这份声明要和证据一起提交法庭，这是日本政府在事件发生之后即刻做出的正式声明，以我之见，没有一份声明能比它更加具有权威性了。整个审讯期间,检方给我们的都是所谓的印刷品。我方认为,就这份文件而言(其他文件还没有提交,先不作探讨),其中的资料有很强的证明力,应该被定为证据。

韦伯庭长:我在等我的所有同僚投票决定。我可能忽略了一位,我并非故意,只是不巧……根据多数原则,异议成立,文件不予采纳。

我们将在1点半重新开庭。

(12:00开始休庭。)

(13:35重新开庭。)

法庭执行官:远东国际军事法庭现在开庭。

韦伯庭长:列文先生。

列文辩护律师:庭长阁下,法庭各位成员,我们现在提交辩方第985号文件作为证据,这是一份印在周报第40号的日本政府关于派遣军队到华北的声明。

韦伯庭长:我们已经投票表决这份文件。

列文辩护律师:对不起,这份文件没有被采纳。我想说的是第984号文件。

韦伯庭长:没错,上述文件没有被采纳。

列文辩护律师:请允许我纠正一下,辩方要提交第984号文件。这是一份陆军省关于派遣军队到华北的报告,同时也是一份关于日方在1937年7月7日卢沟桥事变中所采取的所有行动和一些后续事件的回顾。

韦伯庭长:诺兰先生。

诺兰检察官:第984号文件是情报局的一份情报,既然法庭决定驳回辩方第985号文件,检方以同样理由对第984号文件提出异议。

列文辩护律师:如果法庭允许,我想声明,并且如果有必要的话,我希望我表达得越明确越好。从我们的立场来说,这份文件与前面那份被法庭驳回的文件不属于同一类。

我请求法庭上的每一位法官都能审阅文件中的每一段话,其每一段话都清楚地表明两份文件存在的差别。在庭审过程中,检方提供了很多来自不同国家政府的声明,如果我没有记错的话,其中有很多是发表在报纸上的声明。但是这份文件却不仅仅是一份报纸声明,而是一份公文——一份关于发生在 1937 年 7 月 7 日以及之后的事件的官方记录。法庭已经接受了由检方提交的这类来源的陈述,我们认为,在此情况下,我们在此提交的这些陈述具有很强的证明力。

我想提醒各位法官注意一个事实,在庭审的早些时候由莫洛少校提供的关于中国伤亡人数的证据涉及第 252 号文件,该文件是一封中国检察官写给他的信件,由法庭采纳为伤亡人数的证据。来自美国国务院一方的声明也曾被提交为证据,并且是那种出现在报纸上的单方声明。而如今,我们提交的是关于发生了什么及何时发生的正式声明。

韦伯庭长:您能提供给我们与检方证据编号类似的那些日本政府新闻稿的证据编号吗?

列文辩护律师:庭长阁下,目前我不能。但是我的助手弗内斯先生认为他可以找到一些。如果法庭允许,我可以着手讨论另一个文件。

韦伯庭长:您给我们的是一份日本军方从自己角度出发所做的事实陈述,有人提醒我,我们已经接受过来自日本方面的声明,但因为有些是来自敌对方的材料,不利于他们的证据是可以被法庭采纳的;但是,有利于他们的证据就是另一回事了。

列文辩护律师:庭长阁下,依我之见,那些关于发生了什么事实的文件以及几乎在同时被发现的日本政府记录文件应该被允许作为法庭证据。

韦伯庭长:根据多数议决,异议成立,文件不予采纳。

列文辩护律师:我现在提交罗伯特·克雷吉先生所著的《假面后的日本人》一书第 40 页开始的摘要。

韦伯庭长：按程序接受。

法庭书记官：辩方文件第502号，一部名为《假面后的日本人》的书被法庭接受为第2478号证据。

（前述文件被标以辩方证据第2478号并被法庭接受。）

列文辩护律师：我要提交辩方文件第502号摘录作为证据。

韦伯庭长：诺兰先生。

诺兰检察官：如果法庭允许，我们对将这份摘录作为法庭证据提出异议。庭长阁下，其中对中国中央政府所实行的统治的描述大部分都是作者个人观点，而中国中央政府所采取的统治手段是影响法庭判决的因素之一。

列文辩护律师：庭长阁下，我认为这是一份从戈特和鲍威尔提供的证据目录里摘录的事实陈述，而作者是英国驻日本大使。

韦伯庭长：根据多数议决，异议有效，摘录文件不予采纳。

列文辩护律师：现在请出河边正三出庭作证。庭长阁下，他的个人资料可以在辩方第823号文件的前2页找到……

韦伯庭长：我们听不见您在说什么。我不知道怎么了，红灯又没有对着您。

列文辩护律师：证人的个人资料可以在辩方第823号文件的前2页中找到。第823号文件是一份经过宣誓的证词原文，目前还未打算列入证据。为了节省时间，请允许我在庭上宣读这个部分。

（河边正三作为辩方证人被传唤，通过日语译员作证如下。）

韦伯庭长：列文先生，您是打算只宣读部分宣誓证词吗？

列文辩护律师：不，我打算宣读辩方第823号文件的一部分，这部分包括了他的个人记录，然后我打算宣读辩方文件第970号的所有内容。

请陈述您的姓名、年龄及住址。

河边证人：我叫河边正三，62岁，现被关押在巢鸭监狱。

列文辩护律师：我们递给您辩方第 970 号文件。

（递给证人文件。）

上面有您的签字吗？

河边证人：上面有我的签字。

列文辩护律师：该文件内容真实吗？

河边证人：真实。

列文辩护律师：现在让书记官给辩方第 823 号文件。

（递给证人文件）

文件的第 1 页和第 2 页上有您的个人经历吗？

河边证人：有。

韦伯庭长：按程序接受。

列文辩护律师：我要求辩方第 970 号文件以及第 823 号文件上的个人经历，像庭长阁下说的一样，按程序接受。

（宣读）

我的经历如下——

韦伯庭长：书记官，您最好把数字报出来。

法庭书记官：第一份宣誓证词是辩方第 970 号文件，第二份宣誓证词是辩方第 823 号文件的前 2 页。

列文辩护律师：证据号码是多少？

法庭书记官：有一份还没有被确认。

韦伯庭长：两份都确认了。

法庭书记官：辩方第 970 号文件作为第 2479 号证据，辩方第 823 号文件作为第 2479A 号证据，分别被法庭接受。

（前述文件分别被标以辩方证据第 2479 号与辩方证据第 2479A 号并被法庭接受。）

列文辩护律师：从证据第 2479A 号开始宣读。

（宣读）

我的经历如下：

1907 年　陆军士官学校毕业。

1915 年　陆军大学毕业。

1936 年　陆军少将。

同年　华北驻屯军步兵旅团长。

1937 年 9 月　华北方面军参谋副长。

1938 年 2 月　华中派遣军参谋长。

1939 年 1 月　教育总监部本部长。

1940 年 3 月　第十二师团长。

1941 年 3 月　第三军司令官。

1942 年 8 月　中国派遣军总参谋长。

1943 年 3 月　缅甸方面军司令官。

1944 年 12 月　中部军司令官。

1945 年 3 月　陆军大将。

同年 4 月　航空军司令官。

韦伯庭长：这些证词都是同一个人提供的吗？姓氏一样，但名字不同……

列文辩护律师：证人先生，您在证词第 970 号文件上签了字，在证词第 823 号文件上签字的也是您吗？

河边证人：两份都是我的宣誓证词。

韦伯庭长：为什么是两个不同的名字？

河边证人：我名字正确的念法是"Mazakazu"，但在日语中同样可以被念作"Shozo"，我经常被叫"Shozo"。

韦伯庭长：请继续。

列文辩护律师：（宣读）

  昭和二十一年（1946）十一月二日，东京，辩方律师宫田和布雷克尼先生的提问及我（河边正三）的问答如下。

  问：请告诉我们作为中国驻屯军步兵旅团长，您在北平的任期有多久？

  答：从昭和十一年（1936年）四月到昭和十二年（1937年）八月。

  问：在您任职期间步兵旅团的兵力如何，您是怎样调配部队的？

  答：我有两个步兵联队，兵力在5 000人左右。第一步兵联队的本部在北平，在北平、丰台、天津各有一个大队的兵力，在通州有一个中队。第二步兵联队的本部在天津，同时有两个大队驻扎在那里，一个大队驻扎在山海关及天津以东的铁路沿线。旅团司令部驻北平。

  问：驻屯军司令部在哪里？其他特种部队是如何配备的？

  答：驻屯军司令部在天津，那里还有骑兵，炮兵，工兵及坦克部队。

  问：北平还有其他军事机构吗？

  答：北平有一个特务机关、大使馆武官处及宪兵队，这三个机构都是独立的。

  问：请叙述一下中国军队在卢沟桥事变时的部署概况。

  答：在华北，宋哲元统辖的第二十九军驻扎在天津、北平、保定和张家口地区。军部驻北平，在北平、天津、张家口和保定附近各驻一个师。卢沟桥一带，在南苑、北苑、八宝山及宛平城地区有一个营。似乎在龙王庙也有一部分兵力。

  问：在事变爆发之前日本军队和中国军队关系和睦吗？

  答：直到昭和十一年（1936年）秋天之前，两军的关系都很友善。两军经常互相切磋演习和战绩,增进了彼此间的友好关系。但是9月18日当天,日军一部和中国军队一部在丰台附近行军偶遇,爆发了一场小规模冲突。在两军官兵的努力下,冲突得到和平解决,部分驻丰台的中国部队转移到了别的地方[1]。这样的结果似乎让中方部队不太愉快。在同年12月西安事变发生之后,北平地区中国人普遍对日本怀有不满,同时,共产党的地下活动变得更为活跃。不可否认,中国部队受到了共产党活动的影响。尽管在中国高层中仍然有同日本保持友好合作的强烈愿望,但在下面的部队中却充斥着强烈的排日情绪。

问:你们同宋哲元及其他中方军官的关系怎样?

答:我与宋哲元先生不是特别熟,只在一些正式的社交场合见过面。但是我与师长张自忠很熟悉,我们经常就两国之间的亲善关系坦诚地交换意见。我们的想法在一些方面相通。

问:关于中国驻屯军的对华态度,上司给过您什么样的指示?您是怎样按照上司的指示命令您部下的?

答:军队的基本方针是要同中国军队和睦,努力营造两军间的亲善。作为旅团长,我始终牢记这点并且让我的部队与中国军队保持良好的关系。

我被任命为旅团长后,在一次去参谋本部的礼节性拜访中,时任作战部长的石原莞尔少将私下明确地把中央部的意图告诉了我:"中央部无意与中国打仗,请你在履行职责时记住这一点。"

问:中国驻屯军的任务是什么?

答:在华北的日本官方机构、日本国民以及铁路、交通及通信

---

[1] 这里所说是日军制造的丰台事件。丰台位于北平西南,是平汉、平津铁路交叉点,当时日军常在附近演习挑衅。1936年9月18日,驻丰台的中国第二十九军一部与日军发生冲突,日方趁机扩大事态,增兵包围中国军队。翌日,日军发出最后通牒,要求中国军队撤出并向日军致歉。经第二十九军代表与日方协议,日军撤围,中国军队撤离丰台,日军遂占领丰台。

的防务工作。

问：请告诉我们中国驻屯军的对华作战计划。

答：我从来没有收到过对华作战计划的指令。

问：请解释一下驻屯军的警备计划。

问：根据职责，我指的是根据保卫铁路、交通、通信与保护日本外交机构及日本国民的命令，在和平时期，我的旅团分散在铁路沿线、北平和天津，各部负责各驻地的防务工作。

问：请说明一下北平附近的驻屯军情况。

答：丰台、北平和通州分别为一个驻扎点，组成北平警备区，由我指挥；丰台的大队长、北平的步兵联队长、通州的中队长分别作为当地驻屯军长官承担各自的警备任务。

问：请说明驻屯军对中国作战行动的准备工作是怎么进行的。

答：我们完全没有想过同中国作战，所以我们没有做过什么准备。我们的部队是所谓驻屯军部队，没有机动力量，在军需物资上也没有什么储备，除了那些日常必需的物资供应。

问：旅团是否承担为部队搜集谍报及地形勘探的职责？

答：我们从未有过那样的任务。

问：在教育和训练中国驻屯军时，有没有收到相关命令让您把重点放在哪些方面？

答：我们收到过训练的指令，但是训练的目的是为了部队装备的完善，而不是为了针对中国军队。在日本国内的军队也是如此。我们没有要同中国军队兵戎相见的想法，所以我们不是针对他们的。

问：请描述丰台附近地区日军的部署情况和演习场位置。

答：丰台日军兵营驻扎着一木少佐指挥下的一个大队，配有一些步兵炮。军营北边有一片狭窄的练兵场，而在丰台附近区域只有大片农田，没有演习区。在离丰台大约3公里的地方，有一块铁路的道渣收集场，那里不是农田，是一片适宜演习的平地。在同中方协商之后,日方得到暂时使用这块平地的准许。以一文字山为中心,我们用来当演习区。那块地区也为北宁铁路收集道渣。

问:北平的军队演习区在哪里?

答:尽管在北平城墙以内、东交民巷东侧有一片为各国部队提供的狭窄的普通练兵场,但是北平日军常常利用他们驻通州部队附近的练兵场作为野外演习区。

问:他们可以任意使用演习区吗?

答:是的,他们可以任意使用。在当时,要进行演习,都由日军自行决定,没有通知中国官方的必要。然而在6月初,中方提出一个善意的要求称,"鉴于夜晚演习容易刺激民众,请你们进行夜间演习时预先通知,以便我们提前告知民众"。我方充分理解这一点,因此军队规定有此类情况者须由特务机关发出通告。

问:在事变发生前,他们每晚都进行演习吗?

答:是的。6月底之后差不多每天晚上他们都进行演习。为了迎接第二期的检阅,部队进行强度很大的训练。

问:7月7日事变当天,您本人在北平吗?

答:我不在北平。为了参加那时在山海关南面的南大寺演习区对第二步兵联队的检阅,我于6月6日离开了北平。

问:您不在的时候,谁是驻屯军部队的指挥官?

答:第一步兵联队长牟田口大佐暂时代替我。

问:北平所有部队都在他们的常驻位置吗?

答:除了一个中队在城里,北平步兵联队的所有部队为了演习都在通州。因此,在只有一个中队和一个驻丰台的大队的情况下,我们的军力很弱。

问:既然不在北平,您是怎么获悉当时事变爆发的情形的?

答:7月7日整晚我都在检阅部队。大约在7月8日凌晨3点,在演习场,通信兵把记有北平联队长电话的纸条给了我,上面写道："当我们的一个中队在卢沟桥演习场操练时,遭到中国部队袭击,一名士兵失踪。一木大队进入警备态势,现正在搜寻失踪的士兵。"我并没有回复。早晨,我跟天津的驻屯军司令部取得联系,决定返回北平。凑巧的是,军部有一架飞机送我回去,我在大约中午离开山海关,在天津换乘火车,下午3点左右到达丰台,迅速赶往卢沟桥。

问:您经过天津的时候去了驻屯军司令部吗?

答:因为要赶火车,我没有时间去。不过我在车站同参谋长桥本通了电话。参谋长说,"当下陆军要找到就地解决问题的办法。你要尽可能地监督现状"。我由此知道陆军的方针是不使事变的影响扩大。

问:您有没有暂停在南大寺对第二步兵联队的检阅?

答:我命令联队长继续检阅。

问:您到达卢沟桥的时候,第一联队长在那里吗?

答:是的,他在那里,并向我汇报说,在昨晚11点之后,一木大队长报告:"我方正在操练的一中队遭到中国部队袭击,一名士兵失踪,我们正进行搜索的大队在一文字山集合,以防不测。"然后,我作为联队长用电话对大队发出如下命令:"在接到进一步命令前不得轻举妄动。日方和中方都会立即派调查人员到现场调查情况。"

经过情报部门联络,由日中双方各派人员来调查此事。然后,以联队附森田中佐为主任的委员会被派到现场。中方成员是宛平县民。

凌晨2点,大队长向我报告,我军在宛平县城遭到中国军队的袭击。凌晨4点过后,又有报告说我军被中方袭击。我命令:"天色渐明,很容易辨别是否是日军,但是中国人又一次攻击了我们,这是对日本的侮辱。如果再遇到这样的攻击,你们可以回击。"然而,大约是在早上5点,当调查委员会成员坐车抵达现场、森田主任检查现场时,一木大队发动了攻击,并准备推进。随即,中佐因为大队非法行为斥责了大队长。就当大队长解释是因为得到联队长命令,可以在遭到挑衅时回击的时候,他们又一次遭到中方攻击。中佐于是告诉调查委员会中方成员:"中国部队不法开火,你们有目共睹。我不能无视一个大队长要迎战挑衅的决心。"5点过后,该大队于是在卢沟桥向中方开火。

问:那么您作为旅团长,在收到了那份报告后作何反应?

答:我给部队下了命令:"密切注意中国军队的动向,不得有任何鲁莽之举。"同时,我命令处置伤亡人员。

问:有一种说法是,日军和中国部队在卢沟桥的不期而遇是因为第三方的阴谋,对此,您有什么看法?

答:对这个我没有确切的答案,但是在7月7日事变爆发之后,只要日本部队和中国部队一碰面,几乎每晚都有频繁的不法交火。每当有这样的交火发生,我们去调查现场却发现没有迹象表明是日本或是中国部队开了火。这几乎看起来是一个既不属于日本也不属于中国的第三方在同时朝着日方和中方阵地开火。因此我们可以揣测这是某一些人的阴谋。

问:7月7日之后,也就在日中双方协商正在循序渐进的时候,双方的部队是正面相对的。在此期间有没有任何不幸的意外事件发生?

答:不断有不幸事件发生,比如7月21日在一文字山的不法开火(中队长负伤),7月25的廊坊事件,7月26日的广安门事件。在下层中国军官和其他阶层中间的抗日情绪日益强烈。

署名

检方可以开始对证人进行交叉询问。

韦伯庭长:萨顿先生。

交叉询问（由萨顿检察官询问河边正三证人）

问：您先前说到，直到1936年秋天之前，中国军队和日本军队之间的关系一直都非常友好，是吗？

韦伯庭长：萨顿先生，不能要求他确认他证词中的任何内容。

答：是的，正如您所说。

韦伯庭长：如果没有这些翻译困难，意思就不会有问题了。他的回答是肯定的。

问：1936年9月18日的丰台事件之后，这种友好关系产生变化了吗？

答：我听说在下层军官里有一些不满，但是并没有因此而发生什么。

问：事变是当日军在丰台附近演习的时候发生的吗？

答：是的，正如您所说。

问：在对事变的处理中，日方被要求撤回丰台驻军吗？

答：是的，他们被迫从丰台撤回。

问：那么日军是否曾占领丰台？

答：在此之前，丰台一直被用作日军驻地。

问：丰台事件之后，日军加强兵力了吗？

答：没有增强兵力。

问：证人，我要您注意一段来自华北第二十九军军长宋哲元将军的证词，在法庭记录的第2316页。

语言监督官：萨顿先生，您指的是什么？您指的是哪个文件？

萨顿检察官：国际检察局文件第2340号，证据第199号，庭审记录第2316页。

语言监督官：好的，萨顿先生，您能告诉我们这段话的大概位置吗？

萨顿检察官：从第2316页底的"军事"开始。第一句话是："1936年9月，丰台事件发生。"

问:"1936年9月,丰台事件发生。日本的一个中队在丰台演习,他们穿越了中国军队的警备线,当中方卫兵试图阻止的时候,冲突发生了。尽管很快解决,日本却把这个当作在丰台地区增兵的借口。那是一木清直少佐指挥下的一个大队。"

以上所述属实吗?

答:不是。

韦伯庭长:您不能概述吗?不要一个一个字地宣读。

问:在1936年之前,日军在丰台驻扎了多久?

答:从1936年5月开始,有一个步兵大队驻扎在丰台,一直到事变的发生,我指的是卢沟桥事变的发生。

问:谁是大队长?

答:一木少佐。

问:义和团拳民暴乱之后签署的协议规定,各国可在北京至山海关之间的特定位置驻军,丰台的驻屯军也属于此范围吗?

答:我不太明白这个问题的意思。我希望能把这个问题的第一部分重复一下。

列文辩护律师:庭长阁下,我从两方面对这个问题提出异议。首先,他可能不知道;其次,即使他知道,他也当然明白回答会被记录在案,所以他可能不会做出任何对案件事实有帮助的回答。因此我提出异议。

韦伯庭长:答案也许没有太大用处,但是不能因此否定这个问题。如果您明白这个问题的意思,请作答。您仍然需要重复这个问题吗?

河边证人:我没有听清楚日语翻译内容,所以希望重复一遍。

(日语速记员重复提问。)

答:是的,正如您所说。

问:您不知道协议没有赋予日本占领丰台的权力吗?

答:我不知道。

问：请您注意证据第27……第247号，庭审纪录第3314页，1900年缔结的义和拳条约摘要。

语言监督官：萨顿先生，是证据第2427号？

萨顿检察官：是证据第247号。

语言监督官：要参考该文件吗，先生？

萨顿检察官：我要宣读第9条。

语言监督官：编号是多少，先生？我们要找一下这个文件。

韦伯庭长：这样的问题有意义吗？

萨顿检察官：日文副本刚交给语言部。

语言监督官：我们还没有找到，先生。

韦伯庭长：萨顿先生，这些问题有意义吗？我们面前就有这些文件。我们知道条约已经定了。我们不需要证人来确认或解析一些摆在我们面前的、毫无疑问的事情，这只会浪费时间，徒劳无益。

问：根据条约第9条，丰台并不属于可以占领的12个特定地点之一，日本没有权力占领丰台，对不对？

列文辩护律师：庭长阁下，我对这个问题提出异议。就法庭辩论的性质来说，我认为它不合适。

韦伯庭长：这是个可以辩论的问题，就是所谓的评论性问题，目的不在于测试其可靠性。

问：创造一个更好的日中关系是华北日军的方针吗？

答：是的，正如您所说。

问：在证词英文本第4页上方，您说："6月底之后部队几乎每晚都会操练，进行大强度训练。"这样的行为是意欲在日中之间建立更好的关系吗？

韦伯庭长：问他大强度训练具体是指什么，法庭会判断其影响。

问：这些大强度训练指的是什么？

答：大强度训练指的是尽他们最大所能来训练部队。我说的是能产出最大化效益的训练,从而使部队获得完美的训练效果。

韦伯庭长：这些问题很简单,他们应该能轻而易举地明白。

问：您在宣誓证词中说,在事变的交火之后,经常有并非日本或者中国军队,而是因第三方阴谋挑起的不法交火发生？

语言监督官：庭长阁下,译员非常费力地试图听清检察官说的话,负责声音的技术人员传了便条给我们,上面写着："我们的线路短路了,请尽量维持庭审秩序。"

韦伯庭长：我们休庭15分钟。

（14:45 开始休庭。）

（15:05 重新开庭。）

法庭执行官：远东国际军事法庭现在开庭。

韦伯庭长：刚才语音系统有一些故障,现在修理好了。

交叉询问（由萨顿检察官继续询问河边正三证人）

问：您声称在7月7日之后,每晚都有既非来自中国又非来自日本的不法开火发生。这个存在于两军中间区域的所谓阴谋的情况,是否曾向东京报告？

答：我们曾把这个情况报告给在天津的驻屯军司令部。

萨顿检察官：如果法庭允许,基于第2479号证据的宣誓证词其他要点和另一份排在顺序列表上的宣誓证词的相同,为了避免重复,我们将不再询问这份宣誓证词的其他要点。

韦伯庭长：如果他们知道这一切是第三方所为,为什么还要攻击中国人？

问：对于你们的报告采取了什么行动吗？

语言监督官：萨顿先生,您指的是给东京的还是给天津的报告？

萨顿检察官：我还没有问完我的问题。

问：关于那个阴谋——对所谓存在一个两军之外的第三方的枪击的那份报告，有没有采取什么针对性的行动？

答：在报告中我们向天津军方传达了如下情况：当听到前方的枪击声、看到火光的时候，我们认为枪击来自中国军队。因此，我们想要查明中方是否破坏了停战协定，并且要求在天津、北平的特务机关做一份调查。北平特务机关回答，他们的调查结果是——他们已经查明，中方并没有开火。事实证明，枪击既非来自日方也非来自中方，我因此得出结论，一定有既不属于日方也不属于中方的人在那个区域开了火。

语言监督官： 我把这事情报告给了天津的司令部。

问：当这些不知为何人在双方防线之间开火时，你们是否持续朝着日军防线回击？

韦伯庭长： 这个问题里，应把"日军防线"换成"中方防线"。

答：日军没有回应那些射击。

韦伯庭长： 战争是怎么开始的？

河边证人： 那在冲突爆发时并没有发生。我要继续解释吗？

韦伯庭长： 是的。

河边证人： 交火发生时日中间的协议仍在有效期内。

问：所以结论就是，您认为发生在中间地带的开火，应该追究中国人破坏停战协定的责任？

答：我在报告中并没有这么说。

问：对中方加以上述罪状，不是事实吗？

答：我不清楚交涉进行期间是不是有此类事情发生，因为当时我本人在前线，不在现场。

问：在中间地带的交火持续了多久？

答：我记得从7月9日开始的大约四五天里几乎每晚都有发生。

韦伯庭长： 两军阵地之间距离有多远？

河边证人： 大约4 000米。

韦伯庭长：那个第三方开火的性质和范围是什么？

河边证人：是枪击，是从不同位置、方向来的射击。有时从南面来，有时从西面来，还有时从北面来；有时连续，有时间断。

问：因为来自双方防线中间的射击，日方的冲突情绪重新点燃了吗？

答：没有。

问：枪击一直持续到冲突重新开始吗？

答：没有持续很久。我们听得很清楚——就像我之前说的，大约四天。

萨顿检察官：没有更多的问题了。

神崎辩护律师：我是神崎律师，关于某一点我想再次盘问证人。

再次直接询问（由神崎正义辩护律师询问河边正三证人）

神崎辩护律师：在日军驻扎丰台地区之前，英国军队曾经在那里驻扎过，是吗？

河边证人：我听说他们之前在那里驻扎过。

神崎辩护律师：庭长阁下，我没别的问题了。

列文辩护律师：庭长阁下，我们接下来将提交证据，辩方文件第1103号，一份声明……

韦伯庭长：还没到时候。

列文辩护律师：再次的直接询问结束，证人能按程序退庭吗？

韦伯庭长：还不行。我还有几个问题要问。

在1936年9月18日之前，日本是怎样成功地在丰台驻屯部队的？

河边证人：日本部队在丰台的驻扎从1936年5月开始，是当时那里存在的华北政权与日军协商的结果。作为一系列协商的结果之一，日军被允许在丰台驻扎一个大队。

韦伯庭长：列文先生。

列文辩护律师：证人能按程序离席了吗？庭长阁下，我们很有可能要在另一个阶段提问他。因此，我要求他离席。

韦伯庭长：证人可以离席。

（证人离席。）

列文辩护律师：接下来我们提交辩方文件第1103号，是一份关于广安门事件的公开声明。

韦伯庭长：诺兰先生。

诺兰检察官：如果法庭允许，我们以对第985号文件同样的理由对该文件提出异议。这是一篇新闻稿，我们认为它不能成为证据。

列文辩护律师：如果法庭允许，我相信这份文件有足够的理由被采纳，它可以解释北平军事当局所采取的一些行动。这是一份日本政府有关在事变中采取的指挥、行动及官方回应的记录，它不能被说成只是一份新闻稿，尽管我不能确切地说明它是什么，因为仅有的材料是一份能够表明它属于日本外务省档案一部分的证明。尽管如此，我确切地认为这份文件可以作为证据成立。

韦伯庭长：根据多数议决，异议有效，文件不予采纳。

列文辩护律师：现在我传唤证人樱井德太郎。

（樱井德太郎作为辩方证人被传唤，宣誓之后通过日语译员作证如下。）

直接询问（由列文辩护律师询问樱井德太郎证人）

问：请说出您的名字、年龄和居住地址。

答：我叫樱井德太郎，今年50岁，住在宫崎县都农町。

问：事务官会给您辩方文件第969号。请说明上面是否有您的签名？

（文件交予证人。）

答：是的。

问：文件所述内容是否真实、正确？

答：有一个地方的字搞错了，在宣誓证词日文本第9页最后第8段写有"南苑以南团架"，"团架"的"架"应该是"河"字。它只是一个字的错，先生，对上下文意思没有什么影响。

问：那么，我的理解是，即便有这么一个错误存在，宣誓证词的内容仍然是真实、正确的，是吗？

答：是的。

列文辩护律师：我现在提交辩方文件第969号证据，是一份来自樱井德太郎的宣誓证词。

韦伯庭长：按程序接受。

法庭书记官：辩方文件第969号被法庭接受为第2480号证据。

（前述文件被标以辩方证据第2480号并被法庭接受。）

列文辩护律师：现在我宣读第2480号证据。

（宣读）

我，樱井德太郎，于昭和十一年（1936年）五月至昭和十二年（1937年）八月间，服役于中国驻屯军司令部，同时也是冀察政务委员会顾问及中国第二十九军军事顾问。卢沟桥事变爆发时，我在现场亲历了一切，并曾奔波于日中两军之间的调停工作。最后，在广安门事件爆发时，我负了伤。关于当时的局势，我现在想简单地说几句，主要是关于卢沟桥事变。

一、日本方面对中国的态度

日本的态度是要与中国形成亲密的关系。我们经常告诫中国驻屯军各级指挥官及其他部队指挥官，日军绝不应该对中国造成干扰，应该努力去创造一种和睦亲善的关系，特别是同中国军队之间的关系，应该把他们当作一支友好的军队。我之所以成为中国军队的顾问，正是出于想充当两军中间人的目的。

二、我的官方职责

在担当两军中间人期间，我唯一的职责是协助对中国第二十九军的教导与训练。我坚信，要培养出两军间亲善融洽的关系，最重要的一点是要让他们彼此了解，所以我竭尽全力让中国军队知道日本的情况，去创造两军间互相访问与交流的机会。

昭和四年（1929年）至昭和六年（1931年）间，我曾是北平的中国陆军大学的一名教官，我对中国的情况非常熟悉，第三十七师师长冯治安、副师长张凌云、旅长刘自珍和另一个旅长都曾是我的学生。这些关系让我的工作得以顺利进行。北平特务机关长松井太久郎大佐负责在我工作开展过程中采取相应的措施。

三、当时中国军队对日本的态度

中国军队上层对日本的态度是和睦友善的。特别是军长宋哲元先生对于我能担任顾问非常高兴，并且指示我要尽我所能发展日中之间的亲密关系，他强调这点的必要性。但是，中国军队的下层军官和士兵对于日本的态度并不都那么友好。他们中有相当一部分是排日的。我顶着困难，试图开导这些士兵。特别是在西安事变爆发之后，他们的态度变得更糟糕了。军队中甚至有共产党员，他们同外面的共产党相串通，在军中煽动抗日思想。

四、卢沟桥事变爆发当日

1937年7月7日晚，我正在位于北平的官邸。晚上11点，我接到来自北平特务机关的电话，说："请快来，日军和中国军队之间刚刚发生了冲突。"我立即赶往特务机关，得知了情况。然后根据特务机关长的要求，我去找第二十九军副军长秦德纯了解实际状况。当我还在那里时，一个由日中双方成员组成的委员会被派去调查，我被任命为委员会成员之一，我和中国军队的一名少将周永业先行坐车前往日军现场——一文字山的北面。一木大队长在那里，正准备让他的部队就位，因为他接到牟田口联队长的命令，当中国军队一再违法开火的时候,他可以回击。

我要求大队长放弃攻击宛平县城,因为城里有平民。他接受了我的要求,并且似乎决定只攻击龙王庙。然后我立刻走进宛平县城,遇见一名中国营长金先生并且询问他们为什么从龙王庙向日军开火。营长回答说,卢沟桥地区没有他的士兵,如果有开火的话,可能是土匪或者别的什么人干的。我让我的书记官斋藤弥州把这个情况汇报给一木大队长。

然而,凌晨5点40分,从卢沟桥那里又传来了很响的枪声。之后,金营长收回了他之前的话,承认卢沟桥那里有他的人。他欺骗了我。

我同金营长一起,在城墙处举起一面白旗,检查了情况。与此同时,日军对龙王庙的回击开始。一木大队长遵守诺言,没有攻击宛平县城。

当日军到达龙王庙,中国军队在永定河西岸开火的时候,我冒险到永定河东岸阻止他们的射击。

然后,我回到宛平县城会见了团长吉先生,我们商讨如何阻止事件的进一步扩大,最后我们决定向上级汇报。我让随行的北平特务机关的寺平大尉回北平把这一切向松井大佐报告。

7月9日,我们达成一份停战协定。我跟中方官员周思靖参谋一起去了卢沟桥。那里有很多中国军人的尸体,弹壳散落四处。看到这些我相信,中国军队曾占领卢沟桥。在那里,我同一位日军中队长及一些下士官兵聊了一会儿,他们都亲历了7月7日晚上的事变,他们把遭遇中国军队突袭那晚的经过告诉了我。

五、事变发生之后的局势

在这之后的晚上,我和中国保安队一起待在宛平县城。当我观看演习时,也传来枪击报告。经过询问,我了解到日军没有开火,但是中国军队却说日军向他们射击了。

有一晚,在一个没有两军部队驻扎的小村庄,几声零落的枪声之后，从中国军队方向传来猛烈的射击声。我想那是非常严重的事件。在我看来，这是不属于日本或中国军队任何一方的中间力量的诡计。

在这之后，中国军队作出了很多非法行为。

我自己常常遭到中国哨兵射击。在众多的违法行为中，我自己最为了解的一个事件是日本士兵在永定门外遭到射击，另一件是日本骑兵在南苑以南的团河被枪杀。因为是我本人去认领了尸体。

那些日子里，中国方面通过新闻、电台及在北平的共产党煽动抗日思想，这些行为都非常活跃。同时，东北学生的抗日演说及抗日行为也日益惹人瞩目。

六、广安门事件[1]

尽管在北平城里原有3 000日本居民，但在日本大部队转移去了丰台地区后，日本居民只留下50人。我们决定从丰台调回一个大队，因为如果形势恶化，他们的情况将非常危险。

为了避免引起误会，我们事先获得了中国当局的允准。为防万一，我同中方张祖德上校一同前往广安门，在城墙边等待日军到来。

在大约晚上7点，日本军车接近城墙。当前几辆车通过第一道城门，准备接近第二道城门的时候，城墙上的中国军队突然攻击日军，他们开火，并且投掷手榴弹。大约一半的日军顶着枪击，快速通过了第二道城门。

我和中国军队王连长都对事情突然发生感到困惑，在我们的竭力阻止下，射击好不容易被喊停。

---

[1] 广安门事件：卢沟桥事变后中国第二十九军在北平广安门抗击日军的战斗。1937年7月26日，日军一部冒充使馆卫队企图混入北平城作内应。当日军卡车车队于当晚到达广安门时，二十九军诱敌进城，趁半数车队进入城门后突然出击。二十九军位置有利，火力猛烈，使日军遭受惨重损失。

随后，我建议派一直同我们在一起的张祖德上校去向宋哲元先生汇报这个情况。他立即去找了宋哲元。

当我仍然同我的翻译在那里努力协调此事的时候，我的翻译被枪击身亡，我本人也右腿中枪，是一名中国士兵用手枪打的。

我什么都顾不上，立刻从城墙上跳了下来。城墙高达10米，幸运的是，我只是右腿骨折，如果我留在城墙上，我必定已经一命呜呼了。

当我在城墙下的民宅休息时，委员会成员之一的周参谋奉命找到我。我坐着他的车去了特务机关，在作了详尽汇报之后，我被转移到陆军医院。

7月26日，我写了一份关于事件的报告给特务机关长松井。这份报告现在我手里，我把它同其他宣誓证词一起呈交给法庭，以供参阅，报告如下：

1. 事件之前的局势

7月26日晨收到电报得知，第二步兵联队所属第二大队（缺一个中队）正从丰台前来北平，任务是保护在北平城内的日本居民。中岛顾问同斋藤翻译一起作为联络人员被派往该大队。电报称，该大队将于下午4点左右从广安门进入。

我们认为，不要过早地通知中国人，免得他们有足够时间增强警戒心而导致我们最终入不了城。我们打电话给秦德纯的秘书张我军，让他在下午3点30分之前到特务机关来，但是他并没有来。那时，特务机关长松井去了进德社，就前一天的廊坊事件对宋哲元下最后通牒。我在下午3点50分去了广安门，同行的还有特务机关嘱托川村芳男和一些宪兵。

斋藤翻译那时在场，同他认识的三十七师王连长商量着打电话给中国戒严司令部及刘自珍旅长，安排打开城门。基于此，我们准备命令斋藤联络即将到来的日军。就在此时，一个穿着白色中式两件套装的高个男人在同秦市长通了电话之后，又打电话给连长让他关闭城门，并在城墙上准备战斗，说那是秦市长的命令。

在此关头，我们命令斋藤联系正从丰台前来的部队，而我去找中国戒严司令部。我发现刘旅长和徐参谋长都不在，去了进德社。我回到特务机关，试着协商打开城门的事情。大约下午5点半，从冀察方面打来了关于打开城门的电话，并告诉我们，宋哲元的秘书、张祖德及外交委员会委员林耕宇会在日军经过城门时共同见证。因此，我又一次同川村嘱托、特务机关成员吉富一起去了广安门。

2. 事件的经过

第一，城墙内外日军开始攻击后的情况。

在广安门内警察派出所，我同王连长见了面，得知冀察方面早已经发布了打开城门的命令。连长陪同我走上城墙，清楚地告诉中国士兵，他们在日军进城的时候绝对不能开火。我们让他们排在一边，盖住枪休息。随后，我让一名在外面的中国军官与中岛顾问保持联系（他正在城门以西200米左右的铁路口的装煤站）。

过了一会儿，斋藤翻译下车走出城门。这时，张秘书来了。我让王连长再次向中国士兵解释了一下目前的情形，以免误会，我让他们把城门半开。

这时，吉富正在城下，斋藤正在城门外的桥边；我、川村和张在墙门上楼门北侧。下午6点过后的几分钟，日军汽车队在中岛顾问汽车的引导下向这边驶来。当他们正要经过城门时，突然之间，城门南面50米外有子弹向他们射来。在城墙上的中国士兵也同样在未经允许的情况下开火。我和川村一起，严令楼门北侧的轻机枪立即停火，同时命令正在扫射路面的轻机枪停火。与此同时，王连长过去要东侧楼门及城墙之间的中国士兵停火。这时大约有10辆日军卡车已经通过了城门，但是在东侧楼门上的中国士兵并没有停止射击和投掷手榴弹。我看见日军汽车队停了下来，士兵开始下车。在我们尝试了几乎所有的努力和发布严令的努力下，终于喊停了城墙上的射击。我立刻让张秘书去联系宋哲元。我和川村簇拥着王连长对城墙上的士兵喊："张秘书正在同宋委员长联系，从现在开始，绝对禁止你们开火。"

第二，我逃走之前城门内外日军发动攻击的情形。

晚上7点，一些中国人的开火被我们想方设法地制止了。7点刚过，当城门内外的日本人开始行动的时候，中国人从城墙上再次向两边的日本人开火。其间，一些中国人被东楼门北侧的伤亡激怒了，他们逼近我和川村，叫喊着"杀了日本人"！我架着王连长，想要控制住中国人，但是徒劳。一开始一三二师的中国人从10米外射击，然后西楼门北侧的轻机枪开始射击。在想要阻止开火时，川村顾问似乎受了伤。就在此时，从西楼门方向，5、6名中国人手执青龙刀和长矛朝我们冲了过来。而东楼门方向则有10名或者更多的中国人朝我们冲过来，我被一颗子弹击中了左腿。

于是我不得不与王连长格斗，将他击倒，然后我跳了下去，跳到城壁内廷（东楼西楼中间的北侧），我的右腿撞在水泥土屋顶上，我从那里摔下来，右肩砸在地上。在城墙上的中国人此时正在射击并投掷手榴弹，我钻进谷仓寻找死角。这时，城墙上的火力越发猛烈，我猜想在城门内外的日军都在受到攻击。城墙间的院子里，没有一名中国士兵，所以我相信他们不会到这里来找我，我找了一些棍棒和砖石来做掩护。交火断断续续，在日落时才安静了一会。夜里，有时也会听到枪炮声。我不能分辨是城门内外日军的攻击还是紧张的中国人在无目标地乱射。

我休息了几小时，听天由命。

然后，我听到有人叫我的名字，是一个认识我的中国警察，他帮助我到了广安门的警察分局，遇到来找我的周参谋。我回到特务机关，并且被安排进了陆军医院。

3. 中国军队在交战中的兵力

这次事件中,在广安门的兵力大约有60人,由三十七师的王连长指挥,另外有一三二师的60人被派来接替。前者布置在西楼门西侧,后者布置在东楼门及城壁。这是给松井大佐的报告。我证明报告是我写的。

检方可以对证人进行交叉询问。

韦伯庭长：塔夫纳先生。

塔夫纳检察官：为了避免重复,我们不准备询问该证人。

韦伯庭长：列文先生。

列文辩护律师：我要求证人按程序离席。

韦伯庭长：同意。

（樱井证人离席。）

韦伯庭长：列文先生,下一位证人是谁？

列文辩护律师：我们现在传唤证人和智恒藏。

（和智恒藏作为辩方证人被传唤,宣誓之后通过日语译员作证如下。）

直接询问（由列文辩护律师询问和智恒藏证人）

问：请说出您的姓名,年纪和住址。

答：我叫和智恒藏,今年47岁,住在东京都下吉祥寺五零零番地。

语言监督官：五零零番地。

问：我们给您看辩方文件第594号,上面是否有您的签名？

答：有的。

问：文件所述内容真实准确吗？

答：我想纠正两点。在第二段,我要纠正时间,"今晚7点"应改为"17点"。第三段"今天"一词应改为"那天"。

问：经过更正,文件内容真实准确吗？

答： 是的。

列文辩护律师： 我要提交证据，辩方文件第 594 号，和智恒藏修正后的宣誓证词。

韦伯庭长： 按程序接受。

法庭书记官： 辩方文件第 594 号被法庭接受为第 2481 号证据。

（前述文件被标以辩方证据第 2481 号并被法庭接受。）

列文辩护律师： 我省去文件概述部分，直接宣读证词。

（宣读）

（1）1922 年，我从海军学校毕业，在日本海军服役。1937 年，我在琦玉县大和田的海军通信所担任第一任所长。

（2）1937 年 7 月 10 日，周六，下午 3 点刚过不久，一名驻北平的美国海军武官（电报略语为"wife"）向美国海军作战部（电报略语为"Opnam"）发出一份紧急密码电报。此电报被拦截，由于这是一个简单的编码，很容易破译。大致内容为："根据可靠消息来源，宋哲元麾下第二十九军下级军官对现场达成的协议不满，将在今晚 17 点发动对日军的袭击。"

（3）我考虑到这份电报非常重要，随即致电海军军令部，不过因为是周六下午，那里没有人。于是我打电话给海军省副官柳泽中佐，送上这份报告。

（4）我后来听说，海军省立即把这份报告转交给了陆军省副官，但是，一开始陆军并不相信，因为协议才签订不久。然而，事实就如同美国电报中所说，中方从 10 日夜里开始袭击，打破了那天达成的协定，事态变得不可控制。

韦伯庭长： 我们将在明早 9 点 30 分继续开庭。

（16:00 开始休庭。）

三、义和团运动以后日本在华北的驻军

1947年4月23日,星期三
日本东京都旧陆军省大楼内远东国际军事法庭

(9:33开庭。)

法庭执行官: 远东国际军事法庭现在开庭。

韦伯庭长: 所有被告都到了。除了东乡和平沼,他们两人由律师全权代表。巢鸭监狱医生证明他们的身体状况无法参加今天的庭审。该证明将被记录存档。

《星条旗报》关于昨天法庭庭审进程的报道错误百出,如果法庭真的说过或做过报道中所写的内容,那么法庭就可以立即解散了。幸运的是,法庭书记官同时也做了准确无误的记录。《星条旗报》那篇报道的作者总体来说是一个可靠的人,我认为报道中的错误应该归咎于昨天语音设备发生的错误。

我来说一下几处最严重的错误。报道称,法庭驳回了两段话,而事实上只驳回一段。报道还说,法庭为了展现它的宽容采纳了某一段话,这是无中生有。报道说庭长声称他将把对盟国无端羞辱之言铭记于心,其实庭长并没有说这些,他说的是,他不会允许这样的无端羞辱。法庭已经要求这位新闻记者参考官方记录以确保在报纸上及任何相关国外媒体上对此做必要的更正。

列文先生。

(和智恒藏作为辩方证人被传唤,宣誓后通过日语译员作证如下。)

列文辩护律师：庭长阁下，辩方已经询问完毕。检方可以开始询问。

韦伯庭长：塔夫纳先生。

塔夫纳检察官：如果法庭允许，检方不准备交叉询问。

韦伯庭长：证人可以按正常程序退庭。

（证人离席。）

列文辩护律师：我们现在要传唤证人和知鹰二。

（和知鹰二作为辩方证人被传唤，宣誓后通过日语译员作证如下。）

直接询问（由列文辩护律师询问和知鹰二证人）

问：请说出您的姓名、年龄及住址。

答：我叫和知鹰二，54岁，目前被关押在巢鸭监狱。

问：执行官将向您显示辩方文件第1003号。上面是否有您的签字？

（前述文件被递给证人。）

答：是的，这是我的宣誓证词。

问：文件所述内容真实、准确吗？

答：有一个错处。

问：在哪里？

答：在第11段，上面说在北平城内有6 000日本人，应该是3 000人而不是6 000人。

问：修改之后这份证词真实、准确吗？

答：是的。

列文辩护律师：我们将提交辩方文件第1003号证据，其中有的地方已做修改。

韦伯庭长：按程序接受。

法庭书记官：辩方文件第1003号被法庭接受为第2482号证据。

（前述文件被标以辩方第2482号证据并被法庭接受。）

列文辩护律师：我想法庭记得这位证人在之前的庭审阶段出现过。

我省略概述部分,开始宣读证词。

(宣读)

(1) 我曾是一名日军中将,目前我被关押在巢鸭监狱。

(2) 1936 年 8 月至 1937 年 7 月间,我在中国驻屯军担任高级参谋,分管情报。

(3) 根据亲身经历和个人对华北事态、对 1937 年 7 月 7 日发生的卢沟桥事变的了解,我提供以下事实以供参考。

(4) 首先,我想说一下事变之前华北局势。大约在 1936 年 8 月,我抵达天津任职,那时有很多原先属于东北军(由张学良统辖)的散兵涌入华北,马占山也在天津。有一天,我在英租界潘复的家中遇到马占山。在北平时张学良的前顾问荒木五郎在谈话中也提到许多流散军人已经加入冀东政府军的事实。"张学良本人及东北军被派去围剿西北的共产党军队,但是这些军官及东北军士兵向共产党军队表达的却是,他们的敌人是日本,既然日本也是共产党军队的敌人,既然他们有共同的敌人,就不应该互相攻击。因此,围剿共产党军队的计划并没有实施。为了激励部队,张学良去西安制造了西安事变。"马占山这么告诉我的秘书夏文浑。

我所搜集的其他情报证实了同样的事实。

韦伯庭长:这些都准确吗?

列文辩护律师:我不这么认为,庭长阁下。我把它宣读出来是因为它在文件中,但是我不认为它一定准确。我建议这部分递交给语言部,有些地方可能有必要作一些修正。

韦伯庭长:Siam,S-i-a-m,我认为应该是"n"而不是"m"。[1] 我们

---

[1] Siam,应读成 Sian,即西安。

要尽可能弄清楚词的含义。

列文辩护律师：（继续宣读）

（5）1937年春，我在济南遇见韩复榘。他告诉我，他收到一份来自中央政府的非正式通知，称中日之间将在秋季爆发战事，到时候他将不得不去天津。然而，他说如果他去天津，那么当他不在的时候，山东的老家就会被占领。所以，鉴于日军可能在青岛登陆，中方军队应该前进到潍县。

（6）从昭和十二年（1937年）春开始，冀察政务委员会委员长宋哲元的态度变得越来越排日。有一个例子，有一次我试着想要约见他，地点在天津的军官俱乐部，但是他回复说他不能在那儿见我，因为那幢房子是属于殷汝耕（亲日派）的。共产党员甚至开始逐步渗入宋哲元指挥的第二十九军的三个师。在日本方面，参谋次长西尾寿三把上海的楠本大佐、关东军的大桥少佐及在华北的我召集起来，命令我们保持一个被动态度，唯恐我们在中国惹出事端。那时的参谋本部作战部长是石原莞尔少将。我也把我们对于华北的慎重态度原原本本地报告了他。

（7）回到天津后，我把东京的命令精神传达给华北驻军。不久，冈本清福中佐从参谋本部来到天津，视察了日军。回去之后，他很宽慰地表示，日军这边完全没有任何想要制造事端的迹象。

（8）1937年7月7日，卢沟桥事变爆发。但当时日军的田代中将因为心脏性哮喘已经卧床数月，完全没有能力指挥军队。同月9日，他因疾而终。为了检阅，驻天津第二步兵联队主力被派到山海关。北平的一个大队主力驻通州，北平的步兵旅团长河边正三少将及其属下离开北平前往山海关。我以为武器、弹药和军事补给在天津驻屯军基地的储量已经十分匮乏。

（9）7月7日午夜接到卢沟桥事变爆发的报告。参谋长桥本群命令我到现场去。第二天,我坐飞机去了通州,从通州坐车进入北平。到北平后,我跟松井太久郎大佐一起参与到事变处理中。9日完成谈判。事变得到解决的条件是,中国撤回部队至卢沟桥城郭及城厢外,并且惩处相关人员。

(10)由于已经达成上述协议。我途经通州返回天津任职。在通州,我遇见了殷汝耕和佃木(冀东政府顾问)。殷说他要去集结他在通州的六个大队。这六个大队后来直接导致了当月29日发生的通州事件。

(11)回到天津之后,我接到命令去东京执行公务,我把事件现场的情形报告给了参谋本部及陆军省。我向陆军省军务局军务课长田中新一汇报的情况如下。

华北日军当局明确推行不扩大及和平解决方针。举个例子,因为中方缘故,北平和天津之间的铁路禁止用来运输日本部队;丰台和北平之间的铁路也不允许穿制服的日军使用;所有经过永定门的日本人都要接受中国宪兵队的盘查。北平城里的6 000日本人(我假设是6 000人,更正后从6 000人变为3 000人)仅仅得到我们二三个小队的保护。现实是,中国人的机关枪正瞄准北平城里日本人的房子;我们也被制止把伤员运入北平接受手术治疗,在行动中被杀士兵的尸体只能被遗弃。对于中国人的炮火攻击,我们是有条件立即回击的。尽管如此,我依然完全遵守天津驻屯军司令官的命令,忍受屈辱和不便。我坚决禁止那些被认为是想要扩大事变的挑衅行为。

(12)完成前述报告之后,大约在7月28日中午我回到华北。在那里,空军飞行队长仪俄少将告诉我,第二十九军在7月27日也就是在前一天袭击了丰台我军;今天,28日,中国部队袭击了天津,天津空军基地和天津驻屯军之间的通讯被暂时切断。当月29日,我设法回到我们原先的司令部。

（13）当我在东京执行公务时，参谋本部总务部长中岛铁藏非正式任命我为第四十四步兵联队长。在华北紧急情况差不多处理完毕后，8月1日命令正式下达，我上任联队长。大约在同月10日，我抵达了第四十四联队驻地。上任后第三天，我接到紧急调动命令，被派往上海，在上海战场服役。这之后，在1938年3月，我回到日本，隶属于参谋本部，被派参与一项在中国的特殊任务。因此我去了东京，到参谋本部报到并接受具体命令。我的任务是去同中国政府谈判，设法终结事变。

（14）1938年6月，我去了香港。同一时期，我试图通过我认识的在华北的萧振瀛与蒋政府进行谈判。他们似乎希望在汉口沦陷前把事端解决。最后，我们达成了一项协议，即东北问题到以后再说；停止在中国的战争；北平临时政府及南京维新政府人员归入国民政府；蒋中正暂时离开等。协议未提及日本是否获得中国领土、独占中国利益等事宜。

（15）我在8月末左右回到东京，把以上这些汇报给陆军大臣板垣和参谋次长多田。我被批准以此为基础去谈判。

（16）同年9月我去了香港，当我把这些转达给萧的时候，他也表示同意。我们决定把谈判地点定在福建省的福州。谈判即将开启的时候，汉口在同年10月沦陷，谈判最终流产。

（17）即便如此，我依然通过卢某的儿子与张季鸾和其他一些有识之士继续积极进行谈判，希望能让日中关系回到正常轨道上来。我知道还有很多人同我一样，在这件事情上竭尽了全力。

检方可以开始盘问。

韦伯庭长：塔夫纳先生。

塔夫纳检察官：庭长阁下，这位证人在之前交叉询问阶段的证词从庭审记录的第19664页开始。我提到这个是想说明在交叉询问中存在着一些影响证人可信度的问题。

韦伯庭长：我们会考虑的。

塔夫纳检察官：是的，阁下，我不准备询问证人。

列文辩护律师：庭长阁下，我想说明，证人所作的证词，不管是现在的还是之前的，无疑都会被法庭考虑，除了那些被质疑或者不可信的。不管他作出了什么样的证词，既然他没有被交叉询问，在我们看来，他的所述都应当属实。

韦伯庭长：没有经过交叉询问并不必然得出证词真实的论断，尽管在没有令人满意的解释的时候，这可以是一种考虑方式。我代表法庭成员问证人一两个问题。在第5页，您引述了一份报告，这份报告现在在哪里？

和知证人：这份报告我全凭记忆。

韦伯庭长：关于同样的问题，我在想，报告不是书面的吗？

和知证人：那时报告的确被写下来。我写下了报告，但是现在找不到了。

韦伯庭长：我问完了。

塔夫纳检察官：庭长阁下，对于交叉询问，对于我们应该盘问的内容，我们已经问得足够多了。有许多时候，我们想信赖检方证据，而不是尝试着去指出证人和检方证据之间的矛盾。如果只有几个证人，那么我们自当根据检方证据对其所述进行检验，但是，我们一直认为，因为时间关系，我们原则上应该控制交叉询问的量。我们相信，法庭不会因为我们没能进行交叉询问就认为检方承认宣誓证词所涉及内容的真实性。

韦伯庭长：如果您不做交叉询问，请给出理由。

塔夫纳检察官：可以，阁下。

列文辩护律师：庭长阁下，我相信，如果一个被告或者被告证词的可信度存在问题，那么检方必然会对被告的证据提出质疑。

韦伯庭长：法庭一位成员表述了这样一个观点："事实的准确性远比节约时间来得重要。"是的，列文先生。

列文辩护律师：我们现在提交证据——

韦伯庭长：证人按照程序退庭。

列文辩护律师：证人现在可以按照程序退庭吗，阁下？

韦伯庭长：我知道他要回巢鸭，那是条件之一。

（证人离席。）

列文辩护律师：我们现在提交辩方文件第1067号，情报局编辑的周报上的一篇摘要，内容是关于向华北派遣部队的事情。

韦伯庭长：诺兰先生。

诺兰检察官：如果法庭允许，因为同样的理由，我们对这份新闻稿提出异议，我们所异议的辩方文件第985号昨天已经被法庭判决不予采纳了。

韦伯庭长：这两份文件有什么区别吗？列文先生？

列文辩护律师：请注意，这是一篇由情报局编辑出版的每周新闻上的摘要，是一份官方文件。我想请法庭注意，检方提供的证据第952号是一篇国务省在1937年8月3日发布的新闻稿。尽管洛根先生竭力异议，检方文件第1504（D）被法庭接受为证据第266号——一份东京公报的摘要，在庭审记录第2543页。检方无法证明它与木户侯爵有什么关系，不能立证，但还是被接受了。阁下，您说过，"从大量的文章里可能会得出敌对推论，而单单一篇文章可能不会"。

韦伯庭长：这又让我想起我昨天所指出的，从敌方得到的材料，是由于不同利益的驱动。在一个事件之后的相关声明里，说对自己不利的内容一般都是可被采纳的，而说对自己有利的内容则反之。这个当然是立证的技术性原则，也完全是建立于证明力基础上的，同样的在这里也是检测的方式之一。

列文辩护律师：我们认为，被质疑的文件是有证明力的，是他们通过官方渠道在事变发生不久的材料里得到的。塔夫纳先生提交的第1503号文件，是一份来自外务省情报部的官方声明中的一篇摘要，标题为"一份日、德、意之间的反共产国际协定"。这些不是缴获的文件，这些是向全世界公开的发表物。

法庭证据第610A号和第611号，是在芝加哥报纸上发表的约翰·戈特先生关于中国局势的论文，是经法庭认可的检方对被告提出的"猎鹰"号汽船在香港海湾沉没事件报告，作为控诉证据和相关事件的证据。同样被采纳的还有证据第819号，关于日军在香港海湾对"斯维里斯特罗伊"号发炮和抢夺的报告。

韦伯庭长：我的一位同僚的观点是，上述辩方文件包含了标榜日本行为的全部理由。如果被接受了，被告就不需要提供其他有关论题的证据。多数决定，异议有效，驳回文件。

列文辩护律师：接下来我们提交辩方文件第1144号证据——一份法国、德国、英国、意大利和日本各国代表的记录，日期是1902年7月15日，内容是关于把天津返还给中国当局。

韦伯庭长：按程序采纳。

法庭书记官：辩方文件第1144号被法庭接受为第2483号证据。

（前述文件被标以辩方证据第2483号并被法庭采纳。）

列文辩护律师：这份文件是1902年7月15日，法国、德国、英国、意大利和日本五国代表写给大清国和硕庆亲王的照会，摘录于《列国对华约章汇编(1894—1919)》，由马克谟编辑，1921年出版，第278至284页。

（宣读）

五国（法国、德国、英国、意大利和日本）关于返还天津行政管辖权给大清国（详见《美国外交关系》，1902年，第184至201页）、裁撤天津都统衙门问题，于1902年7月15日递交大清国如下照会。

我们荣幸地确认收到阁下本月5日照会及所附袁总督阁下的

一封信函，其中强调了天津行政管辖权应该尽早交予他的理由。

我们荣幸地回复阁下，派驻天津都统衙门代表的诸国当局授权我们同意裁撤都统衙门，只要中国政府完全遵守以下议案。

根据1901年9月7日最终协定第八款，大清国允许将大沽炮台及有碍京师至海滨通道之各炮台一律撤除，并言明已设法照办。

大清国代表曾向外交团表达其履行条款的承诺。缔约国代表将履约工作交付天津都统衙门，尚未全部完成。为保证条约的履行，我们有幸向阁下提议，天津都统衙门一旦解散，上述撤除工作应交托给天津的外国军司令官，以纸币形式提供的必要资金留为天津都统衙门财产。

同一份协定第九款规定，诸国应该拥有京师到海滨通道之间留兵驻守的权力，天津是其驻屯地之一。因此，在天津都统衙门解散之后，外国军队可以继续驻守目前实际驻守之地，保持其所有供给不变，免除一切税费或其他。他们有权进行野外操练和步枪打靶等，且无需照会大清国当局，除非在实弹射击的情况下。

然而，为了避免外国部队与大清军队之间可能发生的摩擦。我们提议，大清国不应在天津城或联军占领地20里（6又2/3英里）范围内驻守军或者行军，并且，在协议签订前的外国代表和大清国代表（阁下也是其中之一）往来的信函中，商定这些驻扎点指挥之管辖权应沿铁路两边向外延伸2英里，只要协议第九款在列的驻扎点继续存在，就应保持此类安排。

我和我的同僚一致同意，直隶总督应该有权在天津城内保留贴身侍卫，总数不超过300人，并且阁下可以保留沿河的水上警察队，也同样在2英里的限制范围内。

拆除炮台意味着大清国不可重建它们，这同样也适用于天津城墙，其在1900年间发生的事端中，直接威胁了外国租界的安全。我们不同意中国政府在秦皇岛北河口或山海关设立海事驻防。

如果法庭允许,我将省略接下来的三段,宣读第四段,如下:

应当承认外国部队在必要时确保夏令屯营地的权力。

天津都统衙门的档案应交托于首席领事,任何有权参考档案的人都可以向他提出申请。

关于税收,在城内和管区里的居民应被认为已经在天津都统衙门管辖期间履行了对大清国家的职责,不得再向他们要求任何欠款。

我不再宣读文件的剩余部分。现在提交辩方文件第1143号证据。

韦伯庭长:按程序接受。

法庭书记官:辩方文件第1143号被法庭接受为第2484号证据。

(前述文件被标以辩方证据第2484号并被法庭接受。)

列文辩护律师:这是一份关于接受裁撤天津都统衙门相关条款的照会,日期是1902年7月18日。我相信我应该省略标题,标题没多大意义。

在1902年7月18日和硕庆亲王给美国公使的一份照会中,表达了大清国对照会中的条款(裁撤天津都统衙门的记录)的了解,内容经翻译如下:

(宣读)

在光绪二十八年六月十日(1902年7月15日),我收到一份由缔约国若干公使发来的一份函件称,关于天津城及毗邻地区转交直隶总督管辖一事,诸国公使都已同意(理由相同)。

在关于裁撤天津都统衙门的问题上,他们已经得到各自政府的批准,条件是大清国政府做到以下几点。首先,天津都统衙门将在得到大清国方面明确认可提出的条件后四个星期内裁撤。日期到来时,天津都统衙门应明示将天津都市及周边地区转交何人之手。

我已经细阅了这份函件,其中提出,诸国应有权在从京师至海滨通道的公路或通信沿线设立由诸国控制的驻点,延伸距离是铁路两边 2 英里。

本大臣根据首席公使葛络干阁下于光绪二十七年六月(1901年7月)的书信,派兵弹压将仅针对——我假设是"针对",这儿打得不太清楚——针对铁路、电报线的犯罪行为和……财产的犯罪行为——我认不出那个词。

韦伯庭长:那个词是"抵达",但是它并不是所要表达的意思的词。它可能是"联军与"。

列文辩护律师:——"联军与其财产"。

(宣读)

对于剩余的其他的条款,我没有异议。

在本月(7月)17日,我就此事启奏陛下,并且荣幸地得到了陛下的诏谕。于是,我立即向缔约国公使团回复,以便他们可以立即向天津都统衙门传达,都统衙门将在四周内被废除,天津城及周边郊区将归还大清国行政管辖,并在那里与作为当地官员、居民及军队首领的北洋大臣做交接工作。

从今以后,只要有需要,不论何时,外国居民及军事当局能够随时随地与北洋大臣阁下磋商,我希望这样能对当地有好处。[1]

庭长阁下,我的日本同事告诉我,那个我没有读出来的词是"联军",就像您说的一样。

---

[1]《美国外交关系》,1902年,第201页。——原注。

现在我们提交辩方文件第 956 号证据，北京外交团接受的关于对铁路进行军事占领的决议。

韦伯庭长： 按程序收录。

法庭书记官： 辩方文件第 956 号被接受为第 2485 号证据。

（前述文件被标以辩方证据第 2485 号并被法庭接受。）

列文辩护律师：（宣读）

北京外交团接受的关于在京师至海滨通道之间铁路驻军的决议。[1]

在 1911 至 1912 年革命期间，诸国代表认为有必要在从京师到山海关的京奉铁路行使军事控制权，美国、英国、法国、德国、意大利和日本军队根据北京外交团认可的决议占领了上述铁路区间，见 1912 年 1 月 26 日制定的 13A 通告。

决议内容如下：

（1）应在铁路沿线重要车站、大桥等地驻屯军队。

（2）中国帝国军队及革命军队，因为运输、装卸货物用途使用铁路以及与之连接的栈桥、码头，将不受干预。

（3）双方都必须小心避免任何对铁路的妨碍，禁止任何形式的破坏。

（4）任何想要永久损坏沿线重要部分，如车站、仓库、机械、桥梁等的行为，将受到保卫铁路的六国联军的坚决抗击。

（5）要求北清铁路局在山海关和天津随时保持足够的车辆，以保证能迅速输送 250 名步兵增援的能力。

（6）为保护电信局，维护电报通信，中国部队可以使用该铁路。

---

[1] 这份文件是在辛亥革命期间，1912 年 1 月 26 日由北京外交团接受的决议，摘自《列国对华约章汇编（1894—1919）》，马克谟编，1921 年出版，第 318 至 319 页。——原注。

（7）哨所及巡视队指挥官应熟悉第（2）、（3）、（4）、（6）条，并且与其所属部队一起尽其所能地参照执行。

我们现在提交辩方文件第891号证据，这是一份国民政府首脑发表的有关遵守条约、协议及既得权益的声明。

韦伯庭长： 按程序采纳。

法庭书记官： 辩方文件第891号被法庭接受为第2486号证据。

（前述文件被标以辩方第2486号证据并被法庭接受。）

列文辩护律师：（宣读）

1913年10月10日。

本大总统在此声明，绝对遵守帝国前政府及中华民国临时政府与各国政府之间缔结的所有协定、条款，充分遵守临时政府与外国公司或外国民众之间达成的合法契约。根据国际协定，国内法及各种确定的惯例、先例，外国民众在中国已经享有的相关的权益、特权、豁免权应得到认可，以此保持友善关系，维护和平环境。

我们现在请法庭注意辩方文件第489号即已被接受为证据的第2324号，在庭审记录第19728页。我不打算重复宣读文件。这是一份外务大臣广田在1936年1月22日关于日本对华政策在国会发表的演讲。我们希望法庭同样注意辩方文件第231号，已被接受为证据的2370号，在庭审记录第18387页。我不准备重复宣读这份有田外相关于日本对中国不同局势态度的表述。

我们还要提交辩方文件第1093号证据，是外务省发言人在1937年7月8日发表的对卢沟桥事变的声明。

韦伯庭长： 诺兰先生。

诺兰检察官： 庭长阁下，我方对这份文件提出异议，理由同对其他新闻稿提出异议一样。

列文辩护律师： 庭长阁下，在这个问题上，我之前已经解释过了，我现在没什么想说的。

韦伯庭长： 您能说明这份文件与别的文件有什么不同吗？

列文辩护律师： 我想我可以，庭长阁下。这不是一篇新闻稿，这是一份外务省发言人在 1937 年 7 月 8 日发表的对事变的解释。

诺兰检察官： 可以看出，这份被称作外务省官方文件的材料，是一份外务省所有的英文文件。

列文辩护律师： 如果文章被采纳为证据，它是不是用英文写的不会有任何影响。庭长阁下，我想说的另一点是，这份声明是在 1937 年 7 月 8 日也就是事变发生后一天发表的。这几乎是日记性质的声明，是紧接着事变的，具有最重要的性质。与其他新闻稿不同，这样一份声明具有高度证明力。

韦伯庭长： 根据多数原则，法庭维持异议，文件不予采纳。

列文辩护律师： 我们现在提交辩方文件第 1096 号证据，是一份 1938 年 7 月 8 日发表的关于可以在中国进行军事演习的权利的内阁声明。

韦伯庭长： 诺兰先生。

诺兰检察官： 我们对这份文件提出异议，它是又一份来自外务省发言人的新闻稿。它和之前被法庭拒绝的文件没有实质区别。

列文辩护律师： 庭长阁下，它是一篇新闻稿的事实并不代表该文件就不应该被法庭采纳。

韦伯庭长： 它显然和其他文件性质如出一辙。异议成立，文件不予采纳。

列文辩护律师： 庭长阁下，我还没有说完。我尊重法庭的规则，但是我依然恳请法庭注意，事实在于这是一份关于有权进行军事演习的内阁声明，我认为，它和其他文件是不一样的。

我们要传唤证人桥本群。

（桥本群作为辩方证人被传唤，宣誓后通过日语译员作证如下。）

韦伯庭长：我们现在休庭 15 分钟。

（10：45 开始休庭。）

（11：00 重新开庭。）

法庭执行官：远东国际军事法庭重新开庭。

韦伯庭长：列文先生。

直接询问（由列文辩护律师询问桥本群证人）

问：请说出您的姓名、年龄和住址。

答：我叫桥本群，住在东京都世田谷区北泽四丁目四五六番地。我出生于明治十九年（1886 年）十月二十三日。

问：您 70 岁了，是吗？

答：根据日本的计算方式，我今年 62 岁。

问：我们递给您辩方文件第 973 号，请向法庭声明上面是否有您的签字？

答：是的。

问：证词内容真实、准确吗？

答：有错误，有一个错误。

问：请说出是什么错误？在哪里？

答：日文本的第 6 页第 4 行，第 7 段。

语言监督官：英文本中，该内容在第 10 页底端。

答："……在同一天"应该改为"……在 11 日晚"。

问：纠正这个错误后，声明真实、准确吗？

答：是的。

列文辩护律师：我们现在提交证据即修正后的辩方文件第 973 号，桥本群的宣誓证词。

韦伯庭长： 按程序接受。

法庭书记官： 辩方文件第 973 号被法庭接受为第 2487 号证据。

（前述文件被标以辩方证据第 2487 号并被法庭接受。）

列文辩护律师：（宣读）

我叫桥本群。1936 年 8 月到 1937 年 8 月底期间，我担任中国驻屯军参谋长。在此期间，中国事变爆发。我要详述一下当时的局势。

（1）关于中国驻屯军的军力和部署。有以下几支部队：一个步兵旅团（两个联队）、一个骑兵中队，一个炮兵联队（两个大队），一个工兵中队，通信队，宪兵队，医院及特务机关（北平、张家口、太原、济南、通州）。军司令部驻天津，步兵旅团司令部驻北平。第一步兵联队本部驻北平，大队分别驻扎北平、丰台及天津。还有一个小分队在通州。第二步兵联队本部和二大队驻天津，一大队在山海关，一部分部队驻塘沽、唐山和秦皇岛，均位于铁路沿线，骑兵、步兵、工兵及医院在天津。宪兵队本部在天津，其他分别驻扎各地。此外，驻北平大使馆武官受参谋本部直辖，同样听命于军司令官。三名军事顾问被派往中国第二十九军。总兵力约 7 000 人。

（2）关于中国驻屯军的任务。中国驻屯军的任务同其他国家的驻屯军任务一样，其基础是 1900 年义和团事变议定书。换言之，他们负责外交机关和北平到海港之间通信线路的安全，并承担保卫日本居民的任务。

（3）事变爆发时，中国驻屯军司令官及主要军官的名字。驻屯军司令官原是田代皖一郎中将，但他在卢沟桥事变爆发前几天身染重病，并于同月 9 日去世。香月清司中将被委任该职。步兵旅团长是河边正三少将，第一步兵联队长牟田口廉也大佐，第二步兵联队长菅岛高大佐，炮兵联队长铃木率道大佐，北平特务机关长松井太久郎少将,大使馆武官今井武夫少佐。

(4)关于事变爆发前华北中国军队的部署。宋哲元指挥下的第二十九军部署在天津、北平、张家口、保定及大名地区(以上每区各有一师驻扎)。阎锡山部在山西省,韩复榘部在山东省,殷汝耕指挥下的保安队在冀东。中央军未驻扎华北。我记得,不包括山西省,华北的中国陆军共约30万人。

(5)关于冀东防共自治政府及冀察政务委员会的性质。以殷汝耕为首的冀东防共自治政府显然从南京政府脱离出来成了一个独立的政权。该政权以反共著名。宋哲元为首的冀察政务委员会是当地的自治团体,得到南京政府承认,其基本原则是直接或间接执行南京政府的命令。

(6)关于中国驻屯军在东京军事当局命令下对华采取的立场。中国驻屯军孜孜不倦地为促进日本与"满洲国"之间的经济和文化合作而努力,同时,也竭力消除共产主义威胁,而不是给中国带去政治上或军事上的威胁。当我作为参谋长到中国驻屯军任职前夕,我曾去东京军事当局接受任务,在参谋本部和陆军省,我都被告知要为促进与中国之间的友谊而努力。

(7)关于针对中国的作战计划,以及事变发生前中国驻屯军方面针对中国军队的准备。东京军事当局没有给中国驻屯军下达过任何命令。我们完全没有想过要同中国交战,我们没有制定什么针对中国军队的作战计划。然而,为了在遇到危机情况时,驻军可以有效履行其职责,即保护外交机构、日本居民,保障通信线路,各部队分别制定了警备计划。换句话说,这个计划是出于被动防御。我现在要强调的事实是,中国驻屯军没有制定任何针对中国军队的作战计划。

① 如上所述,中国驻屯军没有针对中国军队的作战计划,但是卢沟桥事变的爆发却呈现不容乐观的态势。事既至此,中国驻屯

军直到 7 月 16 日才制定了作战计划书,以保证军队可以应对任何紧急情况。这不能被说成是针对中国军队的全面作战计划,而仅仅是针对第二十九军的作战计划。

② 中国驻屯军仅仅是一支驻军部队,没有作为陆军行动任务必需的辎重和机动车辆,这样的部队不可能发起进攻。

③ 武器、弹药、粮秣等军需品并未全数供给驻军,部队也没有任何超出常规供给以外的物资储备。

④ 中国驻屯军在和平时期教学和训练的目的只是让部队像国内部队一样装备精良和强大,并没有以中国军队为目标。

(8)我要叙述一下中国驻屯军与关东军之间的关系。根据关东军和中国军队达成的塘沽停战协定,关东军有责任参与华北地区事务。然而在 1936 年 4 月,根据中央部的命令,与停战协定有关的事务,以及其他事项要从关东军转交到中国驻屯军。因此,两军之间的职责划分相当明确。从那之后,两军都谨遵他们各自的职责范围,互相之间再也没有惹出麻烦。

(9)我想在此描述一下事变前日本军队与中国军队之间,以及两国民众之间的情感。

作为日本军队的一员,根据维护日中亲善的国策,我们一直努力让中国军队相信我们的渴望,相信我们想要加强与中国军队之间的友好和睦关系。

一方面,中国军队高层的大部分人都认同中日合作关系的必要性,并努力想要加以实现;另一方面,下层军官和士兵并没有完全理解他们上级的意图,抗日演说和抗日活动从来没有停止过。尤其是在绥远事变及西安事变之后,共产党的地下活动变得越发频繁。不可否认,中国军队在很大程度上受到了这些煽动的影响。

令我们遗憾的是,那时日本人民和中国人民之间的情感并没有达到亲善的地步,尽管维持友好关系对两国来说是必不可少的。

以下列举一些实例。

昭和十一年(1936年)九月十八日,日本军队同中国军队在丰台地区的行军路上相遇,一名中国士兵袭击了日军的一匹挽马,差点爆发冲突。所幸,由于两军将领采取的适当措施,妥善解决了事端。

此外,北平与天津之间的军事通信设施经常遭到破坏,有些地方还有侮辱日本国旗的事件发生。

中国上层官员在情感上是亲日的。尽管事端时有发生,前线有许多流血事件,尽管他们的情绪越来越波动,但是,两军高层之间的关系还是像往常一样平静友好。7月16日,宋哲元先生甚至在没有护卫的情况下,独自一人来到日租界参加田代军司令官的葬礼。失去了这样一个亲密的朋友,他只有用痛苦的哭泣来悼念亡灵。

(10)关于卢沟桥地区日本军队与中国军队的冲突。卢沟桥事变既非日方有计划的战略行动,也非日方挑衅。以下将对此作出证明。

① 田代司令官在事变前一个月就开始卧病在床,已致病入膏肓,最终于7月9日去世。倘若日方曾有任何计划之阴谋,按理则应立即更换军司令官一职。

② 河边旅团长作为主要负责人,去了山海关视察,事件发生当天并不在现场。

③ 事变当天,北平的联队去了通州参加军事演习,只留下一个中队。这能说明事变并非事先蓄谋。

④ 步兵联队的一个大队也被派去山海关参加军事演习。

⑤ 由于在卢沟桥演习的部队没有装备实弹,无法回击中方的开火,于是他们撤退到一文字山隐蔽。

⑥ 部队进行军事演习的地方,是中国军队驻扎的宛平城和龙

王庙之间的低地,战略上非常不利。在此情况下,日方要挑起事端,非常危险。

如上所述,客观环境对日本方面非常不利,甚至很危险。在这样的条件下,日军想要挑衅中国军队,是不可能的。

(11) 关于日军的军事演习及其地点。依据明治三十三年(1900年)义和团暴动后与中方签订的协定,在华北的各国驻军可以有属于自己的演习场地。同样的,根据同中方的协定,北平驻军在通州有演习场,丰台驻军在营房北面有练兵场,在距练兵场3公里以西的一处平地有演习场。天津和其他地区的驻军也有演习场。这不仅适用于日军,其他国家军队也一样。

证人秦德纯说的没错,日军在没有通知中国方面的情况下进行了军事演习。但是,日本并没有义务要事先通知中方。协定赋予外国部队在军事演习时不需要事先通知中方的权利。但是在昭和十二年(1937年)五月,中国方面要求在进行夜间演习时事先通知他们,因为夜间演习会让民众紧张不安,可能引起社会担忧。如果事先通知了,中国当局就可以在演习前向民众发出通告,从而可以舒缓焦虑。我们同意了这个要求,决定在夜间军事演习之前给予事先通知。关于7月7日晚间的军事演习,我在事变之后询问过特务机关,很显然,中国当局已经得到了通知。

(12) 日军得知卢沟桥事变之后所采取的行动。军事当局批准了前线的第一份报告,报告说日方和中方将组织共同委员会调查实情。7月8日早上,他们从前线听说一木大队在卢沟桥攻击了中国军队。当局立即停止了前线的行动,命令该大队等待进一步的命令。

军事当局召开幕僚会议,决定解决事端,不让其进一步扩大。根据决定,他们向部队发布命令,向中央部报告了这个决定,随后等待命令。同时,他们采取措施,让旅团长河边回到北平。当他经过天津时，我和他通了电话，命令他根据政策停止前线的行动，立刻解决事端。为防止对当局政策的误解，我还派了一名官员去那里。

7月8日下午6点，参谋总长通过电报下达命令，要求遵循不扩大方针，特别要避免使用武力，以防止事变的扩大。

军事当局制定了解决事端的计划递交到中央部，然后我去北平把计划告知中国方面。中方同意，并且在9日签署了协议，其要点如下。

① 第二十九军代表要宣布对事变负责，表达对日方的歉意，惩罚相关人员。

② 因为中国军队驻丰台离日军太近，容易导致意外事变发生，今后在卢沟桥和龙王庙不能有中国部队，另以一支保安队维护安全。

③ 由于这次事变主要是由蓝衣社和共产党或抗日团体造成的，中国当局会考虑制定出一个相应的计划来加以取缔。于是签署了协议，但是中方迟迟未能履行。

根据以上情形，7月16日，中央部向各部队发出以下命令。

① 要求在7月19日之前，至少实现以下几点。

第一，宋哲元正式表达歉意。

第二，对相关人员的惩治包括对冯治安的免职。

第三，部队从八宝山附近撤退。

第四，宋哲元签署7月10日提出的决议。

② 如果中国军队没有在规定期间执行我方要求，我军将立即停止谈判，将惩罚第二十九军。为此，在期限过后，日本将立刻从本土调动部队派往华北。

③ 期限过后，即使中国方面不让步或不同意执行我方要求，第二十九军都要撤退到永定河西岸。

④由于日本想要在华北范围内控制局势,立即解决事端,我们要求南京政府恢复中央军旧态,停止对日本的挑衅活动,不得妨碍目前的解决进程。之后,我们把前述指令交给中国当局。宋哲元接受了它们,并于7月18日亲自来到天津,向驻屯军司令官表达他的歉意,同时提出一系列条款,用来控制在之前协议中提到的共产党活动及其他抗日团体。

中国方面尽管接受了我们提出的要求,但仍然像之前一样束之高阁,尤其是拖延执行协议中关于撤退中国军队的部分。相反地,在不同地方接连发生了不祥事件,我们认为他们完全没有诚意。

(13)我应该谈一谈在双方对峙时发生的不幸事件。

7月11日,中国军队在卢沟桥向我方不法开火,我方10人伤亡(其中6人死亡)。

7月13日,中国军队朝路经南苑河村的日军不法开火,我方有10人伤亡(其中5人死亡)。

7月16日,日军经过安平附近时,遭受中国军队攻击。幸运的是没有人员伤亡。

7月20日,在一文字山,中国军队朝日军不法开火攻击,我们有4人伤亡(其中1人死亡)。

7月25日,中国军队不法攻击了在廊坊修理通信线路的日本士兵。日方15人伤亡(其中4人死亡)。

为防止类似的意外事件发生,我们在修理工作开始前已通知了中方,所以这完全是场恶意袭击。

7月26日,广安门事件发生。在这起事件中,我们同样也事先通知对方,征得了他们的同意。我们告诉他们,我们有一个大队的部队需要经广安门回到北平城内的营地,目的是保卫城中的日本居民。

正当日军行进中,中国军队关上城门,并且攻击已经进城的日本士兵。这完全是恶意袭击。我们有17人伤亡(其中2人死亡,此外有2名记者死亡)。

(14)关于卢沟桥事变之后,日方的军事动员和军事集结行动。

7月8日晨,中国驻屯军决定不扩大事态,同时不要求关东军增派兵力,但是为最坏打算,会集结在丰台及通州地区的驻军主力。然而7月10日,中国军队指挥部命令动员空军,4个师奉命集结在河南省以北沿线。

7月12日,下命调动在河南、河北、安徽和江苏的部队,将他们集结于陇海铁路和平汉铁路沿线。

7月14日,出动广东的空军和陆军部队,并出现北上趋势。我们的驻军将因此陷入危局。东京中央部将在朝鲜的第二十师团以及关东军的一个混合旅团、一个机械化旅团,一些空军部队和其他辅助部队归于中国驻屯军司令官麾下。这些部队相继在7月12日前后抵达华北。然后,第二十师团集结在唐山和山海关地区(之后有一部分行进到天津);关东军的一部分在北平以北的顺义附近;中国驻屯军的主力在丰台,另一部分在通州。其后,与中方的谈判继续进行。

中国驻屯军采取明确的行动之后,在日本的其他部队也调动起来。7月27日,三个师团奉命调动,29日调动完毕,他们被相继派往华北。8月15日,第一批部队抵达华北。

(15)关于中国驻屯军决定发动针对南苑攻击的动机及开战的通告。在充满恶意的不祥的廊坊、广安门等事变之后,倘若日本方面继续保持容忍,那么更加严重的事件、更加危险的结果就会接踵而至。正是预见到这样的可能性,为了我们的权利,也为让第二十九军重新思量他们的行为,我们应该惩戒中国军队。因此我们决定攻击,但我们发动的都是有警告的攻击。

7月25日廊坊事件一爆发，我们便向中方发出通牒，要求他们三思。广安门事件后，我们也给了中方最后通牒，给予他们考虑的时间，但是我们没有收到任何答复。于是，我们向南苑发动了攻击。廊坊事件后的通牒如下。

很遗憾，两军间最终爆发了冲突。一部分日军在25日被派去保护廊坊的通信线路，而贵方部队对他们造成了威胁。

导致这种情形发生的原因，是贵军在执行同我方的协定时表现得毫无诚意，以及贵方持续的好战态度。如果不想让事态继续扩大，贵方首先要做的是立即命令卢沟桥和八宝山附近的部队在明天中午之前撤退至长辛店，北平的第三十七师在28日中午之前从北平城内途经平汉铁路以北地区转移到永定河以西地区，驻扎西苑的三十七师部队随同前往。之后，贵方必须按时逐步向保定转移这些部队。如果贵方不按照我们的意见行事，我们会认为贵方缺乏诚意，届时我们将不得不采取适当的行动，贵方要为发生的一切承担相应责任。

我没法叙述广安门事件之后提出的通牒，因为我没有保留记录，但是我记得，我们要求对方在一定的时限内回复通牒。

最终发动战争的决定并非针对整个中国，而是仅仅针对第三十七师，因为它是整个第二十九军中抗日性质最突出的部队。事实是，即使作战已经开始，我方仍然企图限制范围。日军在之前的通牒里要求第三十七师撤退，自然而然地就认为有权力把日方其他部队留在天津及北平附近地区。军方把决议上报到中央部。中央部表示同意，并且为行动开始发布了命令，其中有一句话指示部队："不要越过永定河一线。"这句话让部队认为，中央部并没有放弃立即解决问题的希望。

（16）现在我想说一下军队不扩大方针的来由及中央部的态度。军队采取不扩大方针的理由如下：因为某个地区的军事冲突改变日中之间关系的重大方针是不合适的。而且中国驻屯军从来没有想过要同中国走到战争的地步,对于这样的战争没有任何准备。此外,我们认为如果我们开始对华战争,将会是一场民族冲突,由于中国版图辽阔,冲突可能变成一场长期战争。所以,我们决定尽可能避免同中国的战争。幸运的是,作为谈判另一方的中国军队领导人,也同样秉持不扩大原则,我们相信我们会达成和平协议。

我已经零散地提到,事实上,中央部已经采取多种手段防止事端的扩大。尤其是军司令官香月在赴任之际下达了坚持不扩大方针的命令。此外,参谋本部总务部长中岛和陆军省军务课长柴山,被派往当地部队贯彻不扩大方针。

(17)我想叙述一下日军和中国军队在前线面对面时发生的一件奇怪的事情。卢沟桥事变爆发之后,有人经常从侧翼不法射击,怂恿中国人非法开火,在这件事情上,日中双方处于相互猜忌的状态,几乎每晚都有这类事情。我听谣传说可能是中国学生或者共产党分子干的。我认为存在着一个蓄意在日中两军间挑动冲突的第三方。

(18)关于证人秦德纯所说的加强军事力量,我还有想补充的内容。秦德纯先生对此有所误会。我方一个步兵大队驻扎在丰台,军营在停车场附属的铁路用地,并且很小,公共卫生和训练都不方便,我们要求在附近地区借一块土地来作为我们新的军营。然而,冀察当局逃避责任,并托词中国居民"反对这样的搬迁"。

韦伯庭长:我想这个词是"国民"。
列文辩护律师:您说的是?
韦伯庭长:"居民"应为"国民"。
列文辩护律师:即"中国国民反对这样的搬迁"。我们询问了一些土生土长的中国人,发现他们是支持我们的。因此,我们同中国当局谈判,但是中国当局命令原平县县长强迫那些当地人写一份文书反对我们。

我们的要求并没有得到明确拒绝,随着时间的流逝,问题就被搁置了。秦先生口述中关于我跟他的对话完全是捏造的。我见过宋哲元一次,只是为了敦促他。

检方可以询问证人。
韦伯庭长:倪检察官。
倪检察官:庭长阁下,我想开始交叉询问。

交叉询问(由倪征燠检察官询问桥本群证人)

问:证人先生,您在证词中提及田代司令官久病不愈。在他生病至新的继任者任职这段时间内,是否有人暂代他的职务,指挥部队?

答:没有。

问:那我能否认为,在那期间,实质上是您在指挥驻屯军?

答:即使在田代司令官病重期间,军队的掌控权也一直在他手里。

问:但是照您所说,他病得非常严重,并且在卢沟桥事变爆发之后就随即离世了?

答:在田代司令官的病情变得极度严重之前,他都是根据自己的意志指挥部队,他是完全清醒的,他在病榻上对军务直接发布命令。然而,在事变爆发前两到三天的时候,他的病况变得非常严重,于是,我们向中央部申请委派一名继任者。

问:继任者是什么时候到任的?

答:我记得他是7月13日来的。

问:在您证词第2页的中间部分,您说中国驻屯军担负着保卫公使馆与北平到海港之间的通信线路以及日本居民的任务。在第4页上端,您同样说,中国驻屯军致力于促进同"满洲国"之间的经济、文化合作。从后一段叙述来看,驻屯军有一个非常不一般的政治任务。我的问题是:实现日本、"满洲国"和中国三者的统一和共济,最终通过让中国承认"满洲国"的路径来控制华北事务,是你们政府的方针之一,不是吗?

韦伯庭长:列文先生。

列文辩护律师:我提出异议,它不仅是一个争议性的问题,并且把2到3个问题都并在了一起。

韦伯庭长:问题太长了,倪检察官。

倪检察官:是的,我来试着换一个问法。

韦伯庭长:我们在这里提出的问题要坚持简短、清晰的原则,否则翻译过程中就会出现困难。把问题拆开,省略一切带有争议性的部分。

倪检察官:谢谢阁下指点,我会把问题精炼。我想简单地问一下证人。

问:引导华北事务以实现日本、"满洲国"和中国三者的统一和共济,继而让中国承认"满洲国",是否为日本政府的方针之一?

列文辩护律师:庭长阁下,我提出异议,这个问题超出了证人的作证范围,证人无法回答关于日本政府方针的问题。

韦伯庭长:如果我记得没错,证人的确声称过这和日本的方针有关。异议无效。

问:证人能否回答我的问题?

答:我在证词中说过,华北驻屯军最初和最基本的任务是要保护——是保障通信线路的安全及保护日本国民。第二段,关于促进日本与"满洲国"之间的友谊和亲善,反映了华北驻屯军在处理华北问题时应该采取的态度。

语言监督官:省略"北"这个字,在华——在整个中国的驻屯军。

答:我认为日本的方针基于我之前提到的两个主要点。关于中国驻屯军的任务，就检察官刚才提出的问题而言，我无法做出任何明确、正面的证明。

问：但你们的态度是基于一定的方针，不是吗？

答：方针是促进与中国之间和睦亲善的关系，根据中央部——也就是政府的政策和目标，特别要在华北，与中国人民建立文化、经济上的友好合作关系。

问：所以最终您承认的确有那么一个方针？

韦伯庭长：列文先生。

列文辩护律师：庭长阁下，我们提出异议，这个问题的答案不言而喻。

倪检察官：庭长阁下，我这样表述是因为证人一开始说过他无法确定是否存在一些方针。他说仅仅是一种态度。

韦伯庭长：你们可以认为态度和方针之间存在着细微的差别，我不这么认为。我知道它们是不同的词，但是在这里，我认为它们的意思可能是一样的。

我们将于1点半重新开庭。

（12:00开始休庭。）

四、廊坊事件与日本对华方针

（13：33重新开庭。）

法庭执行官：远东国际军事法庭现在开庭。

（桥本群作为辩方证人出庭，继续通过日语译员作证。）

韦伯庭长：倪检察官。

倪检察官：庭长阁下，关于日本对华北的指导方针，我想请法庭留意检方证据第219号，在庭审记录第2748页。因时间关系，我不打算加以宣读。

问：证人先生，您现在可以告诉我，你们是怎样努力实现与"满洲国"之间经济、文化合作目标的吗？

答："满洲国"和什么国家之间？

问：您在证词里只说了你们要促进与"满洲国"之间的文化和经济合作。我不知道您所指的对象是哪个，也许是华北。

答：关于促进华北和"满洲国"之间的经济文化合作，我记不起做过什么特殊的努力。

问：您在第4页中说，你们为了那个目标不懈地努力，指的是什么？

答：我想我在证词里所说的努力，指的是促进华北与日本之间的亲善。

问：好吧，您没有说"促进华北与'满洲国'之间的亲善关系"；你在第4页上说的是，"与'满洲国'之间的经济和文化合作"。

列文辩护律师：庭长阁下，我的一位日本同事刚才提醒我，第4页上的翻译存在一个错误，虽然上面写的是"满洲国"，实际上应该是"中国",冈本先生正在就这个问题和莫洛少校讨论。我想请法庭注意这个事实。

韦伯庭长：我们把这个问题交给语言部。倪检察官，问些别的问题。

问：如果现在您指的是中国的话，那是与谁合作？是中国和谁之间的？

答：中国和日本之间。

问：那么告诉我们，你们是怎么为了目标做不懈努力的？用什么方式？

答：首先，我们最主要的是促进与华北各界的和睦友好关系。

问：还有呢？

答：相关的具体问题，根据和睦友好精神，不管何时发生的，都会想办法努力解决。

问：是否包括宣传方案的实施？

答：如果您所说的宣传指的是向华北介绍日本和日本的情况，那么就是包括的。

问：你们的项目包括建立秘密机关吗？

答：不。

问：你们的计划包括从"满洲国"和日本自由进口货物以及你们日语术语所谓特殊公益？

韦伯庭长：这个词的意思是？

倪检察官：特殊贸易。

答：不。

语言监督官：证人回答不包括。

问：您在宣誓证词中提到"满洲国"。您作为驻屯军中的一名高级军官，是否知道您的政府想要利用卢沟桥事件催逼中国承认"满洲国"？

答：不知道。

问：您是否知道您的政府一直热衷于日本、"满洲国"和中国之间协调合作的吗？

列文辩护律师：庭长阁下，我提出异议，它不在宣誓证词的范围内。

韦伯庭长：我认为它在范围内。很难说什么在什么不在，证词的第一部分内容非常宽泛。

倪检察官：庭长阁下，能再向证人提这个问题吗？

韦伯庭长：证人，请回答问题。

答：请再重复一遍刚才的问题。

问：您是否知道您的政府一直热衷于日本、"满洲国"和中国之间协调合作的吗？

答：是的，我想是的。

问：您是否也知道日本非常渴望中国承认"满洲国"？

答：是的。

问：所以这才是卢沟桥事变之后无法达成停战协议的真正原因？

答：我不理解这个问题的用意。我们达成了一个停战协议。

问：但是您知不知道中日之间达成停战的条件之一是要承认"满洲国"？

答：我不认为有这样的事情。

问：在您证词的第9页第二段，您提到日本驻兵权和演习权来自相关条款。您知不知道您只能占据北平到山海关铁路沿线之间的12个占领点？

答：是的。

问：那么卢沟桥位于哪里？卢沟桥在这条线上吗？

答：卢沟桥不属于这条线。

问：您是否也知道根据条约规定，驻兵权被限于北平到山海关铁路沿线两边2英里范围内？

答：我理解您说的驻兵权指的是在当地驻扎军队的权力。

问：是的。

答：日军并没有实际驻扎在卢沟桥，我认为问题出在丰台的兵营。

问：卢沟桥超出了2英里范围，您不否认吧？

答：卢沟桥是一座桥，日军至卢沟桥邻近地区是为了军事演习，不是为了在那里驻扎。

问：在您证词第9页最后一段，差不多倒数第10行，您声称，"1937年5月，中国方面要求在进行夜间演习时事先通知他们，因为夜间演习会让民众紧张不安，并可能引起社会担忧。如果事先通知了，中国当局就可以在演习前向民众发出通告，从而可以舒缓焦虑。我们同意了这个要求，决定在夜间军事演习之前给予事先通知。"既然你们很清楚这样的演习会"让民众紧张，引起社会担忧"，你们为什么还要一意孤行？

答：是中方要求在夜间演习时事先给予通知，因为演习有让居民紧张及造成社会不安的倾向。那是中方提的要求。我们进行演习是因为在日本我们昼夜都进行演习。并且，根据基本的条约，我们有权进行演习。

问：您能告诉我们你们进行演习的频率吗？多久进行一次？

韦伯庭长：列文先生。

列文辩护律师：庭长阁下，我认为这是个不相关且不重要的问题，因为，如果他们有权进行军事演习，就没有时间限制了。他们可以在任何他们觉得需要的时候进行。

韦伯庭长：这个问题并非不相关。列文先生提出的问题可能在后面出现，但是并不能判断这个问题不相关。异议无效。

答：说不准，那取决于训练的强度。我记得，夜间演习在每年4月到5月和9月到10月间最集中。我不能说出确切的数字，但我能说非常频繁。

韦伯庭长：我的一位了解此事的同事说，士兵必须接受持续的训练，所以这个问题没有什么价值。

问：证人先生，昨天河边正三做了证，在他宣誓证词第 4 页上说，演习几乎每晚都进行，是这样吗？

答：是这样，当时我认为是正确的。但是，我想我必须补充一点，每晚进行演习的部队，并不是同一支部队。不同的部队每晚在一个特定的封闭区域进行训练。

问：您的意思是在日本本土你们也可以每天晚上都进行军事演习吗？

列文辩护律师：我提出异议，该问题不适当且没有意义。

语言监督官：证人回答："不是这样，跟您说的不是同一回事。"

倪检察官：庭长阁下，证人刚才还说他们在这里进行演习的方式跟在日本本土是一样的，现在却说是不同的。

韦伯庭长：我认为您想说他们——

答：那是因为演习的条件不同，所以才会在每天晚上进行。

问：其他国家驻屯军也在中国、在北平进行频繁的军事演习吗？

列文辩护律师：我提出异议。问题不合理且没有意义，超出了宣誓证词的范围；日军进行军事演习的权力是当局给的，别国军队的做法跟日军没有关系。

倪检察官：庭长阁下，我认为这能产生一个对比的效果。

韦伯庭长：问题的目的是为了显示日军演习的次数要比在日本本土或别国军队在中国进行的次数多。异议无效。

问：您认为在夜间侵扰中国人民能够实现你们加强日中亲善关系的目的吗？

韦伯庭长：这个问题有点草率了，您还没有确认他们演习的量是否超出了应有范围。

倪检察官：请原谅。

问：我想让证人回答我之前提出的问题：别的国家驻屯军也进行如此频繁的演习吗？

答：在我的记忆里，别国驻屯军所进行的夜间演习要比日军少得多。我认为这是因为对于部队的教育和训练的方针有所不同。

问：所以您觉得进行这么频繁的演习是有必要的，即使这样做会引起中国人的不安和紧张，是吗？

答：根据我们进行训练的方式，演习必须达到一定的量、一个规定的量。

韦伯庭长：是特殊演习还是常规演习？

证人：常规演习。

问：在您证词第12页接近顶端的地方，您提到日本向中国提出的要在7月19日完成的4点要求。接着，您在同一页的中间部分说："（2）如果中国军队没有在规定期间执行我方要求，我军将立即停止谈判，将惩罚第二十九军。为此，在期限过后，日本将立刻从本土调动部队派往华北。"您知不知道，事实上，日本内阁在7月11日就决定向中国派兵？对此您有什么解释？

答：我所说的全是我当时收到的命令，我们对那时实际在日本本土的中央部发生了什么，并不清楚。

倪检察官：关于这一点，我想请法庭注意检方证据第219号，在庭审记录的第3487页，关于日本内阁在7月11日向中国派兵的决定。

问：证人先生，在第13页中间，您提到廊坊事件。[1]您知道廊坊离北平和天津分别有多远吗？

答：廊坊在北平和天津之间。

问：北平和天津的中间区域，对于军事行动来说，是不是有着重要的战略意义？

---

[1] 廊坊事件，卢沟桥事变爆发后中国第二十九军在北平、天津间廊坊抗击日军的战斗。7月25日，运送日军的列车在廊坊停车，日军下车即占领车站并向中方挑衅，二十九军被迫还击，与日军激战至26日晨撤退。27日夜，二十九军再次攻入廊坊，歼灭日军一部后撤出。

答：是重要的战略据点。

问：在那场事变中，日本是否对中国进行了轰炸？

答：战斗从午夜持续到黎明，日本战机在黎明前轰炸了这个地方。

问：您认为这么做有必要吗？

答：当时我们认为绝对有必要。当时在那里的只有通信部队的维修分队，大约只有一个中队。与之形成对比的是，廊坊是第三十八师师部所在，那里有一个连的兵力，这些兵力包围着整个停车场日军驻地。

语言监督官："一个连"改成"一个团"。廊坊是三十八师的师部，大约有一个团的兵力在那时包围着整个停车场日军驻地。

答：如果不采取措施，我们的部队早就在廊坊被消灭了。因为他们已经被包围，所以轰炸是为了救他们。

问：廊坊离丰台有多远？

答：我想不起来有多远距离。

问：很近吗？

答：是的……不。两个地方之间有相当一段距离。

问：大概多远？

答：20或30公里，可能更远。

问：那么大约是半小时的车程，对吗？

答：在回答问题之前，我想先参考一下相关资料，因为此刻我回忆不出具体的英里数。

语言监督官：参考地图，诸如此类。

问：你们为什么不能向丰台的驻屯军要求增援，如果情况真的那么紧急？

答：通信线路被切断了，他们没法及时派人过去。被派去维修线路的一行人受到了攻击。

问：作为一名军人，您当然知道动用空中打击的严重性，不是吗？

答：我们相信当时的局势非常严峻，这样的手段不可避免。

问：在同一页您提到了广安门事件。您说在日军进入北平城之前事先通知了中方。您所说的事先，是提前了多久？

答：我记不确切了。当地日军事先通知了那里的中国当局。

问：如果您对局势不是很清楚，如果您不能清楚地想起来，那么让我提醒您一下。我将宣读一段樱井证人的宣誓证词，他昨天刚来作证，在他宣誓证词的第9页："电报称，该大队将于下午4点左右从广安门进入。我们认为，不要过早地通知中国人，免得他们有足够时间增强警戒心而导致我们最终入不了城。我们打电话给秦德纯……"

韦伯庭长：证人无法把握那么长的问题，请把问题搞得简短些。

问：据樱井说，他们在那天下午3时30分试着联系秦德纯的秘书，但是没有联系上，接着樱井在大约下午3时50分到达广安门，部队安排在下午4时到达。没有同任何当局做任何事先安排，您能把这个称作给了足够的时间或者给了充分的事先通知吗？

韦伯庭长：我不知道证人能不能理解您的问题，反正我们不能。法官和证人必须理解问题的意思。

倪检察官：能不能让我只告诉他时间，然后询问他的想法？

问：部队预定下午4时到，你们在下午3时30分联系秦德纯的秘书，但并没有联系上，然后你到了广安门现场，在3时50分试着与在场的高级军官交涉。这样算是充分的事先通知吗？

答：检察官阁下，根据刚才陈述的最后一个部分，天津驻屯军司令部直到午夜或午夜过后才听说广安门事件，不可能得知这些细节。真正的问题是，收到广安门事件报告的天津驻屯军司令部会作出什么反应。报告内容如下：在一个大队的一半部队经过城墙即经过城门之后，中国人关上城门，开始射击另一半的部队，试图歼灭他们。这是事件爆发的始末。直到此刻为止，因为奉行不扩大方针，部队都秉持最大的耐性和克制。但是，这样一个事件的爆发，将最后的底线打破了，面对这样的局势，我们才不得不做出一个非常严肃的决定。

问：您显然超前回答了我的问题。您试着想要给我一个关于事件本身的解释，但我问您的是，你们是不是真的在事先给了中方通知。在卢沟桥事变之后，中国当局是不是宣布了紧急状态？

答：我不清楚中国人采取什么立场和态度。

问：在廊坊事件后，也就是广安门事件爆发的同一天，日方向中国当局发出了最后通牒，是不是这样？

答：是的。

问：综合所有的情况，您认同樱井关于不要给予中方足够的时间和充分的事先通知的想法吗？

答：不管我是不是认同他的做法，樱井都已经这么做了。我不知道实际上到底发生了什么。既然樱井采取了这样的行动，我就应该认为是对的。

问：您凭什么认为第一枪是中国人开的？

答：根据战场的报告。

问：战场？您收到了什么样的报告？从谁那里？

答：从北平，我记忆中是从联队长那里，但我不十分肯定。

问：作为关东军——华北驻屯军的参谋长，您没有对报告的准确性作任何调查吗？

答：我做了调查。

问：好，那么在北平有那么多城门，您为什么命令部队从广安门进入？

答：我并没有下过任何命令。

问：您有没有调查过为什么要选这座城门？广安门是一座非常狭小的城门，永定门会是比较适合的城门吧？

韦伯庭长：检察官，您这样提问不能得到证言，可以问证人其他的城门是否适合进城。

问：请证人回答问题。

答：我不清楚通常情况下用哪座城门。

问：是不是和樱井出于同样的想法，命令部队穿过这么小的一道城门，是为了让中国人防不胜防？

答：我不认为存在这样的考虑。

韦伯庭长：他说过中国人是同意了的。那就不存在什么出乎意料的情况。

问：好，在第16页您声称发动战争的决定并不是针对整个中国，而是针对第三十七师的。那么，第三十师是不是中国正规军的一部分？

韦伯庭长：第三十七师。

倪检察官：是第三十七师。

答：我认为它是正规军。

问：当你们在同中国正规军一部作战的时候，您却说你们没有发动针对中国的战争？

答：请问您的问题是什么意思？我不太清楚是什么意思。

问：在第16页您说你们没有针对全中国发动战争，而是针对一支军队，特定的军队。

答：的确是这样，的确是当时的想法。我们是要排除阻碍日军合法行动及威胁其存在的一切。

问：您没有回答我的问题。

韦伯庭长：我认为目前不应该追问得那么紧，检察官。

倪检察官：好吧。

问：在第17页您声称，实现日本和中国间的亲善关系是重大的方针，在中国的日军从没想过要同中国开战，因此没有做任何战争准备。好，秦德纯将军曾在这里作证说，您在1936年冬天去见过他，要求为了建造军营和机场购买土地。这些又是作何用途呢？

答：首先，我去见了秦德纯的说法是毫无根据的。我在我宣誓证词的最后已经说了，我们之所以要求更多的土地是因为通州的军营碰巧在一个条件很有限的区域,那里的卫生状况很差,而且那里的地面也不适合训练,这才是我们要求在邻近地区征用更多土地的原因。那时候,我们并没有想过要建造机场。

问:为此您去见过宋哲元将军吗?

答:是的,见过一次。

问:为了同一个目的?

答:是的。

问:好,在宣誓证词的第 18 页,你声称有人开火以诱使中国人向日中两军不法射击。

语言监督官:法庭书记官能否重复这个问题?

(法庭书记官重复该问题。)

倪检察官:对不起。我搞错了。我不应该说"诱使中国人不法射击,日中双方军队处于互相疑忌的状态"。我认为应该是,"那就是为什么日中双方军队处于互相疑忌的状态"。

语言监督官:检察官阁下,这对语言部来说是个困难的任务,因为语法结构不同。

倪检察官:我认为它的意思是"为什么",如果我没有权力要求改正的话,那就不提出了。

韦伯庭长:在"不法"一词那儿停顿一下就对了。

问:证人,您明白我的问题了吗?

答:是的,我是这么说过。

问:好,既然您说这射击是为了诱使中国人,那么从位置上来判断,射击很有可能是从接近日方的一边来的,对不对?

答:我们的理解来自战场的报告。我们对这种细节不清楚。

问:根据您在证词里所说,我认为您脑海中了解确切的情况,所以我希望你能够详细说明一下这个问题——关于射击的位置,我认为这是个至关重要的问题。

列文辩护律师：庭长阁下，证人已经回答过这个问题了，并且他作证说他不在现场，所有情报都是从他们报告中得到的。

韦伯庭长：开火的确切位置对法官的判断来说没有意义。如果有过开火的话，很明显是对着中国人开的火。

问：证人，我想到另一个问题需要问您。是关于冀东防共自治政府的。您在证词第3页提到了他们，以殷汝耕为首的冀东防共自治政府显然是从南京政府独立出来的，并且是一个独立的政权。您知道它最早是在什么时候组织的吗？

答：我想是在接近1935年底时。

韦伯庭长：我们休庭15分钟。

（14:45开始休庭。）

（15:00重新开庭。）

法庭执行官：远东国际军事法庭现在开庭。

韦伯庭长：倪检察官。

倪检察官：我希望法庭注意，"冀东"一词，在以前很少用，指的是冀东防共自治政权。它们是同一回事。

问：证人同意这一点吗？

答：是的，我知道。

问：好，我要问你它最早是什么时候创建的？我的下一个问题是：被告土肥原是不是创建者之一？

答：我认为他不是。

问：您知不知道他在1935年由被告南派到华北，组织和促进五省自治、省自治，但是没有成功，所以他创建了冀东政权？

列文辩护律师：我提出异议，问题超出了证人证词和作证的范围。

语言监督官：证人刚才回答："我对此完全不知情。"

韦伯庭长：他不应该被要求否认两次。他在前面已经说过土肥原跟这没有关系。

问：好，证人，您说冀东政权是从南京政权独立出来的，你跟冀东政权是哪种关系？

答：我们都同冀东政权有联系，因为它从地理上说属于华北驻屯军的任务和职责范围内。

问：这和你们要增强日中关系的方针相一致吗？

答：是的，我认为一致。

问：您的意思是，承认完全独立的冀东政权或者与其交涉，不会伤害到南京政府的感情？

答：这完全是中国的内政问题，我们的方针是，不要把自己牵扯进这种具有政治性质的内部政权的建立或者活动中去。

问：您了解1937年7月20日发生的通州事件吗？

答：是的。中国当地的保安队利用日军缺少兵力，在通州血洗了日本居民。

问：但是冀东政权自始至终都在日本势力的控制之下，不是吗？

答：冀东政权并不一定在日本势力的控制之下。事实是，我们与它保持着和睦关系。

倪检察官：庭长阁下，我的交叉询问到此为止。

列文辩护律师：庭长阁下，我这边没有别的问题了，证人可以按程序离开了吗？

韦伯庭长：证人可以离席。

（证人离席。）

列文辩护律师：现在我请出证人田中新一。

塔夫纳检察官：庭长阁下……

韦伯庭长：塔夫纳先生。

塔夫纳检察官：我注意到排序表的下一份文件，是刚才作证的证人的另一份证词。我想问一下该证人迄今为止的证词是唯一一份呢，还是以后阶段还有下一份呢？

列文辩护律师：庭长阁下，我疏忽了，这份证词我将在下一阶段使用。

（田中新一作为辩方证人被传唤，宣誓后通过日语译员作证如下。）

直接询问（由列文辩护律师询问田中新一证人）

问：请说出您的姓名、年龄和住址。

答：我叫田中新一，54岁，住在三重县三重郡水泽村二零四二番地。

问：事务官将递给您辩方文件第925号。请告诉我们上面是否有您的签字？

答：有的。

问：文件所述内容真实准确吗？

答：真实准确。

列文辩护律师：我提交辩方文件第925号，证人田中新一的宣誓证词。

韦伯庭长：按程序收录。

法庭书记官：辩方文件第925号被法庭接受为第2488号证据。

（前述文件被标以辩方证据第2488号并被法庭接受。）

列文辩护律师：这里省略概述部分。

（宣读）

（1）我，田中新一，曾是一名中将，住在三重县三重郡水泽村横濑古二零四二番地。昭和十二年（1937年）三月到昭和十四年（1939年）二月间，我任陆军省军务局军事课长，在局长的指挥与命令下，掌管陆军部队的编制、装备、预算、动员、补充等方面的事务。我大约在昭和十一年（1936年）三月中旬上任。当我去拜访陆军大臣杉山的时候，他指出，全面避免对外纷争、充实国防力量的时机已经到来；军队将努力完成军备现代化，尤其要改善和完备战争物资；军事课尤其应该致力于军队编制与装备的改善。

（2）关于日军在中国事变爆发之前是否有针对中国的作战计划，我要说日军参谋本部在中国事变爆发之前并没有针对中国的作战计划。我负责有关军队的编成、补充、调动等工作，不管是从参谋本部还是从更上级的机关那里，我从来没有收到过任何有关针对中国的军事调动或者作战准备的报告或者材料。这说明，参谋本部在那时完全没有这种准备计划。一切的作战计划，更不要说动员作战准备的计划都是由参谋本部掌管的，但是要实现这些计划则取决于兵力、装备及经费，没有陆军省的批准和合作不可能实现，更因为我是在3月即会计年的年底任职，作为军事课长必须事先知晓这些计划。

（3）关于日军是否有在中国进行作战的能力。从那时日军的兵力和军需物资来看，试图对中国作战几乎是不可能的。

① 昭和十二年（1937年）中国事变爆发时，日本只有不超过和平时期17个师团、战争时期30个师团的陆军兵力。后面会提到，根据参谋本部和陆军大臣的判断，鉴于当时中国有200万人的兵力（200个师）、广袤的土地，以及中国的社会特性，日军要对中国采取行动是非常危险的。

此外，我们必须时刻关注苏联在远东的军事准备。根据参谋本部获悉的苏联对日战争准备情况，其在远东包括西伯利亚军区有常驻兵力28个狙击师、4个半骑兵师、6个机械化旅以及1 900架战斗机。此外还有在外蒙古的常驻兵力10个骑兵师和一些机械化部队以及空军部队。其能调动的战时军力可达31个师直到50个师，且其军队动员、集结和增援都得到有力的保障。在这样的局势下，考虑到苏联的动态，在中国发起行动是危险的，也是不明智的。为此，昭和十二年七月卢沟桥事变爆发后，参谋本部给出了如下说明。

考虑到中国的形势，此场事变有演变成为日中两国之间正面持久战的趋势。如果真是如此，我们只能在对中国的行动中动用11个师团的兵力，或者加上后备部队，总共15个师团。但是，如果我们将全部战时力量30个师团中的一半长期用在中国地区，我们在国防上必将面临严峻的危机。所以，采用一切可能的方法来协调解决目前的事变，是非常有必要的。由于制定这个说明的时候我在场，我明白陆军大臣完全参照了这份说明。

② 军火的生产和维护同前面提到的军力问题一样，充满困难且处于劣势。根据陆军省整备局的说法，从日军军火的生产和供给情况来看，想要动员和派遣大约15个师团是非常困难的，更不要想在当时的事变中维持行动。1937年，我国陆军只有可供15个师团使用8个月的弹药储备。根据我方军需动员能力，我们想要满足15个增援师团在动员开始后大约8到9个月消耗的希望渺茫，对特殊物资的持续供应更是痴人说梦。此外，假设我们能够动用手头储备的所有武器，军火调动最大化，也很难满足15个师团的行动消耗，在特殊物资的补给上更是如此。因此，如果我们要和中国进行正面战争，在中国的行动中，即使动用所有的库存，最大化调动军火都未必足够，而且如果当时我们同另一个国家的关系变得紧张，那么，在我国本土的防御问题上，我们将不知所措。

总体而言，根据昭和十二年军需动员的预期，有保证70%的军需供应的能力，包括武器和弹药，以及同年度战时预定兵力30个师团的兵力，我们计划在军需调动开始后可以支持10个月。然而中国事变后，估计会消耗远远不止这些物资，所以我们认为要维持15个师团的行动是极端困难的。

(4) 资料显示，事变并不是由日本方面策划的。除前述"(2)"和"(3)"中的资料外，我想要加以补充如下：

① "不扩大"和"不动用军事力量"方针的确定。7月8日，当

陆军在一清早得知卢沟桥的冲突后,我们立即确定了不扩大事变和不使用兵力的总方针,并且由参谋副长将该主旨传达给了在前线的军参谋长。我从文件知道这个。

大约在7月8日或9日,帝国政府制定了不扩大的方针,渴望在中方的重新考虑下顺利解决事变,同时依照局势,我们想采取适当的自我防卫措施,尽管在那时派遣更多兵力还为时尚早。这是我从军务局长后宫中将在局长会议上通报陆军大臣所说而得知的。

② 加快就地解决的进程。我从文件得知,7月9日,参谋本部命令当地驻军同冀察当局交涉解决卢沟桥事变,主旨是在当下的环境里要避免涉及政治问题;要让冀察政务委员会同意,尽可能地满足我们的需求,比如中方停止在卢沟桥附近永定河东岸驻军,以及对那些直接责任人进行处罚,并对我方道歉。

③ 根据我从前线部队得到的报告,根据不扩大事变和快速解决事端的方针,我们在中国的驻屯军立即停止了一切军事活动。为了挽回局势,北平特务机关长松井太久郎大佐与中国当局进行谈判,并且看起来同冀察方面的谈判有希望依照上述方针达成协议。然而,根据参谋本部获得的情报,中国当局调动了徐州附近中央军的4个师,进军至河南前线,并且调出了它所有的空军力量。此外,华北的局势没有一丝可能缓和的迹象,华北的中国军队正为战争加强各种准备,比如构建阵地与运输军火,同时,在卢沟桥附近不断出现不法开火事件。

如果任由事态这样延续下去,在北平和天津的日本居民的生命和财产势必沦入危险境地。因此,参谋本部不得不对形势有一番新的判断:北平和天津当局及南京政府似乎已经投入对日本的武装对抗的准备,事态日益严重;由于中国在华北增兵,我国居民的生命和财产已经濒临绝境。为了保护我国居民,我们认为是到了我们派遣最低数量的部队去北平——天津地区的时候了。除了北平和天津之外，其他地区的局势也日益严重，提醒我们要注意保护我们的居民。以上是由军事课一位高级课员告知我的。

④ 内阁在7月11日的官方声明中把以下几点表述得很清楚：我们完全是被迫向华北派兵以应对中国方面的武装抗日行动。在冀察当局收到我方声明后的当天下午，我们开始行动，为动员和派遣本土部队做准备。经内阁同意，参谋本部发布命令，只派遣一部分在满洲的关东军。接着是要进一步判断形势，保证我们的驻屯军在局势紧张的平津地区完成他们有如和平时期的任务。

⑤ 根据我在7月13日左右从军务局长那里得到的消息，内阁会议的结果如下：南京政府想和平解决事端的诚意实在令人怀疑。中国中央军目前正匆忙北上，其他抗日行动和不法开火的事例也到处发生。关于保护日本居民，不仅仅在华北，在上海和青岛的气氛也令人窒息。因此对于我们来说，秉承我们确认的不扩大方针，持续关注未来事态的发展，是非常重要的；另一方面，需要敦促冀察政权履行条款，并且避免在别的方面激怒中国人。根据这个原则，参谋本部和陆军省首脑在7月13日晚上，议决了解决华北事变的方针。

方针的要旨是：要采取一切可能的措施来防止事变扩大成一场全面战争，坚持奉行不扩大原则，就地解决事端。为了这个目的，接受中国第二十九军代表提出的于本月11日签署的决议条款是可行的，并且要留意中国方面是不是履行了这些条款。是否要调动我们在本土的军力取决于未来事态的发展，万一中国方面不履行上述条款，并且对将其化作实践的行动毫无诚意，或者万一南京政府把中央军调到华北备战的情况出现，我方必须采取果断的应对措施。

但是中国驻屯军的行动事先需要得到中央部批准,这是参与筹划的军务局长后宫中将直接告诉我的。

⑥ 我在谈到动员事务以后,希望能够解释一下动员和派遣的真实状况,它们是在极其谨慎的态度下进行的。

● 内阁在7月9日承认,当事变爆发的时候,为了应对紧急情况,动员和派遣本土的部队可能是必要的,尽管在事变一开始,并没有考虑这种必要性(我从军务局长那里知道内阁会议后大臣报告的这些内容)。

● 考虑到平津地区日本居民所处的危险、冀察当局在调解谈判中缺乏诚意的态度以及中国中央军的北上,日本政府在7月11日宣布向华北派兵,增强对中国部队在同一地区战斗力和连续攻击的应对能力。

● 但是在7月11日,由于冀察政府接受了我们的提议,在日本本土的军事动员和派遣以及其他准备工作都终止了。

● 7月13日决定,基于处理华北事变的政策,基于接下来可能发生的情况,动员本土部队是适当的。

● 到7月15日的一个新情况是,在陇海铁路以北地区的中国军队数量有所增加并聚集,广州空军的活跃,以及中国军队事实上拖延依照协议从永定河东岸撤退。不仅如此,更多的工事正在修筑,更多的部队正在聚集(从参谋本部的报告得知)。基于上述报告,内阁会议决定,被终止的本土军事动员应该在7月16日或17日重新启动,以应对在7月19日后任何时候的需要。参谋本部和陆军省的官员们为了准备工作各司其职。不过考虑自身防卫问题,尽管一份7月19日的报告表明蒋介石已经下了打击日本的坚定决心,当局仍然决定只要冀察当局接受我们的提议,就尽可能地坚持忍耐。除了冀察当局的认可之外,我们还等待着南京会议的成果,本土的军事调动准备被推迟到7月22日。

● 7月25日廊坊事件和7月26日广安门事件之后,华北的情况最终变得严峻。从上司那里得来的一份报告称日本政府决定在7月27日动员和派遣本土军队,其目的是为了消除中国军队对日本居民的生命和财产,对运输、通信的威胁以及履行已经派遣到华北的驻屯军的自我防卫任务。一开始的军事动员和派遣是配备和平时期列队和装备、仅仅为了保护日本居民和实行自我防卫任务的紧急行动,不适合实际作战。

● 除了上述之外,参谋本部当局对于在将来是否会有进一步的本土动员和派遣行动没有明确的旨意。我承认,那些最高当权者、陆军省大臣、次官以及军务局长,对是否进行更多的动员持消极态度。

● 在细心考虑和对未来可能的发展做了调查之后,对于进一步的军事动员,高层决定采取适当的步骤进行。上海事变爆发的时候,我们派了2个师团去处理紧急情况,派了1个师团的部队去保护青岛的居民。当有必要在保定、河北省采取行动的时候,我们在本土实行了紧急动员。如前所述,增补动员和派遣根据局势要求执行。最终,在事件爆发后的1937年10月,总计15个师团的部队被动员和派遣至8个不同的地区,大致是,7月4个、8月7个、9月和10月共4个。

● 昭和十三年(1938年)在汉口和广州作战实施之前,在中国的兵力总数达到23个师团,不过他们中间的好几个师团是因为战区环境所需才组建的。因此,尽管在中国的军队增加,但是每个师团的士兵数量减少了,每个师团的素质和装备减弱了。

⑦ 作为军事计划缺乏统一性和无计划的例子,我想提一下南京攻略、徐州作战、广东攻略和汉口作战。以下属于经参谋本部宣布的必须实行的事务。

● 关于占领南京,军务局长首先告知我,参谋本部及陆军省都没有意图让其发生。我赞同这一点。不过由于当时战争的趋势，也因为想要抓住终止事变的机会，在昭和十二年（1937年）十二月一日第一次决定要占领南京并发布了相关命令。

● 徐州作战的执行。昭和十三年（1938年）五月，陆军大臣和参谋次长在决定执行作战之前一直无法达成一致意见。争论的焦点是，占领徐州之后，长期保障徐州重要区域的安全是否就可以保持华北和华中的联系，以及鉴于保障徐州重要区域的安全需要增加2到3个师团的部队，而我们是否能提供足够的部队，但是最基本的事实是依据不扩大方针解决事变的预期的分歧。最后由于整体局势的战略需要，对于采取军事行动的观点终于达成一致。以上一部分是我从会议上听来的，其他的是我从上司那里听来的。

● 关于汉口和广东作战，没有那么快做决定。仅在昭和十三年（1938年）九月决定执行汉口作战，大约在同年十月实施，在此前后占领广东并且切断通信和外部供给线。

● 由于这样的局面，昭和十三年国会例会通过的军队预算并没有预计到这些军事行动，因此这一年在军费上相当拮据，以下会具体说明。

⑧ 作为和军费预算有关系的人物之一，我想通过提交材料说明在徐州、汉口、广东的作战并不是事先计划好的。大约在昭和十二年（1937年）十月后，东京认为在中国的行动应该会顺利终结，于是推进了调整和调动在中国的兵力的计划及准备，前提是事变会在不久的将来尽快得到解决。具体说来，1937年底前后，我们在中国的兵力包括16个师团，是我方的主力。第一步，要把16个师团缩减为10个师团。接着，将留在中国部队里的后备役军人免除现役。计划首先从昭和十三年早春开始强制执行，并且根据预期的和平目标，制定了全面的撤退计划。关于这件事，陆军省与当地部队都毫无异议。

那时在国会例会上通过的预算,也是基于以上情况。换言之,其前提是:第一,在中国的兵力迅速减少一半;第二,遣返已召集的部队;第三,军队继续驻扎的程度以没有正面作战为准。

但即使这样,局势并没有向好的方向发展。在占领南京之后,和平谈判的失败和随后在徐州、汉口和广东的战争,迫使我们完全放弃了之前所提到的对于兵力调整的尝试。不仅如此,在昭和十三年财政年度,预算中出现了巨大的赤字。

⑨ 我想要提交以下如何准备军事预算的材料。关于我们在昭和十二年(1937年)七月十一日派往朝鲜和满洲的军队的支出,我被陆军省上司要求同大藏省协商建立一个准备基金来加以满足,为已经派遣的部队作一个8、9、10三个月的预算,包括他们的遣返支出和可能的三个月的留守支出。但事实上,在同大藏省商议后,预算被减为两个月,8月和9月两个月的预算在国会7月的特别会议上得到通过。在8月底已经动员的11个师团从10月到来年1月的四个月预算在9月初的会议上得到通过。预算是依据派遣军的数量一点一点地准备的,而非依据事件的加剧和延长的预期做整体估算。很明显,昭和十三年财政年度的预算充分证明了前文所述的财政赤字。

(5) 日本不扩大方针的实施。

① 我之前所述表明了我们为实现不扩大方针的努力。

② 作为严格执行不扩大方针的证明,我想提及一份中国驻屯军参谋和知中佐给陆军大臣的口头报告。他被召到中央部,对当时的形势做一份报告,主旨如下:

不扩大与和平解决事变的方针已被传达至所有的指挥官和全部滞留在华北的日军,方针的实施得到高度重视。例如,用北平与天津的铁路运输日军被禁止,穿着制服的日本士兵不得使用丰台至北平的铁路。而且,尽管所有经过北平城门的日本人都要受到中国宪兵队的盘问，他们也甘愿顺从。

北平所有的城门都被中国第三十七师的宪兵队关闭了。在北平城内，中方机枪瞄准日本人的房子，6 000名日本人只有2个小队保护。

除了让我们能够立即应对中国人炮击的准备，我们始终依照天津驻屯军司令部一个接一个的命令行事。因为担心加重局势，我们避免让伤员进北平城治疗，我们把死者的尸体留在原处，等等。

这是我们实行不扩大方针、禁止一切可能激起事变扩大的活动的例子。为了执行这个政策，我们甘愿蒙受一切的羞辱和不易。

但是就中国军队来说，官兵的抗日情绪高涨，尤其是在那些下级官兵间。在平津地区的中国人相信中国第二十九军在卢沟桥获胜，中国人的损失很小，日军完全撤退了。我们忍受着日益兴起的抗日情绪。

此外，据传中国的战斗司令部已经前进至保定。

③ 当地的军司令官严格奉行不扩大方针，我想说一下华北方面军司令官寺内大将为了联络工作，于昭和十二年（1937年）十月对我说的话。

到目前为止，中央统帅部让指挥实际作战的方法陷入困境，事先不明确指出作战的整体目标和要点，仅仅给出每一次当地作战的目的和时间（例如河北中部作战和太原作战）。为了便于行动，统帅部应该明确作战的总体范围和目标，把当地行动的细节留给战地司令官。然而，这件事仅仅是一个特例，与我们的基本国策无关。牺牲技巧上的完美来坚持基本的不扩大方针是有必要的。在将来，对中央部和当地来说，有必要认真考虑不同的技术方法，它将减少由于坚决奉行不扩大方针带来的实际行动的不利。

④ 根据平津地区的不扩大方针，在昭和十二年（1937年）七月

决定，由于廊坊事件、广安门事件的发生和冀察政府对于履行条约的缺乏诚意，以及中国人在各处的攻击性活动，最终有必要动员我国内地师团。7月26日晚，我从参谋本部那里得到通知："迄今为止我们都避免调动内地师团，但是鉴于中国的实际情况，我们不能再有所拖延了。"甚至原先因为害怕日中冲突，最强烈反对从本土调兵的人之一的参谋本部第一部长最终也在26日承认，出于自卫，调兵势在必行。27日，陆军省首脑部同样认可了上述动员的必要性。内阁会议通过后，拟定了从本土调动3个师团的计划。经内阁会议批准，陆军省在同一天夜里发布从本土调动3个师团的命令。

在内阁会议后，我于7月27日得到军务局长会议的通告："实行从内地调动3个师团的动员；即使万一在平津地区爆发自卫战斗，也要坚持不扩大方针以及当场解决事端的原则，并且这样的战斗应该纯粹以实现中国驻屯军司令官在中国和平时期的任务为目的。尽量不要把局势演变为需要向青岛和上海派兵去保护日本居民的地步，尽管也许这样的局势最终不可避免；不要伤害到第三国人员。"

此外，我得知陆军大臣在局长会议作了如下解释："未来所需要的在平津地区的兵力调动纯粹是自我防御行动，不会与日本奉行的不扩大方针相悖。即使今后在上海或者青岛的日本人安全受到严重威胁而不得不派兵的时候，也绝对奉行不扩大方针。迄今为止，日军在军事行动中一向恪守不扩大方针，在未来，也同样应该保持这样的行动准则。"我还从一份文件中得知，在27日晚发布了从本土调兵的命令，参谋总长批准了中国驻屯军司令官关于对中国第二十九军采取军事行动的请求，同时要求将战斗范围限制在永定河一线。

⑤ 军务局长告知我，大约7月20日召开的内阁五省会议上，

在几个问题上产生了分歧：其一，为了取悦西方国家和中国，日本采取行动证明自己在华北遵守机会均等原则，这样的政策是否明智；其二，关于卢沟桥事变后，从平津撤走当时从"满洲国"和朝鲜派去的部队，然后采取外交手段解决日本和中国之间问题的计划。五省会议时是由首相、外相、陆相、海相和藏相共同参与召开的。我同样听说，在7月底，为尽快解决事变，在参谋本部的首脑层中有一种意见是打算集中所有的在华北的日本军队并调回天津地区，然后安排近卫与蒋介石之间直接会谈，缓和日本和中国之间的问题。然而，中国方面反对这个方案，所以它最终没有实施。

⑥ 大山事件后的上海局势。关于大山中尉事件，1932年8月10日早上，我在陆军省从海军省保科第一课长那里得到一份报告。其中称，在上海的日本当局在同中国人谈判确保其诚意之前，不会采取进一步行动，但根据形势，可能需要做派兵的准备。

当天政府认为要在大山事件的真实情况逐渐浮出水面后，决定是否应当采取足够措施保护我们在上海的居民，但是在万不得已之际，也应该采用海军大臣的建议，做最终的军事动员准备。接着我又获悉，在13日，内阁会议采取了派兵计划，14日，计划被重审。随后在8月15日，帝国政府发表一份声明，决定立即组成上海派遣军去上海，该部队主要由来自本土的2个师团组成，目的是为了保护上海的日本居民。之所以用"派遣军"这个词是为了说明它和纯粹的作战行动完全没有关系。军事动员的命令发布于8月15日。

关于青岛，我听说在内阁会议上认为青岛的形势比较稳定，可能可以维持现状，只要没有别的事情搅乱。不过为了防止最坏的情况出现，会采取一些措施来保护那里的居民。

大约1937年8月15或16日，参谋本部断定中国人已经决定开始全面军事行动。得出结论是基于一份报告，其中说中国人在8

月 15 日建立了大本营，蒋介石作为陆海空军总司令，把全国划分为四个战区（第一战区冀察，第二战区晋察，第三战区上海，第四战区华南），并且在同一天下令总动员。

大约在 8 月 16 日或 17 日，我同往常一样在局长会议上得到正式通知，内阁会议决定了如下内容：在严格奉行不扩大方针的前提下，解决事端的希望渺茫，因为中国方面已经决定发动长期战争。因此，从时间、战略和地区上来说，都应该尽最大努力把战争的影响最小化。

由于上海行动最初的目标主要是保护日本居民，行动的影响必须限制到最小，一方面为了抑制日本与中国之间的全面冲突危险，另一方面为了避免同其他国家产生矛盾。基于采用最少的武力行动的想法，一开始日本暂时只派遣了少于两个师团的部队。然而，日中之间的兵力差异如此之大，形势并没有像期待的朝好的方向转变。因此，中央统帅部从 9 月底开始到 11 月初期间派遣了 5 个大队的部队，然后又从华北调了 3 个师团；此外，在 11 月初，3 个师团抵达杭州湾。在月中，一个师团抵达白茆江。靠着上述的兵力支持，战斗持续了三个月，最终，在 11 月中旬，中国军队全面向西撤退。因此，保护在上海的日本居民的行动告一段落。但是，从日本所奉行的不扩大事变的方针战略角度来说，被迫用这种战术采取的军事行动被认为是错误的。事实上，前陆军大臣、之后被任命为华北方面军司令官的杉山大将指明了这些情况，认为拖延占领上海是造成事件延长的重要原因，不过最根本的原因在于兵力数量和物资的短缺，所以应该更彻底地执行日本关于尽量短期解决事件的政策。这些是我在昭和十三年（1938 年）冬天的一次去华北的公务旅行中，杉山大将私下对我说的。他之后被任命为华北方面军司令官。上海派遣军司令部改为华中方面军司令部，同时被授权管理上海邻近区域，目的在于制造可以解决事件的契机。

这意味着，当局想要在上海附近的行动中找到解决事件的机会，在当时并没有夺取南京的意图。在上海附近的战斗之后，统帅部指示，为了避免向南京引起不必要的挑衅，我军前进时不要逾越常熟—苏州—嘉兴一线。之后我从文件得知，军队受到秘密指令，战区不得扩大至无锡和湖州以西。

⑦ 在我国，昭和十二年（1937年）十一月十七日制定了大本营令，同月二十日，大本营在东京设立。

同月，开始军需动员，然而全国总动员并没有开始执行。昭和十三年（1938年）三月公布了总动员法。但是直到同年五月，一部分的法案才在中国事变中生效。

我的宣誓证词到此结束。

韦伯庭长：我们将在明天上午 9 时 30 分继续开庭。
（16:00 休庭。）

五、日本与冀察政权的关系

1947 年 4 月 24 日，星期四
日本东京都旧陆军省大楼内远东国际军事法庭

（9:35 开庭。）

法庭执行官：远东国际军事法庭现在开庭。

韦伯庭长：除了由律师代表的东乡和平沼外，其他被告均在现场。巢鸭监狱的医生证明，东乡和平沼今天因病无法到庭。该证明会被记录和归档。

倪检察官有一处修正请求。庭审记录的第 20663 页第 5 行，用"当"代替"为什么"；在第 9 行，也用"当"代替"为什么"。

塔夫纳检察官：我想申请交叉询问证人。

（田中新一作为辩方证人，宣誓后经日语译员作证如下。）

交叉询问（由塔夫纳检察官询问田中新一证人）

问：田中将军，您在供述书中说您任职于陆军省军务局军事课。什么是陆军省军务局？

答：它是陆军省的一个部门。

问：该部门的职能是什么？

答：军务局的主要职能是管理部队，也就是有关陆军的编制、装备、动员、补充，及与国防有关的政策等问题。

问：在您接受军务课长职位之前，例如在 1936 年，您担任的是什么职务？请把你的回答限定在 1936 年期间。

答：我不是军务课长，我是军务局军事课长。

问：我明白，但我现在的问题是，您在那之前担任的是什么职务，在 1937 年 3 月之前？

答：在 1937 年 3 月之前，我担任陆军省兵务课长约一年。

韦伯庭长：我想您一定有问这个问题的理由。

塔夫纳检察官：可能有关也可能无关，庭长阁下，这取决于回答的是什么。

问：您在宣誓证词第 3 页中说，没有陆军省的支持和配合，参谋本部不能实施针对中国的行动计划。这是什么意思？

答：作战计划的内容，包括兵力数量、行动所需物资，因为兵力多少和作战所需物资是陆军省负责的。

问：所以您的意思是，除非陆军省配合，参谋本部不能执行作战计划？

答：它有两重含义：参谋本部不能制定作战计划或者执行作战计划。

问：您的意思是，没有他们的批准、协同及作用，甚至连计划都制定不了？

答：是的，是这样。

问：卢沟桥事变时，日军师团的战斗力如何？

答：我相信一个师团平时编制大约 1 万至 1.2 万人的兵力。

塔夫纳检察官：原来这样。但是在您宣誓证词第 3 页结束的地方，您说是 200 个师、20 万人，而不是 2 000 万人。

韦伯庭长：那是在说中华民国军队吧……

塔夫纳检察官：我的问题正是与中国军队相关联的。

韦伯庭长：我想军队总数应该是 200 万人，不是 2 000 万人。世界上没有拥有 2 000 万人军队的国家，即使有 200 个以上的师，也没有

2 000万人以上的军队。

问：那我就撤回这个问题。您在证词中说2 000万人，是错了吧。

答：我没有说2 000万人，我说的是200万人。

韦伯庭长：证词中写的是2 000万人，不过关系不大，这个问题到此为止。

问：您在证词的第4页中说，苏联在远东作为战时部队包括45个骑兵师。

答：我没有这么说——我没有说"45个师"，我说的是"4.5个师"。

塔夫纳检察官：这样的话我想需要修改记录。

韦伯庭长：副本上是"45"。

答：我想说昨天在宣读我的证词时，除了这些错误以外，我还注意到一些其他的错误。我能指出这些错误吗？

问：是的，我想知道在哪些地方有错。

答：我相信第一个错误是在昨天宣读的证词第3段。我作证说政府的方针大约是在7月7日或8日决定的。如果我记得没错，这部分昨天被读为"在7月或8月"。

问：您说的是哪个决定？

答：我所说的决定指政府那时所制定的不扩大事变方针。但是，鉴于当场的环境并不清楚，出于自我防卫，他们想采取措施。然而，敌人增加——部队的增加，而我方增兵的决定还是没有被采纳。

问：您是不是想要更正决定达成的日期？

答：我想要更正这点因为它和月份有关，而不是日子。我相信，它被宣读成在7月或8月，正确的应该是在8日或9日——7日或8日。

问：还有哪些地方需要更正？

答：是的。下一处需要更正的是大山中尉事件。我相信在证词里那段内容为：事件发生在海军省第一课长来到陆军省联络工作的8月10日。我相信昨天宣读的"1932年"，应该是"1937年"。

问：还有别的需要修正的地方吗？

答：没有了。

问：所谓苏联兵力的消息来源是什么？

答：我的消息来源于本部收集。

问：在东京的参谋本部？

答：是的。

问：您不知道参谋本部的消息来源，是吗？

答：我不知道。

问：您声称鉴于苏联的军事力量，在中国采取行动被推断是危险和不应该的。

语言监督官：塔夫纳先生，您说的是"推断"？

塔夫纳检察官：是的。

语言监督官：您指的是什么推断？

塔夫纳检察官：我所指的推断是在中国的行动是危险的。我要问，这个推断是何时得出的？

答：不管事变是否发生，都会得出这样的推论。我相信是在卢沟桥事变后不久。

问：好，事实上，日本和德国签署了条约，在1936年11月建立了反苏军事同盟，对不对？

列文辩护律师：我提出异议，该问题不在宣誓证词范围内。

韦伯庭长：这是存在争议的，但是我想这个问题是属于宣誓证词范围内的。异议无效。

答：我将回答这个问题。我不知道1937年是不是签署了这样一个军事同盟条款，但我知道没有建立任何直指苏联的军事同盟——一个直指苏联的日德同盟。

塔夫纳检察官：我想翻译在年份上有一个错误。我问的是在1936年即昭和十一年。

问：您记不记得，根据反共产国际协定的附属秘密条约，日本采取的立场是，苏联必须意识到从那时起它将面对德国和日本；也就是说，从那时起，苏联将面对的是德国和日本两个国家？

韦伯庭长：这是后面的论题，塔夫纳先生。您可以用这个方式测试他的可信度，但是我保留意见。

塔夫纳检察官：那么好吧，我想再问一个别的问题。

问：是不是同样可以得出结论：如果不先压制中国国民政府军队，袭击苏联将是很危险的？

答：我不太明白这个问题。我请求再说一遍。

韦伯庭长：日语书记官会重复。

（日语法庭书记官重复最后一个问题。）

答：结论并不是说对中国人——我是说国民政府军队——所谓的着手压制国民政府军队这件事，而是指针对苏联。结论是，采取针对中国的全面战争对日本本身来说是很危险的；如果作战是针对苏联的，那对日本来说就更加危险。

修正：不是"针对苏联"，而是"苏联的存在加剧了日本的危险"。我指的是对日本的双倍的或者说双重的危险。

问：你们是否考虑到，在卷入与苏联的战争之前，击败中国政府势在必行？

答：这是一个国家政策层面上的问题；我作为军事课长，这不是我能决定或考虑的事情，这不在我的职责范围之内。不过我相信，那时的国家政策——我非常确定那时的国家政策是不要同苏联发生任何交战，因此，我不认为为此要击败中国国民政府军队。

问：您在宣誓证词第4页作证道，在1937年7月卢沟桥事变爆发后，参谋本部给出的一份说明里声称要尽快地解决事变。这份说明是在与华北政权谈判命令下达之前制定的吗？

答："华北政权"指的是什么？与冀察政权的谈判在卢沟桥事变爆

发后不久就开始了。因此,参谋本部要探求尽快解决事变的说明与同冀察政府的谈判是同时进行的。

问：我注意到那份声明,或者说声明里认为,日中之间正面的、持久的战争很可能要爆发。在事变发生后不久得出这样推论的理由是什么？

答：我相信我没说过存在发生这种情况的可能。我相信在证词里我说的是有对发生这种情况的担忧——担忧这样的局势可能出现。

问：您的原话是"目前的事变易转变成一场正面的、持久的战争……"而现在您说那份声明是在试图谈判之前发布的。

答：说明是在谈判的同时进行的,我说的是有正面冲突的可能性。

问：您在 7 月 8 日或 9 日就开始考虑与中国的全面战争,不是吗？

答：并不是我有这样的想法,只是我在证词里说参谋本部有这样的感觉——这样的解释。

问：早在 11 月 11 日日本政府就采取行动,从日本派部队到中国,不是吗？

答：不是 11 月 11 日,是 7 月 11 日。

问：我确定我说的是 7 月 11 日。我的确说错了,应该是 7 月 11 日。

答：7 月 11 日派遣的部队并不是来自日本,我是说,并不是来自日本本土,而是来自原先在朝鲜和"满洲国"的军队。

语言监督官：派遣了一部分在"满洲国"和朝鲜的军队。

问：然后你们立即从朝鲜和满洲派来了军队。但同时,你们没有从日本派遣相同数量的部队去补充在满洲和朝鲜的军队吗？

答：没有补充在朝鲜和满洲的部队。

问：在宣誓证词第 16 页第四部分,您已声称"我被我的上司问到关于在 1937 年 11 月 7 日派往朝鲜和满洲的部队的费用"等,你还能说没有部队从日本派往朝鲜和满洲吗？

答：我说的费用是指我们从朝鲜出发派往华北部队的必要支出，就像从满洲派往华北的部队支出一样。

韦伯庭长：他们被称作远征军并且被指控去了朝鲜。他没有对这部分作修正，尽管他在宣誓证词的其他部分做了修正。

问：您有很多修改这份声明中错误的机会，并且您似乎很注意修改的问题。

答：在证词里我们没有提及任何关于远征军的问题。我想知道指的是哪一段？

韦伯庭长：看日文原文。

塔夫纳检察官：事务官能不能让他看一下原文？

（文件被交给证人。）

韦伯庭长：也让语言部看一看，第16页第四部分的英文版。

证人：关于远征军的部分在哪里？

韦伯庭长：第四部分。

问：第四部分或者说第四段的第4条，第2句。

答：是的，我知道。我可以读出这段证词吗？

韦伯庭长：可以。

答："关于我们在1937年7月11日派往朝鲜和满洲的军队的支出，陆军省上司要求我……"修改为："关于我们1937年7月11日从朝鲜和满洲派出的军队的支出，陆军省上司要求我同大藏省协商谈判建立一个准备金来维持现在的花费"，等等。

韦伯庭长："远征"这个词并没有出现在日文里，在日文原文里是"从"，我们手里的副本是"去"。让莫洛少校看一下原文。莫洛少校。

语言仲裁官（莫洛少校）：庭长阁下，合适的翻译是："关于我们在7月11日派遣的在朝鲜和满洲的军队的花费……"

有对错译的一种解释，庭长阁下，但是我不认为这会对法庭有帮助。

韦伯庭长：从哪里派遣？

语言仲裁官（莫洛少校）：庭长阁下，原文里没有提。

韦伯庭长：我们在朝鲜的军队在某一天被派遣？

证人：不是关于在朝鲜的军队；说的是从朝鲜和满洲派往华北的军队的经费。

问：我的问题是，1937年7月有没有部队从日本被派往满洲和朝鲜，或者派往中国？

答：日本在7月11日动员部队，我相信有部队从日本派往中国。

问：那是在7月27日吗？

答：是的，7月27日。

问：有多少个师团？

答：3个师团。

问：在您证词第13页提到派遣了4个师团。另一个师团呢？

答：我并没有说派了4个师团，我说的是3个师团。

问：我宣读的您的证词第12页第8段最后一行，你说的是"在7月大约有4个师团"。我们该相信哪个：您陈述的仅有3个师团，还是4个师团？

答：7月27日从日本派遣的部队肯定是3个师团。

问：好，我问的是，您说的派遣的第四个师团怎么了？去了哪里？

韦伯庭长：让莫洛少校告诉我们原文是怎么说的。

问：您在证词第6页说，前线的陆军司令官在7月8日接到参谋本部的参谋次长关于不扩大事变总方针的决定。谁是战区的陆军司令官？

答：您是指在前线的司令官？

问：是的。

答：我认为是桥本群中将。

问：谁是参谋本部的参谋次长？

答：今井清中将。

问：您说您是从文件得知这些的。这些文件在哪儿？

答：是副司令官的电报。电报送来之后，原件在我们中间传阅。我是看后获悉这一切——传阅的原件。

韦伯庭长：莫洛少校。

语言仲裁官（莫洛少校）：庭长阁下，原文第 13 页第八段最下面，明确地说是"7 月 4 个、8 月 7 个、9 月和 10 月共 4 个师团"。

证人：我要解释一下。那里提到的大约 4 个师团，包括在 7 月 27 从日本派出的 3 个师团及在 7 月 11 日从朝鲜派出的一个师团，总共 4 个。

韦伯庭长：好吧，我们不需要知道更多了。这没有多大的意义。

问：在证词第 7 页，您说您从参谋本部 7 月 9 日给前线陆军命令的文件中得知，开始与冀察政权进行直接交涉。您指的是什么文件，您为什么没有提供它们？

答：那时的文件——对于这样的官方或者例行的公事，我们有惯例或者说程序，电报的原文要在相关人员之间传阅。所以原文在被认为需要的相关人员之间传阅。

问：为什么是同冀察政权的谈判命令？

答：这件事并不属于我的直接职责范围，我知道的并不准确，但是我认为根据要尽快解决的目标，应当进行直接谈判。并且，我认为那时的冀察政权有权力与能力解决这样性质的事件。

问：是不是日军的樱井同时是中国军队顾问的事实，激励了您，或者激励了日本政府？

答：我不知道或者说在这一点上我没有被很清楚地告知。我不是很清楚。

问：您知道并没有发布过与国民政府谈判的命令，是这样吗？

答：我认为鉴于命令已经下达给华北的日军，即当局——华北的军队,他们自然而然地会同当地中国当局谈判,也就是说同冀察政权谈判。

问:事实上,7月12日,中国外交部长向日本提出要在这个问题上做出相互的让步,是吗?

答:我认为我听到过类似的传闻,但是这不关我的事,我的意思是,跟我的职责没有多大的关系,我并不清楚。

问:关于冀察政权您似乎有非常明确的回忆和信息;为什么您却对南京政府的情况一无所知?

答:此前我提过关于我的工作和职责——也就是说,对冀察政权的动向如此感兴趣的原因在于它是军方所需要密切关注的。就政治事务和外交事务,与南京的中央政府谈判是政府的问题,在我能了解的范围内,我对该问题的性质并不熟悉,因此我不清楚关于与南京政府谈判的事。

问:您是否知道,在12日中国大使提出建议后,日本政府和南京政府之间是否有过任何形式的谈判?

答:我那时听说在7月18日或19日同南京政府进行过谈判。

问:您现在说的是南京政府的一封信,他们是不是在信里提议用外交手段解决问题,并且将双方的部队撤退回他们最初的位置?

答:我没有看到过有这样内容的一封信。我只是听说在18日或19日有过这样的谈判。

韦伯庭长:现在休庭15分钟。

(10:45 开始休庭。)

(11:00 重新开庭。)

法庭执行官:远东国际军事法庭现在开庭。

语言监督官:证人之前的陈述应作如下修改:"我从没见过这么一封信,但我听说有过这样一个提议。"

韦伯庭长：塔夫纳先生。

问：您是否知道，在收到南京政府来信后，日本方面是否有过任何协商？

答：不，我不知道。

问：您在宣誓证词里提到陆军与冀察政权之间提出的协议条款。日本政府还考虑或提出其他的条款吗？

答：我听说日本政府向南京政府提出，中方应该立刻停止好战行为，南京政府不要插手在华北的谈判进程。

问：这就是后来为什么南京政府会给出一封信，是吗？

答：是的，我认为是这样。

问：我现在的问题是，日本政府除了要中国承认"满洲国"外还有没有别的提议？

答：我没有听说这个，我不认为提出过这样的提议。

问：我的问题可能在这一点上有误导。我的意思是日本政府有没有考虑过做这样一个提议。

答：我不记得有这样的事；作为陆军省军事课长的我，日夜繁忙，没有时间考虑这样的问题。

问：您有没有听说，协议的条件之一是成立一个中国与日本之间的军事联盟？

答：我没有听说过任何关于军事联盟的事——军事联盟的提议。我相信如果有这种提议，我多少都会听到一点风声，不过当时我没有。

问：后宫是不是当时军务局的局长？

语言监督官：您能拼出这个名字吗？

塔夫纳检察官：U-S-H-I-R-O-K-U

答：是的。

问：他曾是您的上司吗？

答：是的。

问：在您证词第 7 页靠近最下面的地方，提到了一个问题。您提到，中国当局命令中央军驻扎在苏州附近的 4 个师向河南前线行进——这出现在您宣誓证词第 7 页底部——在同一段，您提到了在卢沟桥附近持续的不法开火。您以上陈述的意思是不是中国军队向前线进发的命令和您后面所提及的开火是同时发生的？

答：我从参谋本部得到的消息是中国派苏州附近中央军 4 个师行进到前线的命令，卢沟桥附近的不法开火在差不多的时候，相继发生。

问："相继"是什么意思？

答：基于时间，我不知道它们是不是在同时发生，但是我认为或者说我记得它们都大约发生在 10 日。

问：那么您是说部队行动的命令大约是在 7 月 10 日左右发布的？

答：是的，在大约接近 7 月 10 日。

问：您在证词的后一页说，基于这样的局面，决定要立刻派部队去平津地区。换句话说，您是不是说 7 月 11 日从"满洲国"和朝鲜派兵的行动是基于您所描述的部队行动？

答：因为中国人的行为，平津地区日本国民的生命和财产受到威胁，基于这样的事实，政府在 7 月 11 日发布了政策声明，根据声明，决定从朝鲜和满洲派遣部队。

问：您在证词中说，因为在华北的中国部队增兵的行为以致日本居民的生命受到威胁，这就是采取行动的理由？

答：华北中国部队的增兵行为，会导致在平津地区的日本驻军处境危险，也就是说，会变得处境危险；并且，基于日本居民的生命和财产处在极度危险之中的事实，决定提高在华北部队的最低限额。此外，基于在平津地区中国部队有强烈的排日情绪的事实，在那个地区的日本居民的生命和财产处于极度的危险——在那个地区的日本居民的生命和财产面对非常严峻的形势，因此日本在平津地区的驻军增加了。我认为，在那时增加了大约6 000至7 000人。而当时在那个地区的中国部队，即使不增援，数量也已达5万至6万人。

问：那么您说中国部队在7月10日向北行进的根据是什么？

答：基于参谋本部获得的情报。

问：你是否知道直至日军在7月11日从满洲和朝鲜被派到华北，中国的中央军一直就没有北上？

答：并不是这样。在这之前——在日本政府决定派增援或者说部队抵达华北之前，参谋本部就收到了关于中央军向北行进的消息。我重复一遍：在日本政府决定派增援或者说部队到华北之前，参谋本部就收到了关于中央军向北行进的消息。

问：从河南省边界到北平有多远？

答：我不太清楚。

问：350英里，您怎么认为？

答：我不认为有那么远。

问：你是否知道当南京政府最终派部队向北行进的时候，他们停在了保定，被中国当局阻止在了那里。

答：是的。我听说了，但是我在它发生很久后才听说的，当时我不知道是中国当局主动行为，还是为了别的原因。

问：保定离北平有多远？

答：我不太清楚。

问：有100英里您怎么认为？

答：我认为应该比100英里远一点。

问：在证词第14页，您说占领南京出于当时战争的趋势，并且这个决定是在12月1日做的……等一下，我还没结束我的问题。您在之前说一个叫清的人曾是参谋本部的参谋次长。您是不是搞错了？

语言监督官：您能拼出这个名字吗？

塔夫纳检察官：我知道的是"清"。

答：在事变爆发的时候，参谋次长是今井清，不过清从那时起被取代了。

问：是多田将军替换了他吗？

答：是的，是这样。

问：好，难道不是参谋本部的参谋次长多田将军，在上海战争期间准备了占领南京的计划？

答：我不太清楚参谋本部制定的筹备工作，但是占领南京的决定，就像我在宣誓证词里说的，是在12月1日。

问：您也说过汉口作战的决定是在1938年9月做出的。事实上，作战计划不是由多田将军在1938年6月或7月做出的吗？

韦伯庭长：1938年？

塔夫纳检察官：是的，庭长阁下。

答：我不知道计划是在何时开始的，但我知道决定是在1938年9月上旬做出的。

塔夫纳检察官：我是基于庭审记录第3377页提出我的问题的。

韦伯庭长：多田在交叉询问阶段那么说了吗？

塔夫纳检察官：是的，庭长阁下，在他的交叉询问阶段证据第251号。我的交叉询问结束。

韦伯庭长：布鲁克斯上尉。

布鲁克斯辩护律师：庭长阁下，如果没有再次的直接询问的话，我想问一些有关陆军省的问题。

列文辩护律师：庭长阁下，没有再次的直接询问。

韦伯庭长：布鲁克斯上尉，您要代表谁？

布鲁克斯辩护律师：代表谁？代表南将军，庭长阁下。

再次直接询问（由布鲁克斯辩护律师询问田中新一证人）

问：您作证说，陆军省负责提供物资、人事及其他管理事务。那么，请问证人,在制定防卫计划之后,作战计划是否可以被改变,参谋本部能否依其所视,任意将物资或供给用于别的目的,比如,在未经陆军省允许的情况下,用来解决一个事端?

塔夫纳检察官: 庭长阁下,我提出异议,它是一个假设的问题,不能掩盖事实,并且在这样的审问中,也是不合适的。

韦伯庭长: 如果您能给陆军省定义一个明确的职责,您就可以重新盘问。

布鲁克斯辩护律师: 我问这个问题是为了节省时间,庭长阁下,因为很明显,这个问题不在证人交叉询问阶段所说的内容之内。他可以回答这个问题了吗?

韦伯庭长: 唔,您可以问他陆军省有什么职责,他已经给它定义了明确的行动。回答这个问题吧。

答: 我不太明白这个问题。我想再听一遍。

问: 请日文速记员重复一下问题。

(日文速记员重念之前的问题。)

答: 您指的是作战计划还是防卫计划?

问: 作战计划或者防卫计划。它们可以在不经陆军省允许的情况下被更改吗?物资一旦被提供和确认,这些物资的使用以及相应的行动是否由参谋本部单独掌握?

答: 我要回答这个问题。依据作战计划所提供的物资并不是供应给参谋本部的。陆军省掌握着物资,并且直接提供给不同的部队。因此,一旦参谋本部想要更改行动计划,例如从向东作战转为向西作战,那么自然而然,需要征询陆军省的意见。另外,物资必须从生产地被运出来,运到不同的部队,运输的问题是陆军省负责的。

问: 您误会了我的问题,我问的不是——

韦伯庭长: 我不认为它是。如果陆军大臣能管这花销或者能将物资用于某一目的,而参谋本部能将它们用于另一个目的,就不正常了。

布鲁克斯辩护律师：我要问的不是把物资从一处运到另一处、从一个部队运到别的部队，而是当物资被运到部队之后，它们能否被使用。

韦伯庭长：无疑它们可以按照原定用途使用。

问：那么，在不经陆军省批准的情况下，它们可以被部队用来解决事变吗？

塔夫纳检察官：我不认为这样是合适的再询问。问题非常地有导向性，都是假设性的，要求意见和推论。我提出异议。

韦伯庭长：真正的异议理由是，这个问题是被设计出来否认证人所说目的的，不仅仅是一个解释。他已经说了，陆军省必须批准。现在他被要求说不需要批准。

布鲁克斯辩护律师：庭长阁下，我认为，批准是对供应而言的，而不是其使用的目的，这就是我尝试着要指出的计划的目的。

韦伯庭长：陆军省必须知道物资供应的目的，其批准仅限于该目的。关于您提到的那个问题，在交叉询问阶段已经很清楚了。异议有效。

布鲁克斯辩护律师：我要问一个其他问题。

问：陆军省有权下命令停止或者更改战场的军事行动吗？

答：没有。

问：也就是说，战场上的军队手里有特定用途的军用物资，陆军省不能限制或者指导他们的使用，对吗？

答：它可以限制其使用。

问：什么程度？

答：我不认为有任何关于限制范围的条文或规章。

问：好，如果针对这种行动下达一份诏书，可以要求陆军省阻止进一步的供给吗？

答：一旦发出了战争命令并且开始——并且行动开始执行，陆军省必须尽其所能——必须为了达到战争目标控制这些物资。当一个战争命令下达给参谋总长,照理参谋总长应该询问陆军省,陆军省考虑诸多因素之后,尤其是考虑到物资供给,会给予批准或否决。

问:但是如果下达了诏书,陆军省不能提出反对或者限制供给而改变目标,不是吗?

塔夫纳检察官:庭长阁下,对于同一个问题,我要再一次提出异议。

韦伯庭长:布鲁克斯先生把答案强加给证人了。这不符合再询问的意义。异议有效。

布鲁克斯辩护律师:庭长阁下,我认为证人在这之前已经回答了。

韦伯庭长:他没有给过您想要的答案。

布鲁克斯辩护律师:没有更多问题了。

韦伯庭长:阪埜先生。

阪埜辩护律师:我代表被告板垣。我有一个问题。

韦伯庭长:前面已说没有进一步的再询问了,但是需要的话,您可以继续向他提问。

再次直接询问(由阪埜淳吉辩护律师询问田中新一证人)

问:根据检方提出的问题,在汉口作战的问题上,证人回答,尽管他不知道汉口作战计划是何时开始的,但是他知道作战决定是在1938年9月上旬做出的。陆军省是否参与到作战计划的准备工作中?

答:是的,陆军省和作战计划有一些关系。

韦伯庭长:您不该再询问这些问题了。他已经在交叉询问阶段及再次的直接询问阶段表达得很清楚了。您只是在让他自相矛盾。

问:那么,事实上决定了——决定是基于什么?

语言监督官:您怎么知道作战计划已经制定了?

答:在参谋总长和陆军大臣达成一致并且请求获得诏书的情况下,明确决议就达成了。

问:您的意思是不是,如果得到了诏书,情况基本就明了了?

答：是的。

韦伯庭长：列文先生。

列文辩护律师：庭长阁下，证人证词第 22 页上 1932 年 8 月 10 日这个日期是错的，正确的日期应该是 1937 年 8 月 10 日，出现在他证词的第 2698 页。我们是否可以要求根据他所陈述内容更改相应的记录？

韦伯庭长：我们会研究一下并作必要的修改。

列文辩护律师：我们对该证人的询问完毕。他可以按程序离开了吗？

韦伯庭长：可以。

（证人离席。）

我们将在 1 点 30 分继续开庭审理。

（12∶00 开始休庭。）

六、关东军、"满洲国"与华北

（13：30继续开庭。）

法庭执行官： 远东国际军事法庭现在开庭。

韦伯庭长： 列文先生。

列文辩护律师： 庭长阁下，我们要传唤证人河边虎四郎。

（河边虎四郎作为辩方证人被传唤，宣誓后通过日语译员作证如下。）

韦伯庭长： 您的宣誓依然有效。

列文辩护律师： 庭长阁下，我想您的意见没有被翻译。

韦伯庭长： 我告诉证人他的宣誓依然有效。他已经在这里宣誓过了，没有必要再宣誓一次，事实上，他这么做也不合适。

列文辩护律师： 我们想基于两份准备好的宣誓证词询问证人。

直接询问（由列文辩护律师询问河边虎四郎证人）

问：请说出您的名字、年龄和住址。

答：我叫河边虎四郎，57岁，住在东京都北多摩郡神代村字大町四百六十番地。

问：事务官会给您辩方文件第225号，上面是否有您的签字？

（文件被递给证人。）

答：是的，有我的签字。

问：文件所述内容真实、准确吗？

答：是的，真实、准确。

列文辩护律师： 现在我要提交证据，辩方文件第225号。

韦伯庭长： 按程序接受。

法庭书记官： 辩方文件第 225 号由法庭接受为第 2489 号证据。

（前述文件被标以辩方证据第 2489 号并被法庭接受。）

列文辩护律师： 省略概述部分，我宣读证人的宣誓证词：

（宣读）

我，河边虎四郎，昭和九年（1934 年）八月至昭和十一年（1936 年）三月间，任关东军参谋。由于当时"满洲国"的情况而在华北和内蒙古产生一系列的问题，我对我所知道的关东军的立场做出说明。

一、当时关东军和满洲的总体情况

我之后会说的华北和内蒙古的问题，与我要说的当时关东军和满洲的问题有关，我想先概述一下在我任职期间的情况。

（1）关东军的主要官员及我的职业所在。1934 年 8 月，当我到任时，关东军司令官是菱刈隆大将，参谋长是西尾寿造中将，参谋副长是冈村宁次少将。同年 12 月，南次郎大将被委任为司令官，板垣征四郎少将成为参谋副长。

当我任职一年后（在我离开本部之前我是陆军少佐，是管理情报工作的课长）"满洲国"的情况。

（2）"满洲国"状况。对外关系。那时，有一些国家正式承认"满洲国"的独立国家地位，至少是约定俗成。例如，梵蒂冈在 1934 年 9 月承认"满洲国"、多米尼加共和国在 1935 年 4 月承认"满洲国"。1935 年 3 月，苏联和"满洲国"签署北满铁路运输协议。

关于同中国的关系。1933 年 5 月，关东军和华北军事当局签订塘沽协定，我在任职的前一年，在中国和"满洲国"之间还没有建立全面的外交关系。然而，1933 年 7 月所谓大连会议之后，为了避免日中冲突，达成了双边协议。从那以后，中国和"满洲国"之间接连达成协议，比如关于 1934 年 7 月的铁路问题，同年 12 月的关税问题以及 1935 年 2 月的邮政问题。随着日中关系的日趋修复和改善，中国和"满洲国"之间的关系也日益改善，中国在很大程度上显现出事实上承认"满洲国"的态度。

柯明斯-卡尔检察官：庭长阁下，检方对读出的内容——对关于协议部分的宣誓证词提出异议，除非能够提供该协议。协议并不在证据中，并且检方认为，中国或"满洲国"是否参与其中还有争议。

韦伯庭长：它们写在里面吗？

列文辩护律师：据我所知，庭长阁下，我被告知它们已经被提交为证据。

韦伯庭长：如果在其中，它们应该在某个阶段被提交。

列文辩护律师：我认为，庭长阁下，我说它们已经被提交是错的。掌管"满洲国"部分的冈本说它们存在但是被销毁了。两者都被销毁了——我不是说蓄意销毁，我的意思是，被盟军最高司令部拿走了。然后，庭长阁下，我认为这个问题应该在交叉询问时涉及，而不是在现在这个阶段。

韦伯庭长：如果要说明缺乏书面协议的正当理由，需要提供书面或者口头证明。如果最高统帅部有或者曾经有过，他们是不会销毁这些协议的。

列文辩护律师：我没有企图暗示它们可能是被盟军司令官销毁的。然而，庭长阁下，在缺乏这些协议，并且我们手头没有这些文件的情况下，如果证人熟悉它们的内容，那么他可以做与此有关的证明。

韦伯庭长：我们不会为规矩所束缚。然而根据我同僚的态度，这是我们需要坚持的规矩。

柯明斯-卡尔检察官：当我们提出异议并且坚持它们应该被提交或说明的时候，法庭不止一次地提到这个规矩。依我之见，这意味着要靠证据，而不是靠律师的口头声明。

韦伯庭长：除非这份协议被用正常方式证明，否则我们将无视这份证词的内容。

列文辩护律师：

1932年3月"满洲国"宣布独立之后，各省前军阀掌控之下的土匪（伪军）大约30万人，一度非常猖獗，不过他们大部分在1933年间被平定。犹如在中国的很多地方，"满洲国"建立之前，满洲四处匪患，甚至在镇压行动之后，一些地区仍有残余势力活跃。在我到任之时，那个数字估计在3万人左右。那些土匪可以被划分为几类群体，比如，常见的强盗团伙，有政治倾向的抵抗日本与新满洲的势力，以及充斥着"共产"思想的"土匪"。

韦伯庭长：是"共产主义的"。

列文辩护律师："共产主义的思想"。

韦伯庭长：副本里只出现了词的一半，但我认为应该是"共产主义的"。

列文辩护律师：没错，庭长阁下。

此外，并不是所有的土匪都是满洲当地人。许多人来自华北、山东或者朝鲜，有一些住在与"满洲国"毗邻的苏联沿海州区域的朝鲜人和满洲人悄悄越过边境。除了以上各类之外，那些充斥着意识形态，尤其是那些活动基地在满洲之外的，更难处理。

新满洲的和平与秩序在很大程度上被那些土匪扰乱，妨碍了它作为一个国家的正常发展。不过在"满洲国"政府、人民的不懈努力，及依照日本和"满洲国"之间制定的日满议定书的关东军协助下，"满洲国"的"独立"形势逐渐明朗，尤其是其与中国和其他国家的关系日渐改善。然而，在边境上仍有频繁的冲突产生。

(3)当时关东军的总方针。根据日满议定书原则,关东军的任务是与"满洲国"政府合作,承担满洲的防御任务。鉴于这个国家当时的情况,关东军尤其是在南次郎大将到任后,其政策确定了两个主要目标:第一,在"满洲国"内建立公共秩序;第二,在边界地区维持和平与安宁。为了实现第一个目标,全部兵力广泛分布于整个国家以维持和平与秩序,即使因此会给军队必要的训练带来不利和不便。为了第二个目标,军队确立了尽可能避免使用武装的原则,同时,通过周边国家间各自谨慎的举措、通过"满洲国"政府或关东军同中国、苏联、外蒙古和其他国家之间的协商谈判,保障彼此的互利。

二、土肥原-秦德纯协定

在满洲与察哈尔省,中国的边界地区,冲突发生最频繁。其中要提到的是,1934年10月6日,宋哲元的部队在张北侮辱了日本军官和外务省工作人员;1935年1月24日,宋哲元的一支部队入侵"满洲国";同年6月宋哲元部第二次入侵,对日本边界驻军部队开火。因为担忧这样频繁的动乱会导致中国和"满洲国"或日本之间更多的意外事件,关东军司令官认为有必要扩大塘沽协定的应用范围,并且,本土军事当局派了关东军司令部军官兼奉天特务机关长土肥原贤二少将来执行同察哈尔省当局的谈判。土肥原少将被委任该任务的理由是:①这些事端都发生在他所掌控的情报范围内,并且土肥原对实际的事务非常熟悉;②他的脾性最适合就那些杂项同中国人谈判,并且可以用友好、和平的方式解决。经过他的协商,土肥原-秦德纯协定于昭和十年(1935年)六月二十七日签订。协定规定镇压察哈尔省的抗日势力,处理有关负责人和部队,终止地区敌对状态,等等。根据协定,中国非军事区被延伸到察哈尔省部分地区,这部分地区边界的和平与秩序指日可待。

柯明斯-卡尔检察官：庭长阁下，我提出异议。这份协定并没有被出示、提供说明或者被确定为证据。

韦伯庭长：我们的裁定也同样应用于该协定。

列文辩护律师：（继续）

协定达成之后的几天，当土肥原少将到关东军司令部向司令官就谈判情况进行口头汇报时，我在现场并且有机会听到。从他的报告以及从其陪同人员的嘴里，我得知谈判是在一种非常友好的氛围下进行的。

三、关东军对内蒙古问题的关注

"满洲国"西部边界的相当一部分毗邻内蒙古，在兴安省和"满洲国"内的热河地区居住着很多蒙古人，他们与在内蒙古的同类部落保持着持续的交往。因此，对于有满洲防御任务的关东军来说，这是需要严重关切的事情，并且同样地，需要密切关注收集有关内蒙古的情报。关于它会如何地影响到满洲，特别是，会否对满洲产生赤化影响。在内蒙古的对中国人有反感的蒙古人从"满洲国"的独立中获得鼓舞，并想要建立一个以他们有影响的人物德王为领袖的、属于他们自己的自治政府。关东军意识到，在德王的方针中，防止内蒙古赤化的思想是重要内容。我在关东军任职期间，"满洲国"和内蒙古之间的关系是友好的，两者之间没有任何纷扰发生。在1935年12月，在"满洲国"边界上，德王手下的一支部队与中国部队发生了一场小规模冲突。我们恐其在"满洲国"导致纷扰，但是它在演变成严重的事端前就在短时间内解决了。

四、关东军对冀东防共自治委员会的关注

根据塘沽协定，华北毗邻"满洲国"边界地区被指定为非武装地带，在那里，关东军有权根据局势需要随时检查非武装的实施情况。在达成协定后，中国的殷汝耕先生，在华北政务整理委员长黄郭的推荐下,成为上述非武装地带 23 个县的行政督察专员。对关东军来说,该区域的情况是否与停战协定的目标相一致,以及非武装地带是否有赤化倾向,是非常重要的问题。尤其是在热河地区,"共匪"的活动从以前开始就持续不断,所以,关东军在收集冀东情报方面竭尽全力。上面提到的殷汝耕先生,向来对南京政府的财政政策感到不满。事实上,1935 年 10 月在共产党的教唆下,他执掌的地区爆发了农民自治骚动,殷汝耕认为有必要建立一个属于他的政治权威,执行财政自治和防共。最后,在 1935 年 11 月,他组织了冀东防共自治委员会,以他自己为领袖并且声称建立自治政府。

关东军对冀察政务委员会的立场。

韦伯庭长:您漏了一段。

列文辩护律师:据我所知,以上段落不在原文内。我指的是我刚宣读的内容的后面一段。

韦伯庭长:列文先生,很明显,我们的副本和您的不同。

列文辩护律师:庭长阁下,接下来的以"在声明之前"开头的一段有误。

韦伯庭长:明白了。

列文辩护律师:我接下来要宣读第 9 页上第 15 段。

(宣读)

五、关东军对建立冀察政务委员会的立场

在塘沽停战协定签署后,华北出现了一个政治机构叫华北政务整理委员会,以黄郭为委员长,统治华北五省。华北各政治集团自此产生了一些变化。随着日本和中国之间关系以及如上所说的中国及"满洲国"之间关系的改善,尤其是在土肥原-秦德纯协定签订时,广泛商议了关于中国与"满洲国"的边界和平及秩序问题,关东军意识到在华北的将领有要形成新的政治结构作为中国及"满洲国"之间纽带的意图,并希望可以借此找出排除共产主义的方法,促进两国之间的和睦关系,同时保障"满洲国"的防御安全。我们认为这是派一些使节去向华北将领解释"满洲国"及关东军立场、帮助他们了解的好机会。关东军在国内最高军事当局的批准下,询问了中国驻屯军司令官的意见后,于1935年11月再次派土肥原少将到北平,因为他被认为是谈判的最佳人选。

关东军对华北政治集团的立场以及派遣土肥原少将的理由如上所述。谈判期间,少将有一次回到关东军,由于当时陪伴他的参谋官的告诉,我得知在北平的那一周,土肥原少将同这些将领之间举行了友好的谈话,宋哲元及其他人都在谈判中表现得非常友善。

事务官能否将辩方文件第971号交与证人?
(文件交给证人。)

问: 请阅看辩方文件第971号,并说出上面是否有您的签字?

答: 是的,有我的一个签字。

问: 我了解到您这份宣誓证词中有几处需要更正的地方。

答: 在这份证词中有三处或四处需要更正。

问: 您能不能说出它们是什么,在何处? 据我了解,第一处需要更正的在英文副本的第12页。

答: 我想是在英文副本的第11页第6段下面:"为了应对形势变化,陆军统帅部所做的安排",接着前面一段。

柯明斯-卡尔检察官: 阁下,我提出异议。我认为在文件被采纳之后再对错误进行更正比较合适。

韦伯庭长: 您不是对文件提出异议,而是对更正提出异议?

柯明斯-卡尔检察官: 庭长阁下,两方面都有。

韦伯庭长: 告诉我们哪里需要更正也没有坏处,因为我们在决定是否支持异议之前,需要完整的文件。那么,哪里需要更正?

问：更正的地方在哪里？我知道是和第 14 页同样的更正。

语言监督官：证人说在英文副本的第 6 页、第 8 页，"陆军统帅部对卢沟桥事变爆发的看法"那段。

答：英文版第 12 页第 2 段："从那以后，每当观察局势，陆军统帅部从各处得到不同的情报，直到 7 月 13 日夜晚。"

语言监督官：在后面还有第 1 和第 2 小段，或者说 A 小段或 B 小段。

答："面对上述局势，陆军统帅部决定制定应对 13 日晚 8 点发生的事件有关的方针。"那是在第二小段的后半段。之后，"(1) 我们的军队会谨遵不扩大方针，就地解决事端，尽最大努力来避免导致全面战争的活动。因此，陆军会批准第二十九军代表提出的解决条件，并且在 10 日晚 8 点签署……"这里的"10 日"应改成"11 日"。这是第一处更正。

在第 13 页的最后，有(C)段以及随后的第(1)、(2)、(3)及第(4)小段。在第(4)小段中，"中国中央军的一些部队行进到河北省。在这样的情况下，考虑到我们可能被中国当局这种蓄意的拖延政策所阻碍，以及错失动员和派遣部队的机会，陆军司令部制定了如下效果的方案并下命令给我们的中国驻屯军"；"驻屯军应该让宋哲元在 7 月 10 日签订的解决条款上再签一个字……""7 月 10 日"应该为"7 月 11 日"。

韦伯庭长：我们不该把时间浪费在做这些简单的错误更正上。

答：还有一处，在英文版第 15 页中间："因此，期盼当时的情形可以改善……"等。该段的倒数第 4 行，"第二十九军在 29 日或之后……"此处应该是 28 日。

上述三处更正是我在浏览了印刷件之后注意到的。错误部分是由我的缘故造成，我为浪费法庭的时间而抱歉。

问：在更正了您指出的错误之后，宣誓证词真实准确吗？

答：是的，真实准确。

列文辩护律师：我将提交证据，河边虎四郎的宣誓证词，辩方文件第 971 号。

韦伯庭长：柯明斯-卡尔先生。

柯明斯-卡尔检察官：庭长阁下，这是一个无视法庭警告的坏榜样，文件必须被提交或者说明。几乎每一页上都有相关联的标注，要么是标注文件，要么是标注明显应该在文件里的材料。但是自始至终，我们都没有看出被告有提交文件或者说明的意思。被告有足够的时间考虑应对法庭在这个问题上的规定。我们认为，如果他们坚持无视那些规定，宣誓证词不应该被采纳。

韦伯庭长：列文先生。

列文辩护律师：庭长阁下，我认为证词的很大一部分与文件没有关联。如果能得到这些文件的话，我肯定我的助手会努力去尝试。我相信一部分的困难是由于我们现在被要求用宣誓证词提供证明，检方显然不会对证人在询问阶段采取问答形式所提供的证词提出异议。然而，我想声明，我们都恪守法庭的指示和规则。至于一部分宣誓证词的内容涉及文件，就像我之前所说的，如果我们没有办法提供，法庭自然将不得不把它们驳回。

韦伯庭长：对证词的要求没有影响。不管您是不是用一般的方式提供证据，您都得说明文件或者提供它们。有人会想我们在宣读可能被忽略的文件上到底浪费了多少时间，因为并没有这些文件。

列文辩护律师：这是一份冗长的证词。我之前仔细通读过一遍，然后又快速地浏览了一遍，至少在前 10 页我并没有发现任何有关的文件标注。当然，可能有一些，我想不起来或者我一下子没有看到。我认为，如果我开始宣读文件，我是说宣读宣誓证词时，可以同时要求我的一位同事对文件标注做一些检查，如果法庭希望我们这么做的话。

韦伯庭长：法庭非常想满足您的要求，但是我们大多数人认为，您应该遵守规则，因为我们认为，仅仅宣读一部分证词不太合适。

列文辩护律师：我的一位日本助理告知我，事实上，这些文件中的一部分已经被烧毁,不存在了。但我说不清是哪些。

柯明斯-卡尔检察官:庭长阁下,这正是我在想的。如果这些文件被证实是属于我们后来查证在盟军部队进入日本期间,由日军当局大量销毁的文件,那么这个情况本身足以证实作为日军证人的可靠性、他回忆内容的可靠性。但问题马上就出现了:为什么日军要烧毁它们?

韦伯庭长:法庭坚持遵守规定,文件必须附加在证词里或者在证词中说明文件缺失的原因。法庭多数意见希望把此规定应用于该证词,所以证词不予采纳。异议成立。

证人可以离席,直到提交新的宣誓证词。

列文辩护律师:检方可以对采纳的证据进行交叉询问。

柯明斯-卡尔检察官:庭长阁下,已经宣读了一部分的证词,检方认为没有必要进行交叉询问,但是觉得有必要请庭长注意某些标注。

列文辩护律师:如果法庭允许,我们反对那样形式的法庭争论,因为那完全是争论而不是交叉询问。我认为,在将来的某个时候,他们会有机会和权利把注意力引到某些从宣誓证词得出的推论上,而不是在此刻。

柯明斯-卡尔检察官:庭长阁下,那纯粹是为了方便以及节省时间。没错,如果我们要在这个问题上争论,稍后再做会比较合适。我想做的不是争论,而是就庭审记录中某些应与宣誓证词一起读出来的段落给法庭提供参考。我认为这与——

韦伯庭长:有人提醒我,辩方律师之前已经在没有异议的情况下这么做了。之前没有产生这个问题。

柯明斯-卡尔检察官:我想说的是它必须一致,我不敢说百分百这样的话,但我认为它必须与法庭昨天提供的情况相一致。

韦伯庭长:唔,在之前任何时候都没有对标注有过哪怕一点点异议,但如果要开始宣读,情况就不一样了。

柯明斯-卡尔检察官:好吧。

韦伯庭长：您指的是什么？

柯明斯-卡尔检察官：证人在此前出庭作证过。直接询问阶段他的证词在第 19393 页至 19425 页，交叉询问阶段他的证词在第 19425 至 19470 页。在同一个问题上被告南次郎被交叉询问的证词在同一份的第 19948 页至 20006 页，而标注是在证据第 195 号、240 号和 2206 号。

韦伯庭长：这有助于我们在判断不受影响的情况下得到实质性证据。

柯明斯-卡尔检察官：庭长阁下，还有证据第 259 号，本应在南次郎的交叉询问阶段就已经在这些问题上做好标注，但是却在现在才做。

韦伯庭长：列文先生。

列文辩护律师：请问，证人能不能按程序离席并保留权利，如果可以，让他重录一份与法庭规定相符的正确的宣誓证词。

韦伯庭长：他可以离席。

（证人离席。）

列文辩护律师：我要请出证人柴山兼四郎。

（柴山作为辩方证人出庭作证，宣誓后通过日语译员作证如下。）

直接询问（由列文辩护律师询问柴山兼四郎证人）

问：请说出您的姓名、年龄和住址？

答：我叫柴山兼四郎，出生于明治二十二年（1889 年）五月一日，住址是东京都目黑区驹场町八六一番地。

问：范米特少校会把第 1132 号文件递给您，上面是否有您的签字？

答：是的，上面有我的签字。

问：文件所述内容真实、准确吗？

答：有一处需要更正。在第 1 页上说，"从昭和八年八月，也就是 1933 年 8 月"，应该不是 8 月，而是 1933 年 5 月。

问：更正后宣誓证词真实准确吗？

答：是的。

列文辩护律师：现在我提供辩方文件第 1132 号证据，柴山兼四郎的宣誓证词。

柯明斯-卡尔检察官：庭长阁下，检方以同样的理由提出异议。在这份证词中据说有一份在最后一行有一方签字的所谓文件。这份文件没有提供，据我们所知，这份文件根本不存在。

列文辩护律师：庭长阁下，我认为，除了那份声明之外，整份宣誓证词都是充分、合适的。除了在法庭上被提到过很多次的塘沽协定之外，没有其他协议。事实上，我记得梅津-何应钦协定也已经被纳入证据，我不能确定。然而，即使不是这样，我也认为我们应该允许这份宣誓证词纳入证据，因为它很明显同可能被异议的文件有所区别。我想提问一下证人是否已经通过问答形式作证、已经给出了大部分的证词，并且已经在这个问题上被询问过了；更有甚者，即使针对没有被提供的文件提出异议并且异议可能有效，仍然不能阻止我们提供余下的证词。庭长阁下，我现在要求撤回证词的最后两句话。

韦伯庭长：除了证词的最后两句话，其他都作为证据？

列文辩护律师：是的，庭长阁下。

韦伯庭长：有一位同僚建议是最后三句话。

列文辩护律师：我同意，庭长阁下。此前我没有看仔细，我也认为这样删除比较好。

韦伯庭长：好的，我们同意。按程序接受。

法庭书记官：辩方文件第 1132 号被法庭采纳为第 2490 号证据。

（前述文件被标以辩方证据第 2490 号并被法庭接受。）

韦伯庭长：现在休庭 15 分钟。

（14：45 开始休庭。）

（15：00 重新开庭。）

法庭执行官：远东国际军事法庭现在开庭。

韦伯庭长：列文先生。

列文辩护律师：庭长阁下，我认为证词第3页"签署"一词在这里被翻译得不合适也不准确。据我所知，那是一份口头协议，因此我要求把这份文件提交到语言部核对。

韦伯庭长：提交证词的同时，请向证人提问。

列文辩护律师：（宣读）

从昭和八年（1933年）五月起到昭和九年（1934年）十二月，我作为日本驻中国大使馆武官助理在北平任职。

韦伯庭长：我们手头上的是"从八月起"。

列文辩护律师：应该是"从五月起"而不是"从八月起"。

满洲事变后，日本和中国之间局势已经剑拔弩张，不过由于塘沽协定达成，暂时恢复平静，两国之间的外交关系往来再度顺畅。这些可以从有关运输和通信的大连会议上显现出来。该会议的目标是打开"满洲国"和华北之间的运输和通信渠道。换句话说，它的目的在于让外交关系恢复正常。当时的华北政权领导者是黄郛，他曾直接负责运输和通信业务。然而，要想成功解决这么棘手的外交问题，很难不通过南京政府。因此，华北当局奉南京政府的命令并代表其进行谈判。但是南京政府从未直接参与过此事。因为它想避免正式承认"满洲国"的独立。换句话说，南京政府在那段时间，从事实上来说承认了"满洲国"。

我当时从很多中国领导人那里听说了这个。两国间的外交关系就这样逐渐转暖。不过中国人心中抗日情绪的暗流始终涌动，从未消失，与共产党的秘密活动不无关联。昭和十一年（1936年）

五月，亲日记者在天津被暗杀，便证明了不消除这样的黑暗气氛和抗日思想，华北的光明与和平、日本与中国之间的和谐友好不过是空中楼阁。

韦伯庭长：充满了泛泛而谈，不是吗？

列文辩护律师：我想要询问证人——

韦伯庭长：我有兴趣知道当时的中方领导人是谁，以及他们对他说了什么。

问：您能不能告诉我们当时的中方领导人是谁？他们对你说了什么？

答：那时候是北宁铁路局局长殷同。他当时告诉我南京政府实际上逐步承认了"满洲国"。

问：还有别人吗？

答：我不记得了。

问：梅津大将是否在撤出华北的抗日军队上做过什么努力？

答：当时在华北有各种各样——传说有各种各样的恐怖活动发生，南京的蓝衣社成员、宪兵第四团以及中国中央军的不良分子应该从华北清除，以换得华北的和平。我认为那是梅津当时的想法。

问：他为此做了哪些安排？

答：当时他同中国当局谈话，并且要求把那些分子赶出华北——他感觉到只有赶走这群人——除了把这群人从华北除去，别无他法。

语言监督官：除了要求中国当局从华北除去那群人以外别无他法。

问：他同中国当局作了这样的安排吗？

答：是的，体现在之后的梅津-何应钦协定里。

语言监督官：据我所知那是一份口头协定。

列文辩护律师：我的部分完毕，庭长阁下。

可以开始交叉询问。庭长阁下，我提议，"签署"一词改为"制定"。

布鲁克斯先生告诉我语言部大致是这么告知他的,但是鉴于证据是口头的事实,就没有必要宣读这部分的宣誓证词了。

韦伯庭长：萨顿先生。

交叉询问（由萨顿检察官询问柴山兼四郎证人）

问：您何时离开华北的？

答：昭和九年（1934年）十二月。

问：所谓何梅协定签署的时候您在哪里？

答：我担任久留米第十八联队长。

问：您从谁那里得到的相关消息？

答：我之后直接从梅津大将那里听说的。

萨顿检察官：我请法庭注意关于这份协议的检方证据,约翰·戈特的证词,庭审记录第3746页至3749页,国际联盟的报告,证据第58号,证据第2206A号的第300页。

交叉询问结束。

列文辩护律师：庭长阁下,我认为那不是交叉询问。

韦伯庭长：它不是,不过他的确做了交叉询问。我认为他指的是那个。

列文辩护律师：我要求证人按程序离庭。

韦伯庭长：他可以离席。

（证人离席。）

列文辩护律师：我们现在传唤证人石川顺。

（石川顺作为辩方证人被传唤,宣誓后通过日语译员作证如下。）

直接询问（由列文辩护律师询问石川顺证人）

问：请说出您的姓名、年龄和住址？

答：我叫石川顺,46岁,居住在千叶县印旛郡成田町五四二番地。

问：范米特少校会递给你辩方文件第972号。请说出上面是否有您的签字？

答：（查看文件）是的，上面有我的签字。

问：文件所述内容真实、准确吗？

答：没有错误。

列文辩护律师：我现在提交辩方文件第972号证据，是石川顺的宣誓证词。

韦伯庭长：按程序接受。

法庭书记官：辩方文件第972号被法庭接受为第2491号证据。

（前述文件被标以辩方证据第2491号并被法庭接受。）

列文辩护律师：现在我开始宣读石川顺的宣誓证词。

（宣读）

问：请陈述您在华北的居住时间和在那里的职责。

答：我在昭和七年（1932年）九月至昭和十二年（1937年）一月间居住于华北。我的职务是日本每日新闻社北平分社社长，也是该报天津分社社长。

问：请描述当时华北的政治局势。

答：我的居住期是从满洲事变一直到中国事变爆发的春天，华北是当时世界的焦点，从军事、政治和经济任何角度来说，都处在一个既微妙又极其严重的氛围之中。根据昭和八年（1933年）五月三十一日签署的塘沽协议的规定，暂停战事，在冀东地区建立一个非武装区。关于维持治安，关东军有自己的主张。张学良已经离开北平，前东北军已经在华北失去势力；黄郛任行政院驻北平政务整理委员会委员长。此外，北平军事委员会分会暂时任命何应钦为代理委员长。

问：华北同日本的关系良好吗？

答：不尽然。因为华北和"满洲国"之间紧密的地理位置与经济联系，自然而然，在华北可能出现政治摩擦，并且由于对归还失地的强烈渴望，不知怎的我们觉得那里动荡不安，虽然它还没有表面化。

问：梅津大将何时开始担任中国驻屯军司令官的？

答：是在昭和九年（1934年）四月。

问：民众对梅津大将的到来持什么态度？

答：因为大将的好名声，人们认为他是一个很有知识的人，并且有着温和、公正的思想，他的到来很受欢迎。有这样一名将军作为司令官，民众认为，他们在处理华北事务的复杂情况时，就不会出错。

问：您跟梅津大将是什么关系？

答：在那里，我必须在每个方面与他保持紧密的联系。不是作为一个新闻工作者，而是作为日本国民的一分子，我经常与他会面，坦诚地向他表达我的意见，偶尔提醒他注意军部的行为。司令官很坦诚地认可我毫无保留的意见，也很欣然地向我表达了他在该问题上的看法。

问：为什么您与梅津大将关系密切？还有其他的原因吗？

答：有一次，司令官表达了他如下的想法：从满洲事变之后，日本的对外关系变得紧张。所以，日本对华北的态度为世人瞩目，我们行事应当谨慎小心。我可能在这里待1年或者2年。我不知道会是多久。在这期间，我宁愿被别人叫做傻瓜也不要同中国惹上麻烦。我希望你明白这些，我也希望你能和我一样做一个傻瓜。

我对这样意义深刻的简单评论印象深刻。我相信这位司令官在任期间，华北不会有任何的冲突，我无条件地想成为这位司令官的好朋友，并且我也这么做了。此外，他对中国的公正态度和思想，也是他吸引我的原因之一。

问：司令官是如何向你表述他对中国的态度和想法的？

答：他经常告诉我如下几条：

（1）日本带着优越感来同中国交往是不合适的。

（2）对待中国，我们应该采取合理、公平的态度。任何时候都不能实行威胁和强迫。

（3）列强在华北的权利和利益应该得到尊重。我强烈禁止一切企图破坏这些的行为。

（4）我们绝不应该干预中国内部事务。

问：梅津-何应钦协定据说是在亲日记者被暗杀后由日本方面提出的。请把您所知道的情况告诉我们。

答：1935年春天，华北弥漫着抗日气氛，甚至引发了血腥事件，局势日益险恶。5月5日，国权报社的胡恩溥在天津日租界被暗杀，第二天，《振报》的白逾桓也在日租界被刺丧命。这两个人被公认是亲日的。根据驻屯军方面的观察报告，国民党是暗杀的幕后指使，所有的事情都跟这些事件有关。

5月29日，我听说参谋长酒井隆大佐以及一位驻北平的军事官员拜见何应钦将军并且对他提出了一系列的要求，我想问问司令官的意见，但是之前陆军大臣林给他拍了电报，所以他不在。他回来后我见了他。司令官对我说了如下内容：频繁的暗杀对外交关系的确是一种损害。

如果中国对此问题没有能够严厉打击，那么不幸的事情会一而再、再而三地发生。针对华北事变的协定同样适用于镇压排外行动。参谋长带着我们的旨意同中方代表谈判。在协议的精神下，为了明朗华北局势，我们建议的条款为：容易引起黑暗政治和恐怖主义的地方军事力量和政党团体，应该被驱赶出有日本居民的区域。我从他那里得知，这不是像条约和协定那样的正式文件，而是一个简单的口头声明，我感到很宽慰，这样的行动很符合他的个性。

问：这份声明被中国人接受了吗？

答：在与南京政府的前一次会议后，何应钦上将接受日军提出的条件，在6月10日撤回了他自己的抗日军队。所以，并不存在协定之类东西。对此有很多的误会，很多人认为有这样一份协定，因为报纸上把它称作梅津-何应钦协定。

问：当时司令官是否意识到这份声明惹怒了中国政府？

答：由于谈判者本身的有限的治国才能，事实证明的确比预想的要更具挑拨性。梅津司令官在努力防止进一步刺激中国人。我举如下事例：

国民政府内务部次长许修直在6月中旬到访我处，从他那里我听到了如下表述："我方发现关东军飞机从撤退的中央军头上飞过。有引起战争的危险。您能告诉梅津司令官并且让他加以阻止吗？"我马上给司令官打电话告诉了他情况。司令官立即连线关东军阻止他们，该举动影响了中国政府。这些是我事后从许修直那里得知的。

问：他没有在背地里期望协议能带来华北政府或者一个自治政府吗？

答：农民自治运动是在梅津先生离开后的2个月组织的，4个月后成立了冀察政府。应该能想到他暗地里期望协议之后能够诞生这样的组织。梅津先生是这样一个人，不喜欢政治，并且坚持我们绝对不应该干预中国的内部事务。虽然我经常和司令官谈论中国，我从没在他那里听说过任何这样的企图。据我了解，我会毫不犹豫地否认。

问：在意见或者特质方面，军司令官和参谋长有分歧和区别吗？

答：对我来说有相当的区别。我听见参谋长酒井公开说："军司令官很弱势。"我经常听见参谋长批评司令官，常常不满意他完全拒绝军事压迫或高压政策。当参谋长即将对何应钦做出声明的时候，他建议在北平集结我们的驻军，但是司令官不同意，他认为用武力提要求并不合适。我记得在这种情况下，参谋长批评了司令官。当时我从司令官那里听说了关于我们军队集结的情况。

现在可以对证人进行交叉询问。

萨顿检察官： 如果法庭允许……

韦伯庭长： 萨顿先生。

萨顿检察官： 检方无需对该证人进行交叉询问。

列文辩护律师： 证人可以按程序离席了吗？

韦伯庭长： 证人可以离席。

（证人离席。）

列文辩护律师： 现在我们提交辩方文件第1157、1158和第1159号证据，它们是有关解决华北事变电报的拍发凭证。

韦伯庭长： 诺兰先生。

诺兰检察官： 我能否问一下，遗失的文件是否符合最佳证据原则？

列文辩护律师： 这关乎——

韦伯庭长： 我们不知道是什么文件，准将。

（文件被分发给法官席。）

韦伯庭长： 现在我们知道您在说什么了，诺兰先生。

诺兰检察官： 庭长阁下，我对提交这些文件的目的提出异议，我想也许辩方律师能帮我解决我的困惑。

列文辩护律师： 关于这些电报，证人河边、和知与田中都已经提供了参考。事实上，我们没有这些文件，我们提供了一份证明，说明先前在文书课长的监管之下，它们被焚毁了，因此，我们没有办法提供这些文件。

诺兰检察官：庭长阁下，文件第 1157 号并不是一份电报，其他两份证明是有关电报的。

韦伯庭长：迄今为止的证明局限于文件性质，而不是由于它的缺失。那不是我们想要关注的焦点。

诺兰检察官：我们想说，如果提供证明，证明必须与它所证明的证据之间有关联。

韦伯庭长：我相信检方提出了一份证明包括一系列其后提交的文件。我想它们与来自德国的文件有关。好，这些文件将在后面提交，是吗，列文先生？我的理解是，和这些文件有关的证据将在后面提交。

列文辩护律师：庭长阁下，这是我的感觉，我不能肯定。

韦伯庭长：我认为在证据提出之前，您最好留存这份证明。

列文辩护律师：庭长阁下，我感觉这些证明已经被适当地提交了，特别是与三位证人——三位已经做过证的证人有关的证据。

韦伯庭长：好，这些证明按程序接受。

法庭书记官：辩方文件第 1157 号被法庭接受为第 2492 号证据，文件第 1158 号被法庭接受为第 2493 号证据，文件第 1159 号被法庭接受为第 2494 号证据。

（前述文件分别被标以辩方证据第 2492 号、2493 号、2494 号，并被法庭接受。）

列文辩护律师：证据第 2492 号：

证明书

兹证明，根据我们调查，昭和十二年（1937 年）七月十三日制定的、命名为"与解决华北事变相关的方针"的文件，在战争结束之时被焚毁，因此不在我们的监管之内。

昭和二十二年（1947 年）四月五日于东京，第一复员局文书课长美山要藏。

证据第 2493 号:

证明书

兹证明,昭和十二年(1937年)七月八日由参谋总长发给中国驻屯军司令官,大意为司令官不得使用武力、以防止事件扩大的电报,未被保存在局内。在法庭询问过程中已经很清楚,它在战争结束时被焚毁。

昭和二十二年(1947年)四月五日于东京,第一复员局文书课长美山要藏。

证据第 2494 号:

证明书

兹证明,昭和十二年(1937年)七月九日,由参谋次长发给中国驻屯军参谋长有关解决卢沟桥事变商谈的日方对华行动文件的电报,没有被保存在档案局,在询问过程中已经清楚,它在战争终止之时被焚毁。

昭和二十二年(1947年)四月五日于东京,第一复员局文书课长美山要藏。

韦伯庭长: 您说这些有关证据的证明已经给出了。在庭审记录的哪几页?列文先生,明天请找出来。

列文辩护律师: 庭长阁下,我会这么做的,然后向您报告。

韦伯庭长: 如果您现在没有的话。

列文辩护律师: 我现在提交文件第 206D2 号证据,前美国大使格鲁的日记摘要。

韦伯庭长: 诺兰先生。

诺兰检察官：庭长阁下，检方对辩方文件第 206D2 号提出异议，格鲁先生在日记里写的事情不能证明任何事情。此外，我们提出，因为该文件没有任何的证明力，我们认为它应该被驳回。

韦伯庭长：列文先生。

列文辩护律师：这是一份来自格鲁先生日记的陈述，出现在他的书里。我认为，它和格鲁先生的报告有着相同的地方，而由检方提交的该报告已经被认可。我相信，在今早的交叉询问阶段，关于是否向中国增派援军还存在一些问题，而且这是一份大使向美国做的正式报告，我们认为它应该被纳入证据。如果我记得没错，庭长阁下，检方曾将一份报告列为证据——一份来自格鲁在 1937 年的声明或报告，我想应该是证据第 624 号，应该是在第 694 页——我不记得确切页数。在我看来，纳入证据很合适，因为它是一份关于当时日本状况的报告，以及关于当时正在发生的事件、一份关于他的官方职务的报告。

韦伯庭长：你要应答这个提问：这是道听途说，它记录了在东京、在日本发生了什么事情，在中国发生了什么事情。这是传闻，不是吗，列文先生？华盛顿应从驻日本大使那里获得消息。如果它是一份东京的新闻稿的话，我们不会批准。

列文辩护律师：格鲁先生当时在东京，他自然会一一收集获得官方报告。庭长阁下，一般来说要提供这样性质的证词对我来说有很大的困难，但是我记得我建议法庭注意检方所提供的"道听途说"已经被采纳了。

韦伯庭长：根据多数意见，法庭判异议有效，驳回文件。

列文辩护律师：我们呈上辩方文件第 502 号证据，摘要第 8 条，从罗伯特·克雷吉著《假面后的日本人》一书中摘录。

韦伯庭长：诺兰先生。

列文辩护律师：庭长阁下，根据法庭之前关于克雷吉著作摘录的规定，我提供了它，我猜想诺兰先生要提出异议了，我们会接受法庭之前的相关裁定。

诺兰检察官：我的确提出异议。

韦伯庭长：异议有效，文件不予采纳。

列文辩护律师：我提交辩方文件第 1098 号证据，是外务省发言人关于经平汉铁路运输军用物资的谈话。

诺兰检察官：如果法庭允许……

韦伯庭长：诺兰先生。

诺兰检察官：检方因相同的理由对文件提出异议，许多其他的文件，因为是新闻稿，已经被法庭驳回了。

列文辩护律师：庭长阁下，我们认为该文件应该被纳入证据。虽然它的确是外务省发言人的谈话，它里面有很详细的补给状况的资料，并且，它在展现当时中日军队的状况方面，有着重要作用。这是一份关于补给事实陈述并且作为日本政府的官方文件。对于他们，它是很重要的资料，即使事实上它是由发言人发表的，也不会降低其价值。

韦伯庭长：根据多数原则，异议成立，文件不予采纳。

我们在明天上午 9 点 30 分继续开庭审理。

（16：00 开始休庭。）

七、中日政府关于华北局势的交涉

1947 年 4 月 25 日,星期五
日本东京都旧陆军省大楼内远东国际军事法庭

(9:32 开庭。)

法庭执行官:远东国际军事法庭现在开庭。

韦伯庭长:被告除了东乡和平沼都到场了。医生作证,他们两人病得太严重以至无法参加今天的庭审。证明将被记录在案并且存档。他们将由辩护律师代表。

神崎辩护律师:庭长阁下,我有话要说。作为涉华部分的主持者,我一直在收集证据。收集、审核那些证据以将它们呈现给法庭,一直以来是我唯一的职责。由于法庭的特殊性质,在呈现证据方面,我尽量做到不受常规束缚,甚至根据检方所提供的例子来作选择。因此,我从多渠道收集证据:书本、杂志和报纸——只要它们和议题有关。

语言监督官:一处小的修正:只要它们看上去有证明力。

韦伯庭长:法庭会像处理检方证据一样处理您的证据,不会差别对待。您没有解释的必要。请按程序提交文件,传唤证人。

神崎辩护律师:是的,庭长阁下。

列文辩护律师:庭长阁下——

韦伯庭长:列文先生。

列文辩护律师:遵照法庭要求,请各位注意庭审记录第 20682 页提到 1937 年 7 月 13 日的证据第 2492 号;在第 20623 页则提到了证据第

2493号。我们将对证据第2494号做进一步研究后告知法庭。

好,我要提交辩方文件第1097号证据,是1937年7月20日外务省当局关于7月19日中方回复的评论。

韦伯庭长: 诺兰先生。

诺兰检察官: 如果法庭允许,这份文件和之前被法庭驳回的新闻稿没有区别。

列文辩护律师: 庭长阁下,我认为这些文件是有区别的,区别在于它们包含了外务省的直接评论和回复,而不是单纯的发言人声明。

韦伯庭长: 这似乎仅仅是日方的争辩,简单地说:政治宣传。

列文辩护律师: 我想提请法庭特别注意第2页第2段,以及接下来的第3段。第1页第1段或者第2段可能是庭长阁下所指的政治宣传,但是我认为,其他部分都是事实陈述。当然,它也是外务省的官方文件。

韦伯庭长: 除了文件开始的12行以外,法庭认为异议部分有效。文件开始的12行内容除去标题和日期按程序接受。文件其他部分不予采纳。

法庭书记官: 辩方文件第1097号被法庭接受为第2495号证据。

(前述文件被标以辩方证据第2495号并被法庭接受。)

列文辩护律师:(宣读)

日本通过代理大使日高致南京政府照会的主旨内容为:

(1)南京政府不应阻碍就地达成的协议的执行。

(2)南京政府应当停止一切针对日本的敌对行动。

南京政府在7月19日所作回复的主要内容为:① 中方和日方军队同时撤回到最初的位置;② 用外交谈判解决问题;③ 就地解决的任何协议都要获得南京政府许可;④ 南京政府准备接受直接交涉斡旋乃至仲裁。

韦伯庭长：文件开始的12行内容到此结束。

列文辩护律师：接下来我们提供辩方文件第1101号证据，是一份1937年7月20日外务省发言人关于在南京谈判的谈话。

韦伯庭长：诺兰先生。

诺兰检察官：庭长阁下，检方对该文件提出异议。该文件和其他被驳回的文件一样，是外务省发言人对媒体的发言。

列文辩护律师：庭长阁下，这是一份外务省的官方声明。我们认为它具有证明力，应该被纳入证据。并且，我们认为根据宪章，鉴于其证据价值，具有可受理性，可以被定位为证据。

韦伯庭长：这份文件据说是事实陈述。

列文辩护律师：我认为这份文件完全是一份事实陈述，包含了各方的讨论内容。

韦伯庭长：根据多数原则，法庭认为异议无效，同意按程序采纳。

法庭书记官：辩方文件第1101号被法庭接受为第2496号证据。

（前述文件被标以辩方证据第2496号并被法庭接受。）

列文辩护律师：（宣读）

外务省发言人关于在南京举行的谈判的发言（1937年7月20日）。

7月17日深夜，日本领事日高拜访中国外交部长王宠惠，交给他一份日本政府致南京政府的照会，敦促对方不要干涉就地达成的协议的执行，并且立即暂停一切针对日本的军事行动。王部长告诉日高领事，他将在7月19日周一前给予答复。

7月19日下午2时30分，亚洲局第一科长董道宁根据南京政府外交部的命令，到日本领事日高办公室拜访了他并在朗读之后，给了他一份协议备忘录。

（1）日高问董这是不是对日本给王部长照会的回复。董回答说，他只是按照外交部长的命令把它带过来。日高告诉董，他将把它当作王部长的回复，如果不是，他希望能在一天之内收到王部长的答复。

（2）日高指出，协议备忘录似乎意味着中国将不会在协议签署日之前暂停他们的军事行动，也就是说，他们不会立即停止那些行动。

（3）日高领事同样指出，中国的备忘录可以被解释为没有拒绝承认决议，它并没有清晰地表明南京政府是否意图干涉协议条款的执行。

日高要求董向王部长报告以上三点，董表示同意。

日高反复强调形势的严重性，他要董注意一个事实，从他个人观点来看，中国人在这个问题上的答复远比他们想象的重要。

接下来，我们要提供辩方文件第1100号证据，是一份外务省发言人于1937年7月20日发表的关于中国部队在五里店附近向日军哨兵开火的谈话。

韦伯庭长：诺兰先生。

诺兰检察官：庭长阁下，我审阅了文件第1100号，事实证明它只是一份政治宣传，并无其他。检方以已经对相同文件提出异议为由，反对该文件列为证据。

列文辩护律师：我不明白为什么这份文件会被称为政治宣传，它是一份关于报告给日本政府的三个事实、所发生之事的声明。

韦伯庭长：根据多数议决，异议有效，文件不予采纳。

列文辩护律师：我现在提交证据文件第1999号，一份关于廊坊事件的声明，来自外务省的官方纪录。

韦伯庭长：诺兰先生。

诺兰检察官：如果法庭允许，我们对该文件提出异议。这又是一份完全从日方观点出发描绘的想法，而问题在裁定之前就充满争议，它不能由一份以英文形式描述的来自日本外务省的声明决定。

列文辩护律师：庭长阁下，我相信这份文件是事实陈述。诚然，它从日本的角度呈现了想法，并且这样的想法正是我们试图呈现给法庭的。我想提请法庭特别注意这份文件的开始两句以及该文件余下内容总体与声明中的这两句保持一致。事实上，这些都是关于当时在中国发生的事实陈述。

韦伯庭长：这是日本从自己角度所作的声明，要成立的话，需要传唤相关人员就所声明之事作证。

列文辩护律师：好，当有一份政府存档的官方文件，并且它本身是关于军队采取的行动，那么我认为，它是具有证明力的，应该被纳入证据。

韦伯庭长：我们通常愿意这么解释证据的准入。但是这些出于自身利益的声明就不同了，就像我经常指出并且经法庭成员一致认可的。除了证据规则外，检验的标准就是证明力。

列文辩护律师：庭长阁下，我已经指出过，它们支持的并不是制定它们的人。

韦伯庭长：他们的利益在这里是一样的。根据多数原则，异议有效，文件不予采纳。

列文辩护律师：我们现在提交辩方文件第 1066 号证据，来自情报局编辑的新闻周刊，发表于 1937 年 7 月新闻周刊第 41 期。这是一份中国和日本军队在卢沟桥及周边作战的声明。

韦伯庭长：我想起法庭一位成员关于证明力的观点，观点非常有启发性。

（1）当事人要具有足够的信用度。
（2）急件应是从前线指挥官那里发到东京的。
（3）第（1）或第（2）条用于正面或负面宣传的，不具有证明力。

异议有效,文件不予采纳。

列文辩护律师:我们现在提交证据——

韦伯庭长:法庭的另一位成员也表达了完全相同的观点。在这个问题上他们之前没有商议过却所见略同。还有另一位法官说"这些自我辩护的声明是不应该被定为证据的"。我把这个问题梳理清楚是因为它非常重要,而且经常会引发争议。

列文辩护律师:庭长阁下,鉴于这个问题的重要性,其他的辩护律师可能想在后面对这个问题进行回应,我想知道法庭会不会给予机会。

韦伯庭长:不,我们不打算这么做。在这个问题上,我们做了慎重的考虑。我们不会背离我们定下的规定。

布鲁克斯辩护律师:庭长阁下,在这个问题上我们请求法庭给予明确的指向性。因为之后我们还会看到更多的文件。如果法庭对于什么是为自我辩护服务能给出清晰解释的话,会对我们有帮助。我无法判断为什么有些文件被定义为是为自我辩护服务。可以说它们是被证人——

韦伯庭长:法庭已经解释得很清楚了,不应该有什么别的疑问。

布鲁克斯辩护律师:对法庭来说可能没有什么疑惑,但是对三四名辩护律师,如果没有那么多的话,至少对一名律师来说,对于什么是自我辩护,是疑惑不解的。这些文件中的一部分被认为是自我辩护性质的文件,因为它们展现了自我辩护的价值,就这个意义而言,检方所提供的其他文件也可以被说成是为自我辩护服务的。我们认为,就像法庭说的,如果它是的话,就应该被归入为自我辩护服务。负面宣传并不基于事实,也许是法庭所思所想。我们认为,正如法庭所说,它可能被划分为敌对宣传而非基于事实的证据。但如果这样,我们有与证据相符的确切的事实和证人时,我们就很难分辨它算不算负面宣传了,并且我们并不清楚法庭在所有的证据齐备之前是如何定义它是否负面宣传的。

韦伯庭长：您的意思就像是在说，在裁定之前，法庭没法决定什么具有证明力，所以必须纳入所有的东西。

布鲁克斯辩护律师：庭长阁下，另一点我想说明的是，不管这是不是负面宣传，它们都是记录的官方声明，许多被告都对其真实性作了回答，这一点是应该在辩护中被着重考虑的，因为他们不得不替他们的政府说话。

韦伯庭长：布鲁克斯少校，您想知道自我辩护是什么意思？您要感谢法庭的一位成员，他提供了来自《美国法理学》的法律表述，第20卷，第558页——不，是第470页，558节："一般说来，自我辩护的声明按惯例被定义为为声明人利益提供支持的陈述，其将不被采纳为所辩事实之证据。"法庭的另一位成员这样陈述他的观点："日本政府对所谓事实的公开声明，通过媒体被传播的，甚至被传播到其他国家甚至敌国的，不能被认作具有公正、完备的证明力。"另一位成员这样表述他的观点："我不会承认可能被证人证实的军事行动部门报告。我们必须尽可能获得最佳证据。这事关对涉华部分负责的重大问题。当被告走上被告席的时候，他可能说是什么影响了他的行为，他可能倾向我们现在所认为的自我辩护的声明，他能准确地说明影响了他做或者影响他没做成及本应该做的那些事的因素。"

我们已经给了您公正申诉的机会，布鲁克斯少校。您已经占据了负责这个特殊部分的律师的席位。

布鲁克斯辩护律师：庭长阁下，非常感谢。我理解法庭援引的法律，但是在我们脑中萦绕着的还是"声明人"这个词，因为日本政府不在庭上，这其中的一些都是由政府发言人来做的，这就是我一直在想的。如果是被告作为声明人发表了自我辩护的声明，我认为关于其中不被采纳的文件，我们可以同意你们的观点。似乎在排除盟国发言人的文件时，规则又有所不同，其中一些被驳回的文件，在它们被制定的时候，日本还不是敌对国。好，关于……

韦伯庭长：布鲁克斯少校，我们会让列文先生继续这个辩护。

布鲁克斯辩护律师：如果法庭允许，我还有最后一项简单的陈述：既然证人可以改变他们的故事，那么这些由外务省发言人发表的声明、在当时被记录下来，并且是官方文件，我们认为它们要比证人更有力，证人应该同证据放在一起。

韦伯庭长：我已经说过，被告可以证明他们有诚实的、理智的、甚至是被误解的信仰，所有展现他们没有犯罪意图的证据都跟这个问题有关。基于此，它们是受保护的。

列文辩护律师：我想说，几名辩护律师不同意布鲁克斯先生关于这些特定文件可以不被采纳的观点。

布鲁克斯辩护律师：庭长阁下，我说的是惯例。我知道有特例，我认为在这个问题上，法庭考虑的也是惯例。

列文辩护律师：我们现在提交辩方文件第169号证据，一份发表于昭和十二年（1937年）七月二十七日的非正式声明，作者是内阁书记长官，其表达了日本政府的观点。

韦伯庭长：诺兰先生。

诺兰检察官：如果法庭允许，基于之前被法庭驳回的相关文件的原则，我们对该文件提出异议。

韦伯庭长：我们理解这些部分，这5个辩护部分，就像那12个起诉部分一样，需要建立事实，到底发生过什么、怎么发生的、谁是相关责任方？除了呈现事实之外，被告还应该告诉我们什么是他们真正相信的，但不包括那些罪恶的想法。

列文辩护律师：庭长阁下，我没有什么要补充的了，但我想说这份文件描述了当时的总体局势，是最好的证据。

韦伯庭长：根据法庭多数原则，异议有效，文件不予采纳。

列文辩护律师：我们提交辩方文件第1125号证据。该文件是外务大臣广田于1937年7月27日在国会第71次会议上发表的演说。

韦伯庭长：按程序接受。

法庭书记官：辩方文件第 1125 号被法庭接受为第 2497 号证据。

（前述文件被标以辩方证据第 2497 号并被法庭接受。）

列文辩护律师：（宣读）

我很高兴今天有机会在这里阐述我个人关于日本对外关系的看法。

我没有必要再详述我们的国策，它目标于保障日本作为一种稳定力量在东亚存在之地位，同时也致力于建立世界范围内的真正和平。我相信，为了顺利执行这个政策，首先，我们应该考虑日本、"满洲国"、中国以及苏联之间的关系。在调查最近中国的环境时，我国政府非常遗憾地注意到，抗日情感和活动在受到鼓舞的同时也被有组织地利用，借以统一舆论，激起民族情绪，在中国的不同地区都因此有不幸的事件发生。去年成都事变之时，日本政府借机要求中国人改变对日本的态度，以消除日本与中国间友好往来的障碍，并要求南京政府展示他们在与改善两国关系密切相关之具体问题上的真诚态度。不幸的是，就像大家所知道的那样，因为中国人的顽固，谈判陷入僵局。从那以后，中日关系坦白地说，就一直远不尽如人意。我毋庸在此详细汇报日本在东亚的政策仅指向通过调和日本、"满洲国"与中国之间的合作来实现地区稳定以及阻止共产主义对亚洲的入侵。日本政府热切地盼望中国方面能够尽可能快地充分理解和领会我们的基本政策。今天的中国，不但缺乏这样的理解和认识，且抗日氛围依然日渐加剧，本月 7 日发生的卢沟桥事变也仅仅是必然。关于当前的事件，日本政府就像在 7 月 11 日官方声明中一样秉持就地寻求解决问题并且不加剧局面的政策。

因此，政府竭尽所能想要制定一个局部解决方案。我真诚地希望，中国当局能有效地执行7月11日晚达成的协议条款。列强政府已经由我们的外交代表告知了帝国政府政策的细节，并且我相信，他们很清楚帝国耐心和自制的态度。另一方面，不知道中国大众间的反响可能是什么，这取决于南京政府采取什么样的立场。不得不承认，任何时候都存在爆发意外的可能。我不止一次要求中国中央政府和地方当局重视控制抗日运动以及保护在中国的日本国民的必要性。为了保障我国同胞的安全，日本政府准备采取一些可利用的手段来应对可能的局势变化。总而言之，中国掌握着解决当前事件的关键，因为这完全取决于中国可能选择何种方针。我满怀信心地希望南京政府可以接受如此有效且恰当的方法，同样与我们的想法相一致，以尽早达到一个友好的解决方案。

政府非常仔细地思量过与苏联的关系问题。"满洲国"—苏联边界持续有事件发生。最严重的一起事件是发生在最近的非法入侵和占领在黑龙江的"满洲国"所属岛屿，该事件直接导致了日本—"满洲国"军队和苏联入侵者之间的武装冲突。局面一度演变为极度危险的事件。然而，就像你们所知道的一样，事件了结了，并且是和平解决，苏联政府同意让该地区恢复原状。日本政府密切关注"满洲国"—苏联边境的事态发展。首先需要的就是采取实际行动防止此类边境冲突的出现。为了划清边界，解决冲突，我们应该立即建立两个委员会，这个想法已考虑多年，同样的，也要设计出消除边境紧张的其他方法。我只能催促苏联政府，为了东亚和平与我们达成坦诚的、毫无保留的合作。政府很关注我们的国民是否参与北部水域的渔业与是否在北库页岛有石油及煤炭特许权，要充分保证他们企业的合法经营。我们的政策是，不姑息任何从本质上破坏那些获批准企业的情况发生。简而言之，日本和苏联之间还有大量问题悬而未决，政府会尽最大努力去找出解决方法。

关于我们同英国的关系，我深受感动。就在不久之前，以天皇陛下的名义，皇太子殿下在王妃殿下的陪同下，参加了英国国王及王后的加冕典礼，增进了两国之间的传统友好关系。促进英日关系是政府的一贯政策，近来，两国政府在关于调整两国关系，在两国间展开坦诚对话的必要性之间达成一致意见。我们希望可以在该目标上早日有所成效。

日美关系近来非常好，日益和睦友善。前几周，我国使节访问美国，双方代表就多个领域的发展交换了看法，双方表示要在经济及其他多个领域内发展两国间的友好关系。

去年帝国与德国达成了反共产国际协议。政府正努力实现该协议的有效实施，同时也为了促进日本和德国之间的友好亲密关系。

现在我想说一下我们同其他国家之间的贸易关系。显然，出口贸易的扩大不仅仅关乎我们民族生存的必要条件，也是在当前经济环境下平衡国际收支最重要的手段之一。但事实上，外国势力出于经济、金融或其他理由，依然持续地对日本货物造成商业壁垒。政府一直在为理顺我们的出口贸易发展尽力，与这些国家的政府缔结了可能最适于它们情况的个别协定，或者安排在我们的商业利益和其他国家的利益间达成一些私人协议。我很高兴，自从去年春天开始，我们与印度、缅甸、荷属东印度群岛、土耳其之间的贸易谈判都取得了令人满意的成果。日本政府会比以往越发积极地努力维持和促进日本的商业利益，同时，竭尽所能确保原材料和天然资源的获得，促进国际贸易自由。我非常可喜地看到，有利于我国政府全心参与国际事务的趋势正在日益增强。

从我上述内容中可以看出，日本目前的对外关系面临窘境。此时，有效地执行我们的对外政策，需要真正的民族团结——一种基于对国际形势充分理解的团结。因此,我呼吁你们的支持与合作。

韦伯庭长: 现在休庭 15 分钟。

(10:43 开始休庭。)

八、通州事件与天津局势

（11：00 开庭。）

法庭执行官：远东国际军事法庭现在开庭。

韦伯庭长：列文先生。

列文辩护律师：接下来我要提供辩方文件第 1102 号证据，是一份外务省发言人关于日本不得不采取自我防卫措施的见解。

韦伯庭长：诺兰先生。

诺兰检察官：庭长阁下，文件标题说明了它的性质，是一位外务省发言人就日本不得不采取自我防卫措施发表的观点。

列文辩护律师：关于这份文件我没有什么要补充的。

韦伯庭长：问题似乎还是跟以前一样。

列文辩护律师：是的。

韦伯庭长：异议有效，文件不予采纳。

列文辩护律师：我现在提交辩方文件第 1164 号证据，日本天津守备队的声明，日期是 1937 年 7 月 28 日。

韦伯庭长：诺兰先生。

诺兰检察官：如果法庭允许，我们对文件提出异议。除了这份文件是一份源自日本在中国驻屯军司令部的声明或新闻稿外，根本没有什么别的不同，不会比已经被驳回的文件更具有证明力。

列文辩护律师：庭长阁下，我认为这份文件同之前被驳回的发言人文件是不同的类型。这是驻军部队自己的声明，且正是在事发的地点。

韦伯庭长：这并不是一份当地司令官给东京的报告，只是一份当地发布的公开声明。根据多数议决,异议成立,文件不予采纳。

列文辩护律师: 庭长阁下,请允许我提交辩方文件第1109号及第1107号证据,文件均为外务省发言人的谈话。第1109号文件日期为1937年8月2日,关于通州事件;另一份日期为1937年8月4日,亦关于通州事件。鉴于法庭之前的裁定,我要求法庭对这两份文件也进行裁定。

韦伯庭长: 目前为止没有异议。萨顿先生,您要提出异议吗?

萨顿检察官: 如果法庭允许,我们确实对这些文件被定为证据有异议。

韦伯庭长: 异议有效,文件不予采纳。

列文辩护律师: 现在传唤证人菅岛高。

(菅岛高作为辩方证人被传唤,宣誓后通过日语译员作证如下。)

直接询问(由列文辩护律师询问菅岛高证人)

问:请说出您的姓名、年纪和住址?

答:我叫菅岛高,59岁,住在宫崎县高锅町一七八四番地。

问:现在请范米特少校把辩方文件第1090号递给您,请说出上面是否有您的签字?

(文件被交予证人。)

答:是的,有我的签字。

问:文件所述内容是否真实、准确?

答:是的,是真实、准确的。

列文辩护律师: 现在我提交辩方文件第1090号证据,菅岛高的宣誓证词。

韦伯庭长: 萨顿先生。

萨顿检察官: 如果法庭允许,检方对采用辩方第1090号文件提出异议,因为它与本案所涉及的问题无关。它是关于在通州发生的事件。证据第210号关于1933年5月31日塘沽协定之后,通州属于非武装区——请注意证据的编号应该是第 193 号——从那之后,中国部队不能在那里驻扎。通州是建立于 1935 年的冀东防共自治政府所在地,它有时也被称为冀东政府。

韦伯庭长:那份文件的内容为何?

萨顿检察官:该文件是证据第 210 号,在第 2703 页。

韦伯庭长:文件内容是什么?

萨顿检察官:该政府完全独立于中国国民政府,受日本的影响和支持。日本的支持可以从 1936 年 1 月 21 日广田外相致有田大使的信函中看出,在证据第 1634B 号,庭审记录第 27723 页。

韦伯庭长:告诉我们文件上说了什么。数字没有任何意义。

萨顿检察官:这是一份外务大臣的声明,内容为日本支持冀东自治政府以及在华北的其他政府决定与日本合作。它是——

韦伯庭长:这和您对这份文件的异议有何关联?

萨顿检察官:我们认为,被指控犯下这些行为的部队,自治政府的维和部队,建立……

韦伯庭长:到目前为止,您的论点是基于证据,不是既成事实。就像一个同事说的,这可以在交叉询问阶段成立。异议无效。

法庭书记官:辩方文件第 1090 号被法庭接受为第 2498 号证据。

(前述文件被标以辩方证据第 2498 号,并被法庭接受。)

列文辩护律师:我现在宣读证人的证词。

(宣读)

我曾是一名日本陆军中将。现住宫崎县高锅町一七八四番地。从昭和十年(1935 年)三月起至昭和十二年(1937 年)十一月,我任职天津步兵队长及中国驻屯军第二步兵联队长。这期间我常驻天津。1937 年 7 月 28 日,我率领部队到达北平以南的南苑参加战斗。那天夜晚,我们在丰台集合,次日,也就是 29 日,我们前进至大井村附近,在那里等待进一步的命令。30日凌晨3点,我接到河边旅团长关于通州发生事变、要去营救在那里的日本人的命令。3时30分,我率领联队主力匆忙赶赴通州。

那时,冀东政府位于通州,大约有700至800的日本人和朝鲜人住在那里。第一步兵联队有1个小队的兵力驻扎在那里保护日本居民。

我听说通州发生了骚乱,当时我并不知道是何种骚乱,但听说日本人遭到屠杀。29日,通州附近着了火,黑烟滚滚。我才意识到那里发生了不寻常的事情。我们来不及休息匆忙赶赴那里。

我们在下午4时赶至通州,在我们到达之前,我们并不知道许多在那里的日本人已经被杀害,在那里的日本守备队经历了一场艰难的战事,濒临崩溃。我们部队到达通州以后,发现敌人向东北方向撤退。因此,我们没有受到任何阻碍进入了通州。入城后,到处是不幸被杀的日本军民的尸体,景象十分凄惨。大多数尸体的脖子被绳索捆绑。无辜被害的孩童、妇女的尸体让人目不忍睹。我们怀着震惊、愤怒的心情急忙赶往日本守备队。守备队由30名士兵组成。那里日本士兵的总数,包括汽车队的60人,总共大约是100人,陷入约3 000名中国士兵的重围,他们经历了一场激烈的战斗。幸运的是,由于躲避在一幢石屋中,他们勉强逃过一劫。大约20名士兵受伤及阵亡。

我立刻下令关闭城门,在城内搜索,把剩余的日本人集中起来。那里原本有七八百名日本居民,最后只集合了150人。350名日本人死亡。其余二三百人不知去向,或许他们已经殒命。

我随即开始调查事件的细节,诉诸有关当局。我现在没有这份报告的记录。因此,接下来的部分凭借的是我亲历的记忆。凄惨的景象难以磨灭,将久久地留在我余生的记忆中。

(1)我看见一家名为旭轩的饭馆。大约有七八名年龄在十七八岁及 40 岁的妇女被扒光衣服,遭到强奸以及杀害。她们中五六人的私处被刺刀刺穿。

在房屋入口处,一名十二三岁、身穿学校制服的男孩被枪杀。屋内没有家具,寝具或衣物,所有的东西都被洗劫一空。其他日本人住所的情况也大致如此。

(2)楼里有私人商号和办公室,躺着被枪杀或者刺杀的日本男性的尸体,几乎所有的人的脖子看上去都被用绳索勒过。墙壁上溅满了鲜血。这些场面难以用语言描述。

(3)在一个叫锦水楼的旅社的景象令人震惊。那里似乎是在通州的日本居民感觉到危险逼近而聚集躲避到一起的地方。他们遭到了大规模的杀戮。家用物品散落在前门和入口处附近,所有值钱的东西都被掠走了,4 名男性旅客在小客厅里被枪杀。据说锦水楼的女主人和女佣被绑在一起,捆住双手、双足,最终被砍去了头颅。

(4)三个日本人,丈夫、妻子以及他们的孩子,躲在屋顶,幸免于难。那名丈夫告诉我,他们亲眼见证了他们躲藏处下方的日本人一个接一个被杀。

韦伯庭长:根据多数议决,文件被采纳。
列文辩护律师:检方可以开始对证人进行交叉询问。

交叉询问(由萨顿检察官询问菅岛高证人)

问:1937 年您的军衔是什么?

韦伯庭长:鉴于他的证据的性质,这个问题并不相关。他在这里不是作为军事行动专家作证,他只是关于特定部分作证。

萨顿检察官:他的陈述中说他调查了事件细节,并且汇报给了相关当局。

韦伯庭长：我仍然认为这完全没有关联。

问：冀东政府是何时开始设在通州的？我的问题是，冀东政府是何时开始驻扎通州的？

答：听说是在昭和十年（1935年）底。

问：通州属于1933年5月31日塘沽协定规定的非武装地带范围吗？

答：我不太清楚。

问：冀东政府和冀东防共自治政府是同一个吗？

答：是的，我认为可能是。

问：冀东政府完全同中国国民政府脱离关系了吗？

答：我认为冀东政府没有完全脱离南京政府。

问：南京政府以什么方式控制着它？

答：当时，我对这些政治事务并不知情。

问：那么，您不知道它是不是脱离了中国国民政府，是吗？

答：是的。我认为它是一个由中央认可的政府。

语言监督官：我认为它并没有独立。我认为它是被中央政府认可的。

问：冀东政府不是被日本政府控制并支持的吗？

答：因为当时我只是一名联队长，我对这些政治事务并不知情。

问：在事件之前，日军在通州驻扎了多久？

答：由于他们不属于我统辖，也不受命于我，我不知详情。但我认为有一个小队在昭和十一年六月开始驻扎的。

语言监督官：从1936年6月左右开始。

问：这不是违反了塘沽协定的条款吗？

答：我不知晓这些政治事务，当时我确信并没有违反塘沽协定。

问：在通州的日本守备队是不是训练了冀东政府的中国宪兵？

答：由于他们不受我指挥，我不知道——我不认为是那样。

问：被您指出做出那些行为的部队同受日军培训、操练的不是同一支部队吗？

答：在我的联队，不允许日军训练中国保安队。因此，驻军没有收到任何训练中国保安队的命令。

萨顿检察官：这些问题是基于约翰·戈特的证词，在庭审记录的第3751至3756页。询问结束。

韦伯庭长：列文先生。

列文辩护律师：对证人的询问结束，我们请求让证人离席。

韦伯庭长：他可以离席。

（证人离席。）

列文辩护律师：我们传唤证人桂镇雄。

（桂镇雄作为辩方证人被传唤，宣誓后通过日语译员作证如下。）

直接询问（由列文辩护律师询问桂镇雄证人）

问：请说出您的姓名、年龄和住址？

答：我叫桂镇雄，38岁，住在千叶县夷隅郡千町村字能实九五五番地。

问：范米特少校把辩方文件第1139号交给您。请说出上面是否有您的签字？

（前述文件被交予证人。）

答：是的，有我的签字。

问：上述文件的内容真实、准确吗？

答：有一处不正确。

问：请指出错在哪里并且予以改正。

答：在第1页第6行，"递交一些我在当时拍的照片"。我要求删除此句——我没有做过这个。

问：修改之后的文件真实、准确吗？

答：是的。

列文辩护律师：我提交桂镇雄宣誓证词，辩方文件第 1139 号证据。

韦伯庭长：按程序接受。

法庭书记官：辩方文件第 1139 号被法庭接受为第 2499 号证据。

（前述文件被标以辩方证据第 2499 号，并被法庭接受。）

列文辩护律师：省略概述部分，我现在宣读证词。

（宣读）

我曾是一名陆军少佐，现居住在千叶县夷隅郡千町村字能实。我任职第二步兵联队中队长，于昭和十二年（1937年）七月被派往通州执行救援任务。我于 7 月 31 日凌晨 2 时 30 分到达通州，把敌人赶离现场，看到很多被屠杀的日本居民的痕迹。

这句话似乎翻译错了。我希望莫洛少校考虑是否向法庭报告。

（1）我在 7 月 31 日大约上午 8 时到达锦水楼旅馆。我到门口的时候，非常惊讶地发现旅馆面目全非，尸体的阵阵恶臭，让我感到恶心。我在门口就能看到屋内的情况，因为门廊、桩子和家具都已经支离破碎。

在入口处我看见一具女性尸体，似乎是旅馆的女主人。近乎裸体，她仰卧在入口附近的通道上，她的脚朝门口伸着，有一张报纸盖在她的脸上。她似乎做过顽强的抵抗，因为躺在地上，被剥光了衣服。我记得她尸体上半身和下半身都暴露着，有四五处刺刀伤，我认为都是致命的。

她的私处似乎被尖利的器物剜过，因为到处是血。柜台和厨房都被彻底洗劫，根本走不进去，有明显被抢夺的痕迹。

我看到四具日本女性的尸体，她们似乎是这个旅馆的女佣，尸体躺在佣人的房间里，在过道的右侧。她们似乎死得十分痛苦，尸体叠在一起,可能是因为枪击的关系,只有一具尸体仰躺着,暴露着私处。房间一片混乱,无法进入。然后我们去了账房和厨房,发现一具男性尸体和两具女性尸体,有的脸朝下,有的仰躺着。我不知道他们是否曾感到愤怒,但是有争斗的痕迹;男性尸体的眼珠被挖出,他的上半身被刺成了马蜂窝,两具女性尸体的背部都有被刺刀刺过的痕迹。

接下来我们走进过道。在楼下的房间里,有两具近乎全裸的女尸,她们的私处和其他部位都有被刺刀扎过的痕迹。

接着,我们在楼上发现了几具尸体。他们被——缺了一个词——尸体被棉被盖着。他们的脚、手和头伸在外面,但我不敢掀开被子。

我认为那个词是"绑"。他们被绑起来,尸体被棉被盖着。

有几具尸体漂在附近的池塘里,我们没有时间去查看。

(2) 在城里的一家咖啡馆。我在一年前去过这家咖啡馆。当我打开门的时候,看到屋内状况如常,不觉松了一口气。但是,走进屋子,我在一个箱子里发现一具女尸,近乎全裸,被绳子勒死。

在咖啡馆的后面有一栋日本人的房屋,房屋的主人——父母和孩子被残忍地杀害了,小孩子的手指全都被砍了下来。

(3) 路上的尸体。在南城门附近有一家日本商店,疑似店主的男性尸体躺在路上,他是被拖出来杀死的。胸腹部的骨头暴露在外、清晰可见,肠子散落在外,流了一地。

可以开始询问。

韦伯庭长: 这位证人证词的内容和上一位证人证词的内容在时间上有一些出入。这位证人也说他把敌人从现场赶走了,另一位证人却说是他把敌人从现场赶走的,或是他们在两天前撤退了。当然,敌人是有可能返回了。要统一这个分歧。

列文辩护律师：庭长阁下，我可以询问这一点。萨顿先生说他将做一些询问。

语言监督官：先生，我们还没有翻译完毕。

韦伯庭长：我想应该会有交叉询问阶段。我们等那时候看吧。

列文辩护律师：（继续提问）

问：您认识菅岛高吗？

答：认识。

问：事件发生的时候，他跟您之间存在什么关系吗？

答：是的。

问：是什么关系？

答：菅岛高是我的联队长。

问：宣誓证词中，您声称7月在锦水楼旅馆的当时他也在那里吗？

答：我认为我与他并非同时在那里。

问：您在宣誓证词里说您到那里的日期是7月31日，这个日期正确吗？

答：是的，正确。

问：你之后是否听说菅岛将军也曾到过那里？

答：不，我从未听说。

列文辩护律师：庭长阁下，我问完了。

韦伯庭长：情况看起来不太妙。萨顿先生，您要进行交叉询问吗？

萨顿检察官：您说什么？先生？

韦伯庭长：我叫了您，但是您没有戴耳机，没听见。我再叫您一遍。

萨顿检察官：我们不对该证人进行交叉询问。

韦伯庭长：唔，我很意外，但是您可以这样决定。

列文辩护律师：庭长阁下，没有更多的问题了；我要求允许证人按程序离开。

韦伯庭长：证人可以离席。

（证人离席。）

列文辩护律师：我将传唤证人樱井文雄。

（樱井文雄作为辩方证人被传唤，宣誓后通过日语译员作证如下。）

直接询问（由列文辩护律师询问樱井文雄证人）

问：请说出您的姓名、年龄和居住地址？

答：我的名字是樱井文雄，37岁，地址是千叶市作草部町九三八番地。

问：范米特少校会递给您辩方文件第1140号。请说出上面是否有您的签字？

（文件被递予证人。）

答：是的，有我的签字。

问：文件所述内容真实、准确吗？

答：是的。

列文辩护律师：我提交证据，是樱井文雄的宣誓证词，辩方文件第1140号。

韦伯庭长：按程序接受。

法庭书记官：辩方文件第1140被法庭接受为第2500号证据。

（前述文件被标以辩方证据第2500号，并被法庭接受。）

韦伯庭长：列文先生，您可以午餐后再开始宣读文件。我们将在下午1时30分继续开庭审理。

（12:00 休庭。）

（13:30 重新开庭。）

法庭执行官：远东国际军事法庭现在开庭。

韦伯庭长：莫洛少校。

语言仲裁官：庭长阁下，经法庭允许，我们将提出如下语言修改。

证据 2487 号，庭审记录第 20614 页，删除第 16 至 20 行，用"至于中国，主要的努力是促进日本和'满洲国'之间的经济和文化合作，同时为防范共产主义势力，不造成政治或军事威胁"加以代替。今天早晨提交的证据第 2499 号没有需要修改的地方。

韦伯庭长：列文辩护人。

（樱井文雄作为辩方证人出庭作证，通过日语译员作证。）

直接询问（由列文辩护律师询问樱井文雄证人）

列文辩护律师：庭长阁下，我提交辩方文件第 DD1140A、B 和 C 号证据，与证人的宣誓证词有关。

韦伯庭长：它们没有被标记为宣誓证词附件。

列文辩护律师：它们在证词中曾被提及，在第 3 页的最后一段底部。

韦伯庭长：它们并没有被标记为附件。证人已经离开了，不是吗？

列文辩护律师：不，这是证人——

韦伯庭长：这是证人？

列文辩护律师：在我们继续开庭审理前刚宣誓过。

韦伯庭长：这些照片必须给他看过，然后询问他这些照片是否就是他证词里提及的照片。

列文辩护律师：庭长阁下，我还是宣读证词吧，到提及照片的时候，我会把它们给证人看的。

韦伯庭长：好的。

列文辩护律师：（宣读）

我原是一名陆军少佐，现今居住于千叶市作草部町九三八番地。

在通州事件发生的时候，我搬入城内，那是昭和十二年（1937 年）七月三十日，目的是作为第二联队的小队长，同联队主力部队一起，执行营救任务。我亲眼见证了通州的惨状。当时的情况描述如下：

（1）我大约下午4点进城。我的小队受命搜索通州城以南，作为扫荡部队的指挥官，我立即行动。一开始，当我们走出守备队营地东门，每隔几间房屋就可以看见四处躺着的被杀害的日本男性及女性的尸体。我们怒不可遏，但是我们没有发现任何敌军，在午夜之前，我们都把精力投入到解决那些幸存者的安排问题上。

我们检查每一栋房子，并且都会大声喊，"里面有没有日本人？"，他们一个接一个，从垃圾箱、水沟，或者墙的后面爬出来，一个孩子的鼻子被金属线扎穿，就像一头公牛的鼻子一样；一位老妇的一只手臂被砍下；一个孕妇被刺刀刺伤，等等。

（2）在一个旅馆里，我看到了被杀的一家人的尸体，他们的头和双臂都被砍去。

所有超过十四五岁的女性都遭到强奸。这绝对是一副让人无法忍受的景象。

（3）我们走进一家叫做旭轩的餐馆，发现七具或八具女性尸体，被扒光了衣服遭到强奸、并被子弹射击或者刺刀扎过。她们中间，有的人的私处被塞进扫帚，嘴里被塞满了沙子，有的肚子被纵向切开，场面实在是不堪入目。

（4）在东门附近的街区有一家朝鲜人开的商店，旁边有一个池塘。池塘的水已经被血染成红色。有一家六口人的尸体，他们的脖子被用绳子扎在一起，双手被捆绑，就像珠子一样被用8号铁丝串了起来。很明显，他们被拖动过。

如果我没记错的话，是在那晚的9点过后，在我们完成清剿工作之后，我记得我已经看到大约100具被屠杀的尸体，还在那里找到大约20来个受重伤或轻伤的人。这些受伤的人中的一些人已经变得精神错乱，还有的人一副失魂落魄、魂不守舍的状态。这幅我亲眼所见的如地狱般的惨剧至今仍深深地印在我的脑海里。我拍了一些当时被屠杀的日本人的照片，将把它们提交给法庭。

范米特少校，能否请您将照片交给证人？

（照片被递给证人。）

列文辩护律师：（继续提问）

问：辩方文件或者照片 DD1140A, DD1140B 和 DD1140C 是您在证词中所提及的文件吗？

答：它们是我拍的照片。

列文辩护律师：我提交这些照片作为证据。

韦伯庭长：按程序接受。

法庭书记官：辩方文件 1140A, 1140B 和 1140C 分别被法庭接受为证据第 2500A、2500B 和 2500C 号。

（前述文件被标以辩方证据第 2500A、2500B 和 2500C 号，并被法庭接受。）

问：关于那些照片，请告诉我们您是在城内什么位置拍摄的？

答：照片 A 在通州城南门附近的沟渠拍摄，照片 B 在通往南门的路上拍摄，照片 C 是广场附近——营房的东面拍摄的。

问：您能否简单地说一下证据第 2500A 号中的人是谁？

韦伯庭长：这是不言而喻的。

列文辩护律师：庭长阁下，我提这个问题的目的是要证明他们是否日本人或其他人。

问：您能告诉我们照片中的人的国籍吗？

韦伯庭长：他说过他们是居民的尸体。我想这就意味着是日本人。

列文辩护律师：庭长阁下，证人可以回答吗？

韦伯庭长：可以。

答：图片 A 中的尸体是居民和日本士兵。

问：图片 C 中，第 2500C 号证据中的又是什么人？

答：图片 C 中的是居民的尸体。

问：他们的国籍是？

答：日本人。

列文辩护律师：检方可以对证人进行交叉询问。我记得我已经把它们提交为证据了,对吗,庭长阁下?

韦伯庭长：对。萨顿先生。

萨顿检察官：如果法庭允许,检方不对该证人进行交叉询问。

神崎辩护律师：在休庭前,阁下询问了关于证人菅岛与桂到达的时间差问题。由于现在这位证人同样也陪同他的联队长菅岛到通州,也许我们可以询问现在这位证人关于那两位证人——证人菅岛和桂各自的到达时间。

韦伯庭长：这是第三位证人。误差是在前两位证人——中将和另一位少佐的宣誓证词里。我对这个人的时间陈述没有疑问。

语言监督官：庭长阁下,我做了一个修正,但是阁下显然没有听见。辩方律师问了"证人菅岛和桂",他是对的。我们一开始翻译错了,我们做了修改。先生,您没有听见这个修正。

韦伯庭长：我没有。

语言监督官：是的,先生。

神崎辩护律师：基于这位证人是同菅岛一起到的通州,也许他能说清菅岛和桂这两位证人的到达时间。庭长阁下,我不太清楚您的指示。我可以让证人做时间证明吗?

韦伯庭长：是的。不过您不应该告诉他,他是陪同另一个人一起的。他在证词中并没有这么说。你应该问他,而不是告诉他。

神崎辩护律师：好的,庭长阁下。

直接询问(由神崎正义辩护律师询问樱井文雄证人)

问：您是和菅岛联队长一起到达通州的吗?

答：是的,我和他一起进入通州。

问：您认识桂镇雄吗?

答：我认识。

问：菅岛联队长和桂镇雄是同时进入通州的吗？

答：不是同时。

问：为什么他们没有同时进入通州？

答：为了尽快救出尽可能多的日本人——那些在通州罹难的日本人，部队日夜兼程，从北平到通州大约有7、8里地，[1]赶往通州的日军纵队长度大约3里。联队长在队伍的前面，桂在很后面，步行的话，大概要花5、6个小时走完这段距离。

神崎辩护律师：我了解了。我问完了，先生。

韦伯庭长：今天早上我说过，先作证的两位证人之间，关于到达时间有好几个小时的出入，第一位证人也就是那名中将说，中国人已经撤退，并且明显没有占领城镇；然而，第二位证人说他把中国人赶了出去。第二位证人，也就是另一位少佐，根本不知道中将在那里。

我的一位同事提醒我，这个证人的宣誓证词没有更正错误。

列文辩护律师：我的同事布鲁克斯先生了解军事，他指出，这些人编在不同的小队，从而导致时间的差异。

韦伯庭长：另一位同事指出，第三个证人用了"扫荡"一词，这个词一般都指清除敌人。要调整其中的意思几乎不可能，列文先生。

列文辩护律师：庭长阁下，我有一个要求，如果我们能够澄清事实，我们要求这么做。

韦伯庭长：目前这三位证人所提供的证据互相矛盾，极其不充分。

列文辩护律师：神崎博士请求将证人菅岛留下，也许我们能够请求让他再回证人席。

韦伯庭长：您已经不需要现在这个证人了，是吗？

---

[1] 似应为70至80里地。

列文辩护律师：不需要了。他可以按程序离开了吗？

韦伯庭长：证人可以离席。

（证人离席。）

韦伯庭长：列文先生。

列文辩护律师：我们提交辩方文件第 1106 号证据，关于 1937 年 7 月 30 日天津空袭事件的外务省发言人的评论。

韦伯庭长：诺兰先生。

诺兰检察官：如果法庭允许，检方对这份声明提出异议。这是一份外务省发言人的评论，我们认为它与之前被法庭驳回的同类文件没有区别。

列文辩护律师：我没有什么想补充的。

韦伯庭长：异议有效，文件不予采纳。

列文辩护律师：我提交辩方文件第 1105 号证据，关于从南京向北调动部队以及军事补给装运的。

韦伯庭长：诺兰先生。

诺兰检察官：阁下，检方认为该文件仅仅是又一份新闻稿而已，检方以同此前文件不予采纳同样的理由提出异议。

列文辩护律师：庭长阁下，这份文件不仅仅是一份官方报告，而且是一份从南京调动部队和军事补给的官方报告。我认为，这样一份属于日本政府档案的报告是具有证明力的。

韦伯庭长：很明显，它不是从前线来的，也不是来自某个指挥官。任何人都可以捏造这样的文件。

列文辩护律师：我认为只有了解形势的指挥官或者其他人员才能发表这样一篇评论，事实上，它来自政府档案，它本身具有很高的价值——非常重要。

韦伯庭长：如果不是为了战争宣传或者宣传目的，为什么外务省出的文件会是英文的？

列文辩护律师：庭长阁下，我无法回答这个问题。但是无疑就我看来，对日本政府来说，如果原始版本不是日文的话，就没有任何意义了。现在我们看到的英文本并不意味着它最初的版本也是英文的。

韦伯庭长：根据多数意见，异议有效，文件不予采纳。

列文辩护律师：我们要提交辩方文件第1104号证据，一份天津总领事的报告，关于天津自治委员会的建立。

韦伯庭长：诺兰先生。

诺兰检察官：我不清楚这份文件的确切属性，我不认为它可以被认作是天津总领事的报告。我认为，它最多是在报纸上刊登的一份报告的副本，我对其提出异议，庭长先生。

韦伯庭长：但是如果确定它是来自总领事的报告，您就不提出异议了，是吗？

诺兰检察官：是的，如果这份报告是总领事做的，我就不提出异议。

韦伯庭长：他声称是总领事的报告，为什么不对它提出一点质疑呢？

诺兰检察官：我准备撤回我的异议，庭长阁下。

韦伯庭长：有一个问题：外务省用的是英文吗？日本总领事是用英文发电报的吗？因为没有异议，我们按程序接受。

法庭书记官：辩方文件第1104号被法庭接受为第2501号证据。

（前述文件被标以辩方证据第2501号，并被法庭接受。）

列文辩护律师：（宣读）

从7月29日开始，为维持和平与秩序而建立天津市政厅治安委员会的动议，在沈通武先生及其他有影响的中国领袖之间有所进展。高岭梅先生，是当地一位很有影响力的中国人，被选为此计划的主席，来维护天津的和平与秩序。高先生现在正在同他的同僚们一起在法租界商议有关在国民饭店举办正式就职典礼的事宜。

委员会成员有一定的比例,在商业和工业领域挑选五位,在地方绅士中挑选五位。代表商业和工业领域的五位是:万晓元先生(商会理事及本地银行公会主席),万春林先生(天津商会主席),邱玉堂先生(商会执行理事),张彻洲先生(商会监察),赵平清先生(商会总监察)。

代表当地绅士的成员有:刘雨书先生(前天津市政厅公共安全部理事),孙俊宇先生(前天津市政厅秘书长),牛川善先生(冀察政务委员会成员),方久(日租界华人社团重要成员)以及沈通武先生(中将)。[1]

为了维护天津的和平与秩序,委员会的任务是处理关于市内和平稳定的紧急事件,诸如食物分配以及其他有关中国警察宣传的物资和储备。我想有请法庭注意这些都来自驻天津总领事堀内。

韦伯庭长:哪一年的事?我们知道是 7 月 29 日,是哪一年的 7 月 29 日?

列文辩护律师:文件中并没有说明年份,庭长阁下,据我所知应该是 1937 年。

韦伯庭长:弄清哪一年很关键。

列文辩护律师:我会做一下调查,看我能否确认是哪一年,然后告知法庭。现在我提交辩方文件第 1108 号,是外务省发言人在 1937 年 8 月 2 日发表的关于保定和平委员会的声明。庭长阁下,有一份关于我刚才宣读的总领事文件的参考文件,说明年份是 1937 年。

韦伯庭长:诺兰先生。

---

[1] 以上天津市政厅治安委员会成员均为音译。

诺兰检察官：如果法庭允许，检方以此前被法庭拒绝的类似文件的相同理由对这份所谓外务省发言人声明提出异议。

列文辩护律师：我不坚持这份文件，庭长阁下。

韦伯庭长：您要撤回这份文件？

列文辩护律师：我现在提交辩方文件第1123号证据，关于中国中央军在河北东南部及山东的活动。

韦伯庭长：诺兰先生。

诺兰检察官：从文件表面看不出任何关于是谁写了这个文件或者它从何而来诸如此类的情况，我们认为，种种迹象表明该文件是一份新闻稿，应该驳回。

韦伯庭长：它也是用英文写的。

列文辩护律师：这份文件关系到中央军的活动，我能说的是它似乎来自日本外务省。它是用英文还是日文我认为没有任何区别，并且，这份文件在官方档案里，在我看来它是具有价值的。

韦伯庭长：跟其他文件一样。异议成立，文件不予采纳。

列文辩护律师：接下来我提交辩方文件第1111号证据，一份外务省发言人于1937年8月9日发表的声明，内容是关于中国中央军的北上。

韦伯庭长：诺兰先生。

诺兰检察官：庭长阁下，检方以同样理由对这份文件提出异议。

列文辩护律师：我对这份文件的看法与对此前的文件一样。

韦伯庭长：我重复一下法庭的意见。这是又一份日本外务省的英文文件。异议有效，文件不予采纳。

列文辩护律师：我提交辩方文件第1119号证据，外务省当局对华北问题解决方案的中方回复的评论。

韦伯庭长：看来这回没有异议了。诺兰先生。

诺兰检察官：我能请求法庭让我考虑一下吗？

列文辩护律师：庭长阁下，看来这份文件没法提供，我要撤回本次证据提交。我现在提交辩方文件第 331 号证据,外务大臣广田在国会第 72 次会议上的讲话,是关于华北事变发展的回顾,并且表达了日本政府的官方立场。我将从第 4 页第 1 段开始宣读。

韦伯庭长:按程序接受。

法庭书记官:辩方文件第 331 号被法庭采纳为第 2502 号证据。

(前述文件被标以辩方证据第 2502 号,并被法庭接受。)

列文辩护律师:从第 4 页的中间开始。

(宣读)

关于华北。故意无视各种条约和协定,中国中央军向北行进,纵容一系列挑衅行为,大量兵力涌入察哈尔省。为了应对局势,我国政府将采取坚决的行动。战事从华北发展到华中,日本发现自己已经陷入同中国的大范围冲突中。我遗憾地说,在中国各地,大约 5 万名日本人被迫疏散,被迫抛弃他们的权利和利益,他们中的不少人成了战争的牺牲品。很遗憾,在中国的第三国居民都遭受了同样的艰难困苦。这一切,不是因为别的,全都是因为南京政府以及中国的地方军阀政权常年蓄意煽动大众反日情绪,作为加强他们自己政权的手段,连同共产主义分子,进一步削弱了中日关系。我们忠诚勇敢的士兵,有他们的国家作为后盾,顶着难以想象的艰辛和困苦,日以继夜地投入激战。每当听到他们的英勇牺牲和辉煌成就,我们都深深地为之动容。

大可不必提及,日本政府的基本政策致力于通过保持日本、"满洲国"以及中国之间的协调合作来维护东亚的稳定。而中国忽略了我们真实的动机,调动大量的军队针对我们,我们别无他法,只能以武力还击。此时迫切需要我们采取坚决的态度来促使中国猛醒。日本的目的只有一个,那就是看到一个快乐安宁的华北,中国不再遭受如今这般惨痛的战事,中日关系得到调整,从而让我们得以使我们的政策付诸实践。我们希望，中国的政治家可以有一个广阔的东亚视野，能很快意识到他们的错误，翻开新的一页，希望他们的行为可以与日本的远大目标和理想协同一致。

我要提交辩方文件第349号证据，是近卫首相在帝国议会第72届会议上的演说，日期是1937年9月5日。

法庭书记官：我们有原稿，但是我们没有处理后的副本。

列文辩护律师：看来有一个错误。庭长阁下，我认为文件可能被放错了或是别的什么，我撤销提交该文件。我现在提交辩方文件第1124号，近卫首相在国会第71届会议上的演说，日期为1937年7月27日。

韦伯庭长：柯明斯-卡尔先生。

柯明斯-卡尔检察官：庭长阁下，检方对该文件提出异议，我们认为该文件并不相关。鉴于法庭之前的裁定规则，我们并未对第331号文件提出异议，因为它是某位被告的演讲。但我们认为，如果是未遭起诉的另一个政府官员的演讲，即使检方可以把它当作共谋者来用作证据，也不能在辩护阶段使用。

列文辩护律师：庭长阁下，在我们看来，没有比日本首相声明更高级别的证据了。我不能理解博学的检察官为什么会认为一位高级政府官员的声明，只能在他本人是被告的情况下才能被允许作为证据。

韦伯庭长：文件内容只有大约三行即第2页的开始三行是相关内容。如果被允许的话，您打算宣读多少？

列文辩护律师：我本来打算宣读整份文件的，阁下，因为按照我之前说的，在我们看来，没有什么比首相声明更有价值的了。

韦伯庭长：仅限于相关的和重要的。在我看来，除了我说的部分，这份文件的其他部分都不相关也不重要，都是重复的。根据多数原则，异议有效，文件不予采纳。

列文辩护律师：我将提交证据，辩方文件第1117号——

韦伯庭长：列文先生，我想插一句。这是一个从这些被我们驳回的文件中表现出的问题。究竟是出于什么目的，这些由日本外务省准备的文件都要用英文呈现？它们是什么时候准备的？这些文件组成了"日本版的中国事变"，日子都排得准准的。您能向我解释一下这是为什么吗？

列文辩护律师：庭长阁下，我不能解释，但是神崎博士明天可以做出一个解释——不是明天，是周一。我现在提交辩方文件第 1117 号证据，该文件是外务大臣向媒体发表的声明，日期是 1937 年 9 月 2 日。

韦伯庭长：柯明斯-卡尔先生。

柯明斯-卡尔检察官：庭长阁下，鉴于在该期间外务大臣是被告广田，我认为依照法庭之前的裁定，文件会被允许；否则，我会提出这份文件为不相关。

韦伯庭长：不管是谁做出的该份声明，要被允许，它必须相关且具有重要性。根据对其他文件的处理方式，这份文件中似乎至少有一部分可以被允许。

柯明斯-卡尔检察官：庭长阁下，在我看来，这仅仅是日本在那些我们听了一遍又一遍的问题上的立场重申。

韦伯庭长：根据多数意见，异议无效，文件按程序采纳。

法庭书记官：辩方文件第 1117 号被法庭接受为第 2503 号证据。

（前述文件被标以辩方证据第 2503 号，并被法庭接受。）

列文辩护律师：（宣读）

自从我在近卫内阁担任外务大臣，我一直期待见到诸位。因此，我为有这样的机会——能和诸位自由地、坦率地讨论当今的问题而感到荣幸。我想我没有必要向诸位再次重申我的夙愿，但我仍然想说，同其他所有国家的友好合作向来是我国在执行对外关系时的指导方针。

日中关系的发展着实让人感到惋惜。鉴于诸位已经非常了解，我不想再提及事件的来龙去脉。在此我想强调的是，日本在这件事情上一贯持有高度的耐心和容忍，并且为了和平结局而坚持做出的努力。在卢沟桥事变时，我国政府到最后一刻都希望有一个和平方案，就地解决事端，为避免局面恶化竭尽了各种可能的努力。但是南京政府表现出来的是完全地缺乏诚意，不仅拒绝了就地达成的协议，并且大量向北调军，直接对日本挑衅。更有甚者，他们教唆人心敌对日本，使得在华的日本居民的生命和财产陡然陷于危险之中。当矛盾愈演愈烈时，我们当即命令疏散汉口和长江流域其他地区以及在山东和华南地区的日本居民。采取这样的措施，是为了防范任何未知的事件发生，而这样的措施，更是有力地证明了我方真诚地遵循着不扩大方针。诚然，采取这样的措施在我方来说，涉及说不尽的牺牲，因为这让我们的国民不得不放弃为之努力多年的利益；然而，即使这样，为了防止形势的加剧，我们愿意承受这样的牺牲。此外，7月11日，鉴于华北形势每况愈下，内阁决定出兵，我们依然坚持期望能够友好解决问题，我们依然怀着南京政府会重新考虑的一丝希望。因为，直到最后一刻，我们都在努力寻找和平解决方法，坚决地防止武力冲突。对于上海事件，我们的态度也是一样的。

在国外的某些地方，人们似乎存在不正确的印象，他们认为日本在上海为了海军陆战队官兵被中国保安队杀害的事件而采取报复。真相并不是这样。当然，中国应该对枪杀我们的陆战队官兵负责，但是我国政府有着良好的自制能力，希望努力通过外交途径达成和平解决。上海之所以会爆发战争是因为中国违反了在1932年达成的淞沪停战协定，把正规军调往禁区，增加保安队的人数和装备，蓄意激怒日本。我国政府坚决认为，如果不想让城市遭受武装冲突的磨难的话，前提是中国军队应该撤出交战区、在公共租界附近的中国军队应该撤走。也就是说，对上海的外国人的生命和财产的威胁并不是来自一小部分捍卫租界的日本人,而是来自在数量上占优势的、对日本采取进攻态势的中国军队。事实上,因为我们想要维护上海及周边地区安全与和平的愿望,我们向列国建议要保护这些地区免遭战争的威胁,当中国人从空中对公共租界、总领事馆、黄浦江上的军舰发动轰炸时——我们的部队为了保卫我们在城内超过3万人的国民而被迫回击。

在华北和上海,中方毫无根据的挑衅行为促使了战事的爆发。最根本的原因在于现今中国的领导人一意孤行,出于政治目的培养抗日主义,利用外交议题增强他们的威望;到最后他们通过与共产党勾结,公开积极地准备对日战争。前几天达成的中苏互不侵犯条约从这个层面上来说具有特殊重要性。日本作为防止共产主义侵入东亚的壁垒,无法坐视不理。尽管我们努力避免,而日本和中国之间目前仍然存在着一个主要矛盾。然而,帝国军队努力要保护我们的合法权利和利益以及东亚的长期和平,只要中国政府表现出他们准备反思和纠正对日态度,日本政府会一如既往地准备召回派遣军,与中国开展友好合作。

但是,鉴于事实上,日本人民无法忍受这种可悲事件的一再发生,加上局势已经严重到一定的程度,我们坚决遵循我们一贯的政策直到找到可能的基本解决方法。毕竟,中国和日本既是邻居也是朋友。对于两国之间的共同繁荣与亲善的目标应该不难理解。为了东亚及世界和平,我热诚地希望中国政府可以重新考虑他们到目前为止对日本所采取的政策。

我们可以保证,帝国充分尊重第三国的利益和权利,悉心考虑保护它们的问题。同时,为了尽快恢复和平,日本要求列国共同防止导致延长战事的一切活动。听说冲突的牺牲者中还包括外国居民,我感到深深的遗憾。鉴于媒体在促进国际认知和意图上扮演着重要的角色,尤其是在当下这样严峻的形势面前,各位媒体的有识之士，我希望你们能够全心全意地配合。

韦伯庭长： 我们休庭15分钟。

（14：45开始休庭。）

（15：02重新开庭。）

法庭执行官： 远东国际军事法庭现在开庭。

韦伯庭长： 列文先生。

列文辩护律师： 庭长阁下，我先前提交了辩方文件第349号，由于法庭当时没有副本所以撤回。现在我要提交辩方文件第349号证据，是近卫首相在国会第72次会议上的讲话，日期是1935年9月5日，该文件表明了政府的立场。

韦伯庭长： 柯明斯-卡尔先生。

列文辩护律师： 这是一份华北事变爆发后，日本政府的有关政策声明。如果被纳入证据，我们打算从文件第2段开始。

柯明斯-卡尔检察官： 庭长阁下，先前我们成功驳回近卫首相演讲的文件，我们现在以同样的理由对此文件提出异议。进一步的理由是，它仅仅是日本政府对其政策的重申。至于它所涉及的指控内容，法庭对这些事实的裁定将依据控辩双方所提供的直接证据，而不会是因为近卫首相复述的一个版本。

列文辩护律师： 政府首相所做的关于政策的声明并不必须是事实陈述。这是关于政府行事目的的讨论，没有人比首相更合适来做这样一份声明了。

韦伯庭长： 根据多数原则，异议成立，文件不予采纳。

列文辩护律师： 庭长阁下，神崎博士将会提交更多证据。

神崎辩护律师： 由于翻译还没准备好，我将代替列文先生提交更多证据。我想要提交辩方文件第1166号证据。这是一份中国驻屯军司令部声明，发布于昭和十二年（1937年）七月八日下午1时30分，大意是，尽管中国第二十九军军部渴望和平解决，但是他们下面的官兵却背道而驰，始终与日本军队为敌。

语言监督官：是7月15日，不是7月8日。

韦伯庭长：从文件看应该是9日。

神崎辩护律师：对不起，应该是7月9日。声明包含了事变当时的相关情况。我认为，这份证据理应采纳。

韦伯庭长：诺兰先生。

诺兰检察官：如果法庭允许，我们对第1166号文件提出异议，它与法庭之前已经驳回的新闻稿没有区别。

韦伯庭长：根据多数意见，异议有效，文件不予采纳。

神崎辩护律师：我现在提交辩方文件第1167号证据。这份文件可以证明，当卢沟桥事变爆发时，南京政府已做了大规模的军事调动。

韦伯庭长：诺兰先生。

诺兰检察官：检方认为，该文件除了是一份发表在日本报纸上的声明之外什么也证明不了，从文件第5行前两个词就可以看出其是建立在谣言基础上的。

韦伯庭长：博士，您有什么看法？

神崎辩护律师：作为被告的辩护律师，我们愿竭尽所能呈献给法庭最原始的文件，自始至终，我们都将为此努力。然而，鉴于日本许多大城市都被战火摧毁的事实，许多此类文件都被毁了，很难再找到它们，我们想要得到它们唯一的办法是，从来自杂志、报纸以及书籍中的声明去找。

韦伯庭长：官方电报可能来自一位前线的指挥官，我们还不得而知。至于中国军队的行动，必须依赖于它自己的情报。法庭判定异议有效，文件不予采纳。

神崎辩护律师：接下来我提交一部关于中国的回忆录作识别，书名是《中国回忆：从未间断》。

韦伯庭长：只用以识别？

神崎辩护律师：是的，只用以识别，阁下。

法庭书记官：辩方文件第1168号被法庭接受为第2504号证据，仅作识别。

（前述文件被标以辩方证据第2504号，并被法庭接受。）

神崎辩护律师：我提交的证据，来自该文件也就是第2504号证据的摘引。这是辩方文件第1168号。关于这一点，事实是原始文件也被损毁了，无法得到，我们只能从书中的内容得以再现。这份文件可以解释卢沟桥事变爆发后日本军队所采取的行动，同时也阐述了中方所采取的相应行动。

韦伯庭长：诺兰先生。

诺兰检察官：如果法庭允许，如果这份文件是以另一种形式出现的话，我们将会以被驳回的1166号文件一样的理由对它提出异议。它从一本书中摘录的事实让它站不住脚，我们反对采纳它。

韦伯庭长：唔，辩方律师，您有什么要说的吗？

神崎辩护律师：我想让法庭裁决。

韦伯庭长：根据多数原则，异议成立，文件不予采纳。

神崎辩护律师：我现在提交辩方文件第1169号证据，该文件是第2504号证据的摘录。无法呈上原始文件的原因我之前已经解释过了，它也是从这本书中选取的，是陆军省于1937年7月11日所做声明，包含7月11日松井太久郎大佐和中国第二十九军代表张自忠、张充荣之间达成的协议的全部内容。

韦伯庭长：诺兰先生。

诺兰检察官：如果法庭允许，我们对此文件提出异议。该文件和先前的文件并无差别。

韦伯庭长：异议有效，文件不予采纳。

神崎辩护律师： 接下来我们提交辩方文件第1170号证据。该文件是一份日本方面给中国第二十九军的通告，包含了日方意图以及对中方不遵守协议的谴责。这份文件是直接针对中国当局不遵守协议的通告，而不是一份日本的宣传。我认为这份文件应该被法庭认可。

韦伯庭长： 诺兰先生。

诺兰检察官： 庭长阁下，我以同样的理由对该文件提出异议。

韦伯庭长： 异议有效，文件不予采纳。

神崎辩护律师： 庭长阁下，以上是涉华第一部分，接下来的第二部分将由坎宁安先生负责。

九、中国各地抵制日货事件

坎宁安辩护律师：庭长阁下及各位法官，首先我要说，我不想仅仅因为由我来负责此案涉华部分，就认为由我代表的人可能卷入这个案件。但是，我希望可以提交对开场陈述的第二部分——拉扎勒斯先生在涉华部分辩方开场陈述所宣读的——有利的证据。这部分介绍的证据分为三节。第一，抵制事件；第二，中国抗日情绪的发展；第三，中日关系上的共产主义的蔓延。这三方面很大程度是日本和中国27年关系中一系列矛盾的主导因素。

介绍文件的理由是支持日方关于抵制活动总体影响的观点。作为这一文件的基础，我们现在要求宣读作为法庭证据第57号的李顿报告书第七章第112页至121页，有关日本的经济利益和中国的抵制活动。宣读这一资料将有利于节省提交单独文件的时间。

《李顿调查团报告书》第七章第112页，英文翻译的标题是"日本经济利益和中国的抵制活动"：（宣读）

中国人抵制日货为中日冲突之重要原因
前三章——

韦伯庭长：塔夫纳先生。

塔夫纳检察官：如果阁下允许，如果我没理解错的话，辩方律师企图宣读这一节来证明一些并非李顿调查团观点的事情。我认为正确的方法应是提交他们认为非调查团观点的证据，而非宣读报告。法庭在此之前已经拿到这篇报告。与报告比较后，我发现所提供的证据在显示它并非调查团的观点，才是合理的做法。

韦伯庭长：我认为辩方所依赖的是调查团所找到的关于抵制活动的事实。如果如此，他们可以把这些加进对速记录的理解，就像您作为检方可以把其他部分加进对速记录的理解。

塔夫纳检察官：我并不是反对他们宣读任何他们想要通过宣读展示的内容。

韦伯庭长：唔，既然他们需要的话，就让他们宣读吧。

坎宁安辩护律师：这是李顿报告书的一部分，我认为这部分内容支持辩方的论点。

韦伯庭长：请念，坎宁安先生。

坎宁安辩护律师：（宣读）

前三章以专述1931年9月18日以后的军事和政治事件为主旨。但是如果缺乏对冲突中另一项重要因素的考察，任何关于中日冲突的调查都不会臻于准确或完备。那个因素就是中国人对日本货物的抵制。为理解在这场抵制货物运动中所使用的手段及其对日本贸易的影响，必须指出日本的大致经济地位、日本在中国的经济金融利益以及中国的对外贸易。了解日本和中国在满洲的经济利益的范围和特征也是必要的，这些将在接下来的章节中探讨。

日本人口过剩。在19世纪60年代明治维新期间，日本摆脱了它超过两个世纪的闭关自守，在不到50年时间里，一跃而成一等的世界强国。原本一成不变的人口数量迅速增长，从1872年的3 300万人至1930年竟达6 500万人；而且以每年大约90万人的速度继续激增。日本的人口密集度大约是每平方英里437人，美国为每平方英里41人，德国为330人，意大利为349人，英国为468人，比利时是为670人，中国为254人。

由于岛国国土特殊的地理构成,拿日本每平方英里可耕种土地上的人口和其他国家相比,日本人口密度特高:

日本　2 774

英国　2 170

比利时　1 709

意大利　819

德国　806

法国　467

美国　229

由于农业土地人口的高度密集,个人所占极少,35%的农民可耕地不到1英亩,34%的农民可耕地不到2.5英亩。可耕地的扩张已达到极限,耕种强度也达到极限——简而言之,已经不能期望日本的土地生产出较今更多的东西了,也不能再提供更多额外就业。

土地匮乏。密集的耕作和化肥的普遍使用使生产成本高昂。土地价格比亚洲的任何一个国家,甚至比欧洲最拥挤的地区都要高得多,民众债台高筑,看起来十分不满,而且佃户和地主之间的冲突方兴未艾。移民被认为是个可行的补救办法,但是,由于在下一章中所要论及的原因,这一办法没有实行,现在看来,其的确是一种解决之道。一开始,日本追求工业化来满足城市中日益增长的人口,这些人口既为农产品提供国内市场,又为对内和对外使用的商品生产输入劳动力。从那时屡经变迁。以前,日本在食品供给上可以自给有余,而近年来,食品进口占总进口的8%至15%,其波动归因于本土作物的变化,主要是大米。食品的进口及这些进口增长的可能,使通过增加工业产品出口来弥补不利的贸易平衡势在必行。

进一步发展工业的必要。如果日本要通过进一步工业化来为其日益增长的人口寻找就业机会，出口贸易和国外市场的发展就变得日趋重要，两者可以吸收其渐增的制造品和半制造产品。同时，这样的市场也为原材料和食品提供资源。

中国是日本出口贸易之市场。日本的出口贸易发展至今，有两个主要方向：流向美国的奢侈品、生丝，和流向亚洲国家的纤维制造品，主要是棉纺织品。美国占日本出口的42.5%，而亚洲市场占其出口总量的42.6%。在后者中，中国、关东州和香港占24.7%，剩余的很大比例也掌握在亚洲其他部分的中国商人手中。1930年是能够得到完整数据的最后一年，在此期间，日本出口总量是146 985.2万日元，进口总量是154 607.1万日元。在日本的出口贸易中，有26 082.6万日元贸易额也就是说17.7%是出口到中国（不包括关东州和香港）。而在进口贸易中，有16 166.7万日元贸易额也就是10.4%是从中国（不包括关东州和香港）进口。对日本出口到中国的主要商品进行分析显示，中国吸收了日本32.8%的出口水产品，84.6%的精糖，75.1%的煤及31.9%的棉纺制品，平均值为51.6%。

分析从中国进口的商品也是如此，数据表明，日本进口豆类总量的24.5%、进口油糟的53%、干菜的25%都来自中国，平均值为34.5%。

由于这些数字只是针对中国，不包括香港和关东州，因此并未显示出日本与满洲的贸易范围，与满洲的贸易主要通过大连港。

中日贸易关系之重要性。刚才的事实和数字清楚地表明了中日贸易对日本的重要性。日本在中国的利益并不只限于贸易，其在工业企业、铁路、船舶、银行也有着相当大数量的资本投资，并且，所有这些金融和经济活动的领域在过去的30年中，总体发展趋势强劲。

1898年，日本唯一重要的投资是在上海与中国人共营的小型轧棉机，价值大约是10万两白银。到了1913年，在日本总计大约53 500万日元的对外投资量中，对中国和满洲的投资总量估计共有43 500万日元。到第一次世界大战结束时，日本在中国和满洲的投资已经超过了1913年投资的两倍，这一增长的相当一部分归因于主要是政治报酬所授权的著名的"西原借款"。并未止于此，1929年，日本对外210 000万日元的投资总量中，对中国和满洲的投资估计大约有200 000万日元，显示出日本对外投资几乎已经全部限于中国和满洲，后者更是吸收了这些投资的较大部分（尤其在铁路中）。除了这些投资外，中国已经对日本负债累累，1925年，国家层面、省级层面和市级层面的贷款总数估计有30 400万日元（较大一部分是无担保的），再加上1 800万日元的利息。这里忽略了零散的数字。

虽然日本大量投资满洲，但有相当数量投资于中国的工业、船舶和银行。1929年，运作于纺纱厂和纺织厂的纱锭中，近总数50%的量为日本人所拥有。在中国的运输业中，日本居于第二；而1932年，在中国的日本银行数量是30家，少数几家是中日联合企业。

中日贸易发展对中国之利害关系。上述数字是从日本方面来看的。站在中国方面也不难发现其相对重要性。至1932年，日本成为中国第一贸易大国。1930年，中国出口的24.1%是流向日本，同年进口的24.9%来自日本。同日本的数字相比较显示，中国对日本贸易占中国对外贸易总额的比重比日本对中国贸易占日本对外贸易总额的比重要高。但是中国在日本没有投资、银行和船舶方面的利益。中国最需要的是能够出口越来越多的产品，以支付其进口大量制成品所需，并且为筹集进一步发展的资本建立良好的信誉基础。

中日经济和金融关系容易受干扰因素影响。从上述内容来看,很明显,中日经济和金融关系既广泛又多样,容易被一些干扰因素所影响。整体而言,很明显日本对中国的依赖大于中国对日本的依赖。日本是更加脆弱的一方,而且一旦关系破裂,日本的损失更多。因此,1895年中日战争以来两国之间滋生的众多政治纠纷反过来影响了双方相互间的经济关系,而且,事实上,贸易的持续增长证明两国间有一种潜在的经济纽带,没有任何政治对立可以将其分开。

抵制的起源。几个世纪以来,在商人、银行家和手工业行会组织里,中国人已熟悉该如何进行抵制。虽然这些行会正在不断改进以适应现代环境,但数量仍然巨大,在维护行业共同利益方面仍然有着巨大的影响力。在百年行会历程中形成的历练和态度,在现今的抵制运动中,结合了近期以国民党为代表的强烈民族主义活动。

现代排外抵制。现代排外抵制利用国家基础作为针对外国力量的政治武器(有别于中国商人们互相对付的专业手段),其开始于1905年。当时由于中美商业条约中的一个条款,这种抵制直接指向美国。该条款在那一年重新修订,对中国货物进入美国的要求比以往都严格得多。从那以后,直到今天,已经有10起不同的、可以被看作国家层面上的抵制运动(此外还有地方性质的排外运动),其中9起针对日本,1起针对美国。

这些抵制运动的起因。如果仔细研究这些抵制运动,就会发现每一件都可以追溯到一项明确的事实、事件或事变,通常具有政治性质,而且被中国解释为针对其物质利益或者损害其国家威望。因此,1931年抵制活动作为7月在朝鲜的杀戮的后续而开始,接着,那年6月发生了万宝山事件,抵制活动最后由于在9月份的奉天事变和1932年1月上海事变而加剧。每一个抵制运动都有可追溯的原因,要不是因为如第一章中所描述的那种心理影响,不会引发如此之大规模的经济报复。造成这种心理的因素是：笃信不公（不论对错）、中国文化中传承的凌驾于外国人的优越感，以及一种强烈的、西化的、带有防御性且具有一定攻击性的民族主义。

1925年前的抵制运动。虽然中国复兴团体兴中会可能被认作是国民党的先驱，成立于遥远的1893年，而且尽管毫无疑问1905年至1925年间所有的抵制运动都伴随着民族主义的口号发起，但并没有确实的证据表明，最初的民族主义者团体，以及后来的国民党在他们的组织中掌握着直接的领导权。

受孙逸仙博士的新信条所鼓舞，商会和学生联合会非常擅长这样的任务，他们受几个世纪的秘密团体、行会经验和行会思想所影响。商人提供技术知识，组织手段及程序法则，学生们用新获得的热诚信念和在民族问题上的坚毅决心鼓舞这一运动，帮助他们运作。当学生们普遍地只是被民族主义感情驱动时，商会中的人分享了那些感情，怀着控制抵制活动过程的愿望，认为参加进来是明智的。较早时候，抵制活动的实质规则被设计用来防止购买活动所针对国家的货物，然而抵制活动的范围逐渐扩大至拒绝向有关国家出口中国物品，或拒绝向该国在中国的居民提供服务。最终，最近的抵制活动的公开目标衍变为彻底断绝与"敌对国家"的所有经济关系。

应当指出，依此建立的规则从未被彻底执行，其原因已经在这一报告的附件中充分阐述了。总体而言，抵制活动在南方的声势比在北方大。在南方，民族主义情愫找到了最初的热烈拥护者，而在北方，特别是山东，却拒绝给予支持。

1925年以来的抵制运动，国民党的活动。从1925年以来，抵制活动的组织发生了明显的变化，国民党从建立之初就支持这一活动，并在一次次接连的抵制活动中加强控制，如今成为这些示威中真正的组织、操纵、协调和管理者。

正如调查团所掌握的证据表明，国民党并没有解散那些迄今为止一直在负责抵制活动的行会。甚至对其进行了整合协调，将他们的手段系统化、规范化，并在背后不遗余力地从党组织层面给予这些活动以道德和物质支持。其在全国各地建立了分支，具备广大的政治宣传和情报服务功能，并且被强大的民族主义情感所鼓舞，迅速成功地组织和激发了一场那时还只是星星点点的运动。结果，抵制运动的组织者对商人和一般大众的强制性权力比以往都更加强大，但是同时，个别的抵制运动行会还存在着少许的自主性和主动性。

我将省略下面一段内容，跳到如下内容。

有技术研究结果表明，民众的抵制情绪可以通过在全国范围内制造强大统一的政治宣传，利用刻意挑选的标语进行煽动。如同调查团看到的，在现今直指日本的抵制运动中，他们利用各种方法影响公众，让他们知道拒绝日货是一种爱国责任。中国的媒体栏目里充斥着此类政治宣传；城市里的墙上贴着标语，经常是极端暴力的字眼；反日标语还印在流通的纸币、信封和电报稿纸上，连锁信从一个人的手中传到另一个人手中，等等。这些例子绝不是孤立的，但显示了所使用方法的性质。这种政治宣传与1914年至1918年世界大战期间用于欧洲一些国家和美国的政治宣传没有本质区别的事实，只能证明由于两个国家之间的政治紧张，中国人对日本的敌对态度所能达到的程度。

抗日组织采用的抵制货物的规则。一场抵制运动的政治氛围可能关系到其最后是否成功，尽管如此，倘若抵制组织在他们的程序法则中没有确保一定的一致性，其抵制活动将不见成效。上海抗日协会在1931年7月17日举行的第一次会议中所采用的四项

总体原则,可以说明其所针对的主要目标。它们是:

(1) 收回已经订购的日本商品的订单;

(2) 停止船运已经订购但是尚未装箱的日本货物;

(3) 拒绝接受已经放在仓库但是尚未付钱的日本货物;

(4) 在抗日协会登记已经购买的日本货物,暂停这些货物的销售。另行决定登记程序。

同样性质的其他组织随后采用的决议更加详细,其规定覆盖了一切可能的案例和事件。

韦伯庭长: 我想打断一下,坎宁安先生。

坎宁安辩护律师: 您说什么?庭长阁下。

韦伯庭长: 我认为我们应该休息一下。我们休庭到周一上午9时30分。

(16:00 开始休庭。)

1947年4月28日,星期一
日本东京都旧陆军省大楼内远东国际军事法庭

(9:35 开庭。)

法庭执行官: 远东国际军事法庭现在开庭。

韦伯庭长: 除了东乡茂德和平沼骐一郎外,所有被告都在场,巢鸭监狱医生证实他们两人今天不能参与审判。他们由律师代表。该证明将被记录存档。神崎律师。

神崎辩护律师: 关于周五提交给法庭的辩方文件,其中有一些英文原件,我想做一些解释。外务省的文件和文献最初是用日文准备的。然而,当它们需要发表——对外发表的时候,外务省通常也会用英文和法文准备。对于那些需经由电报或其他方式传送至日本以外地方,尤

其是在外国媒体上发表的文件,外务省用日文、法文和英文进行准备,以避免任何翻译上的错误。被告在法庭上提交英文原件作为证据的原因是日文文件丢失了。外务省的资料中只有英文文本,外务省只授权了英文文本,没有授权日文文本。也就是说,因为外务省的资料中只有英文版文件,所以外务省只授权英文版文件。

韦伯庭长:这个说法我们已经听过了。事实上它仍然是政治宣传性质的自我辩护声明,或者根本就是为了向其他国家出版。我们告诉过您不能用这种声明的方式证明这些部分的内容。您正在利用特殊的案例——特殊部分的事实来证明您要证明的部分;但是对于单个被告来说,只要和辩护有关和重要的事情,都可能成为他们建立辩护的基础,就是说,被告具有诚实、理性,但是错误的信念,依据的是事实,而不是法律。奎廉先生。

奎廉检察官:庭长阁下,在坎宁安先生继续宣读李顿报告书之前,我们反对引入目前宣读的报告书中关于中国抵制活动的材料作为证据。

坎宁安辩护律师:庭长阁下,看起来我们已经知晓了这个事情——这个事情以前就听说过。

韦伯庭长:尚不知晓。请让奎廉先生说完。我们可能同意您的说法,坎宁安先生,但是我们还没有听完奎廉先生说些什么。

奎廉检察官:这点还没有在法庭上讨论过,我们请求,考虑到这一反对对其他被提交证据问题的重要性,所涉及的问题应该在这一阶段得到充分讨论。

韦伯庭长:我们不能允许您对这些已经被采纳的特定文件进行重新讨论。如果以后要提交类似的文件,您可能可以对已经采纳的文件提出异议而不会被认为不正当——不会不被允许质疑已经被采纳的文件。

奎廉检察官:如果法庭允许,我们对宣读《李顿调查团报告书》中有关中国抵制活动的材料提出异议。李顿报告书总体上是一份证据,但是我们认为，任何有关中国抵制活动的证据都是不相关的，所以不应该允许进一步宣读关于抵制活动的报告。

韦伯庭长：如果证据还没有被采纳，我们可以考虑任何您之前忽略的异议内容，但是新的异议内容是什么？

奎廉检察官：辩方试图引入有关中国抵制活动的证据。我们认为，任何关于这一主题的证据，不管它是否已经被采纳为证据，都与本案涉及的问题绝不相关。这种证据即使被认为是有利于辩方的，也是不相关的。这些证据证明了以下几点：① 事实上存在中国针对日本的抵制活动；② 中国政府对这一抵制活动负有责任；③ 由于这一抵制活动，日本的利益受到了伤害，而且危及日本国民的安全。不用说，检方不认为这些证据能证实这一设想，该设想只是为辩方推定而提出的。我们认为，这些推定中所包括的内容不能够证明日本的行为是正当的，因此，这些证据应该被认定为不相关而不被采纳。况且，日本是《九国公约》和《巴黎协定》的一方。

韦伯庭长：奎廉先生，关于这一点您毋须赘述。我们都清楚，不能因为一国决定不与您进行贸易就对其进行侵略，除非这种贸易往来对您的国家来说可能生死攸关。我们现在必须暂停这一问题的讨论；但是我明白，坎宁安先生的确提出过，如果这场抵制活动的确存在或发生过，那么它违反了一些对日协议。您刚刚提到的文件并未破坏协议权利。

奎廉检察官：我的辩论建立在《九国公约》条款之上，并且，我们认为，因为日本在1937年打破了这一公约，所以关于抵制活动的证据不再具有可采纳性。如果法庭允许，我要在辩论中提出新的内容。我宣读第63号证据第5页上的第7条："缔约国同意，一旦任何一方认为特定情况牵涉到适用当前公约有关条款，有关缔约国之间就该条款的适用应进行充分、坦诚的交流。"

请允许我提醒法庭，《巴黎协定》各方谴责用战争方式解决国家间的争议,并希望放弃在国家关系中将其作为政策工具使用。如同检方文件第219H、58号证据中所显示的,1937年8月6日国联大会采纳了调查团有关当时中国发生的冲突的报告。调查团的结论包含在报告的第五部分中,其内容如下:

显然,关于纷争的根本原因及是什么导致了首次冲突爆发的问题上,两国间存在非常大的分歧。

毫无疑问,强大的日军侵略了中国领土,对包括北平在内的地区进行大范围的军事控制;日本政府曾利用海军封锁中国沿海航运,同时日本空军对中国大范围的各地区进行空袭。

在考察事实之后,调查团不得不得出结论,日本通过陆、海、空对中国实施的一系列军事行动大大超越了引起冲突的事件,这样的行为不可能有利或推动两国间的友好合作。日本首相曾经宣称两国间的亲善合作是他们的政策目标,而日本对中国的攻击既无法律基础,也非出于自我防卫,违背了日本在1922年6月的《九国公约》和1928年8月27日的《巴黎协定》中的义务。

韦伯庭长:我们被事件的结论束缚了吗?显然我们没有。

奎廉检察官:如果法庭允许,我们并不认为法庭被那些结论所束缚,但是我们认为,我所提出的问题应当被认真考虑。

我想提及调查团的第二份报告,其在同一天被大会采纳,也包含在第58号证据中。有关各国的磋商结果应该由大会执行,第13段中的报告内容包含了以下的进一步建议:

既然所提议的方案悬而未决,咨询委员会就应该召开大会向中国表达其道义上的支持,并命令国联成员禁止任何可能削弱中国抵抗力量的行为，避免增加其在目前冲突中的困难，并且也应该考虑他们各自能够在多大程度上增加对中国的援助。

如同第 63 号证据中显示的，提出报告的布鲁塞尔会议于 1937 年 11 月举行，会议的目的是为了讨论这些问题。

韦伯庭长：这些文件是否能被采纳的问题不应参照国联观点，奎廉先生，它们可能被证明是无关的。坎宁安先生提出的证据也可能被证明是无关或非实质性的，但是，即使我们对此表示怀疑，在这样的情况下我们也应该将其采纳。

奎廉检察官：庭长阁下，我们认为，法庭应该在此部分明确：日本在中国的行为以及其拒绝诉诸协商的行为违反了《九国公约》和《巴黎协定》。

韦伯庭长：奎廉先生，在审判结束之前，您从我们这里得不到任何关于这一问题的决议。我们将在证据的基础上作出判决。否则，即使易于缩短审判时间，我们也不会做出任何决议，因为做出这种决议会令人极端不满、极端不寻常、完完全全不合法。试图通过从我们这里获得关于这些问题的专门决议以缩短审判时间，这种尝试是徒劳无益的。

奎廉检察官：鉴于庭长阁下所说，我当然不会再提出这个问题。

韦伯庭长：奎廉先生，关于您的观点，我有误解吗？如果有，请纠正我的误解。

奎廉检察官：庭长阁下，我想您有所误解。

韦伯庭长：可能是吧，但是如果您的辩论仅限于证据的可采性问题，我应该好好听听您的说法。

奎廉检察官：如果法庭允许，我们认为，这是一个并非关乎此案中重大实质，而是一个关乎合理定夺证据是否应被采纳的问题。

韦伯庭长：请允许我这样说，在我看来，而且不仅是我看来，您实际上正在对我们说：采纳这些国际联盟的结论；撤销这一问题，减少有关证据。

奎廉检察官：我希望我们在推进这个问题的时候没有什么不合理，当然如果我们的观点是正确的，那么确实有必要考虑正在使用的这一证据是否应该被提交。简而言之，我们认为这一证据是无关的，并且我们将通过努力，证明日本违反了公约来支持我们的论点。因此，我们认为应阻止他们企图依靠抵制活动的问题来获得支持。

韦伯庭长：现在您已经极为清楚地表明您的立场了。您对我们说，"坚持日本犯有违反公约的罪责。"我们不能在这个阶段这样做。虽然证据可能证明这一违反公约的行为，但是在刑事审判上，在达成一致决定前，不能做出判决。

奎廉检察官：如果法庭允许，我想补充一点。由于是否违反公约这一问题尚未达成一致决议，关于抵制活动的证据证明不了这一问题。

韦伯庭长：您离您的新要点越来越远了，您可能开始搜寻另一个要点。

奎廉检察官：我认为这包括在我的第一个要点范围之内，但是我当然不打算在您的态度下强加这一观点。

韦伯庭长：是法庭的态度。

奎廉检察官：请原谅，我应该已经说了是法庭的态度。

韦伯庭长：异议无效。

坎宁安辩护律师：如果法庭允许，我将继续宣读《李顿调查团报告书》第117页。我们宣读到了"不测事件"一词。

（宣读）

执行抵制活动的有效手段之一是对中国商人的库存日本货物进行强制登记。抗日团体的检查员监视日本货物的流动，检查那些可疑的来源，确定它们是否来自日本，对怀疑存在未登记情况的商店及仓库进行突击检查，对任何发现可能违反规则的行为进行警告。抵制活动协会对那些被发现违反规则的商人实施罚款并且给予曝光，引起公众反感，而那些商人的货物则被没收并拍卖，成为抗日组织的基金。抵制活动不仅仅限于贸易。中国人被禁止乘坐日本船只航行、使用日本的银行，或者用任何形式服务日本人，不管是商业还是家政服务。那些漠视这些命令的人会遭受各种形式的反对和威胁。相比从前的那些，抵制活动的另一个特征是，其目的不仅是伤害日本的企业，而且还通过激励中国的企业生产原本从日本进口的特定商品来推动中国的产业发展。其主要结果是以牺牲日本工厂为代价扩张上海地区的中国纺织业。

以上这些篇幅所描述的1931年的抵制活动一直持续到当年12月份明显有些缓解。1932年1月份，在上海市长和日本驻上海总领事之间进行的协商过程中，中方甚至同意自动解散地方上的抗日协会。在上海的战争期间，以及日军撤离后的几个月，抵制活动虽然从未完全停止，但是缓和了，并且在春末夏初的时候，中国其他地区的对日本贸易似乎复苏了。然后，非常突然地，7月末和8月初的时候，伴随着热河边界地区的军事行动，抵制运动卷土重来。中国媒体上煽动中国人不要去买日本商品的文章重新出现，上海商会公开发表了一封建议重新开始抵制活动的信函，煤炭商业公会决定将日本煤炭的运输限制到最小量。与此同时，还使用了更多的暴力手段，例如向一名被怀疑买卖日本煤炭的商人的货物中投掷炸弹，并且向商店店主邮寄信件，威胁破坏他们的财产，除非他们停止出售日本商品。有些信件被影印到报纸上，落款是"铁血团"或者"血魂除奸团"。

这就是写这份报告时的局面。抵制活动的再次发生使日本驻上海总领事对地方当局提出正式抗议。

各种类型的抵制运动，尤其是现在的，已经在物质上和心理上都严重影响了中日关系。

就物质上的影响而言，或者说，贸易上的损失——中国人倾向于对其轻描淡写,将抵制活动视作一场道德上的抗议,而不是经济伤害行为,认为是日本人在特定贸易数字上增加了过多的价值。双方在这一点上使用的论点在已经提及的附加调查中得到证实。在该调查中也会发现关于日本贸易损失程度的详细说明,也是相当重要的。

另一方面也不得不提,中国人自身也遭受了损失,已经支付的、未向抵制协会登记的货物被夺走没收并公开拍卖,因为违反规定而付给协会的罚款以及中国海关未能收到的赋税,总体来说从贸易中受到的损失,也是相当大的。

对中日关系的心理影响。抵制活动对中日关系的心理影响虽然比起物质影响更加难以估计,但它对日本对中国的民意产生了大范围的灾难性影响,后果也是严重的。在调查团访问日本期间,无论是东京还是大阪的商会都强调了这一问题。日本公众舆论因觉得日本受到了伤害却不能保护自己而感到十分愤怒。我们在大阪采访的商人往往将某些过度的抵制夸大为无理的讹诈,并低估甚至否认日本最近的对华政策与使用抵制作为自卫手段来反对这一政策之间的密切关系。相反,这些日本商人在无视抵制是一种自卫手段的同时,坚持认为抵制是一种挑衅行为。而日本的军事行动是报复措施。毫无疑问,抵制行为是这些年深刻影响中日关系的原因之一。

在抵制活动的政策和手段中包含三个有争议的问题。

1. 运动是自发的还是针对性的

这一运动是不是如同中国人自己所说,是纯粹自发的,抑或如日本所声称,这是一场由国民党组织、强加于民众的运动,所用之手段经常可以等同于恐怖主义。在这一问题上,双方都可能有很多说法。一方面,如果不存在强烈的民意基础,长时期大范围地持续卷入抵制运动以显示其合作和牺牲的程度,对一个国家来说似乎是不可能的；另一方面，很明显，国民党是在何种程度上利用中国民众从古老行会和秘密团体中继承下来的心态和手段，掌握了最近尤其是目前这场抵制活动的控制权。规则，纪律，以及对'背叛者'所使用的制裁，形成了当前抵制运动的基本部分，他们表明，纵然是自发的产生，这场运动也肯定是被强有力地组织起来的。

一切大众的运动都需要一些组织上的措施使其见效。所有追随者对共同目标的忠诚从来都不是铁板一块的，需要通过纪律使目的和行为保持一致。我们的结论是，中国的抵制活动既是大众的又是有组织的，虽然它们起源于强烈的民族主义情感，并以其维系。但是，它们同样由组织所控制和引导，这些组织能够召集或解散抵制活动，而且，其实施的手段理应等同于恐吓。虽然组织内包含着许多独立的机构，但主要的控制当局是国民党。

2. 抵制活动的手段是合法还是不合法

从调查团所搜集的证据来看，非法行为时有发生。并且那些行为并未被当局或者法庭全面禁止。抵制运动采取了同旧时一样的手段可能是一种解释，但不是一种理由。从前当一个行会宣布进行抵制时，他们便搜查可疑人员的房子，带走他们去行会审判，对他们的违规行为进行惩戒，强制罚款，并且出售搜到的货物，统统都是依据当时的风俗，这是中国社会的内部事务，没有外国人卷入。现在的状况则不同。中国采用了现代法典，这与中国传统的贸易抵制手段是不相容的。调查团中方成员对他的国家关于抵制活动的观点进行辩护的记录并不质疑这份声明，而是争辩"抵制活动总体而言采取的方式是合法的"。调查团所掌握的证据并不支持这一论点。

就此而论，必须在以下两者中做出区别，即直接针对日本居民的不合法行为和有着公开意图的针对中国人却对日本利益造成伤害的行为。就前者而言，他们不仅在中国的法律之下是不合法的，而且也与保护生命和财产,保证商业、居住、往来和行为自由的条约义务不相符。中国人并未就此争辩,抵制活动协会以及国民党当局已经试图避免这样的侵犯,虽然他们不总是成功。就像已经声明的,比起以前的时候,他们现今抵制活动发生的频率已经比较低了。

接着让我们看补充说明。

根据日本近日消息,这样的事件有35起,在这些事件中,1931年7月至同年12月末这段时间,日本商人货物涉及被没收并被上海抗日协会成员扣押的,估计价值28.7万美元。1932年,在这些事件中,据报道有5起依然没有解决。

关于针对中国的不法行为,调查团中方成员在他的纪要第17页对有关的抵制活动这样评论道:"我们想说,首先,外国无权提出国内法律上的问题。事实上,我们发现我们的行为被指控为不合法,只是由于一些中国公民对另一些中国公民的偏见。镇压是中国当局的事情,在我们看来,当刑法适用事件的受害者和违法者两方都是本国人的时候,无人有权干涉。一国无权干涉另一国的内政。这是互相尊重主权和独立的基本原则。"

这一论点是无可争辩的,但是它忽视了一个事实,即日本人反对的并不只是一个中国公民被另一个中国公民不合法地伤害了,还有这种在中国法律下使用不法手段伤害了日本人利益的行为,并且,在这种情况下不能执行这一法律意味着中国政府对日本受到的伤害负有责任。

3. 中国政府对抵制活动所承担的责任

这引出了对抵制活动政策涉及的最后一个议点——中国政府的责任范围。中国官方的态度是"自由选择买什么东西是个人权利,政府无法干涉;然而,政府有责任保护生命和财产,政府不受任何公认的规定或者原则要求禁止和惩罚每个公民行使基本权利"。

调查团已经提交了文本证据,即报告附属的第8号调查文件,它表明中国政府在当时的抵制活动中所操纵的部分已经比上面引证表明的在某种程度上更为直接。我们并非要表明政府部门应该支持抵制运动这一事实存在任何不合理,我们只是希望指出官方的鼓励涉及对政府责任的评估。在这一点上,政府和国民党之间关系的问题必须要考虑。后者责无旁贷,它是整个抵制运动背后具有操纵性和协调性的机构。国民党可能是运动的制造者和掌控者,但是判断政党的责任在哪个节点上结束和开始,对于宪法来说是一个复杂的问题,调查团感到在其基础上做出判定是不恰当的。

评论。抵制活动是对付强国军事侵略的正当防卫手段的说法,尤其在以前从未使用过仲裁裁决的地方,引发了更广泛的问题。没有人能够否认单个中国人拒绝购买日货,拒绝用日本银行和船只、为日本雇主打工、向日本人出售商品、与日本人保持社会关系的权利。也不可否认,不管是作为个人还是组织,有权依照这些观点进行对敌宣传。当然,必须在有限条件之下,即不能违反法律。尽管如此,对特定国家的贸易进行有组织的抵制活动是遵照友好关系还是条约义务,这是一个有关国际法的问题,并非我们法庭询问的主题。但是,我们要表达一个愿望,即在所有国家的利益之下,应尽早考虑这一问题,并为国际协定所规范。

目前的章节首先显示,日本由于其人口问题的原因,正寻求增加其工业输出,确保可靠的海外市场;其次,除了向美国出口的生丝,中国是日本出口的主要市场,同时为岛国提供重要数额的原材料和食品。并且,中国吸引了几乎全部的日本对外投资,甚至在其目前无序和欠发达的状态下,也为日本的经济和各种金融活动提供了适当的空间。最后,一项关于1908年至今各种不断的抵制活动对日本在华利益受破坏的分析，显现了这些利益的脆弱性。

日本人充分认识到日本对中国市场的依赖。另一方面，中国是一个经济生活各领域都急需发展的国家，尽管存在抵制活动，1931年日本仍在中国对外贸易总量中占据了首位，日本是中国对外经济关系中最重要的伙伴。

这两个相邻国家在贸易上的相互依赖及双方的利益，都要求两国经济上的友好，然而，只要他们之间的政治关系不令人满意，一方动用武力，另一方采取经济抵制活动这样的情况继续存在，那么友好局面就不可能出现。

引用第8章第121页的第一段，"在满洲的经济利益"以下。

"前面的章节已经显示出日本和中国的经济需求如果不受到政治因素的干扰，将会走向互相理解和合作，而不是冲突。对日本和中国在满洲经济利益的内部关系本身的调查，排除近几年的政治事件，也得出了相同的结论。双方在满洲的经济利益并非不可调和的。诚然，如果满洲的现有资源和将来的经济潜力可能最大限度地开发起来，它们的矛盾就成为可能了。

现在我们翻到129页，"国家间利益"的标题下。

除了中国和日本，世界上的其他国家在这场中日关系冲突中也有要捍卫的重要利益。我们已经提到了现存的多边条约，任何共识所得出的实际并持久的解决方法都必须与这些基础性约定条款相符，世界性的和平组织就是建立在此基础之上。现在同1922年一样，出于大国利益，在华盛顿会议上鼓励各国代表考虑帮助中国重建，维护其主权和领土以及行政管理权的完整，与维护和平一样是不可缺少的因素。中国的任何分裂都可能导致并可能迅速导致国家间的激烈对抗,如果和不同社会体系间的对抗一同发生的话,将会变得不可收拾。最后,和平是全世界的共同利益。在世界上的任何地方,任何对于国际联盟规约和《巴黎协定》的信心丧失,都会在各地降低这些原则的价值和效力。

苏联的利益。关于苏联在满洲的利益范围,调查团还未能获得直接资料,也未能查明苏联政府在满洲问题上的观点。但是,就算没有第一手材料,也不能忽略苏联扮演的重要角色以及苏联在中东铁路和中国北部及东北部边界之外领土的重要利益。显然,任何关于满洲的议题,如果忽视了苏联的重要利益,都是冒着破坏未来和平的危险,必不会长久。

我在同一页上宣读第4、第5和第6页。

对日本在满洲利益的认识。日本在满洲的权利和利益是不能忽视的,任何未将其纳入考虑的解决方法都将无法令人满意。

中国和日本之间新的条约关系的建立。对新条约中各自权利和利益,以及双方在满洲的责任的重申,能够通过达成共识解决的部分,可以在将来避免冲突,并且通过相互信任和合作可以恢复关系,这是令人满意的。

针对将来争议的有效解决的条款。以上所述得出的推论是,当小争端出现的时候,需要提供有利于其迅速解决的条款。

得出的结论即李顿报告书中所宣读的条款。

我们现在提交辩方第262号证据,摘录自1928年4月20日《朝日新闻》,是由日本政府发表的一个关于向中国派兵的官方声明。它显示出日本人持有的观点是,一旦不存在保护日本公民的需要了,军队就将自动撤回。这一文件强调了当时存在于中国的未决情况。

韦伯庭长：奎廉先生。

奎廉检察官：庭长阁下，基于我方频繁提出反对将新闻稿件作为证据，我们对引用发表于1928年这么久远的新闻更提出异议。

坎宁安辩护律师：我提交的这一文件阐明了当时的现实，并且接下来的材料，将会解释我们现在提交的这一问题。

韦伯庭长：根据多数原则，异议有效，该文件不予采纳。

十、大连会议与东方旅行社

坎宁安辩护律师：现在我们传唤一位证人。您希望在休庭之前还是之后传唤他？

韦伯庭长：您还有其他要提交的文件吗？

坎宁安辩护律师：我们会按顺序来阁下。

韦伯庭长：唔，请他宣誓。

（古山胜夫作为辩方证人被传唤，宣誓后通过日本译员作证如下。）

直接询问（由坎宁安辩护律师询问古山胜夫证人）

坎宁安辩护律师：我要求向证人出示辩方文件第1006号。

韦伯庭长：问他的名字和住址。

问：请说出您的名字和目前的住址。

答：我居住在东京杉并区马桥一丁木四一番地，我的名字是古山胜夫。

坎宁安辩护律师：我要求向证人出示辩方文件第1006号以确认文件。

（前述文件被交到证人手中。）

问：事务官已将第1006号辩方文件交给您，请您声明一下这是不是您的宣誓证词。

答：是我的宣誓证词。

问：您证词中的所有内容是否属实？

答：都是真实的。

坎宁安辩护律师：我现在提交辩方文件第1066号作为证据，即古山胜夫的宣誓证词。

韦伯庭长：按程序接受。

我们休庭 15 分钟。

（10:45 休庭。）

（11:00 重新开庭。）

法庭执行官：远东国际军事法庭现在开庭。

法庭书记官：第 1006 号辩方文件被法庭接受为第 2505 号证据。

（前述文件被标以辩方证据第 2505 号，并被法庭接受。）

坎宁安辩护律师：我跳过概述部分，从证人的履历开始。

大正十年（1921 年）我于东京帝国大学法学部毕业，同年 5 月成为南满洲铁道株式会社的成员。1945 年该会社解散时离开。从昭和七年（1932 年）一月到昭和九年（1934 年）五月在南满洲铁道株式会社时，我是奉山铁路局聘请的顾问。

关于现在所称的大连会议，我作如下陈述。

"满洲国"建立于 1932 年 3 月 1 日。大约用一年半时间才出现了有组织的国内秩序和平静，各种系统都需要创建一个独立的国家。1932 年 9 月 15 日，"满洲国"作为一个独立的国家获得日本承认。为了解决中国和"满洲国"之间的所有争议。两国的领导人达成谅解，利用这一机会，解决中国和"满洲国"之间的其他所有待解决的问题。1933 年 7 月左右，在大连举行了一次开创性会议——

韦伯庭长："服务于"。

坎宁安辩护律师：

——服务两国之间的铁路和通信。我本人参与过铁路事务。

中国在该会议上由北宁铁路局长殷同先生,地方政府代表雷寿荣先生作为主要代表;而"满洲国"一方,奉山铁路局长阚铎先生,以及那时为同一铁路局顾问的我,作为主要代表参加。

会议在大连市山县街的辽东宾馆举行。会议的成果是建立了东方旅行社,它由中国和"满洲国"的联合管理者经营,目的是执行所有有关交通服务的事务。会议之后的两个月间草拟了所有的细节,这成为管理奉山铁路和北宁铁路直通服务的协议。得益于该协议的两国间的铁路直通于1934年1月1日开始实行。

签名:古山胜夫

如果其他任何人没有进一步的问题,他们愿意的话,就可以询问了。

韦伯庭长: 倪检察官。

交叉询问(由倪征噢检察官询问古山胜夫证人)

问:证人先生,在您宣誓证词中提到的奉山铁路局是什么?

答:我不明白您的意思。

问:我是说,奉山铁路局是什么?换句话说,您提到的是哪条铁路?从哪里到哪里?

答:是关于火车——一条奉天和山海关之间的铁路线。

问:它原来的名字是什么?

答:原本为人所知的名字是北宁铁路。

问:所以,它应该是位于北平和奉天之间,是为了战争而建?

答:是的。

问:它是在满铁控制下的吗?

答:不是。

问:日本和"满洲国"之间是否真的有这一协约,即所有的满洲铁路都应该由满铁负责运营?我想提醒您,协约的日期是昭和八年(1933

年）二月九日。

答：我对这个事情不清楚。

问："满洲国"和日本之间在 1932 年是否真有一个协议，保证日本享受同以前一样的权利，不会因"满洲国"的建立而受到影响？

坎宁安辩护律师：我提出异议。问题应该问证人的观点和结论，而这些不属于证人宣誓证词的范围。

韦伯庭长：我不这么认为。要求他说是否存在这样一个协议，其中不包含任何结论；而且其中的一项内容显示出宣誓证词范围非常广。异议无效。

问：您可以回答我的问题吗？

答：我对这种基础性的事情并不清楚，因为我仅仅是铁路事务上的一个技术顾问。

韦伯庭长：他有对基础性事务的认知，但是他的认知可能不涉及您所提出的特定问题，倪检察官。

问：您在证词中说，您在满铁期间，作为顾问服务于奉山铁路局。所以，我认为您知道日本经营的铁路与"满洲国"经营的铁路之间的关系。"满洲国"建立之后，关于满洲铁路的事务是否全部委托给了日本人？

答：在当时并没有到达那个阶段。那时我应聘成为奉山铁路局的顾问，但对那类问题进展到什么程度并不清楚。

问：您是怎么成为奉山铁路局顾问的？

答：这是由奉山铁路局长阚铎先生向满铁总裁提出，并由满铁总裁任我为顾问，以回应这一邀请。

问：所以说这一任命仍然是出自满铁，是吗？

答：是的。

问：您也是在关东军推荐下来工作的，我理解的对吗？

答：这个我不了解。

问：您不了解是什么意思？您理应知道推荐是来自哪里。

答：我在满铁总裁的任命下得到这一职位，我不知道在此任命之前发生了什么。

问：那时，日本和满洲当局之间有一个协议，即日本顾问应该由"满洲国"官署雇佣，这是真的吗？

答：对此我不是很清楚。

问：考虑到您在满铁所居职位，以及我刚刚提到的日本和"满洲国"之间的协议，将您在大连会议上视为代表日本人而不是"满洲国"是不是更为恰当？

答：我是作为奉山铁路局长阚铎先生的顾问参加大连会议的。

问：阚铎先生的职位是什么？

韦伯庭长：他说是铁路局长。

问：您证词中提到的代表中国的雷寿荣先生是什么职位？

答：我不知道，但他是会议上中国方面政治机关的代表。

问：您知道他是代表地方政府的，是吗？

答：是的，我理解为他是北平地方政权的代表，因为他来自北平。我不知道他和南方有何种政治性的关系。

问：关于会议的成果，您说是建立了东方旅行社。这是一个中日合办企业吗？

答：不是，这一组织——东方旅行社，是在奉山铁路当局和北宁铁路当局之间会谈之后创立的。

问：但是，这仍然是由日本和中国当局——日本人和中国人联合运营的，是吗？

答：不是。这是由双方铁路当局，名为奉山铁路和北宁铁路授权的代表组成的；虽然有两到三个日本人在企业内协助，这无论如何不是一个日本企业。

问：您知道东方旅行社的组成吗？

答：这是很久以前发生的事情，我记得不是很清楚了。该旅行社由奉山铁路和北宁铁路提供铁路运输，并且，该旅行社通过公司经营。

问：我明白交通是靠铁路运营，但是其他的行政管理事务呢？请允许我提醒您一下，是不是东方旅行社代表中国一方，日本交通公社代表日本一方？

答：这与两者都没有关系。该旅行社由奉山铁路和北宁铁路局组织。

倪检察官：我保留该项权利——保留在稍后阶段提出东方旅行社进一步证据的权利。

韦伯庭长：证据可在后面的辩驳阶段给出。

倪检察官：这份证据将会显示出它完全是由两个私人机构运营的。

韦伯庭长：除非您站到证人的位置，否则您个人不能在任何阶段给出证据。

坎宁安辩护律师：庭长阁下，这是不是意味着，根据法庭宪章，辩方结束举证之后，检方有权反驳？

韦伯庭长：是这样决定的，并且法庭已经发布了决定。那个时候您肯定不在，坎宁安先生。倪检察官。

倪检察官问：证人先生，大连位于关东州租借地之内吗？

答：是的。

问：它在政治上是与满洲其他地方分离的吗？

答：是的。

问：为什么选择大连作为会议地点？

答：我不知道。

问：大连在我们现在讨论中的铁路线上吗？

答：不是。

问：为什么需要在如此遥远、偏僻，并且是以前关东军司令部所在的地方举行会议，而不是在铁路沿线的某个城镇？

答：我不知道，但我认为选择这个地方是因为它良好的气候和各种适宜的食宿条件。

问：为什么会议是在宾馆而不是在政府办公楼举行？

韦伯庭长：这些都无关紧要。有关铁路的会议通常会在一方的铁路公司或者事务所召开。

倪检察官：我撤回该问题。

问：您知不知道中国有所保留，这一会谈并不意味着其承认了"满洲国"？

答：我不知道。

问：考虑到所有的事实，这是局部的地方官员会议，是吗？

答：我对此不确定。

问：嗯，请翻到您证词第 1 页，倒数第 4 行，您写着："关于所谓的大连会议……"为什么您在那个地方使用了"所谓的"？您是不确定这一会议能被称为"会议"吗？

答：不是。我的意思是当时一般和习惯上称之为"大连会议"。这是我用这个词的原因。

问：为什么要用这个"所谓的"一词？不用"所谓的"一词意思也很清楚。

答：当时我认为这个问题不重要。

问：好，现在谈会议的结果。所谓的会议，您说直到两个月后细节才付诸实施？请原谅，问题应该是：细节问题在两个月之内起草——我的意思不是两个月之后才付诸实施——而是起草。您的意思是不是那样，细节问题，起草后直到两个月后才发挥作用？

答：我的意思是说大连会议上，决定了建立旅行机构和列车直通的原则，而且需要两个月的时间安排细节上的事情。

问：您是否知晓直到昭和九年（1934 年）六月，关东军仍然为尚未实现列车直通而焦虑，并且那是在所谓的大连会议的大约一年之后？

答：对此我记不清楚了,也不确定。

倪检察官：庭长阁下,关于这一点,检方将举出进一步证据以证明是关东军坚持直通的恢复。这将在后面的阶段中进行。

韦伯庭长：这是您对于为什么没有急于询问的解释吗？

问：为什么这么晚才生效？

韦伯庭长：他说他对此一无所知,所以不要问他了。

倪检察官：我收回这个问题。

问：您是否知道直到昭和九年(1934年)七月直通才得以实现？

答：我记不清楚。

问：为什么您证词最后一句中说"两个国家之间的铁路直通依据上述协议从大约1934年1月1日开始"？

答：是的。在我记忆中,直通是在来年新年生效的。

问：您确定吗？

答：是的,我确定。

倪检察官：关于这一点,我们将在稍后阶段举出证据证明到1934年7月1日之前直通都未恢复。

韦伯庭长：坎宁安先生。

坎宁安辩护律师：这意味着有关证据应该现在提交,趁有了解该情况的证人在的时候。

韦伯庭长：如果有助于让证人想起些什么的话。但是检方有权选择稍后提交证据,他现在没有盘问到细节问题,也未能盘问出细节问题,现在只能作为一种评论,并非不可采纳。

坎宁安辩护律师：我的建议是我们应该在庭审中解决这些问题,否则意味着原告第三次辩驳中的举证以及庭审的无限持续。

韦伯庭长：我们感谢您的建议,坎宁安先生,但是审判归我们决定。

倪检察官：(继续)

问：证人先生，您在第 2 页上描述了"满洲国"建立以来的事件，是以年代顺序排列吗？

答：是的，我想我就是这样排列的。

问：好，您提到了建立"满洲国"，后来是承认"满洲国"，日期在昭和七年（1932 年）九月。然后大约在第 8 行您说大连会议在"昭和八年（1933 年）七月左右举行"。在这两个时间内，您提到梅何协定，您是否想说梅何协定是在这两个时间内达成的？

答：我记不太清楚，我没法做出任何明确的陈述。

问：梅何协定是什么时候达成的，您能回忆起来吗？

答：不清楚，但是我记得大约是那个时间。

问：梅何协定是否在昭和十年即 1935 年达成的？

答：我记不准确。

问：检方掌握的许多证据显示其发生在 1935 年，这是在大连会议以后很久。您想起来了吗？

答：没有。

问：您在证词中说梅何协定是为解决中国和"满洲国"之间的所有争议而做的。这一所谓协定的主要内容是什么？

答：我对协定主要内容了解得并不详细，但是那时，我听说过这一协定。

问：您已经正式声明过这一协定是为解决双方之间的争议问题而签署的。

答：我这样写是因为我听说过这些事情。

问：现在您说这是为了解决中国和"满洲国"之间的争议。您确定这双方是中国和"满洲国"吗？

答：这是我对这件事的理解。

倪检察官：检方掌握的证据将证明这一主题和当时涉及的双方与证人陈述完全矛盾。

韦伯庭长：这不能作为您无法进一步交叉询问的解释。您不应该做出那些询问，它们是挑战性的，可能会惹麻烦。

倪检察官：我的交叉询问到此结束。

韦伯庭长：坎宁安先生。

坎宁安辩护律师：显然，该证人不需要再次接受直接询问。可以在检方提交关于此问题的另一个文件之后再进行直接询问。

韦伯庭长：您对再次接受直接询问没有任何问题吧？

坎宁安辩护律师：我请求证人按程序退庭。

韦伯庭长：他可以退庭。

坎宁安辩护律师：接下来，我们要提交辩方文件第378号，摘录自1935年的《东京日日新闻》，其报道中华民国行政院长汪兆铭发表于1935年2月20日的演讲，显示了在塘沽停战协定之后，两国领导人对于解决两国之间重大问题的合作态度。

韦伯庭长：奎廉先生。

奎廉检察官：庭长阁下，我们认为，考虑到它的来源，该文件是无关的且没有实质意义的。它看起来表明中国渴望与日本拥有友好的关系，并没有表明其他任何事情。我们认为在判决此案的问题时，它对法庭没有任何帮助。因此，我们对这一提交提出异议。

韦伯庭长：坎宁安先生。

坎宁安辩护律师：我认为消息来源不能决定它作为证据的可采纳性，决定它作为证据是否具有价值的标准应该在于消息是谁说的，以及说了什么。并且，这位中国领导人的声明应该阐述了那时双方之间存在的争议。

韦伯庭长：坎宁安先生，这看起来很平常。根据多数原则，异议有效，该文件不予采纳。

坎宁安辩护律师：接下来我们提交辩方第379号证据，也是1935年2月22日《东京日日新闻》，其报道了1935年中国地方政府发布命令，禁止所有的中国报纸和出版公司发表抗日文章，从而推进文件中强调的政策。

韦伯庭长：奎廉先生。

奎廉检察官：庭长阁下，由于坎宁安先生已经宣读了整个文件，任何异议在此阶段看起来都是多余的。

韦伯庭长：奎廉先生，我建议您做出任何您认为应该做出的异议。辩护人今天早上对法庭的态度十分冒犯，他的举止令人反感；但是我们对他表现了巨大的耐心。没有任何其他的辩护人、任何其他的美国律师在我们面前做过和他一样的事。我指的是他的一般举止。尽管如此，奎廉先生，请继续提出任何您认为正当的异议。

奎廉检察官：如果法庭允许，我们对这一文件提出异议。首先，它没有可以实质性作为证据的价值，更为重要的则是应该有建立在相关性基础之上的原因。我们认为中国曾有抗日出版物的事实与该案的考虑是完全无关的。假设——我们被迫假设——它的目的是针对指控做出自卫，可以推测，异议是为了表明如果抗日文章出版，那么类似于战争的军事行动就被证实是合法的。我们提议任何出版文章或其他抗日的事件在本案中都不能成为合理解释，因此该文件应当被视为不具有相关性而宣布无效。

韦伯庭长：坎宁安先生。

坎宁安辩护律师：我对此文件没有进一步要说的。

韦伯庭长：根据多数意见，法庭采纳异议，驳回此文件。现在休庭到1时30分。

（12:01休庭。）

十一、日本对西方国家的政策声明

（13:37重新开庭。）

法庭执行官：远东国际军事法庭现在开庭。

韦伯庭长：坎宁安先生。

坎宁安辩护律师：接下来我提交辩方文件第38号证据，1935年6月10日由中国政府发布的推动国际和睦以促进中国和其邻国之间合作政策的命令。

韦伯庭长：奎廉先生。

奎廉检察官：庭长阁下，我们的意见是，这一文件与今天早上被法庭宣布无效的378号辩方文件完全一致。它只是用非常普通的语言表达了中国政府与其他国家建立和平关系的愿望。我们认为，这对于法庭判决案件的问题没有任何帮助，检方对它提出异议。

坎宁安辩护律师：该文件显示出某些被告人那时正在职，正在与中国继续着和平关系，并且它与接下来的证词和文件性的证据有直接关系。

韦伯庭长：根据多数原则，异议无效，采纳该文件。

法庭书记官：辩方文件第38号作为第2506号证据被法庭采纳。

（前述文件被标以辩方证据第2506号，并被法庭接受。）

坎宁安辩护律师：忽略程序部分。

1935年6月10日

国民政府敦睦令

以下诸点作为保证我国独立之手段至关重要——公正管理国

内事务,加速推进文化发展,增强国力;同时,忠实维护国家间良好信任,与其他国家保持友好合作,建设国际和平。以上所有之中,最紧迫最重要者乃是敦睦与我们邻国之间之友好关系。为谨遵中央政府再三告诫,民众应该努力与我之盟国保持亲密友谊,并且严格制止煽动针对盟国之骚乱与不利感情之言辞与行为。政府尤其下令,不得成立任何有损于与盟国友好关系之组织。行为有所悖逆者均将严惩不贷。

特颁此令。

接下来提交辩方文件第1087号,1936年5月6日,第69届内阁会议外务大臣有田的演讲。我们的惯例是介绍前些年的外交政策声明,以显示日本在出现事变时的应对政策。

韦伯庭长:奎廉先生。

奎廉检察官:这是外务大臣有田在内阁会议发表的演讲,他并不是被告。我们提议,这是一份自我证明的声明,不具有任何证明力或相关性。检方对该文件的提交提出异议,原因同样是我们已经对相似文件提交过异议。

坎宁安辩护律师:我认为,这份文件与其他文件不同。这是外务大臣有田的演讲,并且在起诉书中,检方已经指控了其他人,我们必须提交日本政府的一般性政策,以回应指控提出的问题。我还要指出,这位外务大臣有田,是由其他被告所领导的内阁中的一位成员。

韦伯庭长:根据多数议决,异议无效,采纳该文件。

法庭书记官:辩方文件第1087号作为第2507号证据被法庭采纳。

(前述文件标示为辩方第2507号证据,并被法庭接受。)

坎宁安辩护律师:(宣读)

外务大臣有田八郎先生于1936年5月6日在第69届帝国议

会上的演讲。

在这多事之秋,我担负起管理国家对外事务之重任。今天,我有幸陈述我个人有关日本对外政策的观点。

保证东亚的稳定,继而为世界和平目标做出贡献,并坚定地举起国际正义之旗来推动人类福祉,一直是我们的国策。在此政策的执行中,我相信,我们对外交往的指导精神应该是寻求国民生活的安全和发展,同时为了所有国家间的协同合作,尤其是在我们同"满洲国"特殊和不可分割的关系基础之上,保持我们在东亚的稳定性地位。在此精神的政策之下,我们处理各种国际问题无疑将是独立和积极的;另一方面,我们必须注意不损害日本作为大国的荣誉和尊严,如同日本撤出国际联盟时发布的帝国法令一样,通过造就我们帝国和所有其他国家之间的相互信任,并让全世界知晓我们目标的正义性,孜孜不倦地达成天皇陛下尊贵的愿望。

目前,世界各地存在一种不满和动荡的氛围,威胁和平的趋势在各地蔓延。如果我们打算确保世界和平,首先必须消除这些动荡和不满氛围的起因。虽然所有国家都应该努力捍卫自己的利益,但是在此尝试上的过度狂热经常导致一国忽略其他国家的地位。这是导致现今动荡蔓延的主要原因之一。期望一国的政治家在从事重新调整国家间关系、政治和经济的任务时,严肃地思考这一点。

伴随这些开场陈词,我现在要讲述我国与各大国的关系。

为了东亚的和平,我们期待一方面保持日本和"满洲国"之间,另一方面保持日本和苏联之间正常和平的关系。有必要说明的是,不管是日本还是"满洲国"都没有任何侵略企图。尽管如此,也会发生不快,就像最近几个月经常发生的一样,在"满洲国"与苏联边界和"满洲国"与外蒙古边界发生的事件着实令人遗憾。我国政府已经提请苏联当局注意这一事件,即教条地假设他国侵入了他们不存在清晰边界划分的领土,而肆意使用武力,并不见得有益,只会损害有关国家间的友好关系。我利用这个场合再次刻意强调这一点。日本政府在同"满洲国"商议之后,在3月中旬提出了一个计划,即采取适当和有效措施澄清苏联和"满洲国"之间所有的边界线,并建立一个机构,和平解决所有的边界争议。我们提出从争议最频繁的东部边界的兴凯湖和图们江区域开始,将该计划付诸实施,并且考虑到最近几乎所有的事件都发生在这一地区,我们认为我们的实用性提议将被苏联政府加速接受。既然它已经表明了对我们观点的赞同,我们希望在适当的时候开始讨论实质性的问题。

"满洲国"和外蒙古之间的会谈现在正在进行。伴随会谈的进行,"满洲国"政府告诉我,他们的意图是友好解决各种争议问题,并与外蒙古建立良好的友邻关系。我们希望这些当面会谈最后将会有助于问题尽早解决,尤其是在交换——我的副本中没有这个词,唔,跳过一个词——"满洲国"和外蒙古之间的代表。

可以从我目前所说的话中推测,日本和苏联之间的关系不能够称得上完全合宜。坦白地说,这种不幸状态的根本性起因在于苏联政治家缺乏对日本在远东地位的理解,还有他们无根据的恐惧和猜疑。苏联在遥远的远东地区保持着过量的军备,这一事实对该地区的和平构成了实质威胁。此刻我想确切声明,日本对东亚和平感到焦虑,不能无视该事实。

对于"满洲国",我们寻求根植于两国之间不可拆分关系中的不变政策,旨在建立日本、"满洲国"和中国之间正常的三方关系。我们一边继续尽可能帮助"满洲国"的经济发展,一边逐步废除治外法权,同时也为南满铁路区域行政管辖权的调整和移交做准备。

对于中国,我们将在三个原则的基础之上进行谈判,这三个原则由时任外务大臣的广田弘毅先生在最后一次内阁会议上详细说明过。为了推动这些会谈,中国当局应该对东亚的情形有广泛的认识,并坚定解决的决心。不幸的是,中国显然还没有做出充分的决定。然而,不仅为了两国的利益,也为了东亚和平的利益,调整中日关系显现出其迫切性,我们的目的是催促中国政府下定决心,并且同时竭尽我们之所能,改善双方在各方面的关系。日本政府非常关注共产主义在东亚地区的影响。据报道,红军主力的一部分从四川流动到陕西,如今侵入了山西,并在那里十分活跃。还有,考虑到他们随时往北行进的可能性,我们分外关注其发展态势。

去年1月22日,英国乔治五世国王去世了——他是一位杰出的君主,因他的睿智和人格魅力为人爱戴和仰慕,使他能够在长达25年的在位期间,指导他的民众经受极大考验,包括世界大战。新的国王爱德华八世,曾经访问过日本,他完全熟悉国际形势的复杂性。我们希望大英帝国在他的统治下能够像以前一样繁荣昌盛,希望两国间的传统友谊能够与日俱增。世界各地都充斥着各种问题,影响着我们的共同利益,等待寻求解决的各种方法。然而,如果两国能够秉承旧日友谊和他们对世界和平的责任感,充分考虑彼此的特殊需要。我相信,他们利益的调整应该是不难的。

日美友谊,关乎太平洋地区的和平。幸运的是,不仅两国的经济关系是互补的,而且彼此的理解也稳固加深。我相信,一直彼此尊重对方地位和目标的两国,应该为了保证太平洋地区的和平更多地进行合作。我会尽我所能,促进日美之间的友好和睦。

在国际贸易领域内,如今许多国家的趋势是,利用一个又一个借口排斥国外商品,或用贸易战重重武装,形成所谓的经济壁垒。如果不加抑制,则会像我们的政府一直都在指出的那样,只会加剧世界范围内的萧条,最终使国际贸易瘫痪,对民众的经济生活造成毁灭性的打击。我们已经抓住每一次机会敦促那些国家废除它们的经济武器,唯有如此才能使世界摆脱经济萧条,实现共同繁荣和人民幸福,促进世界和平。然而遗憾的是,这些目标并未被大多数国家所接受,它们正在加剧它们的障碍性贸易措施——在一些案例中,很明显,仅仅是为了排斥日本货物。这对于日本来说是非常严重的事件,除了通过保护原材料的海外供应和制成品市场以外,我们不能维持经济生活。我们将不得不通过良性手段缓和或废除经济武器。但是如果状况得不到改善,我们的努力受到蔑视,那么我们可能会被迫采取必要手段来面对这一形势。当然,到那时,我们将没有其他考虑的方法,只能使有关大国重新考虑他们的政策,并将国际贸易关系放置到一个自由和健全的氛围中去。

最后,我想说几句有关国家间文化关系的话。对其他文化和文明的欣赏和认识对于促进国家间友善和睦是非常重要的。从昭和九年(1934年)以来,日本政府支持开办各种国际文化企业,并鼓励其规模的扩大,包括在中国开展像目前这样的国际文化事业。关于日本人近期在海外所见所闻的研究明显增长。我们将继续培育这一领域的企业以推进国家间和睦和人类福祉。我们还计划在文化工作事业的支持下改善并扩大现在的各种设施和机构,目的是促进日本、"满洲国"和中国之间的文化合作,通过扩散东方世界高贵和深厚的文化,为推进世界文明做出贡献。

最近发生在东京的不幸事件震惊了世界,要不是因为天皇陛下崇高的品德以及民众的忠诚和团结,日本的对外关系可能会遭遇不良后果。我坚信,我们想要克服现在面临的困难,将帝国的政策付诸实施,就要求我们在各领域的民众充分掌握国际形势,带着勇气和决心采取一致行动。我依赖你们的热诚及全力配合。而在我这方面,将会竭尽我所能,来完成我在此职位上的重任所托。

布鲁克斯辩护律师:庭长阁下,在辩方第2506号证据,第38号文件第 2 段,有一个明显的翻译错误。我希望第 2 段参考语言部的意见,在第 3 行、第 5 行和第 7 行,该词为"我们的同盟"。我认为该词应是"邻国",否则就没有意义了。我的一位翻译说应该是"友好国家"。语言部的一位认为应该是"邻国",如果参考他的意见,他将会进一步核实。

韦伯庭长:莫洛少校将会给出我们的意见。坎宁安先生。

坎宁安辩护律师:现在我们提交辩方文件第 213 号、日本总理大臣和外务大臣演讲的一部分,日期是 1937 年 2 月 15 日,描述了日本领导和政府对国际问题的官方态度。该文件显示出日本政府官员在面对问题时采取维持和平的政策。这多少是对国家当时状态的报告。

韦伯庭长:按程序接受。

法庭书记官:辩方文件第 213 号作为第 2508 号证据,被法庭采纳。

(前述文件被标以辩方证据第 2508 号,并被法庭接受。)

坎宁安辩护律师:(宣读)

林外务大臣演讲的一部分,关于政府对外政策,第 70 次内阁会议,昭和十二年(1937 年)二月十五日。

关于对外事务,政府将按照国际正义精神的准绳实行国家政策,体现国家意志,目的是保卫东亚和平,推动所有国家共同繁荣,使国际关系的未来更加光明。为了达成这个目标,我们将进一步加强与"满洲国"之间密不可分的关系,并特别关注调整同中国及苏联的关系。

关于中国,深为遗憾的是,我们原本努力与其合作,以保证东亚地区的稳定,中国政府却未能完全理解我们的真正意图,两国之间出现了大量的问题。我相信在此时刻,培养两国间的亲切情感、改善两国关系,是非常迫切和必要的,这样才能使双方为东亚的和平与稳定密切合作。为此,我们必须学会相互欣赏,不仅在两国政府间,也在两国民众间,开展紧密接触,并追求两国间更具体形式的合作和帮助。不管存在什么样的障碍，我们都决心迎难而上，力求调整两国关系。

为了远东的和平，苏联应正确意识到日本在东亚的地位，不论是苏联还是日本都应该寻求建立两国间友好的关系，加速开展妥善解决争议性问题的会谈，为最终获得睦邻友善关系做出贡献。因此我希望敦促苏联当局着眼长远，与我们合作。

不久之前，为了防止共产国际的威胁，我们与德国政府达成一项协议。对日本来说，鉴于共产国际在世界各地，尤其是近期在东亚的猖獗活动，该措施是迫切且必须的。政府将努力不在协议的执行过程中走上歧途，尽最大所能获得最好的结果。

日本对于促进与英国、美国的友谊的信念始终不渝。英国和日本之间存在着各种各样需要调整的问题。但这些都不会损害英日之间的友谊之基。我笃信，通过相互理解，这些问题终将得到解决。

最后，日本的发展必不可缺的条件之一是扩充对外贸易，而鉴于日本目前的经济状况，这一点显得尤为迫切。政府将会尽全力消除任何针对日本对外贸易的障碍，并采取适当措施扩大对外贸易总额。

对外政策各项任务的执行需要整合全国的力量，若不然，就不可能获得令人满意的结果。在此，我请求你们的支持与合作。

我们现在提交辩方文件第1042号，这是一份日本政府关于拒绝参加布鲁塞尔会议的原因的声明。时间是1937年10月27日。检方曾经指控日本拒绝参加布鲁塞尔会议，而且没有迹象和证据显示日本拒绝的原因，提交这份文件就是为此目的。

韦伯庭长：奎廉先生。

奎廉检察官：这一文件已经是证据了，并且是第63号证据的一部分,即1937年布鲁塞尔会议的报告。

坎宁安辩护律师:我会进行核实,但是我不认为文件的一部分已经宣读过了,所以它是否曾被提交并非实质性问题。

韦伯庭长:好像是在第11页,我不能确定,需要详细的宣读。它在已经提交的第63号证据中,标明的日期是10月28日,第11页。我不知道是否丝毫无差,但我假设是那样。如果第63号证据的该部分没有被宣读,您现在可以进行宣读,坎宁安先生。

坎宁安辩护律师:庭长阁下,我确定它尚未被宣读,因为它在这件事上对日本方面的观点有利。

韦伯庭长:我想您会宣读第63号证据的这一部分,并且撤回您提交的文件。

坎宁安辩护律师:那么我撤回第1042号文件,并请求宣读来自检方的第63号证据:

(宣读)

1937年10月27日。
日本政府已经回复比利时政府的会议邀请——

语言监督官:等一下,坎宁安先生。我们手上没有第63号证据,如果是雷同的文件,可以宣读这一份。它们是相同的吗?我的意思是可以宣读这一文件。

坎宁安辩护律师:是的,我相信它是。宣读过程中如果发现有任何不同的话,可以核查。

日本政府回复了比利时政府关于参加1922年《九国公约》签署会议的邀请,利用这个机会,我向国内外公众做出声明。

(1)自从辛亥革命以来,中国经历了数不清的政权兴起和颠覆,而其对外政策始终都是排外的。尤其是自1924年开始,当国民党在广东建立国民政府,并与共产党联合赢得中央政权,便开始了对排外方针的不懈追求,公众的排外情绪也同样被点燃。外国势力一个接一个受到迫害,他们的既有权利和利益被剥夺,我们对此记忆犹新。

日本一直努力在东亚各国间推动友谊与合作,坚信这是该地区稳定的关键。日本对大革命以后中国人国家意识的增强表示肯定,相信这将有益于中日间的亲密合作,而其采取的政策,都尽力符合治外法权及中国的民族愿望。因此,日本对中国友善,耐心并热切地希望它所盼望的友谊和合作能得到回应。

韦伯庭长:从证据来看,您遗漏了一句话。

坎宁安辩护律师:我遗漏了一句话吗?

韦伯庭长:根据我手上的证据,是的,我读出来:

例如,1926年,日本率先帮助中国恢复海关自主权,而且在废除治外法权的问题上坚定站在有利于中国的立场上。

坎宁安辩护律师:(宣读)

日本对中国友善,耐心并热切地希望它所盼望的友谊和合作能得到回应。然而,中国对日本惺惺相惜的态度并未显示出任何感谢之意,相反,其仍然高举抗日旗帜,并且似乎决心终结所有日本在中国的权利和利益。南京政府利用抗日作为一种便捷的工具,在国内政治运动中调动公众支持他们的政权,并依靠这种前所未闻的策略,将它作为军队和学校道德教育的基础,这样就连无知的儿童和年轻人也被教导着视他们的友好邻国为仇敌。结果,不仅日本的和平贸易和经济活动,甚至日本居民的正常生活也受到危害。

　　这种抗日运动最终演变成有组织的恐怖主义,就如同昭和十年(1935 年)十一月在上海发生的杀害日本水兵事件,和接连发生在汕头、成都、北海、汉口和上海的针对日本居民的凶残侵害事件,以及长沙和汕头的日本居民区爆炸事件。面对令人担忧的形势,日本政府保持着镇静和克制,多次向南京紧急提出要求终止这种灾难性的政策,但是没有任何效果。接着,到去年底发生了西安事变,蒋介石将军被扣押数日。尽管这一轰动事件的准确情况至今还是个谜,但可以明确的是,不久之后,共产党在南京政府中占据了主要地位,企图在"抗日民族统一战线"的口号下,扰乱华北和"满洲国"。最终导致了今年 7 月 7 日的卢沟桥事件。在事件中,日本士兵在北平郊区被中国军队不法开火杀害。

韦伯庭长:您所宣读的与我所持有的文件是一样的,但是我得知,法庭有两位或三位成员有不同的看法。

坎宁安辩护律师:这是第 1042 号文件。

韦伯庭长:您和我持有给布鲁塞尔会议的文件,并且我们应该有准确的文件。我不知道您是从哪儿宣读的,但是除了我读的那句之外,您与我所持有的是一样的,而且我的是官方文件。

坎宁安辩护律师:我是从第 63 号证据中宣读的,我相信与您所宣读的一样,除了我可能遗漏的那一句。

韦伯庭长:当然,翻译官依据的是您提交的文件,而不是官方文件。所以,被告听到的不是官方文件。

语言监督官:庭长阁下,请允许我发表一下意见。日文文件是原始文件,是准确的。它的英文副本与坎宁安先生所宣读的不相符,但是看起来日文本是准确的。

韦伯庭长:日文的版本不是原始文件。原始文件和布鲁塞尔会议文件在一起，但无疑这是原始文件的副本。

坎宁安辩护律师：这是一份被曲解的副本，我不清楚。

韦伯庭长：我不知道布鲁塞尔会议记录保存在哪儿，我是在华盛顿拿到的。

坎宁安辩护律师：为什么不回到第2号的日文版本，为了——因为如果有一些不同，我想拿出的是这个版本。这是翻译官持有的一个版本。

韦伯庭长：唯一的解决办法是拿到布鲁塞尔会议的原始文件。它保存在哪里，我们不知道。但我认为，您和我所宣读的文件应该是准确的。被告正在听的不是这个，他们正在听的是另一个文件。

坎宁安辩护律师：好吧，我相信翻译官有第63号文件的官方翻译。给他们一小会儿时间去取的话，或许会为我们节省时间。

语言监督官：请给我们时间找一下。坎宁安先生，您能给我们第63号文件上的检方文件号码吗？

坎宁安辩护律师：似乎是第35号文件，检方证据第63号。

语言监督官：庭长阁下，我们需要几分钟时间从楼下的文档中拿这份文件。

韦伯庭长：需要多长时间？

语言监督官：两到三分钟。

韦伯庭长：第63号证据已经全部翻译了吗？

坎宁安辩护律师：我猜测是这样，但是不确定。

韦伯庭长：它被译为了英文，我猜想这里应该有它的一份日文副本，谁有这份日文副本呢？来自新西兰的法庭成员指出，实际上，第1042号文件中已经省略了相当一部分官方文档，即第63号证据的一部分。你们省略了第63号证据第11页最后7行的内容及整个第12页上的内容。

布鲁克斯辩护律师：庭长阁下，在准备的时候，我已经对律师提出，第 1042 号文件中没有第 2 段内容。这很可能是处理上的一个错误，上面甚至没有出现编号，有相当多的段落都跳过去了。

韦伯庭长：既然这样，您现在应该从文件的第 13 页继续宣读，这将会涵盖一切您打算提出的内容。从"好战精神"开始宣读直到最后，将会涉及您提出的一切内容。

坎宁安辩护律师：继续宣读起诉书第 63 号证据第 13 页。

语言监督官：坎宁安先生，我们没有英文原件和日文副本，日文副本正在找，看来暂时无法找到。今天早上它还在，但是看来我们把它放错地方了。先生，我们不知道您现在会用到它。

韦伯庭长：他们一定有第 1042 号文件。

坎宁安辩护律师：是的。

韦伯庭长：你们的第 1042 号文件和官方文档应该是一样的。

语言监督官：我们没有日文文件，您能稍等一下直到我们找到日文副本吗？先生，哪一行？从哪里开始？

坎宁安辩护律师："对日本的好战精神。"

语言监督官：请等一下，我们需要一点时间。

布鲁克斯辩护律师：在英文副本辩方文件第 1042 号第 2 页的第 4 行。

韦伯庭长：从那里开始宣读。

坎宁安辩护律师：对日本的好战精神——

语言监督官：先生，您可以稍等一下吗？我们还没有找到。日文本起诉书第 63 号证据没有附带这部分翻译。日本政府的回复是，它在这里只是作为附件一。换句话说，它在一些我们手头没有的附加文件中。并且，第 1042 号文件的一些文字没有被翻译成日文，"对他们国家的战斗能力它持有更高的估计"这句，日文版的下一行不是"好战精神"之类，而是别的内容。它从别的地方开始。

韦伯庭长：我认为您最好推迟宣读这个，继续宣读下一个文件。

坎宁安辩护律师：一旦得到翻译的结果，我将回到这部分内容。我们继续提交辩方文件第 1186 号,是外务省情报局长有关 1938 年 11 月 2 日放弃与国际联盟七个机构合作的言论。法庭会想起在第 1166 号文件中检方举出的证据。

韦伯庭长:奎廉先生。

奎廉检察官:这是情报局长发布的新闻报道,检方反对将它提交为证据,原因同反对其他新闻报道的理由一样。

坎宁安辩护律师:我的意见是,它与检方对其他文件所提出的反对意见不同。这是作为日本政府负责方之一的情报局长的论述。并且,日本政府部门官员对本案中某些问题的论述在过去被作为证据接受。我的助手提出,情报局长可能与起诉书中列出的其他人有关,对被告的行为产生影响。

韦伯庭长:根据多数原则,异议有效,该文件不予采纳。

我希望翻译部门再看一遍,是否有那部分的日文翻译,他们说在第 1042 号辩方文件中没有找到。

语言监督官:是的,庭长阁下。您指的是"对日本的好战精神"吗?

韦伯庭长:是的。

语言监督官:庭长阁下,实际上日文翻译到了第二行这里,"然而,中国对日本惺惺相惜的态度并未显示出任何感谢之意。相反……"一直到这个地方,日文版是正确的。从"在他们国家的战斗力方面它仍持有较高的估计",日文版上面的内容是,"中国仍然进一步持有抗日武器,表明他们在摧毁日本在中国的利益前不会停止战斗的意图"。庭长阁下,它是这样翻译的,"好战精神"一词并没有出现在日文版中。

韦伯庭长:这份文件显然充满了错误。我们正企图处理一件棘手的事情。将文件分成两个部分是非常麻烦的,所以请你们在第 63 号证据翻译成日文后再宣读。也就是说,正如坎宁安先生所想的那样,第 63 号证据大部分是合理的,我们把它给您。但是在把它翻译成日文之前它起不了什么作用,我们什么也做不了。

为了理顺这件事情，我们现在休庭 15 分钟。

（14∶45 开始休庭。）

（15∶00 重新开庭。）

法庭执行官：远东国际军事法庭现在重新开庭。

韦伯庭长：坎宁安先生。

坎宁安辩护律师：为了让翻译能够开始，我将从第三段"日本总是力求"开始，以完善想法。

　　日本总是力求推动东亚各国之间的友谊和合作，坚信这是该地区稳定的关键。

韦伯庭长：现在我们还不是很清楚——

语言监督官：坎宁安先生，我们应该继续吗？我们不知道您正在念。您是想让我们不通过语音设备念它吗？

坎宁安辩护律师：是的。

语言监督官：请告知我们，我们不知道。

韦伯庭长：已经宣读过了。我们认为这些文件在由法庭宣读之前应该经过审核。事实上，我们假设它们已经被审核过了。

坎宁安辩护律师：庭长阁下，我只有让其他人去做，我自己无法完成；我对日文一窍不通。因此，我只能使用我看得懂的内容。从这一段开始："日本总是力求推动友谊——"

语言监督官：您从第 63 号开始宣读，是吗？

坎宁安辩护律师：是的。

语言监督官：坎宁安先生，这里没有关于第 63 号证据的日文本。语言部要宣读第 1042 号证据吗？

韦伯庭长：布鲁克斯少校。

布鲁克斯检察官：我和语言部进行了核查，日文版第 1042 号辩方文件是对第 63 号检方证据的正确翻译，仅仅是英文版的第 1042 号辩方文件犯了错误。这就是为什么坎宁安先生要从起诉书第 63 号证据中宣读，虽然这个翻译是从日文第 1042 号辩方文件中来的，语言部在休庭时进行了审核，它们是完全一致的。

韦伯庭长：如果是这样，坎宁安先生，译员将宣读全部日文版内容，您宣读英文版的第 63 号证据。

坎宁安辩护律师：从第 12 页"北平"开始。

韦伯庭长：从那里开始，宣读第 63 号证据，确保和日语译员宣读的是相同内容。

坎宁安辩护律师：宣读第 12 页上的第二段：

（宣读）

（2）在卢沟桥事变问题上，帝国政府希望能避免发生中日危机，立刻制定了不扩大事件和就地解决的方针。尽管中国人制造出一个又一个无法忍受的局面，日本政府还是竭尽所能，提出友善方案；另一方面，南京政府违反梅何协定，命令向北调动重兵，威胁日本驻军，煽动当地中国军队抵抗日本。形势严峻，冲突不可避免。我们应该记得，南京政府曾利用抗日精神作为政治工具进行内部联合，开展了多年的针对日本的所谓军国主义的政治宣传。与此同时，进口大量弹药，构建防御工事，强化部队训练，成功地建立起强大的军事力量，他们的军人逐渐对自己的力量过于自信，高估了自己国家的战斗能力，对日本的好战精神开始蔓延。在本次事变前的很长时间，中国报纸和杂志习惯称日本为"敌国"，称日本人为"敌人"。卢沟桥事件发生时——南京国民政府受内部形势驱动采取行动抵抗日本——日本小心谨慎的态度和就地解决的方针都注定要彻底失败。

随着局势的恶化，在华北、华中及华南的日本居民都面临危险之境，被迫撤离，放弃多年辛苦建立起来的事业。与此同时，在上海，中国人违反1932年停火协议，在非武装地带秘密开展军事工作并完善他们的战争准备。因此，去年6月日本政府请求召开有关国家的特别会议，并呼吁中国政府关注这个事件。中方拒绝改变他们的态度，并且在华北爆发武装冲突时，将正规军开进非武装地带，公然违反停火协议，紧接着杀害了帝国海军官兵。8月9日，他们对公共租界发起进攻。日本当局仍然与有关各国的代表进行谈判，表现出极度的耐心和宽容，忍受着极端劣势，但中国人却开始炮轰日租界及防守日租界的帝国军队。为了保护3万名日本居留民不致遭杀戮，数量远少于中国军队的日本海军陆战队被迫采取自卫措施进行反击。

如前所述，目前事态加剧的根本原因在于南京政府的政策。南京政府违反梅何协定，把大规模的危险军事力量转移到华北，同时撕毁停战协议，在公共租界驻军。日本出于自卫被迫拿起武器，并选择适当时机促使南京政府为了东亚永久和平改变他们的态度。因此，只有南京政府改弦易辙，放弃所有的抗日政策并且接受两国之间的合作政策，现阶段的事端才能得以解决。

（3）我们应该记得，近些年南京反日狂潮的一个重要潜在因素是国际联盟在"满洲国"事件期间所采取的行动。国联通过了一项完全不尊重东亚地区实际情况的决议，强烈地刺激了中国的抗日政策。现在国联又一次处理南京政府的请求，没有充分考虑目前事态的真正起因，在虚假报告的基础上就得出结论，断言日方对南京和广州的军事轰炸是对毫无设防城市的攻击，并通过9月27日决议谴责日本。10月6日，国联大会再次认定日本的行动违反了《反战公约》和《九国公约》，并且通过一项决议，公开呼吁援助中国。国联方面的一系列做法仅仅是中了南京政府的狡猾诡计，即通过邀请列强介入，对日本施加压力，这对事态的结束没有任何帮助，而是鼓励中国对日本反抗到底，使得事态解决的可能较之以往更加渺茫。

必须指出的是，国际联盟犯了和几年前相同的错误。日本出于应对中国挑衅所采取的自卫措施，显然没有违反《九国公约》。此外，与条约订立的时间相比较，由于中国赤化势力的渗透和中国内部条件的普遍变化，今天的东亚局势已迥然不同。无论如何，关于《九国公约》缔约国会议，大多数参与者将不可避免地受制于国联的上述决议，即使日本加入，在"满洲国"事件期间的国联会议中，也不可能得到任何公允的结果。尤其因为这次会议是由与东亚无直接利益的国家参与，并且它的目的在于刺激日本和中国两国的民心，从而使情况进一步复杂化，在制定解决方案方面却无任何贡献。因此帝国政府决定婉拒这个邀请。

如今帝国团结一心，决定克服万难找出迅速有效的方法来。日本绝不无视国际合作。但中日两个大国之间的问题只有通过直接谈判才能得以解决，它们对东亚的稳定肩负着共同的责任。我们要消除南京政府的抗日政策和其中的赤化势力，才有可能建立中日两国团结合作基础之上的持久和平。日本从未将中国视作敌人，也从未怀有任何领土企图。日本真心希望能够见证中华民族在物质和精神上的进步，渴望促进中国与外国的文化经济合作。与此同时，日本完全尊重别国在中国的权利和利益。因此，鉴于目前的冲突，只有各国了解日本的真实意图，并采取适当的方式促使南京政府重新审视他们的态度和政策，这样，也只有这样，才能为他们与日本的合作铺平道路。

我现在提交辩方文件 414 号，该文件是日本外务大臣有田八郎在 1939 年 1 月 1 日发表的声明，我将省略第一段内容。

韦伯庭长：奎廉先生。

奎廉检察官：如果法庭允许，检方对提交这份文件表示异议。这似乎是外务大臣为了宣传目的发表的新年陈词。这是一份自我辩护性质的声明，不同于在今天早些时候被法庭采纳的国会演讲。

坎宁安辩护律师：我认为这是一份由日本最高级别官员在1939年1月1日发表的声明，它切实反映了那个时期政府的态度，并且阐述了本案中提出的普遍问题。它强调的是先前那些内阁面临的危险和邪恶，并且说明了与之相对应的内阁活动。

韦伯庭长：根据多数原则，异议无效，采纳该文件。

法庭书记官：第414号辩方文件被法庭接受为第2509号证据。

（前述文件被标以辩方证据第2509号，并被法庭接受。）

坎宁安辩护律师：从第二段开始。

（宣读）

就像日本政府声称的那样，日本的最终目标是确保东亚的永久和平，建立新秩序。这个新秩序旨在彻底消除远东是西方殖民地的旧观念，通过修正各种旧观念基础上的国际准则，来建立一个以国际正义为基础的新的平等关系。这个新秩序将会使日本、"满洲国"和中国三国之间产生紧密的联系，并且作为它的基础，完善针对赤化的共同防御，切断共产国际的诡计和邪恶根源，也将通过实现经济联盟提高大众福祉，并创造一个新的远东文化，从而为世界人类文化的进步做出贡献。这是史无前例的伟大工程，我们怀着极大的热诚，凝聚我们所有人的力量去完成它，我们对未来充满光明的希望——

我认为那个词是"希望"我只看到"h-o"。

与此同时，日本民众应该对两个反对共产国际的国家德国和意大利表达深厚的感谢之情，它们对反共立场有着坚定的认识，并且对东亚的局势有着准确的认定。为了建立东亚和平,它们以真诚的态度与我们携手合作。毋须多言,在建立东亚持久和平的道路上仍存在着很多障碍。在国内节节败退的蒋介石政权正在收编各路败军,并且积极进行抗日政治宣传。显然,如果我们不能成功地消灭这些抗日势力,我们就无法完成最终的目标。可惜的是,一些第三国出于不同动机公然采取协助蒋介石政权的政策。这样一来,阻碍了战争状态的终结。我们也需要对来自布尔什维克主义的威胁时刻保持警惕,他们正利用东亚的混乱状况,酝酿破坏性的阴谋。此外,还有一些国家急于保护他们在中国的既得权利和利益,无视战争区域的现状,提出不合理要求。事件发生后,它们倾向于适应新形势,它们的旧观念却与新情况不协调。考虑到这样一种局势,我们深切地感觉到需要做出比以往更大的努力去纠正第三国的理解,调整国际关系。

这次事件后的第三年,我想对建立东亚持久性和平新秩序的使命送上祝愿,并且希望其有光明美好的未来。我代表国家,表达我们不变的决心,即不惜一切代价复兴东亚,始终牢记我们执行这一伟大使命的重要性。

现在我提交辩方文件第1078号。为方便庭审,这是按时间顺序排列的,开始于辰丸事件并且绵延多年,[1]表明了邻国的排日态度;而日本则试图连同西方和亚洲国家,发展同他们的友谊。所描述的事件在1078号辩方文件中简短提及,这将在陈述上节省许多时间。

韦伯庭长: 奎廉先生。

---

[1] 辰丸事件:日本商船无视中国主权、违反通商条约的事件。1908年2月,日本商船第二辰丸号私载枪械2 000余支在中国洋面卸货,被中国海军巡逻船按通商条约扣留。日政府遂向清政府提出抗议并以战争相威胁。在列强压力下,清政府被迫接受日方释放该船、赔偿损失等条件。此案激起中国人民愤怒,导致中国历史上第一次抵制日货运动。

奎廉检察官：我们认为该文件没有任何证明力。如同证据中显示的，这是由大阪商工会编译的文件，它不是政府机构，我们假设它是个有关商业利益的协会。我们要指出的是，这份文件是英文版的，毫无疑问，目的在于对外发行。如果法庭同意，我们认为这份文件不存在相关性，抗日活动不能作为庭审辩护的理由。

韦伯庭长：它看起来像是一个法庭辩论。与大阪商工会提交的证据不同，一些材料可能已经成为证据，我不知道，我还没有看。

坎宁安辩护律师：这是为了节省我们双方的时间，所以我认为它可能是有价值的。

韦伯庭长：异议有效，该文件不予采纳。

坎宁安辩护律师：我接下来递交辩方文件第329号，这是一份来自日本外务省的声明，它表明抗日情绪是一种痼疾，发源于中国的民族主义情愫，并且弥漫开来。这一热潮开始于1919年，源于旨在保护日本利益的条约。

韦伯庭长：奎廉先生。

奎廉检察官：如果法庭允许，这份文件制定于1919年。我们认为年代太过久远，对庭审无任何帮助，该文件没有价值，也不具备相关性。

韦伯庭长：日本1928年之后的行为可以通过中国的行为进行解释，就算不是辩解的话。

坎宁安辩护律师：我们提交它的目的是它或多或少给出了一些后来造成两国间严重冲突的背景。

韦伯庭长：根据多数意见，异议有效，该文件不予采纳。

坎宁安辩护律师：现在提交第215号辩方文件。这是一份日本外务省的官方报告，它表明抗日意识在北平的学生和反动分子中产生。这份文件也将作为稍后提交的文件的背景材料，表明抗日情绪是随着时间的推移逐步显现的。从这份文件可以看出，即使是那时，日本也不情愿激起中国人任何敌意。

韦伯庭长： 奎廉先生。

奎廉检察官： 如果法庭允许，这是一份1919年的领事报告，我们以同样的理由对这份文件提出异议。

坎宁安辩护律师： 我不予以置评。

韦伯庭长： 我认为这属于之前的裁定范围，但是我不能确定。我的同僚可能有不同想法，我将听取他们的意见。根据多数人的意见，异议成立，该文件不予采纳。

坎宁安辩护律师： 现在提交第214号文件作为证据。我们希望表明，英美之间的商业利益合作刺激了日本的竞争情绪。这份文件的目的是表明，这种情绪的主要根源在于经济。这是管理对外事务的外务省的一份文件。

韦伯庭长： 奎廉先生。

奎廉检察官： 如果法庭允许，这份文件与前面两份文件的情况如出一辙。请允许提醒法庭，李顿报告书中涉及了全部中国抵制事件的内容，其已于周五及今天的法庭上宣读了。另外——

韦伯庭长： 依中方之见，这是英国和美国联合抵制日本货物的主张，显然仅仅是传闻而已。坎宁安先生，先前的不利裁定似乎适用于该文件。

坎宁安辩护律师： 检察官先生已经提过李顿报告书在抵制问题上的观点，当然，如果检方要暗示可以根据李顿报告书裁定这个事件，并且判定抗日情绪和抵制活动是中日矛盾的根本原因之一，那就没必要提交这些文件了。

韦伯庭长： 异议有效，该文件不予采纳。

坎宁安辩护律师： 现在提交辩方文件第215号。

韦伯庭长： 是第217号。

坎宁安辩护律师： 是第217号。提交的辩方文件第217号是日本的官方记录，记载了英国和美国国民所加剧的抗日感情的增长。

韦伯庭长：奎廉先生。

奎廉检察官：如果法庭允许，我们以和先前相同的理由对这份文件提出异议。

韦伯庭长：坎宁安先生，先前的裁定似乎适用于该文件。异议有效，该文件不予采纳。

坎宁安辩护律师：现在有一系列的文件。我们现在提交第431号辩方文件表明中国在1927年重燃其排外情绪，这是一份发表于1937年1月6日——不，是1927年1月6日的关于汉口情况发展的报告。它表明，英国用相同的方式采取措施来保护他们的利益，正如日本政府为保护国民所做的一样。

韦伯庭长：奎廉先生。

奎廉检察官：检方反对引入这份文件。它是发表于1927年的一篇新闻稿，没有任何证明力。它仅仅是报刊记者接收的传闻。另外，这似乎是有关反英活动的，因此没有相关性。

韦伯庭长：是的，中国和英国之间的问题与日本无关。异议有效，该文件不予采纳。

坎宁安辩护律师：我们提交辩方文件第511号，以表明在任何时候谈判的分歧都与日本所采取的政策相关，中国人也这么认为。这里提及第431号辩方文件中的汉口事件是作为中国人因为抗日情绪而动武的例证。我们提交第511号文件是为了表明这个观点。

韦伯庭长：奎廉先生。

奎廉检察官：庭长阁下，这份文件今早才提交过，如果法庭有副本的话，检方将不提出异议。如果法庭允许，我们以相同的理由对这份文件提出异议，因为它仅仅是一份1927年的新闻稿，由报刊记者提供的孙科先生的观点。

坎宁安辩护律师：我认为，由于记者的国籍和这份文件对事件总体情况的说明，这份新闻稿的性质和其他类似文件有所不同。

韦伯庭长：个人观点对我们可能很难有所帮助。我们之前从未听说过他。异议有效，该文件不予采纳。

坎宁安辩护律师：我们现在提交辩方文件第735号，一篇仅4行内容的文章。关于该文件我不想做过多的说明，因为它内容简洁，清晰明了。

奎廉检察官：如果法庭允许，我们以与前面相同的理由对其提出异议。

韦伯庭长：这个文章表明中国人保护了日本人。异议成立，该文件不予采纳。

坎宁安辩护律师：现在提交辩方文件第737号，这是为了表明不利于日本利益和国民的事件发生在各地，不是一个地方性的问题。所提交的报告叙述了50名中国士兵袭击日本轮船的事件。

奎廉检察官：如果法庭允许，检方以相同的理由提出异议。

韦伯庭长：异议有效，该文件不予采纳。

坎宁安辩护律师：现在我提交辩方文件第428号，摘自1927年3月26日的日本《朝日新闻》，其报道了在著名的南京事件期间中国军队犯下的暴行。毫无疑问，法庭清楚该事件的结果是，英国为保护其国民，向南京派遣了部队。

韦伯庭长：奎廉先生。

奎廉检察官：如果法庭允许，检方以与先前相同的理由对文件提出异议。

坎宁安辩护律师：我想说，评判此类只与案件某一要素相关的文件，不可能一步到位，就像画画一样，不可能一笔完成，要靠慢慢地添加笔触，直到最终画成一幅作品。证据也是要靠一点一点逐步提交的。

韦伯庭长：根据多数议决，异议成立，文件不予采纳。

十二、中国的抗日救亡运动

坎宁安辩护律师：我们现在提交辩方文件第872号，其涉及对违反抵制日货规定的人的处罚条例，以及一份日本外务省的官方文件。

韦伯庭长：奎廉先生。

奎廉检察官：检方对提交这份文件提出异议。没有证据可以表明该文件的真实性，也没有证据可以表明其来源。事实上，这份日本外务省所持有的文件不能说明它是一份真实的中方文件。而且要追溯到1928年，我们认为时间太过久远。我们的目的不在于向法庭显示它们受李顿报告书中有关联合抵制问题的束缚。

韦伯庭长：奎廉先生，我确定您不是，但是您的确暗示我们可能会接受他们的结论。

奎廉检察官：如果法庭允许，我刚才要努力指出的与该文件有关的观点是，考虑到李顿报告书中罗列的证据，引入此类证据构成了不必要的重复。检方同样以该理由反对引入这一证据，即所有或任何关于抵制活动的证据都是无关的。

坎宁安辩护律师：我认为这份文件在起诉书的时间范围之内，并且它阐述了中日关系僵局的根本原因之一，当然是相关的。按照检方对许多文件的评价标准，法庭应当认可该文件的价值。

韦伯庭长：抵制活动或许是有关联的，但证明的方法不对。根据多数原则，异议有效，该文件不予采纳。

坎宁安辩护律师：我们现在提交辩方文件第952号，是日本驻华代理公使于1928年11月24日提供给日本外务大臣的记录，是日本外务省报告登记日货活动和中国其他反日活动的官方文件。

韦伯庭长：奎廉先生。

奎廉检察官：这份文件在某个方面与先前的文件是有所不同的，它是一个代理公使给日本外务大臣的报告。但是我们认为，在其他方面，我们先前对其他文件的异议理由同样适用于这份文件。

坎宁安辩护律师：庭长阁下，这份文件与已经被驳回的其他文件性质不同，这份文件是日本外务省的官方文件，反映了日本政府的官方立场，并且的确阐明了这一争议。

韦伯庭长：异议无效，法庭采纳该文件。

法庭书记官：辩方文件第 952 号被法庭接受为第 2510 号证据。

（前述文件被标以辩方证据第 2510 号，并被法庭接受。）

坎宁安辩护律师：（宣读）

1264 号，昭和三年（1928 年）十一月二十四日

驻华代理公使　堀义贵

送往：外务大臣　田中义一男爵

日货登记法案的报告、抗日口号等

关于我的 1590 号电报，我寄给阁下以下所附文件副本：本月 12 日当地反日会发布的北平特别市各商店日货登记条例，与全国反日会颁布的奸商惩戒条例译文，以及 13 日上述反日会宣传委员会发表的抗日标语译文各一份，以供参考。这些记录的副本被送往南京、上海、天津。

北平特别市各商店日货登记条例

第一条　本条例的制定依据是中断与日本经济交流计划的主要原则，由抗日民族团体分发。

第二条　目前的规定将应用于 11 月 15 日之前运达本市各商店且尚未出售的日货。

第三条　已运达且尚未出售的日货分为两类，即"相对违禁品"和"绝对违禁品"。

（甲）相对违禁品：日本的文化、运输和医疗货品，及日本生产的各种对我国制造业，对人民生活必不可少的原材料，暂时没有适当代用品的。

（乙）绝对违禁品：除了相对违禁品以外的一切货物。

第四条　已经运达本市各商店、尚未出售的日货从11月15日到11月30日在反日会登记，并且制作两份登记清单，其中一份保留在反日会，另一份保存于各商店。

第五条　如发现未登记的日货，立刻没收。对于绝对违禁品，运输和消费许可至阴历年底有效，期满无效。

第六条　凡在反日会登记之绝对违禁品由反日会救国基金保管委员会发给证明，商户应携带证明，按照下列比例支付救国基金……

韦伯庭长：您是否从10%到90%的比例都要宣读……

坎宁安辩护律师：我听不到您说的话……

韦伯庭长：一定是出了什么问题，因为我说的声音不轻：您是否从10%到90%的比例都要宣读？

坎宁安辩护律师：我本想说我将跳到第5页中间。

韦伯庭长：明天继续。我们休庭到明天早上9时30分。

（16:00休庭。）

1947年4月29日，星期二
日本东京都旧陆军省大楼内远东国际军事法庭

（9:35开庭。）

法庭执行官：远东国际军事法庭现在开庭。

韦伯庭长：除了由律师代表的冈敬纯、平沼骐一郎和东乡茂德之外，所有被告出席。巢鸭监狱医生证实三名被告病重不能参加今天的开庭。证明将被记录存档。

莫洛少校。

语言仲裁官（莫洛少校）：庭长阁下，如果法庭允许，我们提出以下文字修正。第 2505 号证据，在庭审记录第 20943 页第 24 行，删除从"后来"一词开始的这句话，替换成"随着梅津美治郎-何应钦协议的签订，中国和'满洲国'之间的各种纠纷暂时得到解决"。第 2506 号证据，在庭审记录第 20965 页第 24 行，把"邻国之间的友好关系"替换成"我们同盟国之间的紧密友谊"。庭审记录第 20966 页第 1 行，把"友好的"替换成"同盟的"。

韦伯庭长：谢谢。坎宁安先生。

坎宁安辩护律师：庭长阁下，我继续宣读辩方文件第 952 号的第 5 页。

（宣读）

全国反日会颁布的奸商惩戒条例

第一条　为厉行对日经济绝交，杜绝奸商贩卖仇货及输出禁制品，特制定奸商惩戒条例。

第二条　惩戒方法分为以下三类。

（甲）名誉惩戒。在奸民居住地区，在报纸刊载其姓名、籍贯、照片、犯罪事实等，并在醒目地方竖立"奸商"标示牌。

（乙）公权惩戒。向中央党部和政府报告奸商姓名与罪状，停止其业务上必要之公权。

（丙）金钱惩戒。① 一等罚金，1 万元以上；② 二等罚金，5 000元以上；③ 三等罚金，1 000 元以上；④ 四等罚金，1 000 元以下。

第三条　违反下列条款之一者，根据本规定惩戒。

（1）未按照规定进行仇货登记者，没收其货物并处四等罚金。

（2）如被发现在登记期间藏匿日货或未报告者，没收货物并处四等罚金。

（3）登记后未取得许可出售日货者，没收货物。

（4）被发现蓄意逃避货物检查者，没收货物并处二等或三等罚金。

（5）销售报告与登记清单之间不符，责任者处三等罚金。

（6）走私或者私自出售日货者，没收货物并处一等或二等罚金。

跳至第8页第5行。

第五条 应缴纳罚金而隐瞒为无力支付或尚未支付者，由附近公安局拘留，并通知反日会。拘留日1元计为1日。

第七条 本条例从全国反日会执行委员会通过之日起公布施行。

跳到辩方文件第952号底部的丙，"抗日标语"以下。

（丙）关于外交

14. 废除中日间一切不平等条约！
15. 同胞们团结起来，支持我国外交！
16. 取消日本人在中国的所有物权！
17. 执行革命的外交！
18. 武装民众支持外交！
19. 日军不撤，不启动关于济南事件的谈判！
20. 赔偿我们在济南事件中的损失！
21. 收回满蒙！

22. 不给日本建设长大铁路和吉会铁路的权利！

23. 惩办济南惨案的祸首！

（丁）关于停止经济交往

24. 宁死不用仇货！

25. 不用日本纸币！

26. 实行经济绝交！

27. 抵制日货！

28. 严防奸商走私日货！

29. 经济绝交是对日本帝国主义的致命打击！

30. 实行关税自主！

31. 抵制日货，使用国货！

32. 振兴实业，抵制日货！

33. 不向日本供给原材料！

34. 不给日本人当雇工！

35. 不运输日货！

36. 不坐日本轮船！

37. 提倡国货，推进抗日！

38. 从日本银行中取出你的钱！

（戊）其他

39. 同胞们！团结起来，一致抗日！

40. 抗日运动成功万岁！

接下来我们提交辩方文件第 677 号，包含天津反日会发布的补充规定。

韦伯庭长：奎廉先生。

奎廉检察官：如果法庭允许，这份文件是与抗日团体有关的一系列规定，没有公开其来源，也没有任何东西可以表明它们是否真实可靠。

检方对这份文件提出异议,原因恰与昨天提交给法庭的第872号文件一样,我们要求驳回这份文件。

韦伯庭长：检方可能没有认真质疑过抵制活动的存在目标及其影响。如果是这样,这份材料的大部分是重复的。检方的看法仅为与抵制活动不相关,对吗？奎廉先生。

奎廉检察官：检方认为有关抵制日货的证据有重要性,但是我不能、我也无权认可相关证据的可靠性。

韦伯庭长：您不质疑李顿爵士的结论吗？

奎廉检察官：如果法庭允许,我认为可以质疑它们。昨天下午我努力要指出的是李顿报告书中如此详细和权威地描述了这件事,不需要有任何重复性的证据。

韦伯庭长：那是与抵制活动的存在、目标和影响有关,而不是与它的正当性或缺乏正当性有关。

奎廉检察官：确实不是。

韦伯庭长：我认为除了正当性问题之外,大同小异,我们可能不需要更多这方面的证据。我应该说,这很可能是个要争论的问题。

坎宁安辩护律师：当然,庭长阁下,我不同意这是一个争论性的问题；这是个证据的问题。我认为,如果检方愿意承认我们现在已经建立了这一事实,即抵制活动存在,并且该抵制活动构成了经济战,该经济战是中国和日本之间冲突的主要起因之一,那么我们不再需要提交任何进一步的证据了。

韦伯庭长：很明显存在抵制活动。问题是日本人的行为是否由于抵制活动而证明是合法的,而这在我看来需要更多的证明。这的确是个在条约之类基础上需要争论的问题。我正试图精简证据,但不能少于合理辩护所需。

坎宁安辩护律师：庭长阁下,我完全不同意您的假设,即它可能不是个重要的问题。我认为经济因素是战争的主要因素,并且,抵制活动是否构成了日本和中国冲突的主要因素之一至关重要；我还认为，直到证据累积且重复前，应该允许我们提交任何有助于证实我们论点的其他证据。

韦伯庭长： 我的难处是，您所累加的证据问题与正题无关，所以占用了不必要的时间。然而，我的同僚和我认为最后提交的文件缺乏权威性，根据多数原则，异议成立，驳回文件。

坎宁安辩护律师： 我现在提交与反日会规定有关的辩方文件第678号，日期是1929年1月14日，紧接在辩方文件第677号开始的条款之后。

韦伯庭长： 奎廉先生。

奎廉检察官： 如果法庭允许，检方以与之前相同的理由对这份文件提出异议。

坎宁安辩护律师： 庭长阁下，我强调这份文件在时间顺序上和原则上紧接着另一份文件，并且显示了有关中国政府和其他派别持续激起日本人敌意行为的一系列证据。

韦伯庭长： 就个人而言，我准备接受李顿调查团决定的有利于你们的任何内容，而且，我认为我的大多数同僚也持有相同的观点，但是这对此没有任何意义。根据多数原则，异议成立，该文件不予采纳。

坎宁安辩护律师： 我们现在提交第1305号辩方文件，这是驻华代理公使给内务大臣的报告，内容包括中国抗日活动的加剧及抵制日货的附加措施。

韦伯庭长： 奎廉先生。

奎廉检察官： 目前看来，这份文件不包含与抵制活动相关的内容，而是有关废约促进会的中国团体的建立。它或许涉及关于日本的条约，但其中并未有所陈述。我们认为，它作为爱国运动，与日本没有关系。因此，我们认为，文件不应该被采纳。

韦伯庭长： 坎宁安先生。

坎宁安辩护律师：庭长阁下，我认为，抵制活动中的抗日态度与中国官员加快废除条约的提议有着非常直接的联系，文件符合阁下所提出的要更关注条约而非抵制活动的建议。

韦伯庭长：我没有说过比起抵制活动我们要更关注条约。我说过或者建议过的是，我们对抵制活动的存在、目标及影响非常清楚，并且，它们可能与日本的条约权利有关，或许可以为日本的行为辩解。但问题是，这里是否存在辩解。

坎宁安辩护律师：我认为该文件正是以证实此为目的，并且是我们能够提交的最好证据之一。

韦伯庭长：根据多数原则，异议无效，采纳该文件。

法庭书记官：第1305号辩方文件被法庭接受为第2511号证据。

（前述文件被标以辩方证据第2511号，并被法庭接受。）

坎宁安辩护律师：（宣读）

有关废约促进会的报告

致内务大臣，昭和十三年（1929年）八月十四日。

我通过783号电报报告当地反日会名称改为北平国民废约促进会。然而，在那之后，国民党北平市党部计划与其指导下的以下5个团体另建废约促进会——北京市总工会、学生联合会、妇女协会、农民协会和商民协会。结果，旧反日会职员于7月19日辞职。于是上述5个团体在同月20日召开联席会议。会上决定建立一个废约促进会的筹备会。筹备会全体大会于同月22日召开，商民协会代表张太真、宋绍韩，总工会代表徐树全、张笑渠，农民协会代表马凤戚、单宝善，学生联合会代表许宜浩、胡嘉椿，妇女协会代表李惠文，以及民训委员会代表王成义、韩世元等参加。

会议决定以下条款：① 在废约促进会建立之前，停止一切工作；② 接管与反日会有关之各机关；③ 职务的分配。随后，筹备会从每个团体中选出 5 名代表,建立一个常务委员会——跳过代表的名字——

我们现在提交辩方文件第 1306 号,是重光总领事于 1929 年 8 月 19 日给外务大臣的报告,其显示反日团体已经渗透进中国的下层政治机构,而不仅仅只是涵盖个体商人和市民个人的自发性组织。

韦伯庭长:奎廉先生。

奎廉检察官:如果法庭允许,这是又一份涉及抵制活动的文件,日期是 1929 年。检方对该文件提出异议,理由是,鉴于李顿报告书,这份文件可视为不必要的重复。

坎宁安辩护律师:该文件言简意赅,并且我认为,与其他文件相比,它可以阐明接下来事态的发展。

韦伯庭长:根据多数原则,异议无效,采纳该文件。

法庭书记官:第 1306 号辩方文件被法庭接受为第 2512 号证据。

(前述文件标示为辩方第 2512 号证据,并被法庭接受。)

坎宁安辩护律师:(宣读)

致:外务大臣币原喜重郎

自:重光总领事

根据本馆接到的消息,江苏省政府给辖内各县长所发密令原件(8 月 9 日的电报),与驻福建领事发阁下电报第 131 和 132 号中的国民政府给福建省政府训令第 648 号命令的内容相同,主要是:

(1)虽然继续抓紧与日本的经济对抗不可避免,但必须停止反日团体对日货的擅自查处没收以及干涉等自行处罚。

韦伯庭长:对抗日团体发起的查究。

坎宁安辩护律师:

应该停止对日货的排斥和没收或干涉。

（2）从现在起，对日货的抵制应通过商会实施。

（3）对于自行处罚经手日货者的相关商会，应予以严惩。

坎宁安辩护律师：我们希望参考辩方文件第 557 号，或者证据第 2391 号，它们表明对可能的外国土地拥有者所采取的措施是抗日运动中最剧烈的措施之一。这是外务省的一份官方文件。

现在我提交辩方文件第 357 号，以说明在中国的反日会活动而取消订单情况，尤其是在糖类贸易方面。

韦伯庭长：诺兰先生。

诺兰检察官：如果法庭允许，检方对该文件提出异议，该文件内容是报刊上有关日本公司从分支机构收到的某些电报。我认为它没有证明力，不应该被法庭采纳。

坎宁安辩护律师：我仅想强调这份文件中的第二段和第三段。它非常简短，与中国抗日运动和抵制活动的继续有直接关系，而且日期是 1931 年，晚于其他文件。

韦伯庭长：根据多数原则，异议有效，该文件不予采纳。

坎宁安辩护律师：我们现在提交辩方文件第 359 号，一份摘自日本编年史的外媒文章，我的助手告诉我，它透露了别国有关日中之间战争的看法，仅从这点上来看，它应该是有证明力的。

韦伯庭长：根据多数原则，异议有效，该文件不予采纳。

坎宁安辩护律师：我们现在提交辩方文件第 368 号，这是一个新闻报道，表明 1931 年 7 月间，其他外国人在北平及附近被武装盗匪虐待。

诺兰检察官：如果法庭允许，我提议，该文件是完全不相关的。

坎宁安辩护律师：我认为，它正是从另一个方面表明中国政府没有向其他国家的公民提供保护。

韦伯庭长：异议有效，该文件不予采纳。

坎宁安辩护律师： 接下来，我们提交辩方文件第 373 号，一篇摘自日本编年史的文章，关于有名的索伯恩案例。

韦伯庭长： 诺兰先生。

诺兰检察官： 如果法庭允许，我们认为该文件是不相关的。它企图展示伦敦报纸中出现的一个与本案无关的事件。

韦伯庭长： 这又是一件纯粹的英国人和中国人之间的纠葛。昨天我们驳回了一份相似的文件。异议有效，该文件不予采纳。

坎宁安辩护律师： 庭长阁下，我不认为这仅是英国人和中国人之间的事情，当公民的权利——

韦伯庭长： 如果继续这样下去，我不得不对您做出处理。您正变得非常无礼，而我不能容忍无礼的律师。

坎宁安辩护律师： 我现在提交辩方文件第 376 号，其表明中国人对外国公民的有关行为不仅引起日本政府，甚至还引起英国政府的愤怒。

韦伯庭长： 诺兰先生。

诺兰检察官： 如果法庭允许，我认为这份文件是有关英国媒体对索伯恩案的进一步探究，法庭不感兴趣。

坎宁安辩护律师： 庭长阁下，我只是希望通过这些文件表明，日本并非向中国要求比别国国民更多的保护，别国为自己国民向中国提出的关心和保护，日本同样有权利要求同等关注。

韦伯庭长： 异议有效，该文件不予采纳。

坎宁安辩护律师： 我们接下来提交辩方文件第 391 号，摘自日本编年史 1931 年 8 月 2 日的一篇文章，其表明中国的政治宣传正在阻碍获得真相，蒋政府满口遁词。

韦伯庭长： 诺兰先生。

诺兰检察官： 如果法庭允许，该文件意图展示一份在广东出版的中国报纸上所引一位党内要员文章，未提及姓名。我们认为，该文件不能被定为证据。

韦伯庭长：异议有效，文件不予采纳。

坎宁安辩护律师：我们接下来提交辩方文件第 393 号，是一份有关在中国诱拐 60 名日本妇女及迫使她们成为奴工的报告。

韦伯庭长：诺兰先生。

诺兰检察官：如果法庭允许，我们提出异议。这是一则外务省发布的新闻，它意图引用一名日本驻福州总领事向外务省的报告。我们认为它没有证明力，不应被法庭采纳。

坎宁安辩护律师：我认为这是一系列事件中的又一个事件，表明事态在中国的逐渐发展，以及中日不和及日后冲突的起因之一。

韦伯庭长：根据多数原则，异议有效，该文件不予采纳。

坎宁安辩护律师：我们现在提交辩方文件第 441 号，摘自日本编年史 1931 年 8 月 14 日的一篇文章，其表明日本商人和货物在上海遭受的粗暴对待。

韦伯庭长：诺兰先生。

诺兰检察官：如果法庭允许，我们对提交此文件提出异议。这仅仅是出现在另一份日本报纸上的社论再版，我们认为，它仅仅是一份政治宣传。

坎宁安辩护律师：我要提醒一下，这不是一家日本媒体，而是一家英国媒体，或者是英属报纸，报道了当时关注的新闻。

韦伯庭长：根据多数原则，异议有效，文件不予采纳。

坎宁安辩护律师：我们现在提交辩方文件第 761 号，来自《东京新闻》，其表明有几名日本餐馆中的女孩被中国流氓杀害。

诺兰检察官：如果法庭允许，我们认为，就像今早被辩方企图提交的其他同类文件一样，该文件应该被驳回。我想提醒法庭注意，倒数第 5 行中出现的"几名"这个词用得相当含糊。

坎宁安辩护律师：我认为该事实非常重要，不仅仅是数字而已。并且局势发展表明，这的确是份重要的报告。

韦伯庭长：根据多数议决，异议成立，文件不予采纳。

坎宁安辩护律师：如果阁下允许，经由多名辩方律师建议，当一名或多名法官认为一份文件具有证明力时，它的价值应当被认可。据我所知，在我国有这样一条法庭规则，如果一名或多名法官认为一件事件应该被审理，那么它就应该被考虑，并且，这比根据多数原则采纳证据看起来公平得多。

韦伯庭长：除了法庭宪章，我不予置评。宪章规定这些问题应该根据多数原则决定，我从没听说过在这个世界上有哪个国家的法庭判决是由少数决定的。

坎宁安辩护律师：庭长阁下，我提请您注意，在最终的判决问题上，这可能是正确的，但是关于证据可采性，这不是一个应由多数决定的问题，而是关乎有利于个人所有证据得到审理的权利。我想上述规则并不适用；而且我们有宪章——

韦伯庭长：审判过程中，证据经常被采纳或者驳回，而且在审判结束前不能被保留，除非庭长无法做出决定。在任何事件中，宪章都约束着我们，我们应遵守宪章。

坎宁安辩护律师：当灯光打断我的时候，我正念到句子的一半。不知道我能否完成思考。首先，在我们美国最高法院，如果一两个法庭成员感到一个问题应该被调卷审理，那么它就会被审理。这是个先决问题，我认为证据引入问题即是如此。其次，关于法庭材料，由法庭一位或较多成员决定证据的可采性具有效力。他认为是否可以接受，对法庭有约束力。

韦伯庭长：这是审判，不是适用紧急令，也不是法庭材料。这个法庭上有11位法官，不是一个。我的同僚认为该辩论毫无意义，他们中的一些人听到您的这个观点有点不耐烦。

坎宁安辩护律师：庭长阁下，据我所知，这是个非常重要的问题，我知道，其余的辩方成员都对此非常关心。对于检方证据的可采性，规则标准似乎有所不同，这就是为什么我想解决这个问题，以便我们在证据的提交和准备上,有哪怕一点点的改善。

韦伯庭长:辩论到此结束。

坎宁安辩护律师:我们接下来提交辩方文件第979号,其为一封由南京发往外务大臣广田弘毅的关于蒋介石和有吉之间和平倡议的电报,时间为1935年11月1日。

我撤回该文件,转而陈述辩方文件第840号,其为日本情报局发布的有关西安事变的声明。

韦伯庭长:诺兰先生。

诺兰检察官:如果法庭允许,这又是一则新闻稿,其内容有关驻华大使和日本外务大臣之间的一场谈话,谈话内容是一名顾问就一位中国将军健康状况所做的报告。它意图阐明外务大臣的回复,其基础是外务大臣在报纸上所读到的内容。

坎宁安辩护律师:这是为之后的文件建立基础的先决文件,以后的文件详细描述了该事件,而该事件是此案重大问题中最重要的。

韦伯庭长:根据多数原则,异议有效,文件不予采纳。

坎宁安辩护律师:我们现在提交辩方文件第986号,是1937年8月日本情报局发布的周报,其提出了日本关于造成当时骚乱的事件和解决办法的建议。

韦伯庭长:诺兰先生。

诺兰检察官:如果法庭允许,我认为,辩方文件第986号经检验是一份表明卢沟桥事件爆发原因的新闻报道。

韦伯庭长:坎宁安先生。

坎宁安辩护律师:我认为,这是情报局发布的日本政府声明的官方报告,其内容关于日本政府对该事件采取的方针,与案件有关联。

韦伯庭长:根据多数原则,异议有效,该文件不予采纳。

我们休庭15分钟。

(10:45休庭。)

（11:03 开庭。）

法庭执行官： 远东国际军事法庭现在重新开庭。

韦伯庭长： 坎宁安先生。

坎宁安辩护律师： 如果法庭允许，我们打算从现在开始，停止提交关于抵制活动对日中关系影响的文件。这些证据是为了表明，条约保护的成功依赖于两国之间友善和理解的基础，与中国发展合作关系的可能性；中国各地对外国利益的激烈抵抗标志着民族主义的增长，但是在满洲，影响最为严重。

我想提交该部分的最后一个文件，即第1112号文件，其为日本情报局长河合先生在日中两国爆发冲突期间发表的评论，同时显示中国的政治宣传扭曲了事实。

韦伯庭长： 诺兰先生。

诺兰检察官： 如果法庭允许，我认为，这是来自情报局的新闻稿，并且包含河合先生关于中国政治宣传动机和目的的观点。我认为，法庭应对这位先生关于这些问题的观点不感兴趣，该文件不应该被采纳。

坎宁安辩护律师： 如果检方认为被告只是受到他们自己言论的约束，而不受到任何其他政府官员在任期间言论的约束，那么或许检方所说的是正确的。但是如果被告对其在任期间所做出的事情负责，那么他们应该就他们下属作为个人在当时关于这些政策说了什么接受审查。

韦伯庭长： 异议有效，文件不予采纳。神崎博士。

神崎辩护律师： 接下来，辩方要传唤证人波多野乾一。辩方国分友治律师负责询问该证人。

（波多野代表辩方，作为证人被传唤出庭作证。）

国分辩护律师： 因某些原因，我们无法取得证人在此口供上的签名，所以我们要求对他进行询问代替口供。

韦伯庭长：向他展示宣誓证词，问他内容是否真实，这就够了。我的意思是，显然是已经草拟一份未经签字的文件交给他了，他不签字。给他草稿。

国分辩护律师：我们努力尝试草拟该宣誓证词，但是因为各种原因，我们只成功地草拟了一部分，所以，我们不能完成该宣誓证词。

语言监督官：我们不能完成该宣誓证词，我们只有草稿的一部分。

韦伯庭长：噢，这对我们来说还不够。这很容易打破法庭规则，没有例外能背离法庭的规则。至少，没有向我们展示任何东西。

坎宁安辩护律师：庭长阁下，我认为很明显证人已经准备了有关这一部分的宣誓证词的声明。但是证人拒绝在宣誓证词上署名，我们要求在公开庭审中对证人进行质询。

韦伯庭长：很显然您没听到我说了什么，您也没有听到日本律师刚才告诉了我们什么。如果在法庭上准备了宣誓证词，但是没有签字，我们将交给他，然后询问他是否属实。但是我们得知，宣誓证词只准备了一部分，并且是因为一些未知的原因——一些对于我们来说未知的原因——它没有完成。如果此人有任何书面陈述，宣誓过的或者未宣誓过的，递给他，让他说明内容是否属实，我们将采纳为证据。

国分辩护律师：庭长阁下，我们尝试询问证人并起草证词。然而，我们已经完成的只是一小部分，我们希望获得的证人证词还不包括在这份陈述中，该陈述只是一部分。

韦伯庭长：您的意思是不是告诉我们您正在传唤一个您不知道他会说什么的证人？为辩方传唤了一个证人，但您不知道他会说什么？证人经常在违背他们意志的情况下被传唤，但是您完全知道他们打算说什么；你从他们的职位或者类似的东西中会知道。如果此人是个必要的证人，但他不给您证词，好吧，您可以传唤他。如果您还未弄清状况的话。

国分辩护律师：证人不想签署他的证词——以制作宣誓证词，虽然我们尝试频繁地传唤他，我们也没能做到，这是未能制作宣誓证词的原因。就我们而言，辩方希望从证人证词中得到的内容是清晰的，即有关中国共产党活动的全面解释。因为上述原因，我们没能制作证人的宣誓证词，所以我们想从法庭得到特别允许，在公开庭审中对证人进行直接询问。

韦伯庭长：我认为您在进行威胁，虽然您没有使用这个词。请对我们坦诚相告。

国分辩护律师：我不理解阁下的意思。

韦伯庭长：我的意思再清楚不过了。

国分辩护律师：这位证人害怕作出任何有关中国共产党的陈述，因此，我们希望允许对这位证人进行直接询问，这就是我们请求让他离开的原因。

韦伯庭长：这多荒谬。他准备在法庭上做出陈述，但是不准备写入证词中。他自始至终在传唤状态。他是将它放到证词中，还是在这里宣誓，对他有什么不同吗？认为他准备在公开庭审中陈述他不准备写进证词的内容，难道不荒谬？如果他说他的确如此，我们应该尊重他的怪念头吗？我可不会。

国分辩护律师：我们认为，证人甚至也害怕在公开庭审中做自由陈述。

韦伯庭长：我要询问证人如此做的理由。

国分辩护律师：证人先生，我们假设您害怕做出有关中国共产党活动的陈述，因为您的陈述必将与——可能与苏联共产党或者共产国际，甚至苏联有关，请坦陈为什么您不愿意做自由陈述。

韦伯庭长：您已经为他陈述了，让我们来听听他是怎么说的。

证人：我不清楚。

国分辩护律师：我们试图请求您出面——我们多次请求您出面，而您没有这样做,我们认为您不说出来的原因是这让您感觉不自在。我们的想法对吗?

语言监督官:我们多次要求您出面,来我们的办公室,但是您没有这样做。我们认为您的犹豫是因为您对坦白和完整地陈述您的所知感到不自在。我们说的对吗?

韦伯庭长:我们不打算强迫他回答。在他目前的心理状况下,他对您来说是没有帮助的。您最好把他从表格中去掉。我们让他离席。我们正耗费着宝贵的时间,这个人不准备开口。他得按程序离席。当他对辩方有用的时候,他可能在任何阶段被再次传唤。

(证人离席。)

坎宁安辩护律师:如果法庭允许,我们现在提交有关共产党在中国活动的文件。看起来语言上的困难干扰了这位证人的恰当陈述,但是我们将试图在中午解决这个问题,暂时将这位证人留在法庭。

韦伯庭长:这无关语言文字问题,只关乎他自己的态度。

坎宁安辩护律师:我可能误解了整个状况;但据我所知证人准备了一份他自己的陈述,到最后签署陈述时,他因为自己的一些原因犹豫了。这是我的理解,并且这是我此时召唤这位证人的理由。我将试图在中午厘清状况,并且考虑怎样挽回证人的证词。

我们接下来提交第202H号辩方文件,来自鲍威尔先生书中的另一段节选,其进一步勾勒了20年代共产党在中国的活动。提交这份文件的目的是勾勒一个背景,其他节选和文件以及证人证词均建立在此背景之上。正如我们所知,鲍威尔先生是此审判中的一位证人,在其他问题上被询问过。

韦伯庭长:诺兰先生。

诺兰检察官:庭审记录第18419页中,辩方文件第202H号在作为证据提交时,曾被法庭驳回。

坎宁安辩护律师:我认为,证人是引用其本人根据现场收集的资料所写书中的章节,还是站在证人席上作证,他的证词中所列举的证据才是关键。只要他的证词对本案有影响,就应该给于足够的重视。

韦伯庭长: 您是说该文件已经被提交并驳回了吗?诺兰先生。

诺兰检察官: 是的,庭长阁下。

韦伯庭长: 坎宁安先生,您承认吗?

坎宁安辩护律师: 该文件可能在该案中有关其他问题的某个阶段被驳回过,但是这次,它因为与此案中的这一问题即共产党在中国的发展有关而被提交,我相信它是非常相关的,而且非常具有重要性,并且我不认为因为在此案的其他阶段被拒绝过,该文件就该被驳回。

韦伯庭长: 根据多数议决,异议成立,该文件被再次驳回。

坎宁安辩护律师: 我认为这是第一次发生这种事情。我们能对法庭驳回文件的态度有所建议吗?当然,许多文件包含多个问题,而且我们不能分割一篇节选内容的一些部分,我们想选取一些与特定问题相关联的部分,而且我希望对此有个说法。

韦伯庭长: 我没有告诉您再次提交它是错误的做法,您可能有一个很好的理由。如您所说,也许其中有着原本不相关,而如今有关联的内容。

坎宁安辩护律师: 我之所以如此认为的原因是,接下来要提交的文件属于同样的类型——202Ⅰ号文件——提交它的目的是表明中国共产党在中国获得据点以后,尤其是在当地驱逐国民党、夺取政权后出现的困难。依照新近的进展以及证实由于共产主义扩张引起日本恐惧的事实,我们宣读了文件,属于鲍威尔先生个人经历和观察的报告。

韦伯庭长: 我的两位同僚提醒我代表本法庭做出如下声明:只要其属于对作者所见事实之客观复述,到目前为止我们就允许鲍威尔先生书中内容的提交。这当然代表了我的观点,但是我不知道它是否代表了法庭所有成员的观点。

坎宁安辩护律师：庭长阁下，这也是我的想法，只要节选内容叙述了与该问题有关的事实，那么它就是可以被采纳的。

诺兰检察官：如果法庭允许，在庭审记录第18416页显示第202-Ⅰ号文件曾被提交，且在第18418页显示其已被驳回。驳回的原因为，该文件是无关的，不具有可以作为证据的价值，而且在对它的审核中将会发现，它所提出的事实在作者的认知范围之外。我不想被置于吹嘘检方证人价值的地位，但是我建议，他证词中所观察到和写下的内容应该同样被采纳，尽管其可能不具有相同的重要性，因为他在出庭时所说的范围是有限的。

我的一位助手希望我提醒法庭，鲍威尔先生已经过世了。

韦伯庭长：我们已经知道了这个令人惋惜的消息。我们所有人都知道。

根据多数原则，异议有效，该文件不予采纳。

坎宁安辩护律师：我现在提交第202Q4号辩方文件，其表明张学良的势力和共产党组织之间的合作以及有名的西安事变。在该事件中，这位年轻的元帅扣押了蒋介石，由此在妥协基础之上形成了蒋介石和共产党之间合作关系的开始。

我想我们现在将不得不因为材料分配而放弃第Q4号文件。我请求法庭将辩方文件第202S1号定为证据，这是一份简短的描述西安事变一些细节的文件。

韦伯庭长：诺兰先生。

诺兰检察官：庭长阁下，我们对该文件提出异议，因为首先，它是无关的；其次，它表达了作者的观点。它的内容是关于加强一位中国绅士声望的问题，我认为这是不相关的。

韦伯庭长：根据多数原则，异议有效，该文件不予采纳。

坎宁安辩护律师：我们接下来提交第202S2号辩方文件，以表明共产党利用获得同情来推进他们在中国的运动，并进一步扩大中日之间的分歧。

韦伯庭长：柯明斯-卡尔先生。

柯明斯-卡尔检察官：如果法庭允许，首先，我们以相同的理由对该文件提出异议，也就是说，该文件并非为在作者个人认知范围内记录的任何内容，而仅是作者从一份未知来源获得的报告。然而，在某些阶段，我们希望讨论的问题更加全面。关于中国国内政治、关于中国共产党和国民党的关系，以及中国对日本的态度具有什么关系之类，这些问题应该与法庭上所论述之主题有关。

韦伯庭长：柯明斯-卡尔先生，为什么不现在进行讨论呢？

柯明斯-卡尔检察官：我正打算就此请求您的同意。我们认为，关于日本是否在中国事变中违背相关条约，它目前拒绝宣告，或者说，日本是否做出违反相关条约之行为的问题仍然存在，我们接受所有法庭昨日的裁定。我们认为，接下来的问题是，如果材料能证明发生在1937年7月7日事件之后日本对中国的作战和侵略是正当的，那才是相关的。中国内部事务的材料不具备相关性，除非它也能有同样的证明效果。我们认为，不管日本政府是否赞同中国的共产主义，在任何情况下，他们都没有权利以扫除共产主义为目的对中国发动侵略。这些文件中的一部分，也包括这份文件。我们认为，如果它们表明中国共产党发动了针对日本的战争，或者努力通过各种手段诱使中国国民政府发起这类战争，这些文件才是可以被采纳的。

韦伯庭长：柯明斯-卡尔先生，请在午后继续您的法庭辩论。

我们休庭到下午1点30分。

（从12:00开始休庭。）

（13:32开庭。）

法庭执行官：远东国际军事法庭现在重新开庭。

韦伯庭长：柯明斯-卡尔先生。

柯明斯-卡尔检察官：庭长阁下，休庭前我提出，这份文件为典型的不相关文件，原因是，要具备相关性，它们必须表明一些真实的事情可以证明日本对中国的侵略是正当的，以表明它既不违反《九国公约》或《巴黎协定》，也不违反其他任何条约。我将文件分为三个类别：第一，那些仅仅与共产党在中国的活动有关的，与任何其他国家没有任何关系的；第二，企图表明中国的共产主义分子正努力组织武装，抵抗日本在中国的进一步行动的；第三，表明中国共产党或者南京政府意图与日本开战以收复领土的。我们认为，这三者中的任何一个都不能为日本侵略中国的行为提供合法性的证明，所以都是无关的。但是我们意识到它们需要分成几个等级，每一个分类需要分开考虑。至于第二类证据，我认为，参考第一类，很明显，使用武装力量抵抗侵略不能够为这一侵略提供合法性证明，或者说的更恰当一点，这叫自我防卫。但是，我认为，即使证据属于第三类，也就是说，表明其是为了收复领土，或者为了其他目的而与日本开战，仍然不能为侵略提供合法性证明，因此也是无关的。不幸的是，有一种情况经常发生，即边界一方或者双方，对边界另外一方的人们存在紧张和不适感。但是它本身既不是犯罪，也不是攻击的合法性证明。

"进攻是最好的防御"这一说法，可能是个严肃的战争座右铭，但它对谁是战争爆发中的侵略者这一问题不具有任何适用性。问题是：谁实际发动了战争？或者，如果它开始于一些微不足道的边界事件，谁实际利用了这一机会，以制造一场更大规模的战争？由于这些原因，我们认为该证据只是倾向于表达一种情感或者紧张的状态，或者日本人心中的理解，与真正的问题没有任何关联，是浪费本法庭的时间。

韦伯庭长：坎宁安先生。

坎宁安辩护律师：庭长阁下，看起来检方现在正试图通过反对证据的引入，在本案中段判定本案的一个重大问题，而该证据提出了法庭昨天判定的相同问题。关于我们另一个重要问题，即抵制活动的问题。

看起来这是辩方提出和争论的证词之一，即中国那时的情况是关乎保护亚洲及日本和平的重大相关问题。我们的论点是，日本的利益受中国影响，有权受到保护，而中国共产主义分子公开驱逐日本利益的实质是对日本宣战。我们认为，中国共产党在中国的发展和扩张是关乎日本和东亚其他国家的重大问题，而且就日本而言，这当然是令其恐惧的问题，使他们不遗余力进行斗争。我们想要表明，共产党在中国的活动对中日军队之间的冲突有着重要影响；出于对共产主义扩散的恐惧和其扩散对于亚洲和平侵扰的担忧，日本的行为是正当的。我们将表明，反共产国际协定是合法的，而这是检方控告某些被告的罪责之一，他们参与了反共产国际协定的执行。我们相信，第三方对邻国的发展及国内情况的关心是合法的，尤其当涉及不同的社会系统时，并且当该社会系统的拥护者公开宣称日本是该系统的敌人时。我们认为共产主义在中国的发展问题是该案涉及的重大问题之一，也是日本之所以采取行动的原因之一，而且为了证明其自卫立场的合法性，我们想要用证据证明日本的恐惧是正当的，并且其采取行动是基于信念。

检方已经控告了日本人犯有战争侵略的罪行。根本问题是日本人发动的是否是一场保护他们在邻国的重要利益的自卫性的战争，或者是否是一场有计划的，如他们宣称的侵略性战争。依照指控，以及已经发生的事实，我意识到这一问题可能被撤销了，但我们应该被允许提交所有我们可以拿到的证据来表明日本的真正情况，以及因为邻国共产主义观念发展所带来的真正困难。我们认为日本人是在出现情况时进行防卫，其中的一个情况是共产主义的发展；而检方提出的是日本人事先已经设计了一场侵略行为。这是个重要问题。

我的一位助手洛根先生对此有所了解，他现在不方便转达给我。我想问是否可以允许他自己表达。

韦伯庭长：我想法庭将乐意聆听他在此重要问题上的看法。

洛根辩护律师：如果法庭允许，我想指出，柯明斯-卡尔先生在他的辩论中，限定了三类他认为对侵略的发生不重要的条目。换句话说，他说，如果我们打算证明的是真的，那么将不能证明对中国的侵略是合法的。首先，这是假设法庭已经判定存在对中国的侵略，而这是法庭将要判定的问题之一；而且他也忽略了这一事实，即不仅这些共产主义活动在中国存在——在事件开始之前就存在，并且它们贯穿于整个时期内。而且因为这些事件贯穿于整个时期，它们对于起诉书中有关这些被告是否共谋，并发动侵略战争的指控来说是重要的。如果这些证据证明，就像我们认为的，这些事件是由共产主义分子的活动制造并激起的，那么共产党的活动对起诉书中的指控来说将非常重要。并且，将讨论限制在事件开始之前发生的事情，检方忽略了这些事件和共产主义分子的活动贯穿于整个时期的事实，而且，它们是有实质意义的。我同样指出尝试解决的问题，日本的政策是尝试解决和不扩大事件，而且我们将会表明，共产主义分子的活动阻碍了事件的解决，并激发了新的事件。

柯明斯-卡尔检察官： 庭长阁下，我认为有三个观点是新的，我请求做出回应。首先，关于反共产国际协定，这不是该起诉中特别的指控主题。它是作为日本、德国和意大利之间阴谋的一部分被提出的。关于此，检方的观点是，这不仅仅只是意图，而是为这三个国家最终发动战争，并导致太平洋战争所做的准备。在中国是否存在共产党的活动与此没有关系。其次，由洛根先生提出的，关于我就日本对中国的侵略的设定。这里没有设定任何此类的事情。当然，如果辩方可以引入证据来反证我们的证据的话，就不会有我们现在讨论的这些问题了，而且此证据无法阐明该问题。关于洛根先生提出的最后一点，他说我们忽略了的某些证据将会延伸至所谓的中国事变爆发之后的时期。我认为，这同样是无关的。中国共产党的军队同国民政府军队合作抵抗侵略这一事实不会表明侵略是否具有攻击性质。

最后，我想要提醒法庭，此辩论已经变得非常广泛，完全脱离了先前仅仅因为该文件内容超出作者认知范围而对其提出的异议。

韦伯庭长： 最后一项是增加的异议。法庭成员将协商几分钟。

（14：06 休庭。）

（15：08 重新开庭。）

法庭执行官： 远东国际军事法庭现在重新开庭。

韦伯庭长： 我们对柯明斯-卡尔先生、坎宁安先生和洛根先生争论的观点有了判定。法庭认为，关于中国或其他地方的共产主义或任何其他意识形态的存在或散播，在一般阶段都是无关的。而有关中国共产党或者任何其他中国人对日本国民或财产的实质伤害的证据，可能会证明日本行为的合法性。当被告开始提交证据时，他们可以提交他们对共产主义的恐惧作为对其行为的解释，这给出了一个异议理由。还有其他需要我们裁定，这一裁定适用于最后提交的文件，我们驳回此文件，异议有效。此裁定是由多数原则决定的。坎宁安先生。

坎宁安辩护律师： 在审核文件时我不能立即认定，如何把中国共产党特定活动的文件从其他中国人和中国民族主义活动的文件中排除。

韦伯庭长： 依照您对我们裁定的理解提交或者保留文件。

坎宁安辩护律师： 第一个辩方文件，第959C号，是外务省亚洲事务局关于共产主义派别的组织和活动情况的报告。

韦伯庭长： 针对日本公民或财产的活动，还是一般的活动？

坎宁安辩护律师： 该文件倾向于证实日本人对威胁他们安全的外国影响的恐惧是正当的。我现在必须详细审核该文件，以确定您所提出的问题。依我之见，这是对中国的共产党和共产国际在1932年这一时期所进行的活动的总体描述。

韦伯庭长： 显然，它不涉及对日本公民或财产的攻击。

坎宁安辩护律师： 庭长阁下，我刚刚宣读完，不能从中做出判断。除了第4页的中间部分——

韦伯庭长： 唔，如果您有任何疑问，把它提出来，我们稍后将会听您和柯明斯-卡尔先生的法庭辩论。

柯明斯-卡尔检察官： 庭长阁下，我已经详细阅读了该文件。我认为，在法庭的裁定标准下，很明显它应该被排除。除此之外，还有其他许多会被提出异议的地方。据我所知，只有第 4 页涉及日本，并且它只是说日本和许多其他国家的共产党被置于一个叫做牛兰的人的控制之下。

坎宁安辩护律师： 庭长阁下，这些问题如此紧密地交织在一起，是中国的共产党、国粹主义者还是国民党在侵犯日本人的权利，是个非常难以判断的问题。这是对特定年代的总体回顾。

柯明斯-卡尔检察官： 庭长阁下，这里不存在任何关于侵犯权利的内容。它仅仅是关于各个国家的共产党组织。

韦伯庭长： 好吧，坎宁安先生，您打算提交它吗？

坎宁安辩护律师： 我已经提交第 959C 号辩方文件，是外务省亚洲事务局的报告。

韦伯庭长： 柯明斯-卡尔先生，您要提出异议吗？

柯明斯-卡尔检察官： 是的。我不知道阁下是否想要听取其他的异议。我认为，这一个就足够了。简单说来，他们声称是一本书中的摘录，却没有证明，它更像是汇编；它也没有包含任何作者本人认知范围内的问题。第三点异议理由是，从年代上来看，该文件仅仅到 1932 年，难以看出它与 1937 年的中国事变有什么关系。但是第一条是主要的异议。

坎宁安辩护律师： 我认为，它对于中国共产党活动的进一步发展和两国之间矛盾形成的潜在动因提供了背景支持。

现在我提交第 959 号文件作为基础文件，并且这是个从中而来的节选。

韦伯庭长： 唔，请附上第 959 号文件的识别号码。

法庭书记官： 第 959 号辩方文件被法庭接受为证据，以 2513 为识别号码。

（前述文件被标以辩方证据第 2513 号，并被法庭接受。）

韦伯庭长：根据多数原则，异议有效，该文件不予采纳。

坎宁安辩护律师：现在我提交第 959D 号辩方文件作为证据，此证据表明自 1932 年 12 月起中国共产党活动的发展状况，为外务省亚洲事务局的官方出版物，其对总体情况做了说明。我省略表格，仅宣读摘要中的几页。

柯明斯-卡尔检察官：庭长阁下，这一文件是从同一本书中摘录出来的，此前的异议对其同样适用。此外，进一步的异议理由是，它几乎全部由一本被称为"反共旬报"的杂志中的摘录或引用组成。其涉及针对的是其他中国人，不是针对日本人的所谓的共产党暴行。

坎宁安辩护律师：我的看法与之前的相同。

韦伯庭长：根据多数原则，异议有效，该文件不予采纳。

坎宁安辩护律师：现在提交第 959E 号辩方文件。这是从描述 5 月 30 日事件的 5 号文件中节选出来的，是第 4 项"赤色运动"第二部分"中国和满洲共产主义运动概况"的第一章，由日本外务省亚洲事务局所搜集的资料汇编而成。我们的目的是通过这份文件，表明共产国际在日本和中国使用非常巧妙的手段，通过巨额资金收买官员和记者来筹谋可怕的诡计。

柯明斯-卡尔检察官：庭长阁下，这份文件可能比其他两份文件更需要被提出异议。它来自同一本书的摘录，涉及 1918 年至 1925 年间上海的工人罢工。这里面唯一涉及日本的内容是，提及的 117 起罢工中有 39 起，或者大约 1/3，是直接针对日本人经营的企业的。而且，文件大约有一半内容来自一封匿名信。

韦伯庭长：在第 7 页上，其声称为了方便起见，日本企业被单独列出；但是在第 14 页，涉及了日本的秘密机关。

柯明斯-卡尔检察官：庭长阁下，第 14 页是匿名信的一部分。

韦伯庭长： 坎宁安先生。

坎宁安辩护律师： 我认为我们已经强调了这份文件中包含的观点。我们不期望拿出一份像 959E 号这样的文件从之前剩下的文件中独立出来，或者与接下来的文件区别开来，也不期望它作为站得住脚的完整故事。

韦伯庭长： 根据多数原则，异议有效，该文件不予采纳。

坎宁安辩护律师： 我现在提交来自同一份文件即辩方文件第 959F 号的摘录。该文件表明苏联共产党通过各种险恶的阴谋，策划北满布尔什维克化并由其外交机构负责进行。

韦伯庭长： 柯明斯-卡尔先生。

柯明斯-卡尔检察官： 庭长阁下，我们对这份出自同一本书的摘录文件提出异议。这是一份有关共产党在满洲活动的小道消息汇编，几乎全是在 1931 年 9 月之前的活动，而且在其中唯一能找到的有关任何对象的敌对活动，是在 1929 年直接针对中国军队的。

韦伯庭长： 坎宁安先生。

坎宁安辩护律师： 基于上述相同的理由，我们敦促法庭采纳这份文件。

韦伯庭长： 异议有效，根据多数原则，该文件不予采纳。

坎宁安辩护律师： 现在我提交辩方文件第 959G 号。我们打算通过这份文件表明驻哈尔滨的苏联领事馆内建立的北满委员会组织，以及在满洲的苏联共产党员的秘密活动。

韦伯庭长： 柯明斯-卡尔先生。

柯明斯-卡尔检察官： 庭长阁下，基于相同的理由，我对这份文件提出异议。该文件第一部分是关于在某个未知的年份，一名朝鲜共产党员声称要炸掉某座桥梁。第二部分是关于近期满洲的苏联共产党组织，但是没有给出日期，我们无法得知到底时间有多么近，除了一个地方提到了 1930 年的事情。这纯粹是对一个组织的详细描述，在我看来，除了那位朝鲜男士未成功的炸桥尝试，它不包含针对任何对象的任何敌对活动。庭长阁下，还有一个问题，资料来源没有明确。我认为，这本书没有证明力，即使它的内容看起来是相关的。

坎宁安辩护律师：我认为，这份文件比起其他那些不被采纳的文件来说，属于不同的类别。文件的第一行就表明，它比其他任何文件都更多地阐述了日中两国之间的问题，以及共产党活动的发展。我认为，这一文件符合此前检方提议的或者说提出的异议、经您定夺后制定的证据采纳标准。

韦伯庭长：根据多数原则，异议有效，该文件不予采纳。多数法官认为文件的第一部分不具有可以作为证据的价值，虽然其符合总体标准。

坎宁安辩护律师：我现在提交第 960G 号辩方文件，这是一份外务省文件，文件阐述了中国共产党的历史、其对中国的政策、其北上的过程，及国民党同共产党的分道扬镳。

柯明斯-卡尔检察官：庭长阁下，此文件来自另一本名为《中国共产党党史》的书，它并不能确定是由外务省汇编而成，仅是受他们的委托。这篇摘录来源于不知名的小道消息，内容有关莫斯科的各位领导人对于 1925 年上海罢工事件的看法，而这些内容已在之前被驳回的文件中涉及了。

坎宁安辩护律师：这是一份简短的文件，你们中的大多数可能已经看过了。

韦伯庭长：根据多数原则，异议有效，该文件不予采纳。

坎宁安辩护律师：我现在提交辩方文件第 1016 号，以证实导致 1935 年《八一宣言》和十二月决议的事件，以及针对日本的赤化计划。这份文件中提出的事实是这里一些被告行为的基础。

韦伯庭长：柯明斯-卡尔先生。

柯明斯-卡尔检察官：庭长阁下，我们对这份文件提出异议，它依旧是从另一本书中摘录出来的,而且有关它仅有的认可是,它是由两名日本作者所写,于1946年11月由授权的公司出版。这本书大量篇幅的内容引自于另一本书,而根本就没有被许可。它只是关于共产党和共产国际的历史。我们认为无论从哪种角度都应该对该文件提出异议。

坎宁安辩护律师:我们提交这份文件是为同一个有关共产党活动的问题提供线索,并且追溯到1935年,这是中国共产党活动得到发展的重要年份。文件表明了当时日本人对这一问题的心态和看法。

韦伯庭长:根据多数议决,异议有效,该文件不予采纳。

坎宁安辩护律师:现在我提交第1015号辩方文件,来自《红星照耀下的中国》一书的摘录,作者是美国一流记者,他用他的旅行、观察和调查的经历记录了中国所处的国际环境。这是众多详细报道中的一份,说明了中国抗日运动的发展、共产党长征,以及毁灭日中友好关系的民族主义。依据它的证明力,我们将其提交,并请求法庭基于其重要价值,在该文件宣读之前,保留裁定权力。它是许多重要问题的基础,可以省掉其他许多材料的提交。

韦伯庭长:柯明斯-卡尔先生。

柯明斯-卡尔检察官:庭长阁下,我们先前已经对其他新闻记者的书提出过异议,基于同样的理由,我们对该文件提出异议。此外,该文件是不相关的,且与被法庭先前驳回的文件有相同的性质。这本书的大量篇幅是关于作者本人,后面的部分提出了关于共产党基本政策的看法。之后这本书提到了作者在1926年与毛泽东的对话,[1]似乎占了该书很大篇幅。我认为,它没有价值,并且整个主题都是不相关的。

韦伯庭长:坎宁安先生。

坎宁安辩护律师:庭长阁下,我说完了。

---

[1] 此处1926年应为1936年。

韦伯庭长： 根据多数原则，异议有效，该文件不予采纳。

坎宁安辩护律师： 我们现在提交辩方文件第739号，来自日本编年史的一篇文章，关于苏联对逮捕鲍罗廷夫人的抗议，中国共产党的活动中经常提及她的名字，与后面的文件有联系。

韦伯庭长： 柯明斯-卡尔先生。

柯明斯-卡尔检察官： 这篇文章摘录的日期是1927年3月，意图表明苏联大使馆对这位女士被中国军队逮捕的抗议。这仅仅是篇新闻稿，此类文件已频频地遭到法庭拒绝，并且我们认为，该主题完全不具有相关性。

坎宁安辩护律师： 我提出这份文件，但愿望并非十分强烈。

韦伯庭长： 根据多数原则，异议有效，该文件不予采纳。

坎宁安辩护律师： 现在提交辩方文件第903号，表明西安事变前蒋介石对共产党的态度，也报告了无视法律和秩序的"共匪"行为。这份文件是总领事三浦发给外务大臣广田的电报，是一份官方文件，它包含了大量当时掌控日本政府政策的有关活动材料。

韦伯庭长： 柯明斯-卡尔先生。

柯明斯-卡尔检察官： 庭长阁下，这份文件的来源比其他文件更重要，但是我们同样要对它的内容提出异议。它仅仅包含了领事从各种材料中搜集的关于中国境内共产主义者活动的材料，预测了蒋介石未来的可能活动，不存在任何与日本或日本人相关的事情。

坎宁安辩护律师： 我认为这份文件有一定证明力，它阐明了一些被法庭驳回的文件中涉及的问题；这是一份官方宣言，而且它关乎被告席上的一位被告的事实，使这份文件更加值得重视。

韦伯庭长： 根据多数原则，异议有效，该文件不予采纳。

现在是4点钟，我们将休庭至明天早上9点30分。

（16:00开始休庭。）

十三、西安事变与全国各界救国会

1947年4月30日,星期三
日本东京都旧陆军省大楼内远东国际军事法庭

(9:33开庭。)

法庭执行官:远东国际军事法庭现在开庭。

韦伯庭长:除了由律师代表出席的冈敬纯、平沼骐一郎、东乡茂德之外,所有被告都在场,巢鸭监狱的医生证实,3名被告今天因病不能参加审判。该证明将被记录存档。

坎宁安先生。

坎宁安辩护律师:我现在提交辩方文件第907号。这是一份政府文件,在日本外务省档案列入"有关中国各地'共匪'问题杂纂"的总标题。该文件为总领事川越在天津发给外相广田的电报,日期为昭和十年(1935年)七月二十三日。我们的目的是通过这份文件表明陕北赤化的灾难性局面,以及它对日本的威胁。

韦伯庭长:奎廉先生。

奎廉检察官:如果法庭允许,检方反对引入这份文件。我们认为它属于昨天下午做出的裁定的范围。它仅仅涉及共产主义活动,与日本没有任何关系。

卡宁西姆辩护律师:庭长阁下,当邻国有数十万公民在世界著名的暴乱和革命中被杀害,那么我们认为,为了自己国家的安全而进行干涉是正当的。

韦伯庭长：很明显我们的裁定可以适用于该文件。异议有效，该文件不予采纳。这是由多数原则决定的。

坎宁安辩护律师：我现在提交第906号文件。这是一份归档于日本外务省的政府文件，也列入"有关中国各地'共匪'问题杂纂"的总标题，是驻北平的武藤书记官发给外务大臣广田弘毅的电报，日期是1936年3月31日。我们的目的是通过这份文件表明，南京政府对侵占山西的共产党军队发动进攻的真实情形以及华北的红色威胁。

韦伯庭长：奎廉先生。

奎廉检察官：如果法庭允许，检方认为，该文件与已经被法庭驳回的文件具有一样的性质，它与日本根本没有任何关系。

坎宁安辩护律师：此后将要提交的文件将表明，这些情况影响了日本的利益和政策。我提请你们注意该文件中出现的被告的名字。

韦伯庭长：被告广田弘毅如果出庭，在他作证的时候，这份文件可能作为答辩文件提交。异议有效，该文件不予采纳。

坎宁安辩护律师：我们现在提交辩方文件第693号，这是一份图表，显示了华北共产党的活动，以及迫使日本与之斗争的强大组织系统。这份文件有力地证明了日本抵制该运动的必要性。

韦伯庭长：这份文件是第963号，但在证据中显示为第693号。文件目录可能有错。

坎宁安辩护律师：文件目录错误，但注释正确。

韦伯庭长：奎廉先生。

奎廉检察官：如果法庭允许，检方基于与前面两份文件完全相同的理由对这份文件提出异议。该文件仅仅是意图表明华北共产党组织，不涉及日本的任何事情。

坎宁安辩护律师：庭长阁下，我认为，当进行到本案关于苏联的阶段，在解释日本政府有关"反共产国际协定"的活动时，这些是基础性文件，在本案的其他阶段也会被反复提及。当然，这只是证据的顺序问题,是按顺序提交材料的问题。我们认为,将该问题作为一个总问题来提交,比让被告零散地提交更加令人满意。这些文件形成了涉及这一特定问题的多名被告的总体辩护基础。

韦伯庭长:这份文件受制于法庭的裁定。您所说的不妥,我希望您能停止。异议成立,该文件不予采纳。我第三次告诉您:当个别被告作证时,他们可能非常依赖这类文件,至少他们可能通过答辩的方式加以提交。

坎宁安辩护律师:唔,这就是我们现在提交的目的,避免重复的工作;这将促使我们再次通览一下这些问题,并且重组我们的证据链。

韦伯庭长:您还是在提出异议。

坎宁安辩护律师:我认为我有义务指出法庭方面决议的不可行,并且我忍不住——

韦伯庭长:您仍然在提出异议,我希望您能停止提出异议。

坎宁安辩护律师:您是不是建议我仅仅是提交文件,但不要敦促法庭采纳它们?

韦伯庭长:绝非如此。请您告诉我们,您认为您提交的文件中哪些在我们的裁定范围内,哪些在我们的裁定范围外。

坎宁安辩护律师:庭长阁下,我能做到的就是宣读提出具有相关价值文件的一方的想法。

韦伯庭长:很明显您的职责是在提交文件的时候,就该文件是否在裁定之列表达您的看法,而不是对裁定提出异议。

坎宁安辩护律师:我们提交辩方文件第 1213 号的目的是表明共产党活动是持续性的,而且面向除苏联以外的国家,除日本以外的其他国家在当时正在抵御共产国际第七次代表大会。这些摘要都来自 1936 年 8 月 25 日及 27 日,日本和德国签订防共协定的那一年。

柯明斯-卡尔检察官:庭长阁下,从辩方律师所说可以看出,很明显,这份文件与其他文件一样,也在法庭裁定之列。

韦伯庭长： 显然如此。异议有效，该文件不予采纳。

坎宁安辩护律师： 辩方文件第 1058 号是一份官方通讯，是由河相从上海寄给外务大臣有田的外务省公文。我们提交这份文件是为了表明共产党在西安事变后对日本的政策，并且开始实施针对日本利益和国民的运动。

韦伯庭长： 柯明斯-卡尔先生。

柯明斯-卡尔检察官： 如果法庭允许，我认为，这份文件显然也在法庭的裁定之列。它确实提到，通过与共产主义的妥协形成了一条抗日战线，但是法庭的裁定是，法庭只会考虑对日本、日本国民和财产采取主动行动的事实文件，而它并未涉及此类事实。而且，它建立在推测和不明来源报道的基础上，并且其主要内容引自一份既未被提交也未做说明的文件。

坎宁安辩护律师： 我认为，这份文件包含了导致日本政府领导人行为的基础材料，而这些行为正是他们如今被检方所指控的。

韦伯庭长： 根据多数原则，异议无效，采纳该文件。

法庭书记官： 第 1058 号文件被接受为第 2514 号证据。

（前述文件被标以辩方证据第 2514 号，并被法庭接受。）

坎宁安辩护律师： （宣读）

至：外务大臣有田八郎。

来自：驻上海总领事河相达夫。

主题：救国团体对西安事变的态度。

中国人和外国人都密切关注 12 月 12 日爆发的西安事变的进展。由于张学良及其追随者的抗日政策建立在"联俄容共抗日"关系基础上，各党各派结成统一战线的全国救国联合会及其所属各救国团体的动向亦为世人瞩目。但是可能因为全国救国联合会的领袖遭受大规模逮捕（1557 号机密文件，12 月 19 日），在那些日子里,这些组织的活动不那么高调。由于西安事变的真相逐渐变得明朗,他们似乎也做出了决定,他们在几天前也就是12月15日发布了"有关当前局势的紧急声明",该声明的翻译件附加在此。

救国会关于西安事变的主要观点如下:

(1) 停止内战。

(2) 停止剿共。

(3) 建立抗日统一战线,缓解蒋张对立。

(4) 和平解决西安事变。

(5) 加强绥远抗战。

并且,似乎他们计划通过对日战斗来结束内战。在保持对救国会警惕的同时,我们匆匆对目前局势做出如上报告。

辩方现在提交第902号文件,是川越大使发给外务大臣有田的电报,日期是1937年1月13日,其表明共产党在实施抗日的时候采用武力政策。这是一份外务省文件,并且与导致中日之间更加严重冲突的事件有联系。

柯明斯-卡尔检察官:尊敬的庭长阁下,检方对这份文件提出异议,昨天法庭的裁定对其同样适用,该裁定不仅适用于仅仅有关中国共产主义活动的文件,而且适用于缺乏敌对证据的文件。辩方律师错误地把这份文件描述为针对任何人的敌意,更不用说日本人了。事实上,它仅仅涉及中国领土内一些小规模的军队活动;并且,我们进一步对它提出异议的理由是,它似乎是建立在一份未说明的报刊报道的基础上。

坎宁安辩护律师:我请您关注第3段,这一段似乎直接有关最后宣读的文件的内容,并且为之后有关共产党抵抗——共产党针对日本人的活动的文件做了铺垫。

韦伯庭长:根据多数原则,异议有效,该文件不予采纳。

坎宁安辩护律师:我现在提交辩方文件第906号,是总领事三浦发给外务大臣林的电报，日期是 1937 年 2 月 21 日，表明西安事变之后共产党对蒋介石态度的变化。该文件也显示出扣押蒋介石事件是共产党唆使的。提交这份文件的目的是表明，释放蒋介石对中国和日本关系的重要意义。

韦伯庭长：柯明斯-卡尔先生。

坎宁安辩护律师：我还想请大家注意第 3 页的 D，它提到，释放蒋介石的条件之一就是他同意采取抗日行动。

柯明斯-卡尔检察官：庭长阁下，辩方律师似乎忘了昨天法庭做出的裁定，就在庭审记录第 21081 页，我想再宣读一遍。

韦伯庭长：他知道，柯明斯-卡尔先生，对日本人或日本人的财产进行攻击的证据。

柯明斯-卡尔检察官：庭长阁下，除了对这份文件的异议之外，还有一点：它完全是建立在推测的基础上。阁下会看到文件第 3 行的"有理由相信"这句话，而这些出现在第 1 页最后 2 行半的推测，似乎来自领事馆某个不知名间谍的报告，这个间谍是从一名匿名的共产党员那里听来的。

坎宁安辩护律师：庭长阁下，这件事情奇怪的地方是，该文件所表达的已经在历史上被确认过了，而日本政府必须依据现场报告者的资料，依据能获得的最佳资料来做出决策。在昨天和前天所提交的证据中，我们描述了中国人的活动和抗日运动，而这确实是针对日本利益和日本国民所进行的攻击，所以我们必须允许 D 带着这一强烈含义。

韦伯庭长：根据多数原则，异议有效，该文件不予采纳。

坎宁安辩护律师：第 911 号辩方文件是川越大使在 1937 年 3 月 5 日发给外务大臣佐藤的电报，我们提交这份文件的目的是表明共产党党羽在两国有外交往来关系的时候公开要求针对日本做战争准备。这关系到当时和现在发生在中国和世界上许多其他国家的一系列麻烦事件的来源。

韦伯庭长：柯明斯-卡尔先生。

柯明斯-卡尔检察官：庭长阁下，这份文件违背了法庭的两项裁定。首先，它几乎全部由一份未出现的文件组成，而且也没有对该文件进行说明。文件的第5行说"文件的全部内容如下"，然后就是这份文件的内容。其次，虽然它谈到针对日本的统一战线，以及迅速完成对日的战争准备，但并没有提出任何关于实质性进攻的记录。

韦伯庭长：柯明斯-卡尔先生。

柯明斯-卡尔检察官：庭长阁下，我想加上一点：辩方律师提到中国共产党的战争准备或者说甚至是发动，就像他们可以因此证实日本人进行攻击的合法性。考虑到在本案中已经证实的日本的行为，我认为，针对进一步的同种行为做一些准备来保卫自身，不仅是自然且是合理的，同时也不能作为日本人更进一步行动的借口。

坎宁安辩护律师：我认为，检方对于事情的假设有点过头了。如果这份文件没有阐述清楚这个主要问题，那么有必要就应该引入什么类型的证据来表明日本政府政策的基础以及其对自身利益的必要保护做出一些说明。

韦伯庭长：唔，我们的裁决已经涉及进攻行为，但是如果您有显示威胁日本国民和财产的文件，您提交出来。如您所知，对袭击的定义包括一个有现场行为能力的人为了达到目的而实施的袭击。

坎宁安辩护律师：我指的是第3页第4条，其写道"迅速完成全面对日战争准备"。我们继而相信战争准备是本案辩论的重要因素之一，而这恰恰是为日本人的辩护，同时也是对其他控诉国的指控。

语言监督官：坎宁安先生，您能解释一下吗？我们对"defense"一词的意思不太明确。它是指日本做出"防卫"，还是本审判中的"辩护"？

坎宁安辩护律师：是指辩护的论点。

韦伯庭长：法庭提议休庭几分钟来考虑一些要点。

柯明斯-卡尔检察官：在法庭休庭之前，考虑到辩方律师的言论，我想提请大家注意所引证的电报的开头段落，该段内容声称战争准备的目的是"保护我们不受外国的侵略"。

韦伯庭长：我们休庭片刻。

（10：20 开始休庭。）

（11：00 开庭。）

法庭执行官：远东国际军事法庭现在重新开庭。

韦伯庭长：除了法庭昨天表示接受的文件，即证明共产党和其他人真实攻击日本国民和财产的文件，法庭已经决定采纳有此类威胁性攻击特征，就是说威胁的性质严重、迫在眉睫、有能力执行的证据。最后提交的那份文件既没有这些特征，也不包含真实威胁——攻击的证据。根据多数原则，异议有效，该文件不予采纳。

坎宁安辩护律师：辩方文件第913号，是在1937年3月16日发给外务大臣佐藤的一份电报，其展现了中国共产党纲领中的五个要点。以后的文件将会表明这些要点对日中关系的影响。

柯明斯-卡尔检察官：庭长阁下，我们认为，很明显，这份文件不可能在法庭刚才或昨天做出的裁定之内。它是一份资料来源不明的报告，请庭长阁下看一下标有编号的段落，其中写道，一些人聚在一起决定了中国共产党今后的路线；并且，第1段提及他们意图在抗日活动的幌子下改善党的组织力；第4段提到以抗日动员为前提实现群众利益需要；第5段中提到其目标是发展成为一个反对日本帝国主义的组织。我们认为，在法庭裁定后立即提交这样一份文件完全是对于法庭裁定的无视。

韦伯庭长：我想他们需要一份已提交文件的记录。

坎宁安辩护律师：庭长阁下，不仅如此，我感到随着证据的披露，这些领导人的名字将变得更加引人注目，并且接下来的每一份文件都能表明共产党武装事先在这些会议中制定了一项纲领的事实。我认为没有一份文件能就存在的情形向法庭做出如此清晰的描绘,但是从前前后后的每份文件中,你们会发现造成中日冲突的潜在的深层原因。

韦伯庭长:根据多数议决,异议有效,该文件不予采纳。

坎宁安辩护律师:辩方文件第912号是1937年3月13日三浦总领事发给外务大臣佐藤的一份电报。我们提交它的目的是为了表明西安事变之后中国共产党的抗日纲领。这是日本外务省的一份官方文件,与中日冲突的深层原因有关,并且与前面出现过和后面将要出现的文件有关。它还是一系列与当时情形有关的电报的一部分,该文件的证明力因此得以加强。

柯明斯-卡尔检察官:庭长阁下,我们对该文件提出异议。

韦伯庭长:柯明斯-卡尔先生。

柯明斯-卡尔检察官:我们不明白为什么一份文件的证明力会因为其与另一份已被驳回的文件有关联而增加。我们认为,这份文件不包含任何通过法庭裁定的内容,最接近的部分大概是编号为C的有关重组红军投入抗日的内容。我提这个是为了表明它离法庭裁定有多远。我们还想提出其他的异议理由,我们已经多次提及;领事报告纯粹是谣言,它全由这段文字介绍为:"根据西安的共产党的消息,似乎……"

坎宁安辩护律师:我们认为,第3页与已经描述过的状况有直接的关系,"红军根据地的建立"等,符合法庭决定,并且第3页的G似乎与已经被采纳的文件属于同一类型。

韦伯庭长:根据法庭多数议决,异议有效,该文件不予采纳。

坎宁安辩护律师:我们现在提交辩方文件第901号,以表明在1937年4月2日,有关抗日军队迅速扩张,有必要组织力量进行自我保护的详细报告传达到了日本外务省。该文件是形成某些日本政策的基础,这些被告正因为制定这些政策被指控。正如我们所表明的,如果日本在中国的军队和利益得到条约规定的保护,那么任何在外国土地上针对他们的行动都是违反国际法的。这就是我们的论点。

韦伯庭长：柯明斯-卡尔先生。

柯明斯-卡尔检察官：庭长阁下，我们以同样的理由对该文件提出异议。这仅仅是谣言，它所提到的全部主题是一部分红军作为抗日军队加入国民政府军，并且将获得一定的军费。至于辩方律师提交的这份文件，我们早就意识到，日本的论点是任何针对日本侵略的抵抗都是有罪的违法行为，但是这并不能使它通过法庭的裁定。

坎宁安辩护律师：我请法庭记住检方关于外交报告仅仅是谣言的评论，因为他们所持有的大量控告证据同样如此。

韦伯庭长：根据多数原则，异议有效，该文件不予采纳。

坎宁安辩护律师：辩方文件第915号与第901号文件属于同一系列，其证实和详述了先前提交的报告，表明了共产党的持续抗日运动。

韦伯庭长：柯明斯-卡尔先生。

柯明斯-卡尔检察官：检方认为，这份文件不能证实任何事情。辩方律师应该知道，我并不是因为它们是外交报告，就将先前的文件和这份文件描述为谣言。

韦伯庭长：我们完全理解。

柯明斯-卡尔检察官：文件开头说，这是根据当地一名有影响的共产党员从某个机构获得的消息报道而得知的等等。在这个主要问题上，一次也没有提到日本，它仅仅涉及了中国的国内政治和军事重组。

坎宁安辩护律师：我认为，当描述中国的冲突时，它的确应该恰当地表明中国的军事活动以及作为对抗措施的日本的准备，这份证据表明了日本必须反抗，理应被采纳。

韦伯庭长：根据多数议决，异议成立，该文件不予采纳。

坎宁安辩护律师：现在提交辩方文件第898号，其为1935年4月10日的一份绝密文件，它出现在这里有些不合时宜，它是驻汉口总领事寄给外务大臣广田的，描述的是第三国际的阴谋。这个文件阐明了抗日情绪的存在及其因为共产党活动而加剧。

韦伯庭长：柯明斯-卡尔先生。

柯明斯-卡尔检察官：庭长阁下，我们以与先前同样的理由对该文件提出异议，也就是说，它被描述为"由领事馆警察署收到的消息"。鉴于法庭的判决，它仅仅与传播共产主义的秘密活动有关，唯一涉及日本的内容是据称参与者之一是个日本人。

韦伯庭长：根据多数原则，异议有效，该文件不予采纳。

坎宁安辩护律师：现在我提交辩方文件第 899 号。这也是一份保存在日本外务省标题为"有关中国各地'共匪'相关问题杂纂"文档中的政府文件，时间是 1936 年 1 月。这份文件意图表明苏联也指导了中国共产党，并且苏联大使馆为其提供了必要的活动经费。

韦伯庭长：柯明斯-卡尔先生。

柯明斯-卡尔检察官：我们异议的理由同样因为它声称是一份文件，或者是一份描述，或者是文件的内容，但是关于文件在哪儿，或者文件怎么了，没有任何解释；对于文件本身和文件中引用的内容来源，也没有半点儿说明。至于文件的内容，从开始到末尾都没有提及日本，它应该完全取决于法庭裁定。显然，诸如他们希望引起法庭注意的第 4 页底部的一个声明之类的事情，即共产党——共产主义形成的活动不同于那些土匪或者一般的中国军队。我们认为，法庭不应该在诸如此类问题上耗费时间。

坎宁安辩护律师：柯明斯-卡尔先生不同意提交这些文件也许是件好事。但是我想提醒的是，事实上，这份文件与我所提交的第 693 号文件的共产党组织示意图有关。

韦伯庭长：因为示意图被法庭驳回，所以您应该对先前提交的这份文件感到满意。根据多数原则，异议有效，该文件不予采纳。

坎宁安辩护律师：辩方文件第 918 号是总领事中村在 1937 年 4 月 19 日晚上发给外务大臣佐藤的电报，其内容描述的是共产党和蒋介石军队之间的关系，以及抗日运动的一些细节。

韦伯庭长： 柯明斯-卡尔先生。

柯明斯-卡尔检察官： 庭长阁下，这又是被法庭多次驳回的第三方传闻。消息是由一位叫安本特的先生传达给领事的，但是安本特所述已经被法庭驳回，因为他收到的消息来自一位不知道名字的人。基于法庭裁定唯一涉及日本的内容是，据说蒋介石拒绝了一些共产党员提出的发动抗日运动的提议。

坎宁安辩护律师： 我认为我们当然不必一直涉及传闻证据的规则，不必在意是两段结构还是三段结构。但是这份文件能自圆其说，我相信，如果您参考第一段，您会发现，它涉及一个引发日中两国关系破裂的关键人物，当然，任何关于两国关系的文件都应该被视为具有证明力。

韦伯庭长： 根据多数原则，异议有效，该文件不予采纳。

坎宁安辩护律师： 辩方文件第916号是一份于1937年4月28日发给日本外务大臣佐藤的报告，其表明共产党军队耍计谋扩充实力，并且以抗日政治宣传作为与中央政府合作的基础。

韦伯庭长： 柯明斯-卡尔先生。

坎宁安辩护律师： 文件已提交。

柯明斯-卡尔检察官： 庭长阁下，我们以同样的理由提出异议。这份文件的消息来源是一名不知身份的共产党员，我并且想说，即使法庭不受传闻证据规则的约束，此类的谣言也应裁定为不具有任何证明力。根据法庭今天早上的裁定，这份文件没有任何证据力。唯一提到"日本"这个词是在第2段，但是其没有任何使之适用法庭裁定的内容。

韦伯庭长： 根据多数原则，异议有效，该文件不予采纳。

坎宁安辩护律师： 为了证明开场陈词中关于蒋介石政府和共产党之间的协议，我们现在提交第917号辩方文件，该文件是1937年5月4日，总领事三浦向外务大臣佐藤提交的一份关于汉口形势的官方报告。我特别想强调第 1 页底部第 2 点，这一段内容明显符合今天上午法庭的裁定。

韦伯庭长：柯明斯-卡尔先生。

柯明斯-卡尔检察官：庭长阁下，这份文件是典型的谣言。这份领事报告来源于一名不知身份的共产党员，据说有人私下与共产党员谈话，而且说了他印象中的谈话内容。我们认为，不管这个文件的主题是什么，它都没有证明力。我们也认为，以后以这种方式提交的文件，都不符合法庭的裁定。

坎宁安辩护律师：我想说了解外交第一原则的人都知道外交文件不会出现消息来源人的名字。

韦伯庭长：看来走漏了风声。安本特的名字曝光了。

坎宁安辩护律师：我读了大使的各种日记，看到许多空格，于是对外交公文和记录的这一特征留下了深刻的印象。

韦伯庭长：根据多数原则，异议有效，该文件不予采纳。

坎宁安辩护律师：现在提交辩方文件第 909 号，是 1937 年 6 月 22 日总领事冈本发给外务大臣广田弘毅的电报，强调国民党和共产党之间的和解，详述了西安事变。

韦伯庭长：柯明斯-卡尔先生。

柯明斯-卡尔检察官：庭长阁下，我们对该文件提出异议。这个消息来自一个据说和共产党有联系的不知姓名的人，并且他将以下保密内情告诉领事馆的工作人员。他所说这段内情完全不在法庭的裁定之内。

韦伯庭长：根据多数原则，异议有效，该文件不予采纳。

我们将休庭到 13 时 30 分。

（12:00 开始休庭。）

（13:32 重新开庭。）

法庭执行官：远东国际军事法庭现在开庭。

坎宁安辩护律师： 接下来我提交辩方文件第 908 号。这也是一份归档在外务省标题为"有关中国各地'共匪'问题杂纂"的记录中的政府文件，是武藤书记官于 1936 年 3 月 26 日在北平发给外务大臣广田弘毅的电报。我们的意图是通过这个文件表明冀察政务委员会试图阻止布尔什维克主义的散播。

韦伯庭长： 柯明斯-卡尔先生。

柯明斯-卡尔检察官： 我们认为，这份文件同样不符合法庭裁定。这份文件提供了两份政治宣传单，但这两份据说是由冀察政务委员会分发的传单，其主旨并不涉及反共内容。我们认为，即使它们是真的，也仅仅表明了中国的内政分歧，与本案没有任何关系，同日本、日本国民或财产也没有什么关系。我们也要求法庭对这种意图提供无引用文件的证据，采用之前的裁定。

韦伯庭长： 坎宁安先生。

坎宁安辩护律师： 庭长阁下，对于这份文件，我没有什么要补充的。

韦伯庭长： 根据多数原则，异议有效，该文件不予采纳。

坎宁安辩护律师： 接下来我们提交辩方文件第 313 号，关于一篇最近发表在日本出版的盟国报纸上的报道，其内容是蒋介石的新年贺词，贺词中强调了共产主义在中国的不良影响。这篇文章仅作为对中国分裂和动荡的根本原因的说明。

柯明斯-卡尔检察官： 庭长阁下，我们希望提交这份文件只是一个玩笑，而不是一种无礼行为。我们认为，当前有关中国或其他地方的共产主义和反共产主义论战与当前的审判风马牛不相及。

坎宁安辩护律师： 该文件表明，中国的困境并非在于日本在条约范围内进行军事涉足和占领，而是在于与中国内部共产主义活动以及与国民党军队的关系。

韦伯庭长： 异议有效，该文件不予采纳。

坎宁安辩护律师： 我们现在提交这个部分的最后一个文件、辩方第

1156号文件，是马歇尔将军提交给杜鲁门总统的一份报告的摘要，内容是关于他近期在中国完成的任务。在报告中他强调，共产党的政治宣传一直是中国无法维持和平秩序的根本原因之一。

韦伯庭长：柯明斯-卡尔先生。

柯明斯-卡尔检察官：我们以对上一份文件异议的理由同样对这份文件提出异议，我不做更多说明。

韦伯庭长：异议有效，该文件不予采纳。

坎宁安辩护律师：至此，本案第三部分第二阶段有关中国的共产主义活动和抵制日货问题的陈述结束。我现在请出罗伯茨先生，他将负责本案的下一阶段陈述。

十四、上海事变的发生

韦伯庭长： 罗伯茨先生。

罗伯茨辩护律师： 庭长阁下，我们将通过证人和文件提交有关1937年8月13日第二次上海事变中战争爆发的证据。我们提请法庭关注第2419号证据，辩方文件第34号，这是一份关于停止上海战争的协议。因为该证据涉及之后的证人和其他文件，所以提请注意该证据。我只宣读第5页的第三附属书，仅关于共同委员会的职责。

    第三附属书

    共同委员会由11名委员即日本、中国政府代表以及依照3月4日国际联盟理事会决议，作为友好国家代表促进协商的美国、英国、法国和意大利驻华公使及武官各1名组成。共同委员会根据其认为的必要数量雇佣助手，以随时为委员会之决议提供协助。委员会将审慎关注所有的问题和程序，他们的决定按照多数投票原则，委员会主席拥有决定性一票。委员会主席由参与的友好国家选举产生。委员会将按其决议以最恰当的方式监督该协定之第1、2、3项条款的执行，该委员会授权对上述提及的三项条款中的任何一项规定的执行过程中可能产生的疏漏进行监督。

我们现在提交辩方文件第1110号，这是一份外务省于1937年8月10日发表的官方声明，内容关于1937年8月9日海军陆战队大山中尉在上海遇袭身亡事件。

韦伯庭长：柯明斯-卡尔先生。

柯明斯-卡尔检察官：庭长阁下，我们有两个理由对这份文件提出异议，第一项异议理由适用于本部分意图处理1937年夏天发生在上海的事件的所有文件和宣誓证词。

语言监督官：稍等一会……好了。

柯明斯-卡尔检察官：我不知道法庭会采取何种规定，但是在以往我所经历过的类似庭审中，我所熟悉的规定是：如果一个检方证人就某一特定诉讼标的作证，而辩方拥有关于那个诉讼标的的证据，而且恰好在证人所知范围内，他们必定将证据材料在交叉询问中呈于证人面前，以便证人能有机会做出回应。如果没有这样做，辩方证据没有法庭的许可将不允许提交，除非有可能传唤检方证人给他一开始就应该有的机会。在本案件中为检方作证的证人是庭审记录中第3253页和之后几页的鲍威尔先生。他也在充分详细的交叉询问过程中提出了关于其他事实的一些证据。不过在这点上，辩方没有向他提出任何问题。很不幸，因为鲍威尔先生的死，我们无法再传唤他，他当时在上海，亲历了大部分事件。我们面对的是本该由他在法庭上陈述的一卷来自辩方的有关事件细节的证据。我们提出的异议将不仅适用于这份文件也将适用于这个阶段中余下的所有其他证据。

韦伯庭长：在缺乏任何解释的情况下，未能进行交叉询问将会无法弄清事实。但是在本次审判中，我不确定我们在这个问题上能否更深入。也许不同的国家会有截然不同的规定，柯明斯-卡尔先生。

柯明斯-卡尔检察官：关于这份特殊的文件，庭长阁下，我们提出异议是因为它是外务省发布的一个片面供述，本法庭一再不予采纳。这份文件证明了日本政府在特定时期的说法，但是没有证据表明他们相信它或者说它是正确的。

韦伯庭长：罗伯茨先生。

罗伯茨辩护律师：这是一份关于1937年8月9日发生的海军中尉

大山被杀事件的直接事实陈述，是一份正式声明。这份文件说明了其后几天上海爆发战事的起因。确实，除了作为 res gestae 之外，依照宪章，它还是一份正式声明，可以被定为证据，是具有证明力的。

语言监督官： 您能解释"res gestae"一词吗，罗伯茨先生？

罗伯茨辩护律师： r-e-s g-e-s-t-a-e。

语言监督官： 请用英语。

罗伯茨辩护律师： 这是拉丁语表达。

语言监督官： 除非是英语，否则我们无法翻译。

罗伯茨辩护律师： "在那时发生的事件的一部分。"

韦伯庭长： 我想法庭一位成员的如下描述可以将我的态度告诉您："本法庭涉及面很广，辩方需要得到材料并长时间收集证据，我们不受证据的技术规则限制。因此，我们没有驳回这份证据是因为没有就此对鲍威尔先生进行交叉询问。"根据多数原则，异议无效，文件予以采纳。

法庭书记官： 辩方文件第 1110 号——

韦伯庭长： 等一下。我对这份记录末尾处判断错了，必须重新计算投票情况，得出一个不同的结果。异议有效，文件根据多数原则不予采纳。

罗伯茨辩护律师： 我猜想这份文件被驳回不是因为柯明斯-卡尔先生一开始提出的反对理由吧。

韦伯庭长： 交叉询问并没有问题。文件被驳回是因为法官的多数意见，认为其没有证明力。

罗伯茨辩护律师： 我们现在提交辩方文件第 1120 号，这是一份情报局长发表的声明，其为日本外务省的一份官方文件，是一份关于 1937 年 8 月 14 日上海虹桥地区爆炸案的供述，由中国人描述对他们自己人不分青红皂白的爆炸，这标志着上海战事的开始。我想要补充一句，我们想要跳过一些资料，只宣读最开始的两段和最后两段。

韦伯庭长：柯明斯-卡尔先生。

柯明斯-卡尔检察官：庭长阁下，这份文件与最后一份文件完全雷同，我提出的第二项异议理由完全适用于该文件。阁下，我想在法庭判定证据的可采纳性之前，利用这个机会对辩方律师关于这份文件内容的片面陈述提出异议。事实是，当查明真相或假使鲍威尔先生接受过交叉询问，在我们看来，局面就会和辩方律师所提及的完全不同了。

韦伯庭长：在描述文件或试图使之成为证据时，辩护律师有时提到的事实太过繁琐，这是难以控制的。我们必须依靠律师的鉴别力。尤其是，当这盏红灯阻止我们即刻介入的时候，我们必须去听一些我们在一般法庭上不会听到的事实。

罗伯茨辩护律师：我想要使法庭相信所给的消息只是为了描述文件的性质。

韦伯庭长：根据多数原则，异议有效，文件不予采纳。

罗伯茨辩护律师：我们现在提交辩方文件第 65 号，这是日本政府于 1937 年 8 月 15 日所作的一份官方声明。

韦伯庭长：柯明斯-卡尔先生。

柯明斯-卡尔检察官：我们对这份文件持有相同的异议，阁下，它只是日本政府的片面陈述。

罗伯茨辩护律师：如果法庭允许，我们认为，这是一份关于上海战事爆发的政府官方声明，详尽地解释了事件的原因和中国军队采取的措施。

韦伯庭长：没有反对意见？

柯明斯-卡尔检察官：我对这份文件已经提过异议了，阁下，和之前两个异议一致。

罗伯茨辩护律师：毫无疑问，这份来自政府的官方声明是在调查之后形成的，是关于导致战事爆发的事实的报告。

韦伯庭长：根据多数原则，异议有效，文件不予采纳。

罗伯茨辩护律师：我们现在提交辩方文件第1121号，这是一份外务省的官方文件，日期为1937年8月16日，关于第二次上海事变，是一份要求日本保卫其在上海居民的事实陈述。

韦伯庭长：柯明斯-卡尔先生。

柯明斯-卡尔检察官：我们以相同理由对该文件提出异议，在之前的三次个案中已经提过了，庭长阁下。

韦伯庭长：您能区分这份文件和上一份文件吗，罗伯茨先生？

罗伯茨辩护律师：不，我无法区分。我只能说这份文件与随后的证人有关。

韦伯庭长：异议有效，文件不予采纳。

罗伯茨辩护律师：我们现在提交辩方文件第206D(5)号证据。该文件摘自前美国大使格鲁先生8月14日关于中国人制造上海爆炸案的日记。这个文件清楚地陈述了先前提到的爆炸案。

柯明斯-卡尔检察官：庭长阁下，我们对这份文件提出异议，理由是，从这本书中已经摘录了相当分量的相似内容，仅仅表达了格鲁先生的个人意见。就他所提及的内容而言，只是传闻而已。弄清楚当时格鲁先生写下这个日记时，他是否已经收到事件一方的描述或双方的描述是非常重要的。

韦伯庭长：这无疑是传闻，来源也不清楚。

罗伯茨辩护律师：请容许我们提醒法庭，格鲁先生当时任美国大使，在日记里的最后一行写道：他们已经从难民处收到第一手资料，这在法庭宪章下是容许的。该文件当然具有证明力，而且应当被法庭采纳，无论其是否有价值。

韦伯庭长：传闻当然是可采纳的，但是我们期望知道可以对此负责的人。当然，我们允许您质询格鲁先生。根据多数原则，异议有效，文件不予采纳。

罗伯茨辩护律师：我们现在传唤证人冈本。

（冈本作为辩方证人被传唤，宣誓后通过日语译员作证如下。）

直接询问（由罗伯茨辩护律师询问冈本季正证人）

问：请说出您的名字和住址？

答：我名叫冈本季正，现住东京都世田谷区北泽一丁目一一二三番地。

问：请让证人看一下辩方文件第1137号。请查看一下这份文件，告诉我们这是否是您的宣誓证词。

答：我确定这是我的宣誓证词。

罗伯茨辩护律师：我提交辩方文件第1137号证据。

韦伯庭长：柯明斯-卡尔先生。

柯明斯-卡尔检察官：庭长阁下，整体来看我们不反对这份文件，但是文件中的某些部分一旦存在有问题之处，我们会提出异议。

韦伯庭长：按程序接受。

法庭书记官：辩方文件第1137号被法庭接受为第2515号证据。

（前述文件被标以辩方证据第2515号，并被法庭接受。）

柯明斯-卡尔检察官：庭长阁下，如果我现在审阅一下这份文件，指出我们异议的内容，将其单独列出来，是否可行？

韦伯庭长：我认为您最好现在就提出来，柯明斯-卡尔先生。

柯明斯-卡尔检察官：阁下，第1页一直到第2页的第2段末，我们对第1页第3行后所有的内容提出异议。原因是宣誓证词的其他部分，作为事实陈述，仅局限于1937年上海所发生的事。关于他随后的职业生涯和他之后被认为是亲英和亲美的主张的冗长记述，我们认为与本案完全无关。还有，第2页第5段第2和第3行，我们对那些用词提出异议。我想请法庭注意证人在"违反1933年5月停战协定"以后几段文字中，表达了他关于这份文件的看法。对于本庭来说这一特定阶段的主要问题之一，是罗伯茨律师提到却没有宣读出与这个问题有关的那份文件的真实意义是什么。而且，阁下，在第 3 页底端的最后四个词，一直到第 4 页第 7 段末，我们提出异议是因为它与法庭反复重申的规定背道而驰，辩方给出的内容来自无法提交或无法对其进行说明的文件。还有，阁下，在第 5、6 页上，我们对整个第 9 段的内容提出异议，它仅仅是证人对于之后事件进程的主观臆测。另外，在第 12 段——也在第 6 页上——我们对第 1 行关于本部分的指示的引文提出异议，这份引文应该是书面的却未被提供；我们同样反对第 4、5 行的几个用词，根据先前同样的理由，我们对"在停战协定下禁止之行为"这份文件的解释提出质疑。还有第 10 页，我们对第 16 段，一个不知姓名的外国人向证人报告的想法提出异议。

韦伯庭长：罗伯茨先生。

罗伯茨辩护律师：关于对第 1 页的异议，我能说这仅仅关乎证人的经历吗？这个证人有着非常重要的相关事实，而且我肯定法庭为了确定他证词的准确性会对他的背景感兴趣。阁下您希望我说说别的方面吗？

韦伯庭长：是的，罗伯茨先生。我不认为在那方面有什么困难。这就是日本人说的履历。可能会过长，尽管如此，这并非是什么重大异议。当然，我们不需要任何证人来解释一份协议，这是我们的任务。这位不知姓名的外国人根本不具有什么权威性。

罗伯茨辩护律师：就该问题而言，这关乎在交叉询问中搞清楚他的消息来源。我们必须记住这个人当时是驻上海的总领事，他会接到事件的报告并告知双方的许多人。现在他就在这里，如果有任何关于声明的问题，他可以就他宣誓证词配合交叉询问。这份文件当然不同于无法进行交叉询问的文件。

韦伯庭长：我想我的一些同僚们也认为他的个人经历确实不相关，可能是正确的。但是，就个人而言，我认为在这点上要对他仁慈一点。这是一种谨慎的态度。我知道，这是日本人的弱点。我认为大多数法官同意我给您的意见,省略那些内容吧。

罗伯茨辩护律师:唔,阁下您是说——

韦伯庭长:我们不需要知道他关于这份协定的个人想法,或者他的想法的意义,我们不想知道这个外国人所说的话,除非他的身份是可以识别的。而且我们要求出示文件的依据或解释其无法出示的理由。如果您在接下来的宣读中有任何疑问,我会告诉您什么要省略。也许你不会坚持把这份冗长的个人记述宣读下去,除非您卓越的判断力认为它对我们的确有帮助。

罗伯茨辩护律师:我认为,由于这件事情的重要性,了解这个现在正在作证的人的背景是很重要的。关于从外国人处得到的消息,我们稍后可以问一下他是否可以证明这个人的身份以便证明这个材料可能与本案是息息相关的。

我来宣读一下证据第 2515 号。

(宣读)

(1)我担任外务省美国局局长至昭和十二年(1937 年)四月。当年五月起至昭和十三年(1938 年)三月二十日我在上海担任总领事。同年六月至昭和十五年(1940 年)九月我担任日本驻伦敦大使馆参赞。昭和十五年(1940 年)八月我接到回国命令,那时松冈洋右先生是外务大臣。当年十月我辞职回国,昭和十六年(1941 年)十月我被任命为日本驻新加坡总领事。十月五日我到了新加坡,由于战争爆发,同月八日我被拘留,被转移至印度。随后,因为昭和十七年(1942)八月日本和英国的外交往来,我被送往劳伦斯维尔。我受命前往欧洲,十一月被任命为驻瑞典公使。我在那里工作。日本投降之后,昭和二十一年(1946 年)一月我离开了那里。我于三月回国,四月辞职。

(2)在我的外交生涯中,从我从政的大正九年(1920 年)九月到大正十一年（1922年），从昭和十三年（1938年）到昭和十五年（1940年），我都在英国；从大正十四年（1925年）到昭和六年（1931年），我在美国，且在外务省担任欧美局课长、美国局长。我与英国和美国的关系长达数年，在这两个国家我有很多的朋友，我想我很可能会被认为是外务省中亲英派或亲美派分子之一。意识到这个原则的正确性，我认为日本、英国和美国不应该在任何时间以任何方式发生冲突，而且，它们不应该坚决发动一场冲突，考虑到它们周围形形色色的情况，对他们来说和平相处的唯一方法是达成友好共识。

韦伯庭长：那是一种观点。

（3）我在上海也与时任上海市长的俞鸿钧先生、美国总领事高斯先生、英国代理总领事戴维森先生和在上海颇具影响力的商人约翰·凯瑟克先生达成了一个友好共识。

（4）那时我到上海任职，当听到关于西安事变成功解决和蒋介石委员长被救出来的新闻时，我感觉中国人有一种释放感。但有一种关于日中关系暗淡不稳定的预感，甚至上海也因华北形势而笼罩在一种山雨欲来风满楼的景象中。

（5）当我到上海任职，调查关于日中关系的事件时，我得到一份报告说中国违反昭和七年（1932年）停战协定，禁区内保安队增加了许多兵力，正规军混入其中，在周围正在设置战壕和铁丝网，而且据说重建了吴淞炮台。当我收到这些报告，我没有想过放任不管，虽然我才上任不久，但意识到引起有关当局注意的必要性。以1933年5月5日停战协定为依据，我请求6月23日召开共同委员会会议。经过磋商，海军批准了我的想法。

韦伯庭长：他应该陈述是谁报道了这些内容。请继续宣读证词。

柯明斯-卡尔检察官：阁下，我原本也该反对辩方律师所宣读的用词以及在倒数第5行提到的"禁区内"这个表达。在这份协定中是否提到任何"禁区"的字眼也是有争议的。

韦伯庭长：哪些是禁区取决于停战协定中的定义，对此我们将会解释。

罗伯茨辩护律师：没错。

韦伯庭长：休庭15分钟。

（14∶45休庭。）

（15∶00重新开庭。）

法庭执行官：远东国际军事法庭现在开庭。

韦伯庭长：罗伯茨先生。

罗伯茨辩护律师：（继续宣读）

这个委员会由日本、英国、美国、法国和意大利的总领事及陆、海军武官组成，时不时进行会晤。但是至今已有5年没有碰面了。这次共同委员会在法国总领事馆会面，主要是关于俞市长和我自己之间的讨论。

我的建议基本如下："我收到关于保安队增加援军、建造战壕和中国军队在禁区使用轻型坦克和铁丝网的消息。如果这个消息是正确的，它就违反了停战协定。我希望委员会能够采取措施调查以上事实是否属实。"俞市长反对这个调查提议，坚持认为是日本过于紧张。出席委员会会议的第三国成员们似乎不太愿意卷入日中之间的冲突。会议没有得出任何特别结论。但是我相信我应该已经提醒诸国关注上海的不稳定因素，我认为这是源于中国的政策。

（6）1937年7月7日卢沟桥事变爆发，给在上海的中国人和外国人带来了严重的焦虑。那个时候，林内阁已经垮台，近卫公爵组成了一届新的内阁政府。外务大臣是广田先生。事变爆发后几天，我收到了政府的电报指示。

柯明斯-卡尔检察官：我认为这一段是法庭裁定应该删除的部分。

韦伯庭长：为了证明一份文件内容的必要性，您必须出示文件或解释无法出示的原因。

罗伯茨辩护律师：冈本先生，您证词中提到的电报，现在是否在您手中？

答：不在我手中。

韦伯庭长：那还不够。

问：那份电报是从哪里发送过来的？

答：那份电报是当时的外务大臣广田从东京发送给我的。

韦伯庭长：您怎么处理的？

证人：收到那份电报时，我任上海总领事。这份电报应该在上海总领事馆的文档中。

韦伯庭长：您必须出示以证实它的内容。

罗伯茨辩护律师：您知道那份电报的原件是否还存在吗？

答：我认为它在外务省的文档中。

韦伯庭长：除非出示这份电报，否则将不会采纳为证据。

罗伯茨辩护律师：您能回忆起那份电报的内容吗，冈本先生？

韦伯庭长：那没用，与本案无关。异议有效。

罗伯茨辩护律师：您在证词中说您接着又二次或三次收到了同样具有重要意义的命令……

韦伯庭长：这些也要出示，或者解释一下无法出示的原因。

罗伯茨辩护律师：我想要问一下证人他收到这些命令的方式，它们是否是书面的？

韦伯庭长：上面说他收到了，而不是听见了他的命令，所以那些命令一定是书面的。

罗伯茨辩护律师：冈本先生，您能告诉我们您所提到的接连收到的命令的类型吗？

答：都是电报。

问：命令的文件是否还存在？

答：我认为这份电报的原件在外务省文档中——这些电报的原件。

问：您有没有查过这些文档或者只是查一下这些特定的电报？

答：我从来没有自己查过这些电报。

韦伯庭长：他说他认为那些电报在外务省。显然他要么查过后发现在那里的，要么是一个假设。

问：关于这个我想做进一步询问。冈本先生，您知不知道外务省文件在战争期间被焚烧过？

韦伯庭长：问题是什么，我没有听到。

（法庭书记官重复最后一个问题。）

韦伯庭长：我们有浩如烟海的外务省文件。

罗伯茨辩护律师：庭长阁下，有许多在大火中被烧毁了。

韦伯庭长：这个证人已经说得很清楚了，他为那些电报作证。

罗伯茨辩护律师：如果是那样的话，可以展开调查，可能的话那些电报今后将会被出示。剩下的段落是否可以宣读，庭长阁下？

韦伯庭长：柯明斯-卡尔先生。

柯明斯-卡尔检察官：即使这些电报被定为证据，我们也会提出异议。他将这些解释给一群不知名的人的事实，我认为是不能被接受的，况且那些电报没有被定为证据。

韦伯庭长：他可以告诉我们他告诉别人的事情，而不是为了证明那些命令是什么，如果与本案有关的话。但事实是它们与本案无关。接受异议。

罗伯茨辩护律师：如果阁下允许，请听一下我认为特别的一段，关于委员会以及一些领事的会议，这一段可以证明所发生的事情确实相关并且极为重要。

韦伯庭长：如何相关？

罗伯茨辩护律师：这一段确切地叙述了发生什么事情，以及他向领事所述的和他们对他所讲的事。

韦伯庭长：没有那些命令的证据，整个这一段就都是没有意义的。即使您有这些命令的证据，他把它们传达给别人的事实也是不相关的。

罗伯茨辩护律师：我们认为证明他将从广田先生那里得到命令传递给领事是很重要的。

韦伯庭长：但是，我们没有得到这些应该在文件里提供的关于命令的证据。

罗伯茨辩护律师：他没有试图——

韦伯庭长：异议有效。继续宣读第8段。

罗伯茨辩护律师：我们只想提醒法庭他试图阻止一场战役，并告诉大家他到底做了什么……

韦伯庭长：请不要和我争论。我们都很清楚您所图为何，但是您无法恰当地证明。法庭有自己的规定，您必须遵守。

罗伯茨辩护律师：（继续宣读）

（7）我记得大约在7月15日，上海市长俞鸿钧先生邀请我去一个茶会，要求陆军和海军武官与我一同前往。所以我与陆军喜多诚一少将、海军本田忠雄少将以及总领事馆的一些工作人员共同出席。这个茶会在市长官邸举办，出席的还有一些中国人，包括一些在上海颇具影响的人物，如警察局长、保安队长、市长秘书等，他们之中有杜月笙、虞洽卿、王晓籁等。

(8) 市长致词如下：上海市民不想再有类似五年前的事件发生。我们希望避免上海发生日中之间的战争，无论其他地区发生什么事。我会尽我所能，我也希望日方能够以此为目标与我们合作。

我回答：日本也没有打算让事件扩大到上海。尤其是在我收到政府要求我们用尽一切方法阻止日中之间冲突的命令后，日本政府致力于解决当地问题以及不扩大卢沟桥事变的影响。我听到中方提出的建议深感高兴，日本自然会与中国合作以阻止在上海发生的任何日中冲突。但是我们担心中国会向恐怖主义寻求帮助，就像五年前日本经历的抗日运动一样而对上海造成危机，我们希望中国政府能够小心控制事态。

韦伯庭长：虽然他能够告诉我们他对上海市长说了什么，但是不足以证明文件的内容，因此仍然没有能够证明文件内容的证据。

罗伯茨辩护律师：请允许我提醒法庭在辩方对检方证人的意见和陈述提出异议时所说的话。法庭曾经说它不是陪审团，而是由 11 个法官组成的特别法庭，可以适当指出陈述中哪些是事实，无视那些意见性内容。

韦伯庭长：这是第一次在法庭上试图通过指出我们不是陪审团来解决问题。坦白地说，我不理解您指的是什么，法庭的其他成员也无法理解。

罗伯茨辩护律师：我只是重复之前当辩方反对检方证人陈述时法庭的说法。

韦伯庭长：我经常说当我们听到宣读不能成立的证据时，我们作为法官知道这是不能被采纳的并且不予理会，就此我刚才已经和您说过了。我允许您宣读我所提到的那份材料，但是我也指出我们不会受其影响，因为它不是合适的证据。我不明白为什么我们要忍受这些，我们没有多少时间。我建议您和您的同事们商量一下。

罗伯茨辩护律师：我只是提醒法庭不要被证据的技术性规则约束。

韦伯庭长：我们受此规则——证据必须有其证明力，出示文件或解释无法出示文件的原因是保证其有证明力的一种方法——的约束。如果重要文件在外务省，我们却满足于将其留在那里，并且允许证人不出示证据，那会是多么荒谬可笑！这些电报中的证据是至关重要的，您应该知道。

罗伯茨辩护律师：正如我所说，我们将会立即查明这些电报是否仍存在。

韦伯庭长：唔，那么为什么说我们不是陪审团并且提醒我们应该在这些事情上睁一只眼闭一只眼，接受旧的证据，即使合适的证据就在东京，离我们仅咫尺之遥？

罗伯茨辩护律师：我可以继续宣读吗，阁下？

韦伯庭长：可以。

罗伯茨辩护律师：（继续宣读）

我们用这种方式交换彼此的意见，从那以后，我们彼此变得很密切。市长有时会在一天之内致电我两到三次，要求我们海军遏制一些行动等。

（9）当华北形势与我们预期相反趋于恶化，以及随着局面的发展……

韦伯庭长：柯明斯-卡尔先生。

柯明斯-卡尔检察官：庭长阁下，我对这一段提出过异议，我不很确定法庭对此是否已经作出裁定。我们认为，这只不过是该证人的个人想法和臆测。

韦伯庭长：我们一直重复提醒对这种意见证据将不予理会。

罗伯茨辩护律师：庭长阁下，请看第2段第2行，他说"我得到了一份报告"，最后一行他也说，"基于此份报告"。所以如果这是一些基于他所收报告的事情，就不是他的个人意见了。

韦伯庭长：他得到一份报告说中国的态度似乎逐渐改变了，是吗？

罗伯茨辩护律师：如果阁下允许的话，我指的是下一段第2行。

韦伯庭长：请继续宣读。

罗伯茨辩护律师：

（宣读）

首先，我认为中国诚挚地希望阻止战火燃烧到上海。但是我得到这份报告时，在年轻中国官员中盛行的主流观点是如果日本公然抗击可能在华北发生的军事行动，中国会给予在上海的日本人以迎头痛击，中国能够在这个地区有底气反抗是因为防御工作在该地区做得相对较好。报告中也写道，保安队在禁区内增加了援军，正规军有几个师在上海周边聚集。所有这些都向我们表明中国正密谋某些事情。

（10）8月初，形势让我们嗅到某些事情即将发生，日本居民从长江流域撤离，聚集到了上海。长江上有日本海军调遣的炮艇和驱逐舰。

（11）在这些即将发生的事件的背景下，当我用尽全力避免日中之间的冲突时，最终在8月9日事件爆发，那天海军中尉大山在虹桥机场被中国士兵杀害了，形势急转直下。

（12）8月11日，我，预见到一场危机同时也在一定程度上受本省的指示，在市政府拜访了俞市长。我将吴淞方面或其他地方的保安队增加援军，设置战壕、铁丝网的消息告知他，说"如果您不理会这些状况，将会变得非常危险，日中之间的冲突将无可避免。如果您真的想要避免这场冲突，我希望您为撤回保安队至合理距离而努力以结束这场事件"。市长说日本要对增加军舰增强海军实力而使事件恶化负责,并没有轻易接受我的建议。但是在市政府四个小时谈话之后他承诺他会用尽一切方法阻止日中之间的冲突。7点过后,我离开市政府,那时天已经黑了。我的车被手持刺刀的中国士兵拦在了路上。他们不允许我通过,即使一开始我已经告诉他们我是日本总领事。最后我还是命令我的司机清楚地告诉他们我是日本总领事而让我们通过了。

(13)第二天(12日)早上,中国军队第八十七师和第八十八师前进到上海北火车站。我马上同市政府通了电话,但是市长不在。后来知道其在法租界的官邸,于是我要求总领事馆的一名工作人员打电话给他。那名工作人员报告我说市长称形势变坏他也无能为力。而问他为什么不在市政府的办公室,市长说他没有去市政府办公室是因为他前一天晚上在回家途中被保安队阻止了几次,他们不允许他通过,虽然他告诉他们很多遍他是市长。这些是我从工作人员口中听到的。

(14)接着,我想该是我做最后努力的时候了,于是我要求共同委员会召开一次会议。这次会议于同一天下午在上海工部局召开。出席会议的有俞市长,美国和法国总领事,英国和意大利代理总领事,日本海军高参武田和我本人。会议一开始,我向他们表明当前的严峻形势,我是这样说的:"昨天下午,我强烈要求市长命令保安队撤至安全距离以避免日中之间的冲突,市长也承诺会尽其全力。然而,中国正规军今天早上仍前进至北火车站包围了虹口地区的日本居民。我们要采取措施阻止战事发生,现在的形势不允许我们有任何迟疑。"于是我要求共同委员会调查中国违反停战协定的情况,并要求采取足够的措施避免冲突。

俞市长反对这样做,他说日本不能在停战协定基础上要求共同委员会赋予其权利,因为去年日本海军前进到八字桥的事件已经违反了这份协定。(关于这点,来自第三国的委员指责了他,并问他中国是否向共同委员会就日本违反协定一事提出抗议)。他也说中国现在采取的措施是一种对抗日军的自卫方式,并且为了避免冲突拒绝与日本合作。

于是我又问,"大家都有什么措施挽回现在这种情况?"

英国代表说:"毕竟这需要在上海的我国海军陆战队,但是对于英国来说,没有政府的指示,我们无能为力。"

美国代表说:"没有参谋长的命令动用美国海军陆战队是天方夜谭。"

意大利代表说:"我们可以将意大利军队置于日中军队之间以避免冲突,但是这支特别部队正从意大利出发至上海的途中。"

由于在会议上除了以上的意见没有其他想法提出,这次会议在我们决定日本和中国不应该武力对抗的结论中结束。

在这些情况下,武田参谋非常不安地说我们还没有准备好防御,如果我们耽搁了采取必要措施的时间,我们会陷入被动。我回答他说在这样严重的情况下,我们只能声明一切皆有可能,我们会尽全力,以免引起任何麻烦。于是我阻止他采取任何措施。

我认为我采取了所有可能的措施来解决这次事件,尽我所能直到最后一刻。顺便提一句,会议在下午6点结束。

(15) 8月13日,中国的便衣士兵从商务印书馆开火,下午双方在八字桥发生了交火。同一天晚上,美国和英国总领事提出建议说,如果日本希望避免冲突,他们会提供调解,条件是恢复大山事件爆发当天的局势以避免日中两国之间的冲突。我们接受了这个条件,并且告知了俞市长。随后俞市长报告给南京。但是建议来得太晚了,随着中国突然袭击日本部队和居住在上海的日本居民,事件进入不可逆转的阶段。

(16)……

关于这个第 16 段,我想问一下证人是否能明确之后评论的那个人的身份。

问:冈本先生,在您宣誓证词的第 16 段中您说事件一开始有一名外国人给了您某个消息。您能明确那个人的身份吗?

韦伯法庭:毕竟这只是个人想法,我们无法采纳。问他为什么相信他的消息?

问:请您告诉我们好吗?

答:我相信是上海出版的《东方杂志》的编辑伍德黑德先生告诉我的。然而,在我的宣誓证词中我说"一个外国人",因为我不能十分肯定是否是伍德黑德先生,因为那时我全神贯注于上海总领事馆的事务,出席领事馆工作会议,与其他国家的总领事会晤及开会,与新闻社见面,我不能确定那是伍德黑德先生,对此我不能做出明确的声明。

韦伯庭长:即使不是个人想法,这份证据也毫无价值。我指的是"我们知道日本竭尽所能阻止事件的发生",以及另一个关于"暴力分子"的表达。

好吧,继续宣读第 17 段。

罗伯茨辩护律师:我继续宣读第 17 段。

(宣读)

(17)此外,那时的海军陆战队兵力是 2 000 人,加上从汉口撤离的 300 人,以及从日本增援的 1 000 人,日军总数为 3 300 人。而在上海地区的中国军队据估计约有 5 万到 10 万人。两者之间差距如此之大,日本毫无可能企图发动战争。我经常向领事团和其他相关利益方说明这些情况,他们都表示接受。事实上,战事爆发后日本很快陷入窘境。特别是 8 月 17 日,杨树浦地区日军兵力不足。

阵地几乎陷落。因此我们认为必须做最坏的打算。

（18）我分别于 1937 年 6 月 23 日和 8 月 12 日要求共同委员会调查和尝试解决中国违反 1932 年 5 月停战协定的事件，在上述委员会的会议记录中将被宣读。

检方可以进行交叉询问。

韦伯庭长：倪检察官。

罗伯茨辩护律师：很抱歉，我能先要求证人辨认一下他所提到的会议记录吗？因为我们打算之后使用这份会议记录。

韦伯庭长：可以，罗伯茨先生。

罗伯茨辩护律师：能给证人看一下辩方文件第 1064 号和第 1063 号吗？

法庭执行官：罗伯茨先生，我递给证人的第一份文件是辩方文件第 1063 号。

（文件被递交给证人。）

罗伯茨辩护律师询问：

问：您能仔细检查一下辩方文件第 1063 号，然后告诉我们是否是您在宣誓证词中提到过的 8 月 12 日召开的共同委员会会议记录？

答：是的。这是 1937 年 8 月 12 日下午在上海工部局召开的共同委员会会议记录。这些会议记录由共同委员会的书记员所作。记录完成后，各国代表团在会议上都认可了这份记录。原件应该在上海工部局工作人员龙先生的监管下，他是一个美国人，也出席过领事法庭。

韦伯庭长：柯明斯-卡尔先生。

柯明斯-卡尔检察官：庭长阁下，我们对此不表示异议，也没有必要就细节深入展开。

韦伯庭长：您打算提问吗，罗伯茨先生？

罗伯茨辩护律师：这次我提交辩方文件第 1063 号。

韦伯庭长：按程序接受。

法庭书记官：辩方文件第1063号被法庭接受为第2516号证据。

（前述文件被标以辩方证据第2516号，并被法庭接受。）

罗伯茨辩护律师：现在我要证人仔细检查一下辩方文件第1064号，然后告诉我们那是否是6月23日召开的会议记录的准确副本。

（文件被递交给证人。）

证人：是的。

罗伯茨辩护律师：我提交辩方文件第1064号证据。

韦伯庭长：按程序采纳。为什么先提出第1063号？它的日期相对较后。如果您要宣读的话，您不先把第二个宣读一下吗？1937年8月的会议记录是在同年6月的会议记录前提交的。如果您想宣读这些文件，我建议您先宣读6月的那份文件。当然您可能有您的理由。

罗伯茨辩护律师：没关系，我打算先宣读6月份的文件。

法庭书记官：辩方第1064号文件被法庭接受为第2517号证据。

（前述文件被标以辩方证据第2517号并被法庭接受。）

罗伯茨辩护律师：为了节省时间，我已经对证词中的某些摘录做了标记。我将把标记过的摘录宣读一下。那些摘录的名称现在我不宣读，但是会简单地向法庭提及这些出席会议的各国成员。

韦伯庭长：法国、中国、日本、英国和意大利。

罗伯茨辩护律师：是的。我从第1页开始：

（宣读）

  共同委员会主席说他首先想要感谢委员会选举他为主席。如果因为语言障碍他不能清楚表达的话他希望会议代表能够谅解。

  他谈到会议通知（232号），该会议是在日本民间代表的要求下召开的，随后他邀请冈本先生发言。

冈本先生说："尊敬的主席先生和各位成员,离共同委员会上一次碰面,已有相当长一段时间了,我很高兴现在有机会看到我的同僚们。我特别感谢主席先生应我的要求召开此次会议。"

接着,冈本先生谈到他希望讨论的主题,而且他相信这也是共同委员会相当感兴趣的话题之一。最近他得到消息说在吴淞地区正建立或将要构筑防御要塞。这不是一件小事,这是共同委员会不能纵容的。委员会意识到鉴于1932年5月5日协定中的条款二,不允许中国军队经过某些特定区域,包括"待定"的吴淞地区,以免引起争议。这项条款只规定中国军队的活动受到限制,他认为中国当局任何企图加强非武装地区的防御都是一种战事,违反了1932协定的宗旨。此外,他不得不相信,共同委员会的各位成员会同意,如果防御要塞建成,会被认为是对公共租界和法租界的完整性和安全性的严重威胁。1932年5月5日的协定因此很大程度上证明是一份弥足珍贵的法律文件,对维护上海和周边地区的和平至关重要。他认为,在所提及的区域内建立防御要塞,会使那份文件变成一纸空文。他真诚希望关于建立吴淞防御要塞的报告,无论是实际的还是预期的,都不会是真实的,但是在这点上他希望他的中国同僚打消对日本的怀疑。为了反驳或是证实这份报告,他要请求中国代表团允许日本代表团有机会提前对吴淞地区进行勘查。如果报告是真的,他希望可以立刻采取措施阻止这些军事准备。在提出调查提议时,他暗示委员会的中立国陪同日本代表团一起勘查,他说中国代表团应该也很渴望能如此。

现在我跳到第3页第2段。

韦伯庭长:您要宣读的是一段很长的摘录。

罗伯茨辩护律师:是的。

韦伯庭长：今天到此为止。我们会休庭至明天早上 9 点 30 分。

（16:00 法庭休庭。）

1947 年 5 月 1 日，星期四
日本东京都旧陆军省大楼内远东国际军事法庭

（9:35 开庭。）

法庭执行官：远东国际军事法庭现在开庭。

韦伯庭长：除了冈敬纯、平沼骐一郎和东乡茂德，所有其他被告都到场，不在场的被告由辩护律师代表。巢鸭监狱医生证明以上提到名字的三位被告由于生病而不能参加今天的审理。他的证明被记录在案。

罗伯茨先生。

（辩方证人冈本出庭，经日语译员作证如下。）

直接询问（由罗伯茨辩护律师询问冈本季正证人）

罗伯茨辩护律师：庭长阁下，我继续宣读第 2517 号证据第 3 页，从第 2 段开始。

（宣读）

接着，俞先生说作为回应他想要首先谈一下一直被提到的 1932 年 5 月 5 日协定。他认为，因为这份协定而组织形成的共同委员会只能按照其中规定的明确条款行使权利。友好参与国的代表给了诸多帮助和建议使得 1932 年战事得以中止，并根据他们设想的情况构建 1932 年 5 月 5 日协定的框架。比如，为了避免双方军队更大冲突，中国军队打算留在当时所在位置，而日本军队打算撤离到虹口区的公共租界和越界路。大家认为有必要对这些条款的实施有一些监督，共同委员会就是为此而设立的。协定的条款

一表明，一旦日中当局命令停火，战事将于1932年5月5日起停止，同时双方必须停止一切形式的敌对行动。条款二规定中国军队将留在协定附录一所规定的地方，目的当然是因为如果他们没有留在那些地方，共同委员会可以进行干预。条款三规定日本军队必须撤离到特定的地方，共同委员会的责任在于监督其执行。条款四规定共同委员会的建立是为了确保双方撤离，并协同安排撤离日军及即将到来的中国警察（一种特殊的保安队）之间的交接。至此明确委员会的作用和职责并加以坚决实施，对此中国当局无论过去还是现在都深表谢意。中间的五年是和平的五年，和平与良好的秩序战胜了纷乱，中方不能被指控违反了协定的任何部分。

在俞先生的陈述中，他希望重复这点：共同委员会对协定中明确提及的中止敌对行动一事负有职责，委员会不能受协定范围之外的问题干扰。他主张其日本同僚所提出的吴淞要塞问题事实上在共同委员会的范围之外，当他说这不是友好参与国以任何方式——除了1932协定明确规定，限制中国的国家主权的目的时，他肯定共同委员会成员会同意他的说法。换句话说，上海周围相关地区的主权仍然属于中国，但是由于1932协定，中国同意暂时不会在那块地区行使其拥有的独立自主权。

现在我跳到第4页的最后一段，从"最后"一词开始。

最后，俞先生强烈呼吁打消对中国的疑虑和猜忌，并且重申他的观点——他的日本同僚提出的几点不在共同委员会的职责范围内，该委员会的作用和职责在1932年5月5日的协定中已明确规定。

柯明斯-卡尔检察官： 庭长阁下，我们应该宣读一下俞先生其余的意见。我觉得如果这些在现在宣读的话会更合适，但是辩方律师宁愿跳过这些，我也不能坚持。

韦伯庭长： 由您决定，罗伯茨先生。有时候检方会要求辩方宣读更多的内容，但是您不必受其影响。

罗伯茨辩护律师： 在这些会议记录中已经重复了许多次。我想要宣读一下解释，因为这对双方都是一个公平的局面。如果对我们的意图有任何疑问的话，我对宣读完整的一份文件并无异议。

韦伯庭长： 我们没有要求您那样做。不过宣读一下未标记过的部分更好。

罗伯茨辩护律师： 现在我继续宣读第5页的第3段。

（宣读）

日本政府作为最重要的利益相关方之一，与1932年协定及共同委员会的继续存在利益攸关。这份协定的价值和作用就像五年前首次提出时一样重要。因此这份协定不该渐渐失去作用，也不能单边终止。其应该为了那些委员会成员国而不只是中国和日本的利益，以保证协定的条款在任何时候都能被相关方面严格遵守，我们要牢记：严格执行1932年协定是确保上海和平及稳定的唯一途径。

这是冈本先生的答辩。

韦伯庭长： 您所念的超出了你所标记的。

罗伯茨辩护律师： 在我的副本里我已经从第5页一开始的第3段，一直到第6页最上面做了标记。

1932年协定首先规定了敌对行为停止的明确定义，通过将中国军队转移到附录一中详述的某一区域来保证敌对行动的停止。

换句话说，非军事化区域就此产生，在这个区域内相关当事双方将来都不能参与战事。此外，在和平会议中构建协定框架的谈判无疑涉及了战事的停止，包括在相关地区各种军事准备的停止。

现在的问题是，吴淞要塞在上海事变中被日军摧毁了。吴淞处于上述非军事化地区，在这里中方任何想要通过可能的武器补给来修复要塞的尝试都会被解释为严重违反1932年协定。他特别希望强调的是，这个计划会对上海的和平以及上海的外国势力控制地区的安全构成严重威胁。他肯定友好中立国也会同意他的想法。

现在我宣读第9页第2段。

由于日中两国代表团的退出，参与国代表就当时形势展开讨论并得出以下结论，由秘书长向重新加入会议的日中代表团宣读。

共同委员会参与国的代表当时没有就日中代表团在此问题上的观点冲突发表看法。然而，出于调解的姿态和好意及无偏见的立场，他们会询问中国代表是否准备就上海保安队人员组成和数量，或者在所谓禁区中设防的问题做出任何自愿声明。

俞先生代表他自己和中国代表回答说，他感谢主席和中立国代表出席会议，也感谢他们对之前事态的想法和意见，至于他应该就吴淞要塞问题作一份自愿声明的建议，他很遗憾地说他和中国代表在共同委员会的权力有限，而这件事情超出了共同委员会的范畴，没有政府的允许，他不能发表任何意见。然而，他想说，迄今为止中国当局没有任何战争意图和军事准备，他否认了日本代表宣称的中国当局任何的军事准备，并且说他想要再一次强调中国当局是最渴望维护上海持久和平和良好秩序的。

现在我宣读一下证据第2517号中的摘录。

韦伯庭长：您已经宣读过了。

罗伯茨辩护律师：是第2516号证据，很抱歉。从第1页开始。

主席说他在日本代表的要求下召开会议。毫无疑问，委员会所有成员都希望上海地区稳定，横亘在日中双方面前的难题能得到和平解决。

冈本先生说中国代表的陈述有不实的情况，他已经收到确切消息，大意是保安队从昨晚起已经占领了临近公共租界的多个位置。此外，第八十八师并不在北站附近的赫司克而路据点。因此现在的状况突然急转直下。中国军队在1932停战协定中涉及的领域周围集结，更不用说其中几处极度接近公共租界，造成对日中军队之间将会不幸爆发冲突的严重不安和恐惧。面对这种中国军队突然进入的形势，一直以保护日本国民为职责所在的日本海军陆战队不得不采取适当的保护措施。在这样的情况下，他认为应当由共同委员会负责采取紧急措施避免威胁进一步加重。基于此，他建议共同委员会建立一个由中立友好国成员组成的调查小组，中国和日本代表参与其中，调查存在问题地区的情况。他还说现在不是争论的时候，现在是一个不容错失的重要时机。他想要听同僚们对这件事情的看法。

俞先生对主席和共同委员会成员做了回复；在听完日本同僚的发言之后，他不得不说日方企图通过共同委员会来实现其自己的目的是没有根据、不合理也是极为不恰当的。日本代表团必须知道共同委员会是为了维护上海和平与秩序稳定的特定目的而组织起来，不是为了帮助推行与中国敌对的国策。他的日本同僚似乎认为公平、公正、合理的委员会的中立成员只要日本希望他们做什么，只要达成他们的目的，就可以成为他们的工具。

日本在八字桥——一个距离火车站相当远的地区附近的区域

驻军，[1]根据前述协定，日军应该从那个地区撤离，违反协定的行为会因此判定为无效。当然，如果只有一方遵守的话，无论这一方怎样小心地去遵守，协议终究不会产生效用。因此，中国代表认为日方违反了协定，他们不再有权利援引那份协定。再者，他想要大家注意虹桥事件的发生，上海最近的发展态势。他的日本同僚——在日本总领事馆与其职位相当——曾经告诉他日本政府愿意通过正常外交方式解决问题，正当调查进行时，在上海突然展开一场日本海军的大集结，日本陆军大量增加。各种武器装备和战争物资供应很快着陆，根据可靠的报告，更多的增援还在路上。所有这些强制措施对上海的和平与秩序构成了威胁，也对他的国家构成严重威胁。在这样的形势下中国有权采取适当的措施自卫，这也解释了当时中国军队的安排和部署。因此，他小心翼翼地说，当前紧张的上海局势是由于大量日本海军的集结，以及日本陆军的增加而造成的。中国只是出于自卫，不应该以任何方式负责。

冈本先生回答说，他想再次指出此刻不是讨论的时候，形势刻不容缓。对于哪方应该负责等的争论不起任何作用。委员会当前最重要的是考虑如何避免即将发生的武力冲突。他想知道是否他的中国同僚真的想要避免上海发生武装冲突。如果他的中国同僚真诚地抱有这样的愿望，那么他应该同意有必要立刻寻找适当的方式。他想起仅在前一夜中国民间代表还向他承诺会尽最大努力从日本居民居住地或海军陆战队司令部附近驻地撤出保安队，今天早上保安队不仅没有撤离，中国正规军还进入了禁区。他的海军陆战队没有做任何准备，他想要立刻知道是否能想到用什么方法来避免一场武装冲突。他想听中国同僚对此事的看法。

---

[1] 八字桥：是当时位于闸北俞泾浦及其支流柳营浜上的两座木桥，相距10余米。在今水电路同心路口附近。

接着我宣读第 6 页第 2 段。

冈本先生说他希望强调他愿意与中国代表合作或与共同委员会一起考虑某种方式来避免即将发生的冲突。这是他最真诚的想法,他希望不要被误解。他已经发电报给他在南京日本大使馆参赞的同僚,请求其帮助接近中国政府,尽一切可能避免在上海爆发严重冲突。他将极尽所能,同时他希望共同委员会可以帮忙做一些事情。当然他和他的中国同僚必将尽一切可能帮助他们各自的政府解决问题,他们之间可能已经就这个问题谈论过了,但他同时希望向共同委员会成员请求帮助是恰当的,因为他认为他们对维护上海和平会做出有价值的贡献。

我们来看第 7 页第 2 段。

俞先生说他想要再谈论几句。作为一个市长他一直极尽所能地维护上海的和平与秩序,将来也会继续这样做,但是他想要重申他的观点,那就是当前的难题只有中国和日本才能解决,尽管毫无疑问,共同委员会的中立友好国代表的政府总是乐意做些事情来帮助中国和日本达成协议。所以他认为共同委员会在白费努力。他重申共同委员会只能将采取的措施建立在其所建立的协定基础上。既然日本代表刚才承认日方在八字桥上布置军力的行动违反了那份协定,日方就无权援引该协定。他再次向参会人员保证在他作为市长的任职期内他将尽自己最大的能力改进现在的局势,维护上海的和平与良好秩序以保护中国、日本和其他友好国家的市民的利益。

现在我宣读第 8 页第 2 段。

俞先生向主席回忆中国代表说过当前形势的解决方法在于日中两国政府。他的意思是否说他拒绝共同委员会的帮助,即使委员会可以为避免冲突而帮助做些事情?俞先生回答说他不是这个意思。他的意思是由于日方违反了1932年协定,他们现在没有权利援引那份协定。

高斯先生问俞先生是否在去年发生的所谓违反协定事件的时候向共同委员会表达过这个看法。俞先生回答道他那时向日方提出过,他有文件可以证明。他申辩说协定中规定不需要对全体委员会做说明,除非有疑问产生。

冈本先生问道,俞先生那时是否真的没有反对。俞先生回答说他那时没有反对是因为他不想破坏当时存在的日中两国之间的友好关系,同时为了和平与稳定。那些都有记录。

冈本先生说日本海军陆战队拥有他在地图上指出的八字桥附近的一片土地。

主席评论道,在共同委员会的最后一次会议上,俞先生否认他有将委员会视为无效的想法。他会因此反对委员会在这件事情上提供调解吗?

俞先生说他只说过他感觉那些努力是无意义的。

戴维森先生说形势显然很严峻,因此他想要知道共同委员会或其成员国是否能做些什么,来帮助带来暂时的缓解,直到相关国家永久解决这个问题。他愿意竭其所能提供任何帮助,他相信他的中立国同僚也愿意提供同样的帮助。这场冲突会对他们的利益造成损害。

高斯先生说他很乐意为任何一方做些事情。

俞先生说他很欢迎也很感激中立国成员作为总领事所做的任何努力,或者甚至可以称他们为"有关当局",更不用说共同委员会了。

冈本先生说他想知道驻上海的中立国军队的指挥官是否有可

能会个面,然后制定出一些计划,给日本和中国指挥官提供一种明确的避免冲突的方法?

现在是第13页,第2段。

高斯先生在看完地图之后,问俞先生是否冈本先生提到的中国军队分遣队不能撤离到火车站的另一边?

俞先生回答道中国分遣队有权在那里。他建议日方可以做一些转移。

冈本先生谈到他收到通知说之前谈到的中国分遣队"不受控制",因此可能展开攻击。他暗示道如果俞先生不能或不愿意与中国指挥官取得联系,为了使分遣队撤离,中立国代表(与总领事职位相当)可能会这样做。

这时俞先生和武田中佐退席。

马克奥瑞先生暗示作为一种临时措施,为了避免与占领赫司克而路的中国军队发生冲突,中立国的军队可以出发占领那个位置对面的租界位置以避免日本宣称的派军队前往的可能性。冈本先生向马克奥瑞先生保证如果真那样做了,日方将会很满意并且不会派军队前往那个地区。其他中立成员国感到这是一件需要防卫司令官决定的事情。美国和英国代表说他们会打电话将这个建议告诉他们各自的司令官。

您可以进行交叉询问了。

韦伯庭长:倪检察官。

倪检察官:这位证人长期担任外交官——

韦伯庭长:您不能游说我们。

倪检察官:——来自美国的外交官。

韦伯庭长： 请继续交叉询问。

倪检察官： 我能再说一句吗？

韦伯庭长： 别告诉我们已经知道的事。

倪检察官： 我只是在请求——

韦伯庭长： 除非您向我们解释您要说什么，否则您说的所有内容都是杂乱无章的。您想提出一个法律观点？

倪检察官： 我想——

韦伯庭长： 您想要抨击证人？

倪检察官： 不，完全不是。

韦伯庭长： 您想要干什么？

倪检察官： 我想要解释一下如果可能或者可行的话，证人是否可以直接用英语接受质询。

韦伯庭长： 这个由证人决定。

倪检察官： 我可以要求法庭询问证人能用英语回答问题吗？我认为在此前对一个中国证人曾采取过这样的先例。

韦伯庭长： 我们给证人选择的自由。我想起来有一次一个日本证人表示要说英语，但我们指示他说日文。证人可以随自己高兴。如果他决定说英语但是我们发现很难理解他的意思，我们还是指示他说日语。

倪检察官： 谢谢。

十五、虹桥机场事件与商务印书馆事件

交叉询问（由倪征燠检察官询问冈本季正证人）

问：证人先生，在您证词第 2 页第 5 段说您收到一份报告，报告称中国正在增强保安队的兵力，设置战壕、铁丝网并重建吴淞要塞。这份报告从何而来？

答：就在我从日本海军陆战队到上海任职后，我收到了这份报告。

问：您有没有作任何努力去证实这份报告的真实性？

答：为了证实这份报告，我要求召开共同委员会会议。

问：嗯，您的意思是说您想要在共同委员会会议上证实这份报告？

答：是的。

问：为什么在您要求召开共同委员会会议前自己不做调查？

答：我无法去吴淞要塞亲自做调查。

问：但您不只是针对吴淞要塞，您还提到了保安队的兵力增加，以及设置铁丝网，是这样吗？

答：是的。

问：所以您根本没有就这些观点做任何调查，是吗？

答：作为日本总领事，我无法进入这个特别区域调查军事设施。

问：在 1937 年 6 月 23 日召开的共同委员会会议记录上，您说您真心希望这份报告不是真实的，结果中国代表团否认了这份报告。这就是您所说的出席会议的第三方成员国似乎不乐意干预的原因？所以您对这份报告的真实性抱有怀疑，是不是？

答：当我收到这份报告，我当然希望这不是真的。然而，在 6 月 23

日的共同委员会会议上中立国委员不希望参与此事或干预太深，因为他们为日中军队停战协定所做努力的不是——

语言监督官：中立国的委员会成员表明他们不希望干预日中之间的停战协定的问题，我相信他们希望在这个当口保留他们的观点。就像会议记录中所述，总体而言，共同委员会在这一点上保留了他们的观点。

译员们似乎碰到难题了。我想再重复一遍那份陈述。

我说的中立国的代表似乎不希望干预不是因为，就像检方刚才说的——

答：我说中立国代表们看上去似乎不希望干预，我的意思不是检方刚才说的那个意思，或者说是顾及我说过我希望报告不是真的事实。

语言监督官：在我的证词里提到的中立国代表不希望干预这件事，我不是说这些代表考虑了我在会议上说的话；换句话说，我说过我希望这份报告不是真的。我不是说中立国的代表考虑了这些观点而回答说他们不希望干预其中，我的意思是从那天会议的总结果来看，关于中国和日本代表团就停战协定之间发生的争论，共同委员会保留其观点。这在会议记录上出现过。这就是我原本要说的。

韦伯庭长：证人先生，如果您想的话，您可以说英语。

问：当您赶赴会议时您有没有和一些海军陆战队什么人联系过？

答：那时驻上海的海军陆战队高参武田中佐陪同我一起参加了会议。

问：是从他那儿得到这份报告的，对吗？

答：是的。

问：他没有在会议上帮助您证实这份报告吗？

答：武田中佐在会议上没有机会做任何陈述。

问：他在会上有发言权吗？

答：有。

问：委员会已经五年没有开会了，而您带来了一份未经事实验证的指控,这是不是中立成员国在会上表达的对会议失望的原因?

答: 我认为问题很复杂;有争论,也有疑问,我不是很肯定。

韦伯庭长: 检察官似乎在假设事实。那样是令人反感的,但他不停地提问证人他所假设的是否是事实,如果我没理解错的话:委员会是不是认为您做了一个无事实根据的指控? 这是不是您想要问的问题? 他们是这样吗,证人先生?

证人: 我没能很好理解庭长的问题。我希望能再重复一遍。

韦伯庭长: 不用重复。如果我理解了检方的问题,那就是这样。委员会是不是认为您做了一个无事实根据的指控?

证人: 我不这样认为。

问: 在您的宣誓证词里提到他们不是很满意,您无疑表达了一种失望感,因为您没能证实您的要求、主张?

韦伯庭长: 他回答得够充分了。

答: 我没有在我的宣誓证词中写下这样的事实。

问: 我没有说您写下了失望感这些话,但是您说他们不是很满意。所以我觉得——

罗伯茨辩护律师: 我提出异议,庭长阁下。我相信,就像您之前说的那样,这个问题已经被充分回答了。

倪检察官: 我不强求回答。现在看同一页也就是第2页第5段下,同一段您提到禁区——第2页倒数第6行。您指的是1932年5月5日停战协定规定的区域?

答: 是的。

倪检察官: 庭长阁下,这个1932年5月5日协定是第2419号证据的一部分。我能给证人看一下以确认是否他所提到的同一份文件吗?

韦伯庭长: 给他看那份证据。

(文件被递交给了证人。)

问: 您看到过这份文件吗?

答：是的。

问：那是您所提到的协定吗？

答：是的，就是这份。

倪检察官：庭长阁下，能否让证人看一下附件地图，以确认部队的位置。

韦伯庭长：您应该说一下证据编号。

倪检察官：同一个证据编号，他们都是第2419号证据的附件。

韦伯庭长：他可以直接看到那份证据的任何部分或里面任何的附件。

罗伯茨辩护律师：我不认为提到的地图作为这份证据的一部分被标注出来。但是——

韦伯庭长：这是一份完整的证据，确凿无疑。

罗伯茨辩护律师：如果被标注出来我没有意见。

韦伯庭长：法官没有地图的副本。

问：证人先生，地图上是否标示了军队应该处于的正确位置？

答：我不能肯定；只看一眼地图我无法确切肯定。与此事有关的是共同委员会的军事代表，和我提到的军事代表之一的武田中佐。关于这份停战协定的军事条款我请教了海军陆战队武田中佐。我想要再说一下这些特定区域并没有在停战协定的附件中清楚地标记出来。

语言监督官：在停战协定的附件中清楚标示。

问：您此前看过那些地图吗？

答：我此前从来没有看过您给我看的地图。

问：在争论中国政府违反协定时您有没有将地图带到共同委员会会议上？

答：没有，我没有任何地图，我认为武田中佐拥有那些地图。

问：但是您说武田没有机会在会议上说话，不是吗？

答：对。

韦伯庭长： 那些地图不包含在第 2419 号证据的附件中。

倪检察官： 您说什么，阁下？

韦伯庭长： 根本没有任何证据证明其真实性或准确性。

倪检察官： 如果我们没有将这些地图放进去，如果辩方不反对现在将它们放进去，我们就会将这些放进证据中，我们会在此后完成必要的手续。

韦伯庭长： 在我们进行一个无意义的讨论之前，让我来宣读一下从同僚那里得到的一份便笺：

> 根据俞先生的说法，由于友好参与国的努力，中国和日本已经同意不派遣他们的军队至相关地区的确是事实。

我的同僚问："那些不够吗？"

问：证人先生——

韦伯庭长： 这是对您说的，倪检察官。

倪检察官： 我想要问证人另一个问题，跟地图无关。

问：1932 年协定前假设他们没有进入公共租界和法国租界，中国军队可以自由穿梭，这是事实吗？

答：我非常怀疑刚刚提问我的这个问题是否与我宣誓证词中所说的有关系，但是——

韦伯庭长： 您没有权利提出异议。这是辩护律师的权利。可以的话，请回答问题。

答：我在 1937 年 5 月来到上海，任职到 1938 年 3 月。我已经在我的宣誓证词中说过了。所以，我很遗憾无法回答刚才的问题。

问：关于存在争议的地区，您指的是禁区吗？

答：是的。

问：协定中出现过"禁区"一词吗？

韦伯庭长：您不用问他这个。您不是有协定吗？

我们休庭15分钟。

（10：44休庭。）

（11：03开庭。）

法庭书记官：远东国际军事法庭现在开庭。

韦伯庭长：倪检察官。

倪检察官：我继续提问。

问：证人先生，关于1932年5月5日的停战协定，您知不知道在谈判中，中国代表宣称协定没有暗示对中国军队在中国领土的活动有任何的永久限制？

韦伯庭长：不要问他这个。当您要总结您的证据或就某一问题辩论的时候请向我们表明。

问：证人先生，八字桥在哪里，或者具体点说，是位于那个有争议的地区吗？

答：您说的有争议的地区是指什么？

韦伯庭长：禁区，是吗？

答：我相信对日方来说这是一个禁区，不允许日本人进入该区域。

问：是的。我的问题是八字桥在那块区域吗？

答：是的。

问：但是您承认1937年战事发生前八字桥那里有一支日军分遣队，是吗？

答：就像我在共同委员会会议记录中所说的。

问：为什么在8月12日的会议上你不详述八字桥这个话题？

韦伯庭长：这样提问完全是可以引起异议的。

问：8月12日的会议记录上说，"他不想说太多关于八字桥的事，自从去年日本海军陆战队在那里派遣了一支分队，而随之发生的谋杀案,使得该地区的日本居民对他们的人身和财产安全心神不宁"。

语言监督官：您能给我们您宣读的这份文件的副本吗,我们不可能翻译这份文件。

倪检察官：那是第2516号证据第6页的最后一行。

问：我的问题是,在您派出这支分遣队前您有没有告知中国政府或共同委员会?

答：驻屯一支日本分遣队——在我到上海之前,已经向八字桥派遣一支小分队,是我到上海前一年的事。因此,我不知道采取了什么措施或是做了什么安排。

问：日本当局发过任何那样的通知吗?

答：我不知道。

问：停战协定条款3规定日军应该撤离到他们原来在租界和越界路的位置。唔,日本海军陆战队司令部驻上海的哪个部分?

答：在虹口,上海的一个有许多日本人居住的地区。

问：是外面的一条路吗?我的意思是越界路。那是一个非常有技术性的术语。

答：我对这样的细节记得不是很清楚。

问：这对上海而言是一个问题,不是吗?在中国当局和外国之间,关于在中国的地方建造道路的权利?

罗伯茨辩护律师：我提出异议。我认为这并不在询问范围内。关于修路权或是关于当时陆战队司令部的问题没有任何意义。

韦伯庭长：异议无效。

问：证人先生,请回忆一下,它是否如此?

语言监督官：倪检察官,您能解释一下"它"指的是什么吗?您的意思是——

倪检察官：海军陆战队司令部。

答：由于在上海任职,我自然非常清楚海军陆战队司令部所在之处,但是我认为检方的问题重点是司令部是否设在越界路内。关于这个问题我无法准确回答,这我之前已经说过了。

问:您在证词第5页的中间,说中方市长曾经一天打两三次电话给您,要求您对你们海军做出一些限制行为。您能告诉我们这位中方市长所认为的限制行为是指什么?

罗伯茨辩护律师:我们能否理解这句话结尾也有"诸如此类"一词?

韦伯庭长:不能,除非检方希望如此。这个指控是针对海军的,如果他想的话,他可以将他的交叉询问局限于此。

罗伯茨辩护律师:我对他只引用了句子的一部分提出异议。

韦伯庭长:您可以提出异议,因为他没有把文件的全部告诉证人。

问:您能回答我的问题吗?

答:从7月15日举办茶会那天起市长真心想与我合作,这是事实。在某段时间他有时甚至一天给我打两三次电话,也是事实。他给我打电话是关于日本海军陆战队的演习和行动。市长说鉴于当时的形势,他希望日军停止那些演习和行动,因为这些行为会惹恼中国民众,后果将会很可怕。

问:您同意吗?

答:是的,我完全同意。

问:您阻止了这些行为吗?

答:我和俞市长有着相同的看法,每次他给我打电话,我都很支持他的观点,于是我向海军陆战队司令官表达或者说建议尽可能地限制这样的演习。

问:司令官接受了您的建议吗?

答:海军陆战队司令官与我们持有相同的看法。他尽其所能地限制那些行动。

问:您提到演习和其他行动,现在请您说一下其他行动是指什么?

答:我记得在那时发生了很多事件,尤其是一名叫宫崎的水兵失踪事件。由于这个水兵的失踪,实行了非常警戒。这就是我说的其他行动的意思。

问:失踪事件同中国人要求限制演习有什么关系?

答:由于这次失踪——这个事件,失踪事件——采取了紧急措施以防止这样的事件再次发生。中国当局希望限制的正是这次事件后所采取的特别措施,因为觉得会刺激中国民众。

问:宫崎后来被发现了吗?

答:是的。

问:您提到的大山事件发生前,日本陆战队的一支部队在虹桥机场附近被中国军队拦阻了,这是事实吗?

答:我对此一无所知。

问:您能否回忆一下交给您的市政府书面陈述中抗议这样的行为吗?

答:我不记得了。

问:为了让您想起更多,就在大山事件发生之后市长也提醒了你这个事实,是吗?

答:市长没有和我说过关于该事件。

问:虹桥机场在哪里?在上海的哪个位置?

答:如果我有地图,很容易能指给您看,我认为要么是在上海的西边,要么是在南边。我对这个地方很了解,我不能很准确地回答您它具体坐落在哪,但是我认为是在越界路附近的某处。

问:距离你们的陆战队司令部有多远?

答:我不知道这两处之间的距离。

问:海军陆战队在该市的哪个部分——我的意思是哪个方向?

答:准确地说在虹口。

问:这不是我要的答案。这您已经告诉过我们了。我想要知道方向。

答：我不知道方向是否很重要。但是假如外滩坐落于上海的中心，我会说海军陆战队在西北方向。

问：外滩是在上海的中心吗？

答：我不知道是否在中心位置。我只是说假设处于中心位置。

问：我来提醒您一下。虹桥是在西南方向，如您所说，海军陆战队在东北方，是吗？

答：我没有说东北方。我想我说的是西北方。

问：它们离得很远，是吗？开车需要多久？

韦伯庭长：每小时多少公里？

答：就像我之前所说的，我不是非常清楚虹桥和海军陆战队之间的距离，所以我无法更准确地回答这个问题。

问：大山事件发生的时间，准确地说是哪天？

答：我知道事件发生在8月9日——1937年8月9日下午，但是我不知道具体时间，因为我不在现场。

问：您能否告诉我是下午还是傍晚？

答：我记得我是在事发当天晚上收到的报告，但这一点我也不是很确定。

问：那天大山在那里执行什么任务？

罗伯茨辩护律师：我提出异议，这个问题超出了询问的范围。我想要建议法庭下一位证人应当回答与此事件相关的问题。

韦伯庭长：异议无效。

答：我不知道大山的任务，那时他任海军中尉——我不知道他的任务内容。

语言监督官：那时的海军中尉，事实上我不知道他是否有任务。

问：之后您没有调查过？

答：关于这点我没有做过任何特别调查。

问：您指的特别调查是指什么？您做过一般调查？

答：没有，我没有调查过。

问：他被杀的确切地点在哪里？是在虹桥地区吗？

答：事件发生后不久，调查就迅速在现场展开，海军陆战队和一位日本总领事馆成员参与其中，所以我相信当时有一份关于这个事件的调查报告。

语言监督官：应该有一份报告。

答：当然，我不记得这份报告的细枝末节。

问：您能回忆一下他是否因为想要进入该区域而被杀？

答：据我回忆，那晚，也就是8月9日晚上，俞市长匆忙赶到我处告诉我海军中尉大山和另一个水兵试图强行进入虹桥地区。尽管如此，他们还是被制止了，他们用左轮手枪枪杀了一个中国士兵。俞市长进一步解释因为这个事情，大山和另一个水兵，反而被——他们被中国人射杀了。

语言监督官：他们被中国人射杀了。

答：但是根据之后我从海军陆战队那里收到的报告，清楚地表明大山中尉和另一个水兵都没有左轮手枪。根据我得到的消息，俞市长的报告是错误的。

语言监督官："我收到的报告"代替"消息"一词。

答：我想要再多说一句，在这点上，武田中佐作为那时海军陆战队的高参对于情况非常了解，而且无疑他可能比我解释得更清楚，因为我明白他之后会出庭作证。

问：在第7页上你提到中国军队第八十七师和八十八师已经到达上海北火车站，你怎么知道他们是第八十七、八十八师？

答：这也是我从陆战队和海军当局那得到的消息，我相信这些报告是准确的。

问：在您宣誓证词的第7页上，您说一个官员向您报告说市长无能为力，那个官员是谁？

答：是川崎，领事馆随员，在我手下工作。

问：既然您觉得事关重要，为什么您不亲自和市长谈谈呢？

答：我那天很忙，早上有很多事情要做，比如说——

语言监督官：证人说"比如说——"

答：在日华工厂工作的日本工人们——在吴淞的纺织工厂被裁员，许多重要人物立即拜访我，因此，我无法亲自接听电话。电话都是由我的秘书川崎接听的。我不得已将这项工作交由川崎处理。

问：除了这些事情，还有其他比与中国市长联系更重要的事情？

韦伯庭长：关于这一点不要再问了，并非不可能。

问：共同委员会会议下午召开，您是否证实过那份引用市长所说"无能为力"的政府官员的报告？

答：那天下午的共同委员会会议在一派紧张的氛围中召开，我没有——我无法证实——我没有机会证实这份报告，但是我印象中俞市长抱着事已至此听天由命的态度。

语言监督官：他无能为力。

答：因此，我认为没有必要证实这份报告。

问：在宣誓证词第9页，您提到了来自商务印书馆的便衣士兵开火以及在八字桥进行的交火。商务印书馆在哪里？[1]

答：比较靠近海军陆战队。

问：是在租界——公共租界内吗？

答：诸如此类的问题我已经被问过不止一次了，但是就如我之前所说，上海如此之大我无法确定地说出某个租界边界的范围。尽管我在上海任职总领事已有一年时间，我不是——我无法准确地说出具体位置。

---

〔1〕 商务印书馆：1907年、1924年先后在闸北宝山路建成厂房与图书馆等。1932年毁于一·二八战火，以后在原址部分恢复。

倪检察官：我认为这是在您的职权范围内的。我认为您无法想起一个例子并不排除您可能记得另一个例子的事实。但是，对此我不作评论，我只是说一下为什么我提出这个问题。

罗伯茨辩护律师：我认为这是一种批判，我提出异议。

韦伯庭长：他可能原本想说，"这不在您的职责范围之内吗？"但迂回婉转地问了这个问题。

问：那么他们向谁开火？

答：我认为是陆战队的武田参谋更适合——更合适回答这个问题，但是我记得便衣士兵从商务印书馆向海军陆战队队员开火了。这是我在那时从海军陆战队得到的报告。至于八字桥，我记得不是狙击兵而是正规军开火的，我认为他们开炮了，那也是我从海军陆战队得到的报告。

问：我还没有问您八字桥的事。就商务印书馆的开火时间是否做过调查？

答：我任总领事时没有做过那样的调查，但是我认为海军陆战队做过调查。

问：是和租界当局合作调查的吗？

答：我认为那时日中争端——冲突很大而且很混乱——结果很混乱，而且我认为在当时那种情形下无法作调查。因此，海军陆战队或是租界当局都没有联系我要我做调查。

问：但是您说是中国便衣士兵开的火，为什么是中方开的火？

答：我说过是根据我收到的海军陆战队的报告。

问：您知道他们是怎么得到报告的吗？

答：我不知道海军陆战队从哪里得到的报告，但是我肯定他们有其自己的组织机构，而事实是他们在被攻击后能立刻知道是谁干的。我说过我从海军陆战队得到的报告是事实。

韦伯庭长：休庭至 13 时 30 分。

（11:58 开始休庭。）

（13:35 继续开庭。）

法庭执行官：远东国际军事法庭现在开庭。

（冈本作为辩方证人出庭，宣誓后通过日语译员作证如下。）

交叉询问（由倪征燠检察官询问冈本季正证人）

韦伯庭长：倪检察官。

问：证人先生，在第9页的一段中您已经叙述过商务印书馆事件和八字桥射击事件，您是否暗示这两个事件有联系？

答：我在我的宣誓证词中说过中国与日本之间的冲突，不幸地都是发生在13日，所以我认为这两个事件是有关联的。

问：商务印书馆事件发生的确切时间是那天的几点？

答：我不知道确切时间，我不记得了。

问：您记得八字桥射击事件发生的确切时间是几点吗？

答：我不知道确切时间。是在13日，也就是13日下午。从八字桥方向，向海军陆战队开火。

问：您能向我解释一下两者之间的关系吗？他们怎么联系的？

答：唯一的联系是早上便衣士兵从商务印书馆开火，下午从八字桥方向发生了全面攻击；那就是说，是用大炮攻击海军陆战队。只有这一个联系。

问：还有没有发生什么事情让你弄清两者之间的关联？

答：不，没有了。

问：那么，我认为您无法确切地描述两者之间的关联。

答：我不是很清楚这个问题的重点。但是那天我在非常紧张的氛围中工作，而且每一个小时我就会收到海军陆战队的报告，从海军陆战队收到关于商务印书馆发生开火事件的报告是事实。下午开火，炮击来自八字桥方向。那就是我说的唯一联系。

问：今天早上您告诉我们您不知道在虹桥附近发生的大山事件，就在事件发生后你与中国市长联系了，是事实吗？

答：是的，是事实。我没有要求市长打电话给我。但是在那天晚上他匆忙赶到我的办公室，那已经非常晚了，他向我解释了事件的细节。

问：中方的某个人也打过电话给日本海军武官希望能妥善处理事件，是吗？

答：我不知道。

问：你向市长表示震惊，是因为没有海军陆战队官兵在那天收到出发命令，是吗？

语言监督官：倪检察官，您说"出发"是"出发去飞机场"还是"从兵营出发"？

倪检察官：一般是从兵营出发。

答：我也不记得这点。

问：所以关于大山为何会在这个区域附近的问题您也想不起来对吗？

答：那时发生了什么事我记得非常清楚。在9日下午，我认为接近傍晚，驻扎在龙华的日军守备队打电话到总领事馆，通知我日本和中国军队正在虹桥地区发生交火。收到这份报告后我立即打电话给海军陆战队高参武田，要求他即刻赶往事发现场，确认发生了什么事。我至少打了两通电话给海军陆战队，海军陆战队起初说他们不相信我所报告的事，说这种事不可能发生。后来我又不止一次打电话，也就是不断地打，最终海军陆战队派人到了现场，这才第一次发现这个事件。我所说的就是这个事件的真相。

问：所以这对于海军陆战队来说是非常震惊的？

答：我相信是的，至少当我打电话给陆战队司令部时，他们很震惊，说那样的事情是不会发生的，他们就是这样说的，这是事实。

问：在您宣誓证词第 2 页第 4 段下面说"在风雨欲来般的华北局势的笼罩下，日中关系前景一片阴霾，即使上海也难逃厄运"。那是在卢沟桥事变之前吗？

答：是的。

问：这些风雨欲来的局势是指什么呢？

答：我于 5 月 8 日到上海上任。作为总领事维持上海地区日中两国之间的和谐关系是一个重要任务。在上海地区有大约 3 万名日本人。从经济上来说，有各种公司和各种相当重要的利益团体。出于深深的责任感，我觉得改善上海地区日中关系是我的职责所在。但是未来华北地区的形势不容乐观。所以上海很有可能陷入冲突局势，这是我最大的不安，我由衷地觉得我应该尽自己最大的努力来防止在上海发生任何不幸的事件。

韦伯庭长：这类陈述我们听得还不够多吗？

问：我想要问到现在为止您还没有回答我的问题，在华北的局势，风雨欲来的迹象是指什么？

答：您是问华北的风雨欲来的迹象？

韦伯庭长：关于这个问题您已经被问了两遍。

问：我要问第三遍吗？

韦伯庭长：在您的宣誓证词中您有所表达。可能您忘了。

证人：我所说的是华北风雨欲来的迹象可能蔓延到上海，我对此很关心。

韦伯庭长：您说的"风雨欲来的迹象"是指什么？

证人："风雨欲来的迹象"一词在我宣誓证词的英文翻译中可能不如我原话来得准确。我想说的是这种华北地区普遍发生的不确定形势，无休止和不确定的形势，任何事情都会发生的形势。

问：您说您是 1937 年 5 月来的。针对中国形势，您是否收到了任何口头指示？

答：不,没有收到。

问：有没有基本指示?

答：也没有基本指示。

问：在您到来之后或者在上海任总领事期间,您有没有收到过外务省关于之后对华政策的急件?

答：不,我没有收到过任何基本政策的指示。但是在卢沟桥事变爆发之后,我收到过当时的外务大臣广田发来的加急电报,要求我——

韦伯庭长：不要说了,您不需要说下去。至少我认为您没有被要求说下去。

问：在这个关头——

韦伯庭长：您可以通过交叉询问问一些其他的事情。

在我评论之前,请法庭书记官重复一遍辩方律师提出的问题,请法庭书记官重复一遍。

(法庭书记官宣读：在您到来之后或者在上海任总领事期间,您有没有收到过外务省关于中国政策的急件?)

韦伯庭长：他没被要求回答。如果是这样的话,我会让他回答。

倪检察官：我想知道内容是什么。

语言监督官：指示的内容?

倪检察官：是的,他在中国收到的。

证人：我回答过没有作为基本政策的任何指示。

韦伯庭长：您说过卢沟桥事变之后有一份。现在要求您说一下内容,我不会打断您。

问：在1937年4月16日的四相会议上决定的华北政策吗?

罗伯茨辩护律师：庭长阁下,证人没有机会回答最后一个问题。

韦伯庭长：他不需要不必要的答案。我们不会忘记在直接询问时检方的态度,但是我们不是特别关心在交叉询问中态度有否改变,除非需要说明；在直接询问阶段,我们花时间来支持某一观点而它在交叉询问时却被驳回了,这浪费了法庭的时间,对此我们感到遗憾。

罗伯茨辩护律师:我想指出,证人还有一个没有回答的问题,问题也没有被撤回。

韦伯庭长:由律师决定他是否想要得到问题的答案。

问:我想撤回前一个问题,但是我想让您回答最后的问题。

答:我对 4 月 16 日召开的四相会议一无所知。

倪检察官:交叉询问部分结束。

韦伯庭长:罗伯茨先生。

再次直接询问(由罗伯茨辩护律师询问冈本季正证人)

问:冈本先生,您说中国军队打算留在他们现在位置的时候,您指的是 5 月 5 日协定的特别条款?

答:什么事件?在什么情况下?

问:您在共同委员会会议记录上声明并陈述中国军队打算留在他们现在的位置。

答:是的,按照 1932 年 5 月 5 日签署的停战协定日本被限制在规定区域。

语言监督官:"日本"一词被删除,改为"军队留在这个规定区域"。

问:我问的是,您指的是协定中哪个特定的条款吗?

答:我指的是停战协定的条款 2。

问:在 8 月 23 日召开的会议记录第 8 页上你提到了日本海军在八字桥附近占有一片土地的事实。

语言监督官:罗伯茨辩护人,您确定是 8 月 23 日吗?我有 8 月 12 日和 7 月 23 日的庭审记录。

罗伯茨辩护律师:对不起,是 8 月 12 日。

答:是的。

问:是否在附近有陆战队小分队驻扎?

答：是的。

问：您知道小分队有多少人吗？冈本先生。

答：我听说只有5、6个人，那支小分队只有几个人。

罗伯茨辩护律师：我全部问完了，能让证人按程序离席吗？

韦伯庭长：您想让这个证人按程序离席？他可以离席了。

（证人离席。）

柯明斯-卡尔检察官：庭长阁下，在留下证人的陈述之前，我们能否读一下被删掉的部分？我们认为有必要读出来。

韦伯庭长：如果辩方没有得到所要求的特权，你们可以提出反驳，我们会平等对待。罗伯茨先生。

罗伯茨辩护律师：现在传唤证人武田勇。

（武田勇作为辩方证人作证，宣誓后经日语译员作证如下。）

直接询问（由罗伯茨辩护律师询问武田勇证人）

问：请先告诉我们您的名字和住址？

答：我叫武田勇，住址是神奈川县镰仓郡片濑町南滨二九三二番地。

罗伯茨辩护律师：给证人看一下辩方文件第1136号。

问：请查看一下这份文件，然后告诉我们这是否是您宣誓过的证词。

答：没错，是我的宣誓证词。

罗伯茨辩护律师：我提交第1136号作为证据。

韦伯庭长：柯明斯-卡尔先生。

柯明斯-卡尔检察官：庭长阁下，我们不对整份宣誓证词有异议，但是我们要对其中几段提出异议，理由和之前我对冈本的宣誓证词中所提出的相同。

韦伯庭长：您最好在宣读宣誓证词时指出来。

柯明斯-卡尔检察官：庭长阁下，我的意见是对这些提出异议要比宣读这些花更长的时间，我非常愿意由法庭来驳回它们。但是在第4

段和第 12 段两段里,证人提到了共同委员会的两个会议,而关于这两个会议我们已经有记录了,我认为这只是重复,不应该宣读。

罗伯茨辩护律师:我认为这些记录很短,因为证人就在这里,可以精练语句,用几句话概括一下发生的事情即可。

韦伯庭长:是的,继续宣读吧。当你宣读到了我们会有所定夺的。按程序接受。

法庭书记官:辩方文件第 1136 号被法庭接受为第 2518 号证据。

(前述文件被标以辩方证据第 2518 号,并被法庭接受。)

罗伯茨辩护律师:我要宣读第 2518 号证据,但是首先我想对照勘误表指出一些排印错误。第 1 页第 13 行,"昭和十二年"应该是"昭和十一年","昭和十三年"应该是"昭和十二年"。同一页的第 15 行,"昭和十四年"应该是"昭和十三年"。第 8 页的第 5 行,"七十七师"应该是"八十七师","七十八师"应该是"八十八师"。同一段的最后一行,在"接着"和"防卫"之间插入了一个不需要的修饰词。

(宣读证词)

(1)我是前海军少将。从昭和十一年(1936 年)十二月到昭和十二年(1937 年)十二月,我是驻上海海军特别陆战队首席参谋,并且从那时起到昭和十三年(1938 年)十二月作为参谋长继续在那里任职。

韦伯庭长:我猜想证人确认了那些刚才您要我们做出的修改,是吗?
罗伯茨辩护律师:在修正之前是他让我们注意的。
(继续宣读)

(2)8 月 13 日在上海发生日中冲突时,我是首席参谋,我得知了事件爆发的原因和进程,极力阻止事件在上海的发生。但是日方的不断努力证明徒劳无效，尽管第三国和上海的中国民众衷心期盼，外部压力仍然导致了战争的爆发。

（3）这次事件的主要原因是中国违反昭和七年（1932年）五月五日的日中协定，增加了兵力巩固防御，在禁区建造军事基地，扬言要毁灭性打击日本海军陆战队和日本居民，因而采取逐渐包围日本海军陆战队和日本居民的态势。保安队人数按照停战协定维持在2 000人，起初从北平派往上海驻扎。大约从昭和十一年（1936年）起，保安队人员逐渐增加。在昭和十二年（1937年）七月七日卢沟桥事变爆发前，又违反协定，装备了大炮。

韦伯庭长：柯明斯-卡尔先生。

柯明斯-卡尔检察官：庭长阁下，我认为我应该指出和证人陈述相反的观点，在协定中没有一个词关于保安队的规模或是其武器装备。

韦伯庭长：我们会决定陈述是否和协定一致。

罗伯茨辩护律师：（继续宣读）

与此同时，禁区中构筑了诸如碉堡和带刺铁丝网等军事设施。比如建造在江湾镇西边的开放式碉堡，又比如建造在虹桥机场附近和利用农家房屋的伪装式碉堡正在逐渐成形。

然而这时还是和平的。当我们在路上碰到保安队时，会互相问候，双方的军官们还开玩笑说要去哪里喝酒。

（4）昭和十二年（1937年）六月二十三日，在总领事冈本的要求下，基于昭和七年（1932年）五月五日达成的停战协定，在法国总领事馆召开了共同委员会会议。我以日方武官委员的身份参加了该会议。这次会议的目标是对建造军事基地，特别是修葺吴淞要塞和增加兵力事实的调查。但是没有任何结论，调查不成功。

（5）随着七月七日卢沟桥事变的爆发，局面开始有所变化。也就是说,从这时开始,由3万人组成的第八十七师和第八十八师,身着藏青色制服,被认为是南京政府的精锐部队,开始占领禁区。那时正规军的制服是卡其色,保安队的制服是浅黄色,但是这些部队开始穿藏蓝色的特殊制服。这些部队接受过完整的抗日指导和反日教育,有着强烈的战斗意识,做好了与日本作战的准备。随着军队的行进,中国开始加紧构筑租界附近的军事阵地。

(6)在那之后立即进入一个与八月上旬完全不同的新阶段,可能是那时中国统帅部召开的庐山会议的结果。也就是说,所有的报纸如出一辙地报道说"中国已到最后关口,将下最后的决心",似乎开始呈现一种他们与日本铁定开战的状态。特别是在抗日报纸上淞沪警备司令杨虎中将表示出信心满满,原话如下:"战事一旦开始,我们会在两天内将全部日本人赶到黄浦江里去。"

从这一时期开始,中国飞机开始进驻虹桥机场和停战协定中规定的禁区,并在陆战队上空盘旋威胁。事实上,这时的陆战队的力量是固定的2 000人外加从汉口地区撤退到上海的300人组成的兵力,总共2 300人(后来因大山事件又增加了1 000人,共达3 300人)。与此相反,据估计拥有约6万人训练有素的中国军队在上海附近做好了准备。因此在那种情况下,他们对其兵力的信心十足是有理由的。

由于中国方面开始公然增加兵力,统一着装的正规军作为增援被派遣抵达,形势的变化使日本军队和民众以及第三国驻军无法再应对这外部压力,局面岌岌可危。住在租界边缘的中国民众开始因中国正规军的占领和构筑阵地感到担心。随着官员要求开始撤离的指示,人们都涌向了租界。对第三国和中国民众,更不用对在上海的日本居民来说,都以5年前的第一次上海事变悲剧为戒。所以他们双方都希望不会再有事件发生,至少不是在上海。根据中央部不扩大战争的方针,我们也尽最大努力防止上海爆发骚乱。

（7）8月9日下午，爆发了以下事件。西部地区警备指挥官大山海军中尉的车辆在通过其所负责区域时，在越界的碑坊路被中国正规军机关枪射杀[1]，他的司机，一等水兵斋藤也一起被中国士兵杀害。

（8）根据中央部的不扩大战事政策，决定通过外交谈判解决这次事件，总体由总领事冈本进行外交谈判，目前，现场调查已经进行，尸体已经找到。

由日中两国利益相关方以及第三国记者的调查结果证实，大山中尉和他的司机是被中国正规军用机枪和青龙刀杀害的；整件事皆是违法行为，参谋长承认了这个事实并道歉。

（9）俞市长拜访了冈本总领事并对当时的情形完全不受他控制而感到遗憾。在龙华的中方司令部立即搬到真如镇并准备指挥战斗。为了能让驻扎在停战协定界线外的20万兵力向租界外围快速行进，调动了上海周边的卡车、民船、列车和所有其他的运输方式。

（10）在这场混乱的形势下，12日下午1点，陆战队在司令部内进行了大山中尉和一等水兵斋藤的葬礼。

（11）中国正规军突然进入租界外围在12日达到了高潮。12日，第八十七师和八十八师经过北站，向四川北路的西边前进。当天上午日方一名宪兵被杀害，一名民众被劫持。见到这种情形，第三国根据昭和二年（1927年）制定的上海防御计划，也开始在他们自己的几个地方占领了防御位置。尚丰田纺织工厂由英国驻屯军防御。

（12）在大山中尉葬礼期间，总领事冈本打来电话，大意是："我要求租界共同委员会召开一次会议控诉中国的违法行为，我一定

---

[1] 碑坊路：今绥宁路。

会出席。"葬礼结束后我参加了在工部局召开的共同委员会会议。中方说当时已经无法和军队取得联系,没有政府官员参加,只有俞市长参加。总领事和我代表日方参加了会议,俞市长代表中方,总领事——

韦伯庭长:唔,您的证明很充分,对于所发生的事没有任何争议,检方采纳了您的证据。

罗伯茨辩护律师:既然他们已经接受,我将继续宣读第13段。

(13)12日夜晚没有发生任何事,但在13日早上大约9点日本海军陆战队租界警备队士兵遭到来自商务印书馆大楼的射击。

下午1点,陆战队司令官召集所有大队长以上军官开紧急会议,给予他们如下指示:"尽一切努力阻止上海战事蔓延。除非受到中方攻击,否则绝不动手。"同时又强调了不扩大战事的方针。从下午4点起,中国军队从八字桥方向向陆战队开炮。

直到这时做了一切可能的努力,耐心忍受了所有的一切,但是陆战队无法在日本民众财产遭受威胁时袖手旁观;而且由于陆战队本身陷入危险境地,日本发出了"时刻戒备"的命令。8月13日下午4时30分,日本和其他国家的军队各就各位,约有英国军队3 000人、美国海军2 000人、法国军队2 000人。此时仅第一线的中国兵力据估计有20万人,日本陆战队只有区区3 300人。这场对峙在8月16日达到顶点,当时陆战队形势严峻,日本做了最坏打算。

(14)上海的局势如此危险,部分军队经由军舰派遣过来。8月23日抵达的这些兵力是紧急调动过来的,他们的装备十分简陋,没有充足的军火和军事储备。

您可以进行交叉询问。

十六、日军大举进攻上海

韦伯庭长：柯明斯-卡尔先生。

交叉询问（由柯明斯-卡尔检察官询问武田勇证人）

问：证人先生，据我了解，您是在1936年抵达上海的，对吗？

答：是的。

问：当您抵达之后，您有没有发现新建的陆战队司令部大楼？

答：那是以前建造的，一直在那里。

问：是的，你知道它是在1932年5月协定之后建造的吗？

答：我记得那时改造了一幢老建筑。

问：这个建筑有多大？有没有我们现在这个地方大？我不是说这间房间而是整栋大楼。

答：不，没有这里大。

问：是不是差不多？

答：我认为还没有这里的一半大。

问：改造工程包括加固和要塞化吗？

答：不，不是这样的。是为了给人住，给士兵安排住处。

问：您说不是为了要塞化吗？

答：肯定不是为了增强防御，只是普通的建造而已。

问：是不是其中有一个出口在越界路上的？

答：前门和后门都是在越界路，正对着越界路。

问：您的意思是两个门都是面对同一条路？

答：这栋建筑一边面对四川北路，另一边面对黄陆路，[1]两条路都在越界地段，这座建筑坐落在这两条路之间。

问：这两条路是相对延伸的，对吗？

答：这座位于两条路之间的建筑呈U形。黄陆路只是四川北路的一条支路。

韦伯庭长：是一个发卡弯，我猜想。

问：您知不知道你们的陆战队在八字桥派遣了一支小部队，在我们听到过的位置？

韦伯庭长：柯明斯-卡尔先生，您说的这个位置，那份协定中的地图有。

柯明斯-卡尔检察官：是的。

韦伯庭长：但是我理解这份地图没有被正式提交，没有这份地图我们无法确定禁区在哪里。

柯明斯-卡尔检察官：庭长阁下，地图会有帮助的。我应该正式提交这套地图——我认为其中有4份构成了部分协定。

韦伯庭长：您可以提出任何证人不知道的证据。

柯明斯-卡尔检察官：是的，您能给证人看一下吗？那些是作为协定的附件并且是证人在共同委员会上提出的地图吗？庭长阁下，我能认为法庭成员都有第2419号证据的地图附件吗？

韦伯庭长：不，我们没有，而且我认为，法庭书记官没有可以作为证明的地图。

罗伯茨辩护律师：我认为我们也无法提供。

韦伯庭长：谁比这位既了解协定、又清楚位置、分量举足轻重的海军少将更有资格知道禁区何在？

问：是那些地图吗，证人？

---

[1] 黄陆路：英文版为"Wanla Road"，日文版为"黄羅路"，即今黄渡路。

答： 我认为这些是附加在停战协定的地图。

韦伯庭长： 他的证明足够了。

柯明斯-卡尔检察官： 是的，但是恐怕此刻我们无法提供副本，庭长阁下，我们会复制的。

韦伯庭长： 先休庭15分钟。

（14：50休庭。）

（15：07开庭，来自法国的法官亨利·贝尔纳缺席。）

法庭执行官： 远东国际军事法庭现在开庭。

韦伯庭长： 柯明斯-卡尔先生。

柯明斯-卡尔检察官： 庭长阁下，休庭期间，我们双方一起看了这些地图，其中5份是协定的附件，但是我们都认为其中只有1份对本法庭的审理有帮助；我们建议这一份地图应该与协定编同一个号码，也就是说第2419号，视作协定的一部分。其他地图可以在已有标记的基础上用数字A，B，C，D标记，便于以后有人想要提及这些。

韦伯庭长： 那些按程序采纳的地图会按数字和字母标记的。

（对法庭书记官）：您不必递交任何证据。

（前述地图被标示为检方第2419号、2419AD号证据，分别被法庭接受。）

柯明斯-卡尔检察官： 庭长阁下，为了与协定联系起来，第2419号是协定中的附录1。至于出示这些问题，我明白相当困难，我想要求法庭看完我们认为有帮助的那份地图之后，告诉我们地图是否对判定甚至是克服这些困难有帮助。

韦伯庭长： 唔，那么那些标明边界和位置的草图呢？

罗伯茨辩护律师： 我很希望那样做。

柯明斯-卡尔检察官： 我也是，庭长阁下。唔，如果阁下看一下这个——

韦伯庭长：我们11个人都必须看，柯明斯-卡尔先生。

柯明斯-卡尔检察官：是的，不过恐怕你们同时看是不可能的，红线是停战协定时中国军队西进路线。阁下您可以看到这条红线很快就终止了，也就是说，它沿河岸延伸了一段距离就不再继续了，其延伸至一个叫安定的村庄，在附录中提到过，或者是叫安亭，我不是很确定。

韦伯庭长：地图中是"安亭"。

柯明斯-卡尔检察官："安亭"。

罗伯茨辩护律师：也许证人可以对具体位置给我们一些有价值的材料并且在地图上指出来。

韦伯庭长：唔，如果柯明斯-卡尔先生想让证人在地图上指出这个有争议的位置，他可以这样做，法官是否需要那份地图的副本或对指出来的内容是否满意，必须在会议上由各位法官决定。

（上述地图被提交给证人。）

柯明斯-卡尔检察官：（继续）

问：证人先生，在那份地图上展示了上海市和向北至扬子江口的铁路，您看见了吗？

答：是的，我看见了。

问：公共租界和之前提到过的越界路是否都在市北的火车站东侧？

答：我没能理解清楚这个问题，能重复一遍吗？

问：公共租界和越界路是否都在城市北面，铁路线东侧？

答：是的，公共租界占据了铁路东边的一部分和铁路的西边。

问：您是说它沿铁路两边延伸？

答：是的，当然。

问：或者是不是越界路只有一部分在铁路的西边？

答：公共租界，公共租界较大的部分在西边——铁路的西边。

问：你们的海军陆战队司令部在哪里？

答：靠近四川北路的尽头。

问：您能用铅笔在地图上标注一下您所说的地方吗？

韦伯庭长：请画一个直径1/8英寸的圆圈并用字母A标注在旁边。

答：是的，我可以这样做但是这地图的范围太小，很困难，我可以大概点一下，西边是江湾，东边是铁路线上，大概位于这两个点的中间再向南一点。

韦伯庭长：本法庭的一位成员向我指出，边界似乎在空间上并没有尽头，但是根据1932年协定，它始于安亭村以南的苏州河，向北延至长江。

柯明斯-卡尔检察官：是的，庭长阁下，但是我所指的空间上的尽头，看地图可知，这并没有解决任何事情——并没有提供任何安亭村以南或至少苏州河以南的界线。您已经在地图上标注了你们的司令部吗？我们能看一下吗？

（地图交给了柯明斯-卡尔先生。）

柯明斯-卡尔检察官：庭长阁下，我们同意证人所标注的位置近乎正确，也许在提交给特别法庭之前我会让他标注另一个地方，请把它交还给证人。

（地图交回证人。）

问：您能用等会给您的绿色铅笔标注一下您所说的虹桥机场吗？庭长阁下，我收到通知说如果法庭希望的话可以提供地图，但是我认为法庭会发现草图更有帮助。在把地图拿走之前，您能再标注一下您所说的八字桥的位置吗？

答：我已经用三角形标注了八字桥的位置。

柯明斯-卡尔检察官：现在能把它交给法庭吗？

韦伯庭长：柯明斯-卡尔先生，本法庭一位成员想要让证人在地图上标注一下商务印书馆的位置。

（证人在地图上标注上述位置。地图提交给法庭。）

柯明斯-卡尔检察官：庭长阁下，我们可以同意那些近乎正确的位置。根据我们的观点，除了机场，这三个地方太接近了。它们应该距离更远一点，就是说，远离城市，而不是远离商务印书馆。

罗伯茨辩护律师： 我认为，我们应该允许证人在辩方和检方双方面前指出位置和任何达成的协议，而不仅是在检方面前。

柯明斯-卡尔检察官： 我想是这样的。

韦伯庭长： 我认为，立证的责任在检方，这不会侵犯其他方面的权利。

柯明斯-卡尔检察官： 是的。

韦伯庭长： 我不确定是什么。不会有什么权利受到影响。

柯明斯-卡尔检察官： 庭长阁下，我只是指出在什么程度上我们会接受证人的标注，我不认为差别很重要。证人先生，我们唯一不认同的地方是我认为整个公共租界都在铁路的东边。阁下，我不想在此时占用更多时间讨论，我们将在适当的时候提供一份双方议定的草图。

罗伯茨辩护律师： 那就更好了。

柯明斯-卡尔检察官： 庭长阁下，我应该说清楚我们根本不接受协定所规定的禁区在1937年的效力。

罗伯茨辩护律师： 我们都应该明白那是由法庭来决定的。

柯明斯-卡尔检察官： 是的，当然，我只是想说清楚我不接受。

韦伯庭长： 我明白，那是检方的观点。

柯明斯-卡尔检察官： 证人先生，现在关于您的证词只有几个问题了。

问： 第5页第1行，您提到杨虎中将说的话，您亲耳听到他说了那些话吗？

答： 那时，所有中国报刊都登载了杨虎的照片和他接受采访时所说的事，那时所有的报纸提到他的话，就像我在证词中说的一样，是我们自己在报纸上看到这些文章的。

韦伯庭长： 是的，柯明斯-卡尔先生。

柯明斯-卡尔检察官：庭长阁下，证词上写明这是证人亲口证词，现在他却说这只是来自一份尚未提交的报纸。我希望法庭能忽略它。

问：第 6 页第 7 段，您提到海军中尉大山和他同伴的死。不是有一具中国守卫的尸体与这两具日本人尸体被一同发现吗？

答：我想说一下这个事实真相的细节，可以吗？

问：不，请先回答这个问题。

韦伯庭长：您可以在回答"是"或"不是"后再解释。

答：不是。

韦伯庭长：无需解释。

问：现在您介不介意告诉我——

答：等一下，我想——我认为当时的情况很重要，需要简单地解释一下。

问：唔，请解释吧。

答：在 8 月 9 日晚上，当听到大山中尉被杀的消息以及引起的问题，日本当局和中国有关方面去现场进行调查。在路的右边，虹桥机场入口内约 100 米处，我们发现了尸体——道路右边的水沟里发现了一辆车。

语言监督官：被破坏了。

答：这只是在路边。在车旁发现了大山中尉的尸体，尸体上有很多枪伤，脑袋被刀砍成两半——是一把中国青龙刀。驾驶座上的司机被发现时尸体上有无数弹孔。得知这些，中国和日本还有中立国的代表们展开了调查。经调查发现车旁有一具中国士兵的尸体，头部中弹；我们得知——司机斋藤的尸体是在距离汽车 500 米处的一个村子被发现的。我们发现司机斋藤的尸体曾经被拖到 500 米外的村庄。因此，当发现尸体不在第一案发现场时，我们询问中国当局发生了什么事，驻扎在那里的中国官员说，日本官员、大山中尉用手枪射杀了这个中国士兵，中国人反击了日本人大山。因此尸体被发现时，并不是第一案发现场,并要求将尸体送去医院解剖确定子弹是否左轮手枪子弹。大山中尉那时没有左轮手枪——那时没有带左轮手枪。司机带了左轮手枪,手枪皮套挂在他的肩上。在日本和中国政府的医务人员的帮助下,尸体在真如的大学医院解剖,发现子弹是来复枪弹。至此,中国想要试图在这个事件上设计圈套的诡计就变得明显,暴露无遗了。就是这些。

问:所以您认为刚才您所说的证明了没有发现中国士兵的尸体,是吗?

答:是的。

韦伯庭长:罗伯茨先生。

罗伯茨辩护律师:我提出异议,他在假设未经证实的事。检方之前特地问了证人是否他们没有与大山中尉一起被发现。

柯明斯-卡尔检察官:我没有问过那种问题。

语言监督官:法庭速记员能重复一下罗伯茨先生的陈述吗?

(法庭速记员重复罗伯茨的陈述。)

柯明斯-卡尔检察官:那不是罗伯茨先生说的。

语言监督官:我们不得不放弃翻译,因为我们没有听到罗伯茨先生的完整陈述,他是对着红灯讲的。

罗伯茨辩护律师:这就是我所说的,阁下。

柯明斯-卡尔检察官:(继续)

问:您是前往调查的第一批官方成员吗?

答:我的助手是第一批调查的成员。

问:回答是"不",您不在那里?

答:我的助手代替我去的。

问:您是第二批调查成员吗?

答:第二次是第二个助手去的,这是他的职责。

问:那么在您告诉我们如此详细的故事中,哪一段是你亲自去的?

答:之后紧接着发生了冲突,在冲突停止之后我去了现场。

问：哪一天？

答：在敌人撤退之后，应该是11月下旬。

问：唔，在您证词第8段的最后，你说是参谋长，显然意思是中方参谋长承认了你所说的事情经过并且道歉。您指的是中方参谋长吗？如果是这样的话，他叫什么名字？

答：我认为是高级副官，我不记得他的名字。

问：当他道歉的时候您当时在吗？

答：在两具尸体被发现、毁坏的汽车被带回海军陆战队时，中国政府的高级副官也同时到达，在日本陆战队司令官和我们的面前，他表达了对此次事件的遗憾之情。

问：您的意思是他承认了您所指控的事实并道了歉？

答：不能这么解释，当时中方只是表达了遗憾——道了歉。

问：您的意思是？

语言监督官：等一下，先生，还没有记录完。

答：事实是三方成员——三方调查——调查组由三方组成，也就是中方、日方和中立国成员去了现场确认事实，那些事实是真实的。

问：唔，也许您会回答我问你的问题，关于您所说的参谋长承认了您所说的事实并道歉了是吗？

答：是的。

问：什么时候？

答：是的，在两具尸体被发现并且被毁车辆被带到海军陆战队司令部时，中方道歉了——在我们面前道歉。

问：但那是在您告诉我们发生了什么事的所谓调查之前，是吗？

答：不，是在尸体被发现之后。

问：不，不，请听清楚问题再回答。您所说的场合，是不是尸体被带回来，就像您说的，尸体在您告诉我们的调查开始之前被带回来？

答：不是——根本不是。尸体留在案发现场，调查就进行着。

问：您说的那个道歉是什么时候？

答：我认为是在持续整夜现场寻尸工作之后尸体被带回海军陆战队的第二天下午。

语言监督官：简而言之，找回尸体并将尸体与汽车带回海军陆战队花了整夜的时间，直到第二天下午，这些工作才完成了。

问：在第 10 段您告诉我们，葬礼在 12 日举行，而枪击是在 9 日，在葬礼之前，尸体用了多久被带回来？

答：我认为尸体是在 10 日下午被找到的。

问：您是说您告诉我们的这个调查当时已经开始了？

答：就像我之前说的，尸体是在调查开始进行后被找到的。

问：那么，您说的这个三方调查是在哪天？

答：就在 9 日午夜直至 10 日早晨进行的。

问：你说中国士兵的尸体被带到医院解剖是什么时候？

答：10 日早晨。

问：您说的记者是谁——您说有好几个——是谁参与了调查？

答：我不知道他们的名字，但他们是来自所有上海重要报刊的记者。

韦伯庭长：现在休庭至明天早晨 9 时 30 分。

（16:00 休庭。）

1947 年 5 月 2 日，星期五
日本东京都旧陆军省大楼内远东国际军事法庭

（9:35 开庭。）

法庭执行官：远东国际军事法庭现在开庭。

韦伯庭长：所有被告都在场，除了被告东乡茂德由辩护律师代表。巢鸭监狱的医生证明被告东乡茂德病得非常严重，不能出席今天的审讯，这个证明将被记录归档。为了保证同声传译，我代表语言部要求所

有的文件,包括辩护律师的连续评论都要提前48小时提交,若要改变计划顺序或陈述都要预先通知语言部。

法庭记录部要求辩方提供辩护律师实时评论的副本以及案件每阶段证据提交的准确顺序,提前24小时提交法庭。法庭书记官和法庭事务官都要求提前24小时提供案件每阶段证据提交的准确顺序。另外,同时还需要一份完整的证人名单,对应有他们宣誓证词的文件编号。法庭书记官同时还要求,作为基础文件摘要提供的辩护方文件,存放于书记官办公室但尚未被标记的,其基础文件的编号应该被标识于证据顺序中。如果缺乏这些资料,就有必要向书记官提供单独的备忘记录。

来自中国的法庭成员让我注意到《星条旗报》的一篇文章,标题为"中国的过失带来战争",他抱怨道这篇文章包含了大量针对中国人的不准确的、没有证据的失实言论。参照记录似乎是这样。

柯明斯-卡尔先生。

(武田作为辩方证人出庭作证,经由日语译员作证如下。)

交叉询问(由柯明斯-卡尔检察官询问武田勇证人)

问:证人先生,昨晚我问了您所说的关于海军中尉大山被谋杀的描述,让我再确定一下我是否正确理解了您所说的事,您是说8月9日晚上您的助手去了机场,第一次去勘查时发现了两具日本人的尸体而没有其他人的?

答:是的,是那样的。

问:于是他进行了第二次勘查,是在同一晚吗?

答:因为要急着准备和召集责任双方以及第三方国家的记者,花了一些时间,第二次调查是在同一晚的午夜——午夜之后。

语言监督官:我认为他们第二次到那时是午夜之后。

问:您是说第二次调查时中国和日本的代表以及记者和他一起去的?

答：第二次由山内参谋带领。是的，是那样的。

问：那时他们只发现了两具尸体，其中一具尸体是大山，另一具是中国士兵？

答：是的，是那样的；另外，司机在约500米外的村庄口处被发现。

问：您的意思是说其间中国卫兵射杀了他们中的一个，并把他放在大山中尉的旁边？

答：是的，是那样的。

问：就我对您昨天所说的理解是他们用来复枪射杀了他，就是为了证明大山中尉用手枪射杀了他？

韦伯庭长：罗伯茨先生。

罗伯茨辩护律师：我提出异议。这是假设没有陈述过的事实。

韦伯庭长：证人可能没有说但是他暗示过。

罗伯茨辩护律师：记录中可以证明，尸检显示他是被来复枪子弹射杀的。

问：您的意思是他们用来复枪射杀了他是为了证明大山中尉用手枪射杀了他？

答：我不明白那个问题的翻译——因为翻译的关系我不明白那个问题。

柯明斯-卡尔检察官：语言部能再试一次吗？

韦伯庭长：他是怎么知道翻译错了？除非您知道有问题，否则您不可能知道问题被翻译错了。

罗伯茨辩护律师：我想补充一下，我不认为这个问题英语翻译得很清楚。

韦伯庭长：法官席的人恐怕不会赞同您的观点，罗伯茨先生。

日文速记员最好重复一下那个问题。您还是有疑问吗，证人先生？

证人：我能重复我昨天说的话吗？

韦伯庭长：如果您可以，如果您理解了的话，请回答问题；如果不是，请说出来。

证人：我不理解，不是很清楚地理解问题的意义，我不知道检方想要干什么，他期待我给出什么答案。

韦伯庭长：只要您理解问题，您不用关心他的意图。

证人：我没有这种感觉。

韦伯庭长：我认为英文速记员最好重复一下那个问题，再翻译一次。

（法庭速记员将最后一个问题宣读如下。）

问：您的意思是他们用来复枪射杀了他是为了证明大山中尉用手枪射杀了他？

答：这次事件后，在验尸之后，中国人的把戏浮出水面。

韦伯庭长：柯明斯-卡尔先生，够了，他说了这是中国人的把戏。

问：尸体解剖是在什么时候？

答：第二天的上午，或者可能是中午。

问：您什么时候得到验尸报告的？

答：在验尸之后，军医立即将报告带给了我。

问：谁？

答：军医，海军陆战队的军医——外科医生。

问：我明白了，所以这是由海军陆战队验尸的，是吗？

答：验尸是在真如的大学医院里进行的，当着中方和日本海军陆战队军医面前进行的。

问：您仍然说中方承认您所说的是真的？

答：是的，我仍然这样相信。

问：谁代表中方？

答：参加验尸的军医发现不是这样的，在子弹上有些差异。

问：是的，但是您要知道我问的不是这个，您在宣誓证词中声称中方参谋长承认了这个事实，也就是说，射杀大山的整件事？

语言监督官：柯明斯-卡尔先生，是在第8段，第8或第9段末？

柯明斯-卡尔检察官：第 8 段末。

答：是的，是这样。

问：您是说中方参谋长承认了？

答：是的。

问：您知道您昨天告诉我不是参谋长而是某个较低官员，他所说的是当他带回了两具尸体将其交给您的时候，他表达了遗憾。哪个是真的？

答：都是事实，如果有必要的话我会解释一下。

问：我昨天问您谁是参谋长。您说您无法告诉我，于是我问您谁说的，您说是带回尸体的较低官员。您将他描述成高级副官，他比参谋长级别低是吗？

答：是的，当然。那时的参谋长是少将，处理这个案子并经常与参谋长山内保持联系的中国代表，是一名作为陆军中校的高级副官。

问：那么您说第三国记者也在调查？

答：既然这是件非常重要的事，我们认为让中立国代表介入是件好事。

问：是的，那我问您其中是否有《字林西报》的代表？

答：我对欧洲语种不太懂，我没有注意过各种外国报刊的名字，但是我知道所有权威外国报刊的代表都在。

问：您不知道《字林西报》在上海是最重要的外国报刊之一吗？

答：知道，我认为这是我所知道名称的重要报刊之一。

问：他们的代表当时在那里吗？

答：您是指记者？

问：报刊的新闻记者。

答：昨天我在翻阅旧报纸时，看见一张照片，显示有外国记者在案发现场。

问：您介意回答我的问题吗？《字林西报》的代表在那里吗？

答：是的，我想，当然，那份报纸的代表在那儿。

问：您的意思是他们认可了您告诉我们的所谓事实真相？

答：是的，事实上他们认可了，所有人都认可了。

问：您知道在本法庭上，之前作证的约翰·鲍威尔先生是那份报纸的编辑吗？

答：我没意识到——不，我不知道。

问：我想告诉您的是，关于这个事件的既定事实是：那天晚上一名军官和一名日本水手试图进入中国虹桥机场时，被射杀了。

韦伯庭长：罗伯茨先生。

罗伯茨辩护律师：我能对检方版本的证词提出异议吗？

韦伯庭长：检方有权将证据提供给证人，如果证人只是打算作陈述，那他这样做就是错的，但检察官是这样吗？他打算这样做吗？当您打断的时候检察官还没有说完。英文速记员能重复一下柯明斯-卡尔先生所说的吗？

（前一个问题由法庭速记员重新宣读一遍。）

罗伯茨辩护律师：在我看来检方正在宣读一个我们不知道性质的文件，并且他正试图将之变成证据的一部分。

韦伯庭长：他可以将他的证据向证人展示，无论他读还是不读，就像您知道的，辩方经常这样做，除非已经成立或被证人接受，否则不能成为证据，我们知道这个。我们知道柯明斯-卡尔先生没有给出证据，请不要反复提醒我们。

罗伯茨辩护律师：评论没有问题的形式，似乎有更多叙述的形式。

柯明斯-卡尔检察官：我很惊讶，我博学的辩方律师竟然说我在宣读一份他不知道性质的文件，因为在他面前的文件是由辩方自己提供的。但是他们至今没有适时地将其提交为证据。

罗伯茨辩护律师：也许原因在于我们觉得我们没办法提供，检方在任何事件中都提交它。这种做法并不正当。

柯明斯-卡尔检察官：现在我要完成我的提问，语言部请注意，我念到"在上海郊区"。

语言监督官：这是什么文件，先生？

柯明斯-卡尔检察官：我要重新开始念，或者您能从那里继续吗？

语言监督官：什么文件？

柯明斯-卡尔检察官：是您没有的文件，但我正在组织问题，我要重新开始吗？

语言监督官：不，先生，没有必要。

问：我念到"上海郊区的虹桥机场，机场的中国卫兵也被射杀"一句。难道这不是这件事情的全部事实吗？

答：不，不是。

问：您是否把告诉我们的事情告诉过总领事冈本先生？

答：是的，我当然告诉过总领事。从那时起，我经常联系——我经常与他保持联系。

问：您出席了8月12日的共同委员会会议，是吗？

答：是的，那是关于大山案件的，因为我想要补充一下我的观点。

问：在会议上，冈本先生对承认的事及您所说的事只字不提，您感到惊讶吗？

语言监督官：柯明斯-卡尔先生，"承认的事"，您指的是中国承认的事吗？

柯明斯-卡尔检察官：是的。

答：我不感到惊讶。

语言监督官：我没有特别惊讶。

问：您自己有没有说什么？

答：没有，共同委员会有比大山的事——大山事件更重要的事要处理。

语言监督官：更重要的事。

问： 关于您的说法，目前为止我们都能够同意，但是大山案件是这次整个上海事变爆发的导火索吗？

答： 还有其他导致事变爆发的重要原因。

语言监督官： 重要原因或者说这次事变的爆发还有其他重要原因。这次事变的爆发始于其他更重要的缘由。

问： 现在您能告诉我们大山中尉那晚去机场附近的目的吗？

答： 我来解释一下，这样可以理解得清楚一点。上海西边的守卫由英国军队负责。然而，在这个区域，有很多日本利益团体，比如说，内外棉纺厂和其他日本公司，还有很多日本居民，根据防卫委员会——上海防卫委员会所作的协定，调动了约100人组成的日本海军陆战队驻扎在西区。公路沿线有日本的利益团体，沿着越界路。

语言监督官： 在事件发生的越界路的公路沿线有日本人的利益团体。

答： 大山中尉作为这个区域的指挥官负责看守这一切——负责守卫并且要知道在他的管辖范围内发生的一切。尤其是当时各地都有恐怖主义活动，日本海军陆战队的指挥官在登陆区域有保护日本民众的重要责任。

语言监督官： "日本海军陆战队指挥官"修正为"地区指挥官"，换句话说，海军中尉大山。

答： 因此大山中尉只是执行任务而已。

语言监督官： 就像他经常做的那样。

韦伯庭长： 似乎翻译监督官在告诉翻译该怎么说。翻译监督官的职责是如果翻译错了，纠正他的错误。或许我们不需要翻译只要有翻译监督官就够了，如果我们那样安排的话，还可以节省时间。

问： 这个机场不在您所谓的禁区内吗？

答： 机场坐落在苏州河的另一边。因此，根据用词——根据协定的用词，无法确切地说其是在禁区内。但是为了避免上海及周边的战斗，直到昭和十二年(1937年)七月左右这块区域还几乎没有军队。

问：但是日本为什么在那里驻军？

答：当时那块区域没有日本军队。

问：大山中尉为什么去那儿？

答：大山中尉去那里调查他管辖的区域。

问：但是您说他在禁区内执行他的任务是什么意思？

答：大山中尉没有逾越界限，他在界限以内。

问：唔，您提到了外国媒体，您看到8月10日《字林西报》的这份报道吗？

答：不，我没有看报纸，所以我不知道。

问：那么让我换一个方式问您。这是事实吗？当那些参与者，您所描述过的，9日午夜在那里，在发生射杀事件地点附近的外国居民是不是说有两个穿着制服的日本人和带着钢盔的司机，是事实吗？

语言监督官：柯明斯-卡尔先生，当您说"两个穿着制服的日本人和带着钢盔的司机"，我们能否理所当然地理解为3个人一起，或者您的意思是其中一个是司机？

柯明斯-卡尔检察官：2个人。其中一个是带着钢盔的司机。

答：是的，那个时候他们确实是穿成那样。

问：此前几天，日本当局已经去过机场并且被中国人阻止了，是事实吗？

答：不，不是那样的，不可能发生那样的事。

问：所以中国不得不派出一架飞机紧盯他们，因为他们会藏身于附近的野地里？

答：不，不是那样的，显然不是那样的。

问：尽管您对外国媒体感兴趣，但您没有在《字林西报》上看到任何消息吗？

答：是的，我们之所以请外国媒体代表来，是因为我们认为如果他们能亲眼看见发生了什么事,是更好的,也因为我们认为这是一件很重要的事情,所以,所有重要报刊媒体的代表都被请来了。

问:但是您并不担心在他们亲眼看过之后会发现任何迹象,是吗?

答:负责媒体事务的参谋一定看过那篇文章。由于很忙,我没有时间浏览外国报刊的报道。

问:当这次射杀事件的首次报道出现时,在您派出助手调查之前,有没有先从日本海军武官处得到过这份报道?

答:尽管会花一点时间,我还是应该解释一下实际情形。关于这个事件,我们手上有的第一份报告来自中方,上海市长打电话给总领事冈本。我相信是那样的,电话里说在上海西侧日中两军正在开战,市长要求战事应该暂停——应该停止。冈本总领事将这个消息告诉了我。对此我回答说另一场示威可能已经开始——另一个谣言已经开始,因此,不会发生什么事,我也没有理会那通电话。

问:您所说的,那样的事不可能会发生,是因为那个晚上没有任何海军陆战队官兵奉命外出,是吗?

答:不,不是那样的。我说的是日中两军之间没有发生任何战斗,在那个地区没有日本军队。冈本总领事打来的第一个电话也是同样的意思,我再次告诉冈本总领事不要被谣言愚弄。在第三次电话打来时,我告诉冈本总领事说:"如果您那么担心这件案子,那么我们一起去做个调查——日本和中国代表应该一起去现场做调查。"与中方取得联系后,他们派了一名参谋到现场。那就是我们第一次——开始意识到这起事件,双方的参谋被派往现场勘查。

问:在这起事件发生的 36 小时内,有 30 艘军舰出现在上海的江面,是吗?

答:我不知道。

问:您说有多少?

答:因为我在海军陆战队,我对海上发生的事不是非常清楚。

问：您知不知道，8月11日在公共租界码头，有一支庞大的接近4000人的队伍，从刚刚靠岸的船上登陆吗？

答：在大山事件之后，海军陆战队约1000人从日本被派往上海，但是那是在事件发生后的一天，或者是再后一天。

问：您知道8月11日中午之前，出云号巡洋舰，2艘驱逐舰和9艘炮舰，总共28艘军舰停泊在——日本军舰以浮筒和锭盘固定停泊在江面上吗？

答：因为出云号是旗舰，长江上还有另外一些日本海军舰船，可能是这样的规模，但是我不清楚数量。

韦伯庭长：休庭15分钟。

（10:45开始休庭。）

（11:03重新开庭。）

法庭执行官：远东国际军事法庭现在继续。

韦伯庭长：柯明斯-卡尔先生。

交叉询问（由柯明斯-卡尔检察官继续询问武田勇证人）

问：证人先生，出云号是日本第三舰队的旗舰吗？

答：是的。

问：在8月10日下午，是不是有4艘巡洋舰和2艘驱逐舰到达港口？如果您需要的话，我可以告诉您巡洋舰的名字。

答：由于我仅与海军陆战队接触，我不是——我不是很了解海上发生的事。

问：您的意思是您无法回答是否这些舰船——名字是：川内、名取、由良和鬼怒。您告诉我们您不知道它们是否到达吗？

答：是的，是那样的，因为我在海军陆战队，我不知道。

问：10日晚上是不是又有5艘军舰达到港口？

答：我不知道。

问：那天晚上是不是有一艘航空母舰和其他军舰在吴淞口停泊？

答：同样的原因，我不是很清楚。

问：在11日下午，您是不是去了在杨树浦的大阪商船会社？

答：不，在那样的时间我不会去那种地方。

问：您对即将到来的援军和装备感兴趣吗？

答：我不知道有1 000人援军，作为高参，我没有去——高参不是每次都要去港口查看发生了什么事。

问：那个下午您看见载有军火的卡车多次往返码头与海军陆战队司令部吗？

答：不，我没有注意到这种小细节。

问：但是如果您不在司令部或码头或任何可以看见卡车或舰队的地方，您在哪呢？

答：我在司令部。

问：您没看见进来的卡车？

答：我不知道有几辆卡车进来，因为我总是到处走动。

问：在早上——

语言监督官：等等。因为有很多卡车来回进出，我无法做到心中有数。

韦伯庭长：他知道什么或者不知道什么，比他看见什么来得重要。您可以认为他作为高参应该知道所有的事，尽管他可能没有看见卡车或军火或援军，也就是说，没有证人的承认。对于那些事是否发生了，我们在交叉询问阶段不做假设。

证人：1 000名援军中有500人被派往沪东公大纺织厂，另外500人被派往市北小学。

问：8月11日下午在上海港的日本军舰集结是上海迄今为止最大规模的海军集结之一，对吗？

答：您可以这么说，根据我的回忆，没有过这样大规模的日本军舰集结。

韦伯庭长：柯明斯-卡尔先生，我猜想我们可以认为您要证明或试图证明的你向证人提出的这些事实，并非显而易见，他也还没有承认。

柯明斯-卡尔检察官：是的，庭长阁下。

韦伯庭长：我只是指那时在上海的援军、军火和舰船的集结。

柯明斯-卡尔检察官：是的，庭长阁下。

问：在 8 月 12 日上午，你们的新闻官员有没有告诉您，我向您提出的所有关于军舰、增援和军火的事，刊登在了那天早晨的《字林西报》上，并且据说是一位工作人员的亲眼所见？

答：不，我不记得那些。

问：让其他军舰抵达上海的命令是什么时候发出的？

答：我不知道。

问：是您要求它们来的吗？

答：不，我没有。

问：是你们的司令官或驻上海的海军武官要求他们前来的吗？

答：不，司令官没有这么做，而日本海军武官没有这样的权力。

问：所以，依您所说，他们只是自愿前来的是吗？

答：我不知道是否有军舰来了，但是舰艇的行动应该是受上级的指示，我们对此一无所知。

问：但是您明确地告诉我，在上海的海军当局并没有要求派它们来是吗？

答：什么？关于军舰的行动，我们在海军陆战队，对此一无所知。

问：您出席了 8 月 12 日的共同委员会会议吗？

答：是的。

问：您听到俞市长说起这个吗？我要宣读一下证据第 2516 号，辩方文件第 1063 号，第 4 页最后一段和第 5 页的一部分。

语言监督官：等一下，是从"俞先生反驳道"开始吗？

柯明斯-卡尔检察官：对，是一份俞市长对之前已经宣读过的冈本先生的讲话的答复：

（宣读）

俞先生反驳道，中国代表非常希望与日本朋友保持和平的关系并且维护上海的秩序。但是他认为只有通过中日双方真诚的合作才能维持和平友好关系。他想要澄清日本同僚的一个观点，那位日本同僚说中国代表已经向他保证保安队只在昨晚从靠近日本居民的区域撤离。他想指出中国代表没有发表过这样的言论，但是作为上海市长，他昨晚与日本总领事进行了一次会谈，当时后者要求保安队撤离。他（市长）提出了日本海军大规模援军抵达吴淞港的问题，日本总领事对此表示惊讶并说他对此并不知情。他（市长）于是说道如果那份报告是假的，他会同意撤离部分保安队。然而，日本总领事离开后不久，日本援军的消息就被证实了，报告就如雪片般飞向市长办公室。于是中方不得不采取自卫措施。

问：您记得俞先生说过的这些事吗？
答：如果记录里有的话，他肯定说过。
问：冈本先生或者您，是否有那么点想否认这些？
答：否认什么？
问：否认日本海军援军到达的事实。
答：我认为没有必要否认，冈本总领事用英语与俞市长交谈，但在必要时候——在必要的当口，我参与了会谈，并提出问题。
问：如果不是真的，为什么没有必要否认呢？
答：我认为总领事否认了那些言论——那些谣言。

韦伯庭长：罗伯茨先生。

罗伯茨辩护律师：我认为刚才宣读的会议记录上说他并不知道。

柯明斯-卡尔检察官：刚才宣读的会议记录上写道,他在11日晚上与俞市长会谈时说他并不知道;但12日下午重复提到这份声明时,我没有任何发现想要否定的意图。

罗伯茨辩护律师：我假设这是12日会议的记录,且回复是在那时做出的。

柯明斯-卡尔检察官：我认为,现在正在交叉询问,打断并不合适。

韦伯庭长：会议记录得很清楚,是由辩方提交的。

柯明斯-卡尔检察官：您在会议上听到进一步的讨论吗?我将要宣读第11页除了前两行以及第12页的一部分内容:

(宣读)

冈本先生提醒与会人员危险一触即发,高斯先生说道显然今晚不能有所作为。

俞先生讲如果中方不被侵扰,今晚、明晚或者以后都会平安无事。

高斯先生询问俞先生是否对外国政府有任何可操作的建议,让外国政府可以做些什么来缓和当时的形势。

冈本先生插了一句,说一些日本军舰在今天下午已经离开上海,俞先生表示可能还会来。

戴维森先生问如果其间发生了一些事,双方是否可以保证不在24或48小时内发动攻击?

俞先生回答他可以保证如果中方不受攻击,他们也不会攻击,无论是24小时内还是24天,抑或是24年。中方始终保持防御状态。

冈本先生表示日方不想惹麻烦,只要他们没有被惹怒或受挑衅。他会同当局沟通。

俞先生问冈本先生怎样理解挑衅,冈本先生回答如果日方受到威胁,他们会采取攻击。

俞先生说中方不会攻击但是会自卫。

冈本先生说一个日本记者那天早上在北火车站被驻扎在那里的中国军队逮捕了,他想要找出他在哪里。这就是挑衅。

俞先生讲述了公共工程局长去年是如何被拖出他的车,如何被日本海军搜查。冈本先生说继续相互指责无济于事。

戴维森先生问在日军阵地附近是否有单独的中国部队?

俞先生回答他可以保证在那些阵地没有任何单独的部队。

问:当中方说他们不会发动攻击,除非他们先遭受攻击——您同意冈本先生说的日本只在被激怒或挑衅时才会发出攻击的看法吗?

答:我们一直说,我们不会主动进攻,除非我们受到攻击。

问:您看,根据会议记录那完全与冈本先生所说的背道而驰。

答:我不认为是相反的。

罗伯茨辩护律师:我能问一下刚才检方宣读的部分是否读给证人听的?因为可能用的线路不对。语音系统操作员能告诉我一下吗?或者也许证人可以告诉我们是否是读给他听的。

语言监督官:语音系统操作员告诉我证人听到了日语版。

问:唔,在您宣誓证词第9页,第13段的第3、第4行,您说13日早晨日方首先遭到来自商务印书馆的枪击,其地处上海的哪里?

答:距离海军陆战队500或600米处。

问:和中国报业大厦是同一个地方吗?

答:不是同一个地方,在闸北区中心。

问:昨天冈本先生说射击声是从中国报业大厦传来的,你们谁的说法是正确的?

答:我认为肯定出了些差错。

问:当时您在那儿吗?

答：是的，我在海军陆战队司令部。

韦伯庭长：和中国报业大厦是同一幢大楼吗？

答：与什么同一幢？我不知道中国报业大厦是什么。

韦伯庭长：在文件的另一部分，表达为"商务印书馆大楼"。

柯明斯-卡尔检察官：那是证人的描述。

韦伯庭长：麦隆·克拉默上将昨天下午和我讨论过。

柯明斯-卡尔检察官：可能我们说的不是同一份文件，阁下，您的意思是，冈本在他宣誓证词的两个不同部分提到两幢不同大楼？

韦伯庭长：在他的证词里。

问：那时，无论谁先开火，局势已经到了不可挽回的地步了吗？

答：我们遵循不扩大方针，所以即使开火，司令官仍坚持不出动他的军队。

问：我说的是，没有人知道谁先开火，但是大规模援军到来使得战斗不可避免地爆发了。

罗伯茨辩护律师：我对这有争议性问题提出异议。

韦伯庭长：可以那样认为。

问：您从海军陆战队司令部可以判断枪声来自哪里是吗？

答：是的，从军官和士兵的报告及瞭望台可以获悉。

问：但是那意味着您不能说您自己洞悉一切，是吗？

答：当然，我在作战室或参谋室，我不在楼上的瞭望台，因此我无法看见所发生的事。

问：我想告诉您根本没有人能从海军陆战队大楼看见这两幢建筑的任何一幢。

答：您指的是哪幢大楼？

问：您提到的，商务印书馆大楼或是——商务印书馆仓库，或是冈本先生提到的中国报业大厦。

语言监督官：我不知道中国报业大厦的英文是否时常被译为商务

印书馆大楼。

柯明斯-卡尔检察官：不，我想我们已经一致认定，这是两幢地处上海两处完全不同的大楼。

罗伯茨辩护律师：可能检方已经同意，但是我不认为证人同意。

柯明斯-卡尔检察官：那是证人所说的。

罗伯茨辩护律师：我相信法庭会记得他说过他不熟悉中国报业大厦，不知道检方在说什么。

柯明斯-卡尔检察官：那么让我们再问清楚点。

问：您同意商务印书馆和中国报业大厦是地处上海两处的完全不同的建筑吗？

答：我不知道中国报业大厦是指什么。

问：中国报业大厦不是报社大楼吗？商务印书馆不是出版商的大楼吗？

答：是的，商务印书馆是一家书店。

问：唔，让我缩小问题范围。我想说的是没有人能从海军陆战队司令部看见射击是否来自商务印书馆，对吗？

答：这是可以清楚地看到的。商务印书馆是一幢四到五层楼的大型建筑，任何人在楼顶都可以俯瞰整个上海。

问：海军陆战队司令部和商务印书馆不是在不同的路上吗？

答：在完全不同的路上，也就是说商务印书馆在闸北区，日本海军陆战队司令部在越界路。

柯明斯-卡尔检察官：先到这儿，阁下。

韦伯庭长：罗伯茨先生，在您进行再一次质询之前，我代表法庭成员向证人提出以下问题：援军抵达上海之前没有通知日本海军陆战队吗？

证人：我们收到了1 000名援军到达的通知。

韦伯庭长：您在哪天，具体几点的时候，收到那个通知？

证人：我不知道时间，但是在大山事件发生之后。

韦伯庭长：罗伯茨先生。

再次直接询问（由罗伯茨辩护律师询问武田勇证人）

问：武田先生，在宣读您的证词时，关于您的供述有一个问题：除去大炮之外，保安队有固定2 000人的力量。我想把共同委员会的会议记录宣读给您听，询问那是否是您提到的协定。

柯明斯-卡尔检察官：庭长阁下，我对这个问题提出异议，这个问题没有在交叉询问中出现，在宣读的时候我指出了，而不是对证人关于停战协定的观点表达提出异议，我指出停战协定与那些事情都无关，因为对协定的解释是法庭的事，我对此根本没有进行交叉询问。如果罗伯茨先生在交叉询问后想要涉及另一份协定，他本可以在宣读完宣誓证词之后补充提问，但是在交叉询问中并未问及任何问题。

罗伯茨辩护律师：检方特别想引起法庭注意宣誓证词中提到的2 000人不属协定范围。他同样提及了证人的一份声明，称他们没有大炮，或者他们有的大炮与所理解的不同。我们想要表明中国代表自己的理解。这样法庭就会很清楚。

韦伯庭长：关于这方面的交叉询问已经清楚了，我们在询问中主要考虑的是第2页和协定本身。

罗伯茨辩护律师：庭长阁下，这里似乎存在误解，似乎有另一份协定提到驻扎在那里的军队，保安队的数量。

韦伯庭长：在特定情况下允许产生新问题。

罗伯茨辩护律师：我希望得到您的允许。

韦伯庭长：我认为法庭允许您提到这个新问题，展开新问题的讨论。

罗伯茨辩护律师：谢谢，阁下。会议记录宣读如下：

（宣读）

冈本先生回答说1932年协定签署后，上海市政府决定那年7月1日起在闸北区建立保安队。日方对这个团体感到焦虑，汉语所说的保安队类似于一支正规军,当时日本代表在政府指示下向俞先生询问保安队的真实属性。俞先生解释说建立这个团体的目的不外乎是为了维护闸北的和平秩序;其次所谓的保安队是为了与现在的公安局警察队有所区别;最后,这个团体有2 000兵力,可以分成两个团,每个团再分成三个营。俞先生进一步重申,尽管可能提供给保安队手枪、步枪和机关枪,但不会装备坦克、装甲车和迫击炮等,正规军的士兵绝不会并入上述组织,其人员组成不外乎一部分的北平保安队、公安局的警官和一些退役宪兵。俞先生的这些陈述当时在总领事馆被记录下来了。

柯明斯-卡尔检察官: 庭长阁下,那并非俞先生在会议上说的话,那是冈本先生在会议上宣称俞先生说过的话,那甚至不是对冈本先生本人说的,而是对其他一些日本官员说的。在会议记录第8页的中间,您会发现俞先生询问主席他是否应该回应冈本关于保安队的言论,但是主席转移了话题,所以这个说法未得到俞先生的回应。

韦伯庭长: 休庭至1时30分。

(12:00开始休庭。)

十七、日机轰炸美英舰船

（13:34 继续开庭。）

法庭执行官：远东国际军事法庭现在开庭。

（武田勇作为辩方证人出庭，通过日语译员作证如下。）

韦伯庭长：柯明斯-卡尔先生。

柯明斯-卡尔检察官：庭长阁下。我想要做一个小小的修正。有人告诉我，今天早上我暗示证人鲍威尔先生是《字林西报》编辑是错误的，其实鲍威尔先生任职的报社是《中国周报》。但这并不影响我的问题的观点，因为证人告诉我《字林西报》的代表是他所说的事件调查参与者之一。

韦伯庭长：除非辩方要求我们将鲍威尔先生作为事件的可信报道者。罗伯茨先生。

罗伯茨辩护律师：据我回忆，检方提到鲍威尔先生所作的一些陈述与证人说法完全相反，不是那样吗？

柯明斯-卡尔检察官：正是这样。

罗伯茨辩护律师：我认为法庭不会理会鲍威尔先生当时作为《中国周报》编辑的说法。请允许我们进一步假设，如果法庭不接受声明以及鲍威尔的著作，那么同样也不会接受检方的陈述。当然我指的是著作中的陈述。

韦伯庭长：沉默是最好的应对。您在警告我们不要接受他的证据，据我们所知根本不是证据。

罗伯茨辩护律师：我只是试着理清局面，阁下，让我思绪变得清晰。

再次直接询问（由罗伯茨辩护律师询问武田勇证人）

问：武田先生，在您宣誓证词第2页，提到保安队维持在2 000人以及他们拥有的装备。你能告诉我们，这份协定是何时制定并且如何达成的吗？

韦伯庭长：柯明斯-卡尔先生。

柯明斯-卡尔检察官：庭长阁下，显然他无法回答。罗伯茨先生已经宣读过冈本的证词，上面写道这份协定可能到了俞先生和另一个不知名的外务省官员手中，这位先生怎么可能知道呢？

罗伯茨辩护律师：这是重点。我们想要找出这份协定是与谁签订并且谁参与其中。

韦伯庭长：他知道吗？

罗伯茨辩护律师：我相信他知道，阁下。

韦伯庭长：那就向他提问。

问：武田先生，在您宣誓证词第2页上提到的协定中，您知道关于保安队的数量和他们可能携带的武器类型，是吗？

答：是的。

问：您能告诉我们这是否是在1932年5月5日的协定中提出的？

答：是的。

柯明斯-卡尔检察官：庭长阁下，不是应该先问证人当所谓的协定达成时他是否在场，并且如果协定是书面的，文件在哪里吗？

罗伯茨辩护律师：我相信这在证人作证时都会予以回答。

韦伯庭长：您应该知道，因为他是您的证人，您知道他会说什么。

罗伯茨辩护律师：是的。

问：现在您能告诉我们这份协定是如何并在什么情况下起草的？

答：与停战协定主要文本条款一致，有一条规定，在协定达成后，日军打算撤到公共租界，而他们的据点——日军据点将由中国警察接管。

日方迫切想知道在其撤离后会发生的事情的具体细节。于是按照日本政府的指示，询问了中国当局在那之后他们打算做出什么安排。

柯明斯-卡尔检察官： 庭长阁下，我有异议。证人不在当场，根据他的宣誓证词，他直到1936年12月才到上海，而现在他却打算告诉我们1932年上海发生的事情。

译员： 证人说"我1932年在那里"。

韦伯庭长： 他可以反驳自己，我们不能阻止他。他可以改变他的说法。

问： 你能继续告诉我们关于协定的事吗，武田先生？

答： 市政府用正式文件回复日方的询问，内容如下——

韦伯庭长： 柯明斯-卡尔先生，您必须遵守那个红灯，如果你不这么做，大家都得停下来。毕竟，我们不是陪审团，我们能忍受听到这些结果证明不可采纳的内容。

柯明斯-卡尔检察官： 庭长阁下——

韦伯庭长： 我知道这令人生气，但是我们仍然不得不接受。

柯明斯-卡尔检察官： 庭长阁下，我提醒过辩方律师应该先提问文件是否是书面形式，如果是的话，书面文件在哪里。在所有这些问题之后，似乎应该有一份所谓的文件，但文件却没有被提供，阁下应该记得在这部分的开始，我指出过由于没能就上海事变对证人进行交叉询问，我们没有轻易下断言。在这样的情况下，我认为有必要严格对待提交给法庭作为证据的资料类型。

韦伯庭长： 这些事情至关重要，应该提供足够的证据，充分证明这份文件的唯一方法是提交或解释无法提交的原因。

罗伯茨辩护律师： 我相信，证人会证明这不是我们的文件，文件是由另一个机构——工部局起草的，我们没有办法拿得到或掌握这份文件，证人会说的。

韦伯庭长： 我的同僚非常怀疑您是否理解我一直重复的规则，那就是如果您想要证明一份文件的内容,除非您被允许免于出示。否则必须解释一下不提交文件的原因。我无需多次重复,我的同僚对为什么辩护律师不理解我所说的话感到很奇怪。

罗伯茨辩护律师:除了让证人解释 2 000 这个数字和据说依据协定而来的武器限制外,我们对证明那份文件或任何特定文件的内容不特别感兴趣。

韦伯庭长:如果证据基于协定内容,那这份协定必须出示或解释其不在现场的原因,不能口说无凭。

问:武田先生,您知道您提到过的原始协定是谁起草的吗?

答:这是从中方收到的,海军陆战队有副本。

问:您知道是谁起草原本的吗?

答:由中国政府方面草拟的,由市长,中方市长,作为官方文件发送。

问:您知道原始文件现在是否仍然存在?

答:我认为应该在日本总领事馆。

问:您是说原本吗,武田先生?

韦伯庭长:是的,他是这样说的,他说原本被送到某处。

罗伯茨辩护律师:我认为并没有说清楚,我认为他说副本被送至那里。

韦伯庭长:您必须像我们一样听到作证,如果你认可了,就不会误解。

证人:罗伯茨先生,我能说句话吗?原始文本被送至总领事馆了,而副本送到了海军陆战队司令部。

韦伯庭长:原本在总领事馆,就如我们所知道的,现在得到正确答案了。

罗伯茨辩护律师:我们将会调查,如果在那里我向您保证将其出示。

问:武田先生,你能告诉我们商务印书馆和海军陆战队司令部相距多远吗?

答：大约 500 到 600 米。

罗伯茨辩护律师：关于提到的那份协定，我想说由于上海属于中国的事实，如果可能的话也许我们可以让检方帮助我们取得那份文件。

韦伯庭长：在这里没必要讨论方法。您知道正确的做法是由法官室向我提出申请，法庭宪章对这类情况有明文规定。

问：武田先生，您能向我们描述一下你所说的上海的禁区是什么吗？

韦伯庭长：那是我们并未允许涉及的新的事情，但是——

罗伯茨辩护律师：这件事与大山中尉事件发生地越界路的问题有直接关联。

韦伯庭长：请继续。

答：无论是各国军队还是各国民众，他们在越界路做的跟他们在租界内做的一样。

问：换句话说越界路可以视同为租界本身？

答：确实，是的。

问：您还记得疏散者和难民从汉口及中国其他地方被运到上海的时间吗？

答：是的。

问：您能告诉我们是什么时候发生的？

答：日本居民撤离汉口，乘坐大山中尉被杀后一天也就是 8 月 10 日抵达上海的炮舰、驱逐舰和汽船被带到上海。

问：当时在上海这是相当可观的场面吗？

答：事实是他们来到上海没有引起——不是任何挑衅。

问：关于中国士兵在中国境内枪杀事件，您将之描述为一场诡计。您是指中国士兵的被枪击或是安置尸体是一场诡计？

柯明斯-卡尔检察官：庭长阁下，他很清楚地说过他意指两者皆为诡计。

韦伯庭长： 您想证明什么，罗伯茨先生？

罗伯茨辩护律师： 这其中有一些误解。那名中国士兵可能被认为由中国人故意枪杀并且作为诡计将其尸体放置在那里。

柯明斯-卡尔检察官： 那确实是证人说的，任何打算使他改变证词的问题我认为都不合适。

韦伯庭长： 我的同僚同意您的看法，其中一个作了记录，您的问题并非针对解释不清的事，在本方再次询问时，并不合适，异议有效。

问：武田先生，您对在八字桥附近驻扎的海军分遣队熟悉吗？

答：是的。

问：分遣队有几个人？

答：有几个人，由一名军士作为队长。

问：在那个区域有日本人的财产和住宅吗？

答：有。

问：请告诉我们财产的类型。

答：您刚才提到的地方距离海军陆战队总部约 300 米。在那里海军陆战队有一些土地，在附近有日本寺庙，日本人墓地，眼镜生产公司和酿酒厂，在这些建筑周围居住着大量的日本居民。著名的六三花园酒店也坐落在这个地区。

问：这支分遣队一直与工部局的特别警察和中国警察共同活动？

答：是的。

罗伯茨辩护律师： 本方再次询问部分结束，证人是否按程序离开？

韦伯庭长： 他可以退庭了。

（证人离席。）

罗伯茨辩护律师： 我现在将提交有关 1937 年 8 月和 12 月发生在上海和南京两地的特定事件的证据，以向法庭证明这些事并非如检方所声称的那样，是蓄意或有计划地征服中国或将所有美国人和英国人驱逐出中国。相反，我们将向法庭证明，日本想方设法来保护外国人及他们的财产免遭不测，并且一旦由于现状而受到损毁或伤害，会为他们寻求解决方案直至满意。这进一步显示出日本对那些疏忽或无视规定的人将迅速采取惩戒。辩方的论点是某些事件比如"帕奈"号事件和"瓢虫"号事件已经被友好地协调了，应该被认为是了解了的事件。我现在有请宗宫先生出庭，他会提交一些前面提到的证据。

韦伯庭长： 宗宫律师。

宗宫辩护律师： 文件会对所谓的许阁森案给出证明。首先我提交辩方文件第 71 号，这是一份外务大臣给英国驻日大使馆的答复，日期是 1937 年 9 月 6 日，与许阁森大使受伤案有关。

韦伯庭长： 按程序采纳。

法庭书记官： 辩方文件第 71 号被法庭接受为第 2519 号证据。

（前述文件被标以辩方证据第 2519 号，并被法庭接受。）

宗宫辩护律师： 我宣读第 2519 号证据：

（宣读）

外务大臣对英国大使馆的回复，9 月 7 日

大使先生：

我荣幸地在 8 月 29 日收到 J. L. 多兹先生寄给我的第 125 号记录的回执，之后我负责英国大使休·纳奇布尔·许阁森爵士受伤的案件。

日本政府一收到这个消息，非常重视，匆忙分别通过驻英国大使向英王陛下政府，通过驻中国大使向休爵士表示了深切的同情。同时，向当局发出紧急指示，对现场进行彻底调查。尽管调查结果至今不能证明射击是由日本飞机造成的，日本政府仍在让相关部门采取作进一步调查，不遗余力弄清案件真相。在这样的情况下，要判定该事件的责任是否在日方仍然是不可能的，然而由于连接日本和英国的传统友谊纽带，日本政府表达了其深切遗憾。

因为中英两国的关系,我希望向阁下保证,日本军队总是采取最充分的预防措施防止平民受伤,当然日本政府希望这种不幸的事件永远不会由于日方的过失而发生。但事与愿违,相关部门接连收到最新命令,要在此事上予以高度谨慎。因此我真诚地希望,英国政府能与日本政府友好合作,当进入危险区域时,提前通知现场的日本政府采取这种必要措施,以防止类似事件再次发生。

在做出上述临时答复后,我利用这次机会再次向大使阁下保证。

致英王陛下驻日大使,罗伯特·克雷吉阁下

我想要法庭注意由检方提交的第 265 号证据。这是一份题为"关于英国大使受伤事件对中国的最后答复"的文件,是外务大臣写给英国驻日大使的,日期为 1937 年 9 月 21 日。这份文件证明,上述事件归咎于日军,是由于他们误将许阁森大使的汽车错认为军队汽车或是运货卡车,并不是故意为之。

接下来,我提交辩方 73 号文件,这是 1937 年 9 月 23 日英国驻日大使写给外务大臣的一封信,这封信证明这起案件在相关两国之间解决了。

韦伯庭长:按程序接受。

法庭书记官:辩方第 73 号文件被法庭接受为第 2520 号证据。

(前述文件被标以辩方证据第 2520 号,并被法庭接受。)

宗宫辩护律师:我宣读第 2520 号证据。

(宣读)

关于英国驻华大使负伤事件,英国驻日本大使于昭和十二年(1937 年)九月二十三日致日本外务大臣的函

英国大使馆,东京,1937 年 12 月 23 日,148 号

我荣幸地通知阁下,我将阁下于 9 月 21 日就英国大使在 8 月

26日晚在上海附近被两架飞机攻击之事写给我的信函转送本国政府。现在我收到本国政府训令,说英国政府对该信函表示满意,认为此案已经了结。

我利用这次机会,再次向阁下致以最高的敬意。

签名:罗伯特·克雷吉

致外务大臣广田弘毅先生

接下来我提交辩方文件第1076号,1937年11月24日《朝日新闻》文章摘录。

韦伯庭长:诺兰先生。

诺兰检察官:辩方第1076号文件是一份日本报刊上的新闻报道,其中精心摘录了英国议院在争议时期内所说的话。我们向对其他新闻报道一样对这份文件提出异议,且该文件不具有任何证明力。

宗宫辩护律师:我即将要宣读的部分是关于这个事件的——

语言监督官:这份文件的摘录。

宗宫辩护律师:这份报道建立在同盟通讯社从伦敦发出的电报的基础上,其内容关于英国众议院的一场辩论,我认为应该允许宣读这份报告,因为这份文件的内容具有公开性质。

韦伯庭长:根据多数原则,异议有效,文件不予采纳。

宗宫辩护律师:接下来我们要提交的证据是关于所谓的"帕奈"号事件的文件和证人。我们提交辩方文件第136号。这份文件是1937年12月14日外务省写给美国大使的信,证明了此次事件完全是因为误炸。

韦伯庭长:诺兰先生。

诺兰检察官:这份文件也是一份新闻稿,我们对其提出异议。虽然其中包含了1937年12月14日日本政府对美国政府的通牒,其内容只是一份通牒。检方很高兴这份文件是原始记录的真实副本,为了避免任何不必要的延误，我们认为这份文件要以一种便捷的方式呈现给法庭。

韦伯庭长： 唔，诺兰先生，您有一些互相矛盾的看法吧？关于这份文件的很多说法都被驳回了。如果那份新闻稿，包含众议院相关的一个问题和一个答案，您没理由认为其是无关的，您可能不会质疑这份新闻记录的可靠性。您看，我们必须认同其证明力，您告诉我们现在提交的这份文件有证明力，因为您认同它是日本外务大臣急件的正确陈述。但是您不赞同刚才那份被驳回的文件。你有权这样做，但是对我来说似乎是需要斟酌的事。

诺兰检察官： 这份文件，从表面上，之前异议于其他文件的理由也适用于它。我努力向法庭解释这份文件包含记录的真实副本，可以用便捷的方法提交给法庭，我意识到了证明记录的适当方式是将其出示。因此，提交副本给法庭证明在众议院上发生了什么事是恰当的。我仅仅是为了节约时间。如果我前后矛盾的话，我对这份文件提出异议。

宗宫辩护律师： 我要提交法庭的这份文件不是一份报纸的摘录，是一份日本外务大臣发送给美国大使馆的官方文件，有证明表明文件内容是真实准确的，我相信这份文件应该被采纳。

韦伯庭长： 根据多数原则，按程序接受。

法庭书记官： 辩方文件第 136 号收作第 2521 号证据。

（上述文件被标以辩方证据第 2521 号，并被法庭接受。）

宗宫辩护律师： 现在我宣读第 2521 号证据。

（宣读）

　　日本政府给美国大使的照会，昭和十二年（1937 年）十二月十四日

　　大使先生：

　　关于 12 月 12 日发生的美国炮舰"帕奈"号和三艘标准石油公

司的汽船在长江的南京上游 26 英里处被日本海军飞机炸沉的事件,当我得知事件的非官方消息后,我请求阁下将日本政府的歉意转达给美国政府。随后收到了来自我国在华代表的报告,上面写道,日本海军航空兵为了追赶乘坐汽船逃离南京的中国军队,在上述提到的上游处发现了几艘舰船。由于能见度差,尽管下降到相当低的海拔高度,飞机仍然无法识别其是美国舰船。结果,美国炮舰"帕奈"号和标准石油公司的舰船,因被误认为是载有逃离的中国军队的船只而被炸沉。

根据上述情况,很显然此次事件完全是由一个错误造成,日本政府对美国舰艇和船只以及船上的受害者遭受的损失表示深深的遗憾,并希望在此表达我们真诚的歉意。日本政府会对所有损失进行赔偿,并对事件负责。日本政府已经严令现场当局防止类似事件的再次发生,并真诚希望日美之间的友好关系不会受到此次不幸事件的影响,我已经坦白地表达我们诚挚的态度:请求阁下能够将这些代为转达给贵国政府。我利用这次机会,再次向阁下致以最高的敬意。

签名:广田弘毅,致美国驻日大使约瑟夫·格鲁阁下

现在我提交辩方文件第 330 号,这是一份大本营陆军部在 1937 年 12 月 22 日所作的声明,证明驻扎在现场附近的日军设法减轻伤亡并试图停止轰炸,以及没有用机枪射击的事实。

韦伯庭长:诺兰先生。

诺兰检察官:我对这份第 330 号文件提出异议。这不是一份由陆军省发出,而是从外务省发出的新闻稿。本法庭已经多次表明过,如果报告是在战场形成的,可以援引作为证据。分析一下报告便很清楚地看出这不是一份在战场形成的报告,其内容经粉饰,从最后一段可以很清楚地看出这一点。

韦伯庭长：宗宫先生。

宗宫辩护律师：这是一份大本营陆军部所发布的消息或者说通告，并且附有一份外务省的证明。我的理解是：这是一份外务省档案中大本营发表的声明，而且我相信这份证明是正确且准确的。至于这份文件的内容，是一个调查结果。甚至在检方的证据陈述阶段，他们也提交了不是现场形成的证据并且也被采纳了。

语言监督官：即使在检方证据陈述阶段，非战场或现场的调查报告也已经被法庭采纳过。

宗宫辩护律师：法庭也承认了美国调查委员会关于"帕奈"号事件的报告，基于这个事实，我相信这份文件应该可以被采纳为证据。

韦伯庭长：根据多数原则，异议有效，文件不予采纳。

宗宫辩护律师：接下来我提交辩方文件第82号作为证据，是外务省于1937年12月24日作出的。关于此次事件，日本政府采取了非常谨慎的措施，进一步对当地部队发出指示，要求他们尤其要尊重第三国的权利和利益。

韦伯庭长：按程序接受。

法庭书记官：辩方文件第82号被法庭接受为第2522号证据。

（前述文件被标以辩方证据第2522号，并被法庭接受。）

宗宫辩护律师：我宣读证据第2522号的一部分内容，在第2页的中间部分。

（宣读）

关于阁下照会中提到的前两项要求，即表达遗憾及赔偿问题，我已经予以回复。至于对未来的保证，我希望告知大使阁下：日本海军立即颁布了严格的法令，在每一个有美国和第三国军舰与船只在场的区域，保持警惕，以避免类似错误的再次发生。此外陆海军和外务省当局都已经发布了严格的命令，鉴于目前的不幸事件，要前所未有地认真贯彻再三下达的命令，不侵害美国和第三国的权利和利益。日本政府正在用一切方法实现上述目标，已经采取措施，确保与美国在华当局的紧密联系，确保美国利益和国民安全，并且改善通信方法，使其迅速有效地传达给在场当局。

正如之前所说的，攻击美国的舰艇和船只是由于一个错误，因为没有采取充分的预防措施，那些和攻击行动相关的人员已被适当的处理。日本政府努力排除类似事件再次发生的所有可能性。我强烈希望美国政府充分意识到这样一个事实：采取这个极端措施只是因为日本政府真诚希望保护美国和第三国的权利和利益。

我利用这次机会，再次向阁下致以最高的敬意。

我应该加上标题："外务省关于'帕奈'号事件的公告。"外务大臣广田请求美国驻日大使格鲁于1937年12月24日回访，就"帕奈"事件给他一个回复。

韦伯庭长：休庭15分钟。

（14:45休庭。）

（15:00开庭。）

法庭执行官：远东国际军事法庭现在继续开庭。

韦伯庭长：宗宫先生。

宗宫辩护律师：接下来我提交辩方文件第81号作为证据，是来自美国大使的一封信，日期为1937年12月26日。通过这封信，我可以证明美国政府对日本政府采取的措施表示满意。

韦伯庭长：按程序接受。

法庭书记官：辩方文件第81号被法庭接受为第2523号证据。

（前述文件被标以辩方证据第2523号，并被法庭接受。）

宗宫辩护律师：我宣读第2523号证据：

（宣读）

美国政府就"帕奈"号事件给日本政府的照会
美国大使，东京，1937年12月26日
阁下：
我荣幸地代表我的政府给阁下如下照会：
关于美国政府12月14日的照会，收到了日本政府于同日及12月24日就日军袭击美国"帕奈"号炮舰事件和三艘美国商船的照会。

在这份12月14日的政府照会中写道："美国政府要求，同时期望日本政府正式表达悔意，进行完整全面的赔偿，并且采取明确具体的措施，确保此后美国的在华国民、利益和财产不会遭受日军的攻击，也不会遭受任何日本当局或军队的不法干涉。"关于美国政府提出的前两个要求，日本12月24日的照会中重申了日本政府12月14日照会中声明的"日本政府对美国舰艇和船只以及船上的受害者遭受的损失表示深深的遗憾，并希望在此表达我们真诚的歉意。日本政府会对所有损失进行赔偿，并对事件负责"。关于美国政府要求的第三项，在日本政府12月24日的解释中，写明了日本政府采取的某些确切而具体的措施。原文是"不侵害美国和第三国的权利和利益"，并且说"日本政府努力排除类似事件再次发生的所有可能性"。

美国政府对日本政府能够在12月14日的照会中迅速认定责任、表达遗憾以及主动赔偿表示满意。美国政府把日本政府在12月24的照会中所述的解释，作为其对美国政府在12月14日照会的回应。

关于这个事件的原因、动机和细节等事实，日本政府在12月24日照会中已经表明了日本政府的调查结果。对于同样的问题，美国政府接受美国海军调查委员会的报告结果，已将副本正式提交给日本政府。美国政府由衷希望日本政府所采取的措施，将有效阻止日本当局或军队对美国民众在华利益及财产的进一步攻击或非法干涉。

我利用这次机会,再次向阁下致以崇高敬意。

签名:约瑟夫·格鲁。
致日本帝国外务大臣,广田弘毅先生。

接下来我提交辩方文件第1196号作为证据,其为一份外务省于1938年3月23日发表的声明,通过这份声明我希望确认美国政府的索赔金额数量。

韦伯庭长: 诺兰先生。

诺兰检察官: 这份第1196号文件是一份来自外务省的新闻稿。我们对这份文件提出异议,这份文件意图证明外交照会的内容,我们认为应该提交作为证据本身的照会文件。

韦伯庭长: 这是重要的,毫无疑问应该是这样的。

宗宫辩护律师: 外交证明没有证实任何新闻稿或新闻报道。这份文件的内容包含美国大使照会,全部内容具有外交性质。

韦伯庭长: 这份证明不是报道本身,而是关于外务省的声明,该声明中包含了照会的内容。至少两个法庭成员要求我询问检方是否对外务省声明中提到的报道的准确性提出异议。

诺兰检察官: 第1196号文件中包含的新闻报道经查是原始文件的副本,其内容真实准确。

韦伯庭长: 根据多数原则,异议无效,文件予以采纳。

法庭书记官: 辩方文件第1196号被法庭接受为第2524号证据。

(前述文件被标以辩方证据第2524号,并被法庭接受。)

宗宫辩护律师: 现在我宣读第2524号证据。

罗伯茨辩护律师: 宣读英语副本时明显有一个错误,日期被宣读成了1933年3月23日,但应该是1938年。

法庭书记官：法官的副本是 1938 年。

宗宫辩护律师：接下来我提交辩方文件第 401-21 号作为证据以证明日方已经做出赔偿。

韦伯庭长：诺兰先生。

诺兰检察官：检方对第 401-21 号文件提出异议，这份文件在我们已知范围内没有增加任何内容。我们认为这仅仅是在这件事上采取的外交措施的重述，在之前已经作为证据。

宗宫辩护律师：我打算只宣读这份文件的最后两行，那就是关于按照美国要求的赔偿——

语言监督官：完成赔偿。

韦伯庭长：与本案有何关系？

宗宫辩护律师：我认为这可以证明关于"帕奈"号事件的赔偿已由日本政府支付。

韦伯庭长：在您的证据，就是检方的证据中，赔偿已经支付了吗？

塔夫纳检察官：不，先生，赔偿已支付的事实没有在检方的证据中出现过。

宗宫辩护律师：此外，这份文件是美国国务院的官方文件。

韦伯庭长：第 1 页的最后两行说赔偿已支付。

宗宫辩护律师：在日文文件中最后一页的倒数第 4、5 行，英文副本中第 1 页的最后两行。

韦伯庭长：是的。异议无效，在该范围内的文件被采纳，也就是说，第 1 页的最后两行被采纳。

法庭书记官：辩方文件第 401-21 号被法庭接受为第 2525 号证据。

（前述文件被标以辩方证据第 2525 号，并被法庭接受。）

宗宫辩护律师：我要宣读第 2525 号证据的最后两行内容。

此后日本政府按照美国的要求作了全面赔偿。

接下来我提交辩方文件第 206D19 号作为证据，这是前美国大使格鲁的日记摘录，我打算只宣读这份文件的一部分。

韦伯庭长：诺兰先生。

诺兰检察官：如果法庭允许，检方反对引入这份文件，这是前美国大使格鲁又一份日记摘录。第一段很明显是不相关的，只是想告诉我们格鲁先生对于美国政治形势的看法。这份文件的其他部分交代了会议上发生的事，大使所说的话以及随后交换意见时所做的事。检方同样认为，鉴于这类证据的重要性，辩方应该使用另一种证明方法。

宗宫辩护律师：我只打算宣读文件的第二段。这是一份关于在格鲁大使官邸中召开的正式会议记录。其中记录的内容是真实的，因此我们相信这份文件应该被定为证据。

韦伯庭长：根据多数原则，异议成立，文件不予采纳。

宗宫辩护律师：辩方律师罗伯茨先生接下来会传唤证人青木武。

韦伯庭长：罗伯茨先生。

罗伯茨辩护律师：我们传唤证人青木武。

韦伯庭长：您是说再次传唤他？

罗伯茨辩护律师：是的，我们传唤他。

（青木作为辩方证人出庭作证，宣誓后通过日语译员作证如下。）

直接询问（由罗伯茨辩护律师询问青木武证人）

问：请说出您的名字和住址？

答：我叫青木武，住在神奈川县叶山町堀内七六一番地。

罗伯茨辩护律师：请证人看一下辩方文件第 1291 号。

（文件被递交给证人。）

问：请查看这份文件，然后告诉我们这是否是您的宣誓证词。

答：(查看)这是我的宣誓证词。

罗伯茨辩护律师：我提交其作为证据。

韦伯庭长：按程序接受。

法庭书记官：辩方文件第1291号被法庭接受为第2526号证据。

(前述文件被标以辩方证据第2526号，并被法庭接受。)

罗伯茨辩护律师：我宣读第2526号证据。

(宣读)

我原来是第二联合航空队和中国派遣军之间的联络官。我在1937年9月中旬到达上海，担任第三舰队参谋兼上海派遣军参谋。

我的职责是向海军提供情报以及从陆军向海军发送请求。我也是一名陆军内的海军专家，为了维持联络，我定期在机场和第三舰队司令部之间往返。

1937年12月12日，陆军要求轰炸载有从南京逃离的中国士兵的中国船只。据报告载有中国军队的7到8艘大型中国商船正航行于长江，他们要求海军航空队协助加以阻拦。我用电话传达了这个要求。航空队表示同意并按任务需要派遣了几架飞机。

当时，根据陆军报告，在南京附近没有任何外国船只。据其后报道，任务执行结果极好。

1937年12月14日，我第一次听说"帕奈"号轰炸事件。第一份报告上说一艘外国船只可能被炸了。当我到上海调查此事是否如报告中所写后，我才意识到这个事实。在上海我发现"帕奈"号是被误炸的，它被误认为是试图从南京逃离的中国船只之一。飞行员在随后的报告中说对"帕奈号"的轰炸对他来说明显是一个错误，他没有任何想要炸毁外国舰船的意图。他认为"帕奈"号是从南京逃离的中国船只之一。

至于所报道的用机枪扫射船员的情况，飞行员在报告中否认了这个情况的发生。这不是飞行员在轰炸任务中攻击目标的做法。

第三舰队司令长官和航空队指挥官发布了极为严格的命令，务必不要炸到外国船只，并对这次事件表示极大的遗憾。因此，惩罚了那些被认定因为粗心或可能的疏忽而犯下罪行的人。

您可以进行交叉询问。

韦伯庭长：萨顿先生。

萨顿检察官：检方不希望进行交叉询问，因为关于"帕奈"号事件的证据出现在美国咨询委员会报告，证据第263号，庭审记录第3517页至第3530页，并且出现在桥本欣五郎的询问摘录，证据第258号，庭审记录第3466页及证据第2188号，庭审记录第15678页。

韦伯庭长：罗伯茨先生。

罗伯茨辩护律师：现在我有请哈里斯先生，他会提交更多证据——我要求证人可以按程序退庭。

韦伯庭长：他可以离席了。

（证人离席。）

韦伯庭长：哈里斯先生。

哈里斯辩护律师：庭长先生，我们提交三个简短的文件作为证据，其内容关于发生在1937年12月12日，英国军舰"瓢虫"号因错误辨识而在芜湖被炮轰的事件。现在我们提交辩方文件第1039号作为证据，这是一份外务大臣广田弘毅在1937年12月14日就"瓢虫"号事件向罗伯特·克雷吉爵士发送的日本政府的官方照会。

韦伯庭长：按程序采纳。

法庭书记官：辩方文件第1039号被法庭接受为第2527号证据。

（前述文件被标以辩方证据第2527号，并被法庭接受。）

哈里斯辩护律师：现在我宣读证据第2527号。

(宣读)

外务大臣广田弘毅向英国大使罗伯特·克雷吉爵士发送的日本政府官方照会,昭和十二年(1937年)十二月十四日

大使先生:

我荣幸地有机会代表日本政府就本月12日事件表达深深的遗憾。在此事件中,英国军舰"瓢虫"号、"蜜蜂"号、"蟋蟀"号和"甲虫"号,在芜湖和南京附近遭到日军的错误轰炸和炮击。我代表我的国家向阁下表达最真诚的歉意。我想告诉阁下,日本政府已经迅速采取必要措施来避免此类事件再次发生。除此之外,在完成调查后,日本将对事故责任人进行妥善处理,并且准备对英国所受之损失给予必要赔偿。

总而言之,日本政府真诚地希望日本和英国之间的传统友谊将不会受这些不幸事件的影响。

利用这次机会,我再次向阁下致以崇高的敬意。

广田弘毅(签名)

致英国大使、尊敬的罗伯特·克雷吉爵士

现在我们提交辩方文件第170号作为证据,这是一份日本外务省于1937年12月30日就"瓢虫"号被炮击事件所作的正式声明。

韦伯庭长:诺兰先生。

诺兰检察官:如果法庭允许,我们对第170号文件提出异议,因为这是一份外务省发布的新闻稿。我没有对文件中包含的日本照会做过调查,我想提请法庭注意文件中的声明,其只是被重复引入的那份照会中的一段基本内容。

哈里斯辩护律师:这是一份外务省关于此事件的声明没错,但是我们认为,第一段下方的文字中包含日本照会的内容。记录证明这是一

份真实准确的日本外务省官方译文的副本。

韦伯庭长： 无法得到全文吗？

哈里斯辩护律师： 庭长阁下，我想补充一点，我们曾经尝试得到原始记录，但是针对我们要求的答复来得太迟以至于我们来不及审核，无法将它提交到法庭。庭长阁下，我还想说明的是，我们有一份外务省声明，但是原始记录找不到了。

韦伯庭长： 在伦敦会有原件的。

哈里斯辩护律师： 我们会采取必要的措施尝试获得原件，阁下。

韦伯庭长： 这些是否是基本内容我们不得而知。但显然是起草人的观点。

哈里斯辩护律师： 当然，我以为，当我们要求得到详细解释 12 月 28 日照会内容的外务省官方文件时，我们得到了这份文件，就是这份官方照会。

韦伯庭长： 根据多数原则，异议有效，文件不予采纳。

哈里斯辩护律师： 现在我们提交辩方文件第 1013 号作为证据，来自英国外交部，关于确认日本政府支付"瓢虫"号损失赔偿的声明。

韦伯庭长： 按程序采纳。

法庭书记官： 辩方文件第 1013 号被法庭接受为第 2528 号。

（前述文件被标以辩方证据第 2528 号，并被法庭接受。）

哈里斯辩护律师： 我宣读第 2528 号证据。

（宣读）

英国驻日联络使团，英国驻东京大使馆

证明

英国"瓢虫"号炮舰于 1937 年 12 月 12 日在芜湖遭日军炮轰受损。损失起初估计约 3 830 英镑，此后减少为 2 942 英镑。我国于 1938 年 8 月 18 日向日本政府提出 2 942 英镑的索赔要求，该同等额度支票于 1938 年 8 月 31 付给了我国驻日本大使。

英国国王陛下政治代表、英国驻日联络使团团长 A. D. F. 加斯科因（签名）

1947 年 3 月 20 日

这份证明概括了我要引用的关于"瓢虫"号事件有关的文件列表。罗伯茨先生会继续提交更多的证据。

韦伯庭长： 罗伯茨先生。

罗伯茨辩护律师： 我们传唤证人户塚道太郎。

（户塚作为辩方证人出庭作证，宣誓后通过日语译员作证如下。）

直接询问（由罗伯茨辩护律师询问户塚道太郎证人）

问：请说出您的名字和住址？

答：我叫户塚道太郎，住在东京都中野区仲町一七番地。

罗伯茨辩护律师： 请让证人看一下辩方文件第 1276 号。

（文件递交给证人。）

问：请检查一下这份文件，然后告诉我们它是否是您的宣誓证词。

答：这是我的宣誓证词。

罗伯茨辩护律师： 我提交这份文件作为证据。

韦伯庭长： 按程序接受。

法庭书记官： 辩方文件第 1276 号被法庭接受为第 2529 号证据。

（前述文件被标以辩方证据第 2529 号，并被法庭接受。）

罗伯茨辩护律师： 在第 3 行有一个修正："第三联合航空队"应该是"第一联合航空队"。我宣读第 2529 号证据。

（宣读）

我于 1937 年 7 月被任命为第一联合航空队司令官，该航空队驻扎在台湾的台北市,以及济州岛。

1937年8月14日,中国空军袭击了上海港的"出云"号巡洋舰及海军司令部。作为反击,我们同月15日轰炸了在南京的中国空军基地。9月初,中国空军向南方转移至广州,他们轰炸了停泊在中国南海岸的"夕张"号巡洋舰。因此我们轰炸了广州的空军基地,试图消灭中国空军。

后来,我们在收到中国军队向北行进的报告后开始了对火车站和交通的破坏。我们收到第三舰队关于轰炸目标的指示和命令,其只要求轰炸飞机场、军火库、军事设施、军需品仓库、军事学校和其他军事目标。我们绝不会不加选择地轰炸城市或乡镇这类不在计划内的目标。

空军侦察机带来报告后,我们查阅地图查看要轰炸的目标。我们利用空中照片以确保轰炸的准确性。当然,有时我们无法直接击中目标,一些事故无法避免,有时中国空防极其有效,我们不得不在目标上方做高空盘旋。一旦进行轰炸,我们会拍下照片研究我们的爆炸成果以提高此后轰炸的精准度。我们在任何时候都不会故意轰炸非军事目标或军事设施。有时我们没能准确轰炸而损坏了一些非军事化设施,我们会被参谋本部警告要加倍小心。我经常命令飞行员和指挥官在执行爆炸任务时小心谨慎。有时,即使我们怀疑中国人佯装悬挂第三国家的国旗,我们也会停止轰炸以加倍确保信息准确。举一个例子,1938年8月,当中国士兵从汉口逃亡,溯长江而上时我们的飞机正准备轰炸,在一艘我们很肯定了解情况的船上升起了一面法国国旗。因此我们的飞机没有轰炸就返回了。还有其他一些事件性质与此类似。即使我们明知道中国人躲在别国旗帜下,我们也会受命不再轰炸,以避免犯错的可能。

在我们的一些轰炸任务中,我们不会使用投弹瞄准器,而是使用手动装置和秒表以确定在投放炸弹前我们的目标位置。最初飞行员由参谋本部设置地图，为的是确定军事目标和第三国军事设施的总体方位，地图显示的第三国军事设施位置是以第三国提供的情报为基础的，随后被分发给我们作为引导。因此，在很大程度上帮助我们只对敌人的位置和军事设施进行直接攻击。

您可以进行交叉询问。

韦伯庭长：塔夫纳先生。

塔夫纳检察官：如果法庭允许，我不进行交叉询问。

韦伯庭长：您想让证人离席？

罗伯茨辩护律师：证人能离席？

韦伯庭长：他可以离席。

罗伯茨辩护律师：我们提交辩方文件第1131号作为证据，这是一份来自外务省的声明，内容关于中国审查官控制外国记者报道，企图歪曲的事实。

韦伯庭长：诺兰先生。

诺兰检察官：如果法庭允许，我们对第1131号文件提出异议。我们认为这份文件性质同属之前被法庭驳回过多次的那类新闻稿，其内容仅仅是关于报道说了什么以及是如何被审查官更改的。

罗伯茨辩护律师：我认为检方对这类新闻报道的指控稍微有点过头。

韦伯庭长：新闻稿。

罗伯茨辩护律师：新闻稿。证明上写道这是一份日本外务省官方文件的副本，上面记录了关于先施百货公司爆炸案的事实情况。

韦伯庭长：根据多数原则，异议有效，文件不予采纳。今天时候不早了，不再继续审理。休庭至下周一9时30分。

（15∶55休庭。）

十八、日机轰炸南京与广州

1947年5月5日，星期一
日本东京都旧陆军省大楼内远东国际军事法庭

（9:35开庭。）

法庭执行官：远东国际军事法庭现在开庭。

韦伯庭长：除了冈敬纯、平沼骐一郎，和由律师代表出席的东乡茂德，其他所有被告都在场。巢鸭监狱医生证明以上三名被告因病重不能出席今天的庭审，证明将被记录归档。不过，我知道平沼今天实际上在场，请法庭书记官核实一下。我手中的证明有平沼的名字，但他在场。我知道冈敬纯也在场。我认为上星期五也是这样，当时只有东乡不在场。

很不幸我们不得不在这些简单的问题上花时间。以后我们必须严加谨慎，否则一些人可能会遇上麻烦。

塔夫纳先生。

塔夫纳检察官：如果法庭允许，我们和法庭秘书处进行了一些沟通，他们指出由于纸张的短缺，有必要减少一定数量的文字整理稿副本。如果这个方案实施的话，会严重妨碍到我们。我们认为，如果双面打印双方文件，那么就可以避免减少文字整理稿数量。

韦伯庭长：除了法官的副本外，我不反对双面打印。我会同他们商议。我想法官也会同意将纸张双面打印的。

塔夫纳检察官：谢谢。

韦伯庭长：罗伯茨先生。

罗伯茨辩护律师： 庭长阁下。我们现在传唤证人美井贞三。据我所知他叫三并贞三。

（三并作为辩方证人出庭作证，宣誓后通过日语译员作证如下。）

直接询问（由罗伯茨辩护律师询问三并贞三证人）

问： 请告诉我们您的名字和住址？

答： 我叫三并贞三，住在大阪府三岛郡味生村大字新在家三番地。

问： 请给证人看一下辩方文件第1221号。

（文件被递交给证人。）

问： 请告诉我们这是您的宣誓证词吗？

答： 是的。

韦伯庭长： 你的名字是怎么写？是三并还是美井？

罗伯茨辩护律师： 就我所知在日语里两者都可以。我提交辩方文件第1221号作为证据。

韦伯庭长： 按程序接受。

法庭书记官： 辩方文件第1221号被法庭接受为第2530号证据。

（前述文件被标以辩方证据第2530号，并被法庭接受。）

罗伯茨辩护律师： 我宣读第2530号证据。

（宣读）

我是一名前日本海军少将。我曾于昭和十二年（1937年）七月十二日至同年十二月间担任第二联合航空队司令官。以下是有关我作为第二联合航空队司令官在上海方面直接参与的事实的陈述。

我们在昭和十二年九月十八日收到情报，中国空军要对我们发动攻击。在他们采取行动对付我们之前，我们准备先攻击敌人。但是由于飞行条件很差，我们别无选择，只好推迟了计划，直到第二天，也就是9月19日。当然中国空军和我们预期的一样在18日对我们进行了一次突袭。19日我们的飞机在南京上空和敌军进行2次空战，我们的飞机摧毁了很多敌机，不过我们也损失3架。结果，我们获得了南京地区的制空权。9月20日我们发动一次空袭，目标是国民政府、总参谋部和无线电台。21日由于下雨我们取消了空袭。22日，我们的空军对军事设施进行了三次突袭，如民航局、防空委员会、中央党部、狮子山炮台等。

为了防止误炸，请来了已经驻留南京很多年的武官中原中佐。参照南京的地图，他确定了空袭的目标和位置，因此不可能出现错误的情况。尽管在这次特殊的行动中我们会遇到很多困难，但我还是再次下令进行轰炸。

我们非常重视中立国的权利和利益。现举这样一个例子，我们的陆军在进攻镇江时希望对在长江上撤退的中国军队发动空袭，但是由于英国商船停泊在附近而没有执行。

而且第三舰队司令官在9月19日提前通知第三国外交官，我们将会对南京进行空袭，并再次于同月20日，我们事先向中国平民告知了我们的空袭，警告他们采取避难措施。

接下来，我想提一下"帕奈"号误炸事件。12月12日下午1点"帕奈"号被炸沉。这明显是一次误炸事件。它沉没的那天我们还没意识到是我们炸沉了"帕奈"号。直到12月13日，我们收到美国舰队司令部通知，我们才第一次了解到我们误炸了这条船。

第三舰队司令部立即派出载有医疗人员、医疗用品和其他物品的快艇到避难所。当然也派船只对"帕奈"号上的人员进行救助。同时我们立即派参谋长到美国舰队的总部表达我们的歉意。

我作为当时海军航空队司令官对这起事件负主要责任，并通过电报向海军大臣和军令部总长提出非正式的辞呈。结果，我在被警告的同时受命于昭和十二年(1937年)十二月十五日从战区返回国内，并被任命为第二舰队(苍龙号和龙骧号)司令官。

昭和十三年（1938年）五月五日，旗舰苍龙号奉命投入战斗，因此，航空母舰龙骧号转为旗舰，我手下的所有司令部职员受我之命驻留。同年8月11日，航空母舰龙骧号奉命进入作战区域，我是唯一一个被留下的人，奉调军令部任职。

昭和十五年（1940年）十二月十六日，我被编入预备役，再也没有进入过战区。我觉得我的上司不把我送到战区是因为"帕奈"号事件。

检方可以进行交叉询问。

韦伯庭长：塔夫纳先生。

塔夫纳检察官：如果法庭允许，我们不需要质问这名证人，因为检方认同第955号证据，速记录第9456号；第956号证据，速记录第9458号；以及第957号证据，速记录第9460号。

罗伯茨辩护律师：证人可以离席了吗？

韦伯庭长：可以。

（证人离席。）

罗伯茨辩护律师：我们提交辩方文件第1115号作为证据。这是一份在南京被轰炸地区的正式清单，特别注明了被炸毁的目标，对各目标所造成的伤害和官方验证报告。

韦伯庭长：诺兰先生。

诺兰检察官：如果法庭允许，从证明中很难确认这份文件及其来源或者其中包含的情报。在我们看来，这又是一份新闻稿，因此，我们像对其他类似文件一样对该文件提出异议。

罗伯茨辩护律师：这份证明不是一份新闻稿。从表面来看，这份文件是受轰炸地方和结果的汇总列表，这是为了反驳检方所说的轰炸不加选择的指控。这将有助于法庭尽可能弄清在那时南京是否有明确的军事目标遭轰炸。

韦伯庭长：根据多数原则，异议有效，文件不予采纳。

罗伯茨辩护律师：我们提交辩方文件第 1128 号作为证据，这是一份从外务省发出的文件，其详细说明了日本飞机没有轰炸预期目标即返回基地的具体日期，以此证明所说的轰炸并不是如检方所称的草率和不加选择。

韦伯庭长：诺兰先生。

诺兰检察官：庭长阁下，这份标题为"情报局 10 月 4 日发布的新闻资料"的文件的性质毋庸置疑。现在我们对这份文件提出异议，并且希望法庭注意到该文件的年份并没有在文件的标题中出现，但这次调查是在 1947 年 10 月 1 日进行的。

罗伯茨辩护律师：请允许我提醒法庭，勘误表中日期改成了 1937 年 10 月 1 日而不是 1947 年。

韦伯庭长：异议有效，文件不予采纳。

罗伯茨辩护律师：如果法庭允许，关于这份文件我有些话要说。

韦伯庭长：法庭一致通过异议有效。

罗伯茨辩护律师：我们提交辩方文件第 1094 号作为证据，这是一份日本政府关于南京轰炸事件给予美国大使的答复，以此证明当时正在采取措施保护第三国国民。

韦伯庭长：按程序接受。

法庭书记官：辩方文件第 1094 号被法庭接受为第 2531 号证据。

（前述文件被标以辩方证据第 2531 号，并被法庭接受。）

罗伯茨辩护律师：我宣读第 2031 号证据。

（宣读）

　　昭和十二年（1937 年）九月三十日日本政府关于轰炸南京的答复。
　　大使先生：
　　我想告知阁下，我们已经读过您 9 月 22 日关于帝国军队轰炸南京的信函了。就像阁下您所知道的，因为南京是中国军队的中枢基地，有着坚不可摧的防御能力。为了实现日军的作战目标，不可避免地要对驻扎在南京的军队机构和军事组织进行轰炸。帝国军队的轰炸行为并没有超出以上所提及的范围，毋庸置疑，他们并没有不加选择地针对平民。事先对平民发出警告就是证明。在执行作战时，帝国政府的方针一直没有改变，他们在最大程度上关心第三国的权利、安全、利益及其国民的生命、财产安全。我们要求贵国的官民和船只采取避难措施，是希望能防止任何不幸降临在第三国国民身上，尽管帝国军队的行动将极为小心谨慎。帝国政府希望美国政府能充分体谅帝国军队，尽管事先要求第三国国民避难的做法存在很大缺陷，但是帝国军队会充分配合帝国政府的措施。

至于目前在中国的作战行动使第三国国民所受到的巨大伤害，帝国政府的态度依然如阁下之前所知道的一样。

我利用这次机会，再次向阁下致以崇高的敬意。

我们接着提交辩方文件第1116号作为证据，这是一份外务省关于中国向国际联盟上诉事件的声明，其表明日本方面所看到的事实与中国声称的事实完全相反。

韦伯庭长：诺兰先生。

诺兰检察官：庭长阁下，这份文件是一份新闻稿，其表明了外务省关于中国上诉国际联盟的看法。其中的观点基于不完整的中国上诉文本，回避了所有确切观点。我们认为这是企图通过媒体回应中国的上诉，不应该被定位证据。

罗伯茨辩护律师：这份证明声明了这是一份文件——日本外务省的官方文件，和新闻稿无关。就像诺兰先生所说，他们在这份文件中避免了任何主观意见，并且用事实作为对中国向国联主张的回应，现在被告将以此作为解释的一部分。至于新闻稿,我认为仅仅这一词不足以让检方对所有文件提出异议。检方向法庭提供的大量文件中,即使是新闻稿,但是只要有证明力,法庭也会予以采纳。

韦伯庭长:根据多数原则,异议有效,文件不予采纳。

罗伯茨辩护律师:我们提交辩方文件第726号作为证据,这是一份是日本政府于1937年9月30日在日内瓦所作的正式声明,意在反驳1937年9月28日国联决议的事实,并阐述实施军事攻击的具体原因和方式。

韦伯庭长:诺兰先生。

诺兰检察官:庭长阁下,我提请法庭注意这份日本政府的日内瓦声明。依据文件第一段的结语,我不得不认为它是一份在日内瓦发表的新闻稿,反对其作为证据引入。

韦伯庭长:罗伯茨先生。

罗伯茨辩护律师:辩方的意思是这份向国联作出的正式声明可能会被这些被告采纳并作为他们的申辩使用。

韦伯庭长:我想这不是一份向国联所作的声明而是在日内瓦发表的声明。

罗伯茨辩护律师:根据证明,这份声明是在日内瓦写下的。

韦伯庭长:唔,就如一名法官所说,证明这份是向国联所作的声明的方法是引用国联纪录。日本什么时候退出国联的?是在这之前吗?

罗伯茨辩护律师:在这之前。

韦伯庭长:这明显是一份新闻稿。根据多数议决,异议成立,文件不予采纳。

罗伯茨辩护律师:我们提交辩方文件第1127号作为证据,这是一份外务省于1937年10月9日所作的声明,其阐述了反驳国联和美国国务院公告的事实,可以证明日军的行动绝不是有预谋的而仅仅是自我防卫。

韦伯庭长:诺兰先生。

诺兰检察官：如果法庭同意，这份文件是由外务省发出的新闻稿，其批判了国联的调查结果及国联企图判明使中国事态扩大的责任人的努力。很明显，我们认为这是一份企图影响外国公众想法的文件，应该被法庭驳回。

罗伯茨辩护律师：我们认为这份文件是事件发生时的正式声明，应该被认为是既成事实的一部分。

韦伯庭长：根据多数原则，异议有效，文件不予采纳。您还有其他这种必然会被多数法官否决的文件吗？

罗伯茨辩护律师：现在我要传唤一名证人，不过之后我们还有其他文件。我们传唤证人小林淑人。

（小林作为辩方证人出庭作证，宣誓后通过日语译员作证如下。）

直接询问（由罗伯茨辩护律师询问小林淑人证人）

问：请告诉我们您的名字和住址？

答：我叫小林淑人，住横须贺市浦乡六五番地。

罗伯茨辩护律师：能让证人看一下辩方文件第1220号吗？

（文件被递交给证人。）

问：请检查一下这份文件，然后告诉我们这是不是您的宣誓证词？

答：（查阅）这是我的宣誓证词。

罗伯茨辩护律师：我提交辩方文件第1220号作为证据。

韦伯庭长：按程序接受。

法庭书记官：辩方文件第1220号被法庭接受为第2532号证据。

（前述文件被标以辩方证据第2532号，并被法庭接受。）

罗伯茨辩护律师：我现在宣读第2031号证据。

（宣读）

（1）从大正十三年（1924年）六月我开始学习飞机驾驶，主要是战斗机驾驶。在昭和四年（1929年）夏我去英国学习航空战术，在昭和五年（1930年）一月至八月，我在皇家空军第五飞行训练学校完成了飞行课程，之后，我在霍恩彻奇的皇家空军第一一一战斗机中队。在坦戈梅尔的皇家空军第一战斗空军中队，接受进一步的空中战术训练。

（2）昭和十二年（1937年）中国事变发生。我是海军少佐和龙骧号航空母舰飞行长。刚开始，我从事航空作战，在上海驾驶歼灭敌人的飞机并在上海建立了一个基地（公大基地），再移交给第二联合航空队——这一直是陆空军联合部队，我被调去参与广东空中军事行动。

（3）基于上海的敌军行动已经被完全控制，广东空中行动的目标是以柯蒂斯霍克和英式格洛斯特战斗机为主力的敌军部队。9月13日在万山群岛附近，妙高号遭2架敌人的诺斯罗普战斗机轰炸，9月14日夕张号在大铲岛附近遭总共11架敌人诺斯罗普飞机和2架柯蒂斯霍克战斗机轰炸，导致5架飞机损毁。因此，第三舰队司令部计划使用第一航空战队（包括航空母舰龙骧号和凤翔号）和第一联合航空队在华南区域共同歼灭敌空军。

（4）广东作战的情况说明。

9月18日——第一航空队和第一联合航空队在台北基地商讨行动。

9月21日——午前第一航空队在广东发起第一次空袭。下午第一航空队在广东发起第二次空袭。攻击目标是天河机场和白云机场以及位于增涉的军火库。但与第一联合航空队的预定攻击由于天气恶劣，被推迟了。

9月22日。上午，第一航空队对广东的天河机场和白云机场发动了第三次袭击。下午，第一航空队对广东发动第四次空袭。一支战斗机队参与掩护第一联合航空队的中型陆上轰炸分队。三架舰载战斗机轰炸了虎门机场。

9月23日。上午，第一航空队发动第五次空袭，目标是在茶头和增涉的军火库。下午，由于天气变化，第一航空队的空袭被推迟了。

9月24日，由于恶劣天气，第一航空队推迟空袭。

9月25日，由于恶劣天气，第一航空队推迟空袭。

9月26日。上午，第一航空队发动第六次空袭，目标是广州附近的铁桥。下午，第一航空队发动第七次空袭，目标和上午一样。至此我们停止了广东的空袭，转而轰炸泗礁山群岛，以便能再次参加在上海的空中军事行动。

（5）在上述空袭任务中，一切对于平民房屋、或对外国权利及利益的轰炸都是被禁止的。因此我们利用空中摄影，很艰难地确认军事设施或军需品仓库作为目标。我们从中央部收到了一条特别的警示命令，要充分尊重外国的权利及利益。在对广东开始进行空袭之前，我们已经在泗礁山群岛收到了显示了外国权利和利益所在之处的飞行地图和各种情报数据。我们向机组人员提供详尽的解释，确保空袭会在确认为军事设施后进行。在之前描述的空袭期间，由于恶劣天气，在确认无法击中目标后，航空队司令部会命令中止空袭。当时的机组人员都有优秀的技术，此外，他们在上海的战斗中获得了经验，都严格遵守空中军事纪律。

罗伯茨辩护律师：可以进行交叉询问。

韦伯庭长：塔夫纳先生。

塔夫纳检察官：庭长阁下，我们不对证人三并进行交叉询问。

罗伯茨辩护律师：证人可以离席了吗？

韦伯庭长：可以。

罗伯茨辩护律师：我们提交由外务省提供的辩方文件第1113号作

为证据。它包含了被轰炸目标和各自目标所受损失的官方验证报告。

韦伯庭长：诺兰先生。

诺兰检察官：庭长阁下，关于这份文件我没有什么要说的，它同几分钟前被法庭驳回的第 1115 号文件性质一样。

韦伯庭长：之前的裁定很清楚。异议有效，文件不予采纳。

罗伯茨辩护律师：我们现在提交文件第 1114 号作为证据。这是一份由外务省提供的文件，日期为 1937 年 9 月 27 日，其内容是关于日本在轰炸南京和广州之前采取的措施，以及成功袭击的广州军事目标一览表。

韦伯庭长：诺兰先生。

诺兰检察官：庭长阁下，这份文件阐述了事实，但缺乏有关轰炸结果的详细官方情报。尽管如此，对于轰炸广州的报告具有夸大之嫌。我们认为这些文件和先前被法庭驳回的文件没有区别。

罗伯茨辩护律师：路透社的某份报道是夸张的，但是后来被伦敦路透社的报道纠正了。

韦伯庭长：法庭一致认为异议成立，文件不予采纳。罗伯茨先生，为了充分保障您的权利，您可以提交一份有辩方文件编号的列表以及文件本身。请正式提交。它们可能会被驳回，但是您会得到文字稿并将会成为记录的一部分。这样能节省我们宝贵的时间。

罗伯茨辩护律师：在我目前提交的文件之后，会有一份外务大臣的陈述，然后我会不按顺序地拿出接下来的文件，像阁下建议的那样准备一份陈述。我现在想提交辩方文件第 1284 号，这是一份由情报局长提供的关于轰炸南京和广州的文件，其反驳了国联宣布南京和广州为不设防城市的决议，以及日本空军收到的关于袭击目标的指令及其预防措施。

韦伯庭长：诺兰先生。

诺兰检察官：庭长阁下，我们对文件提出异议，理由同之前反对被法庭驳回的类似文件一样。

韦伯庭长：前面的裁定已经很清楚，罗伯茨先生，您要争辩吗？

罗伯茨辩护律师：（没有翻译）

韦伯庭长：异议有效，文件不予采纳。

罗伯茨辩护律师：我们提交辩方文件第1176号作为证据。这是一份是由外务大臣宇垣于1938年6月6日所作的声明，其内容是关于日本对于第三国财产和利益的态度，目的是为了反驳检方关于将外国民众驱逐出中国的实施计划的观点。

韦伯庭长：诺兰先生。

诺兰检察官：我们对该文件提出异议，庭长阁下。这是一份外务大臣宇垣于1938年6月6日对外国记者的声明。

罗伯茨辩护律师：是当时外务大臣的官方声明。为了支持被告的观点，法庭掌握这些事实非常重要。

韦伯庭长：这是外务大臣的新闻稿。根据多数原则，异议无效，文件予以采纳。

法庭书记官：辩方文件第1176号被法庭接受为第2533号证据。

（前述文件被标以辩方证据第2533号，并被法庭接受。）

罗伯茨辩护律师：我宣读第2533号证据，其为外务大臣宇垣在1938年6月6日给外国记者的一份声明。

（宣读）

　　我非常荣幸能在担任外务大臣期间首次会见外国媒体代表。我真诚地希望能在未来同你们合作。

　　在东亚建立永久和平的秩序、促进繁荣，为世界和平和全人类的福祉做贡献，是日本不变的方针。但是很不幸，去年7月中国事变爆发。在冲突早期日本政府保持着冷静，努力鼓励蒋介石将军重新考虑他对日本的政策。但蒋将军不仅没有理解日本的真实意图,拒绝转变他的抗日态度,还提出了所谓的"长期抗战"的主张。日本因此不得不在中国开始军事行动。我们自此开始逐渐顺利地执行行动,在每一处都成功击败敌人。上个月下旬占领了号称坚不可摧的徐州,以及安徽省首府安庆,我军现已深入内部。日本人民当前希望集中力量获得战斗的胜利。

至于其他与此冲突有关的国家的态度,我们注意到有一些国家对日本采取了友好的态度,比如禁止向中国出口武器和军需品及提供资金和军事指导,还有一些国家明显采取鼓励中国对日本做无谓抵抗的政策,导致了冲突的不必要延长和数不清的生命财产损失。

我们从全人类的角度感到深深的遗憾,任何对日本与这些国家之间关系的损害,都应该归咎于他们自己所选择的行动。然而,我能确切地说,我们国家与其他国家的关系总体来说是令人满意的,我希望能尽我最大的努力使关系得到改善。

我想声明接下来的四个文件属于法庭裁定的声明或新闻稿的范围,我可以给出编号。

韦伯庭长:只需要给出编号。

罗伯茨辩护律师:我们接下来提交辩方文件第 1193 号、第 1189 号、第 1186 号和第 1184 号作为证据。

韦伯庭长:有异议吗?显然没有异议,罗伯茨先生。

诺兰检察官:我们对这些文件的引入有异议,理由同之前对类似文件时提出的意见相同。

韦伯庭长:异议有效,文件不予采纳。

罗伯茨辩护律师:我们提交辩方第 1187 号文件作为证据,这是外务大臣于 1938 年 12 月 19 日所做的声明,其内容关于日本设置"日满华经济集团"的目的,并且是上述部分意思的说明。

韦伯庭长：诺兰先生。

诺兰检察官：如果法庭允许，我们对第1187号文件提出异议，这份文件表明日本渴望建立一个新秩序并从中获得利益。我意识到这是一份外务大臣的声明，它类似于法庭较早前采纳的一份文件。尽管如此，我们认为这份文件没有证据力，并且又一次企图影响国外舆论。

罗伯茨辩护律师：我们认为，声明中的事实是有证明力的，被告需要以其证明检方声称的阴谋根本不存在。

韦伯庭长：根据多数原则，异议无效，采纳该文件。

法庭书记官：辩方第1187号文件被法庭接受为第2534号证据。

（前述文件被标以辩方证据第2534号，并被法庭接受。）

罗伯茨辩护律师：我宣读辩方第2534号证据。

（宣读）

1938年12月19日外务大臣有田八郎先生对外国记者的谈话。

日本政府已在11月3日的声明中清楚地说明，日本渴望建立新秩序，以确保东亚的持久稳定。换言之，要建立日本、"满洲国"和中国在政治、经济和文化领域相互帮助和合作关系。三个国家之间密切合作关系的形成是非常必要的，事实上，从政治方面讲，它是对共产主义威胁的防御也是对远东文明及文化的保护；从经济方面讲，它是在全世界建立贸易壁垒的趋势下采取的自我保护措施，并且利用经济措施来达到政治目的。这不仅有利于中国人自己，也有利于整个东亚，有利于中国从目前的半殖民状态提升至一个现代国家。新秩序的建立，即，日本、"满洲国"和中国之间相互帮助和合作的关系，将加强三个国家间的稳固关系，实现维持东亚完整的共同目的，同时保持每一个国家的独立性和个性发展。

日本坚信新秩序的建立会与国际正义高度一致，会对东亚和平和亲善做出贡献，在这点上日本会坚定不移地实施其方针。

三方关系的政治及文化内容部分我将留到以后再说，今天我想提一些经济方面的看法。新秩序在经济方面设想了日本、"满洲国"和中国之间某种程度的经济团结和合作，形成这种单一经济体的唯一目的是，应对世界上其他地方已经存在的类似强大团体。尽管"集团经济"一词被频繁地应用于这种场合，所提议的东亚的团体无疑将成为一个封闭性贸易系统。如果"集团经济"的意思是排除直接相关方之外所有的利益方，那么这一词现在完全不适用。

目前，有不少观察家似乎倾向认为即使日本开创了所谓的"日满华经济集团"，其目标在排斥东亚所有外国企业、资本投资、贸易和其他经济活动。遗憾的是，欧洲和美国似乎受到了诸如此类想法的影响。日本在全世界面前始终坚定秉持商业机会平等原则——即使事实上，该原则在其他地方受到漠视，日本的高质量产品和公道的价格到处遭受到差别对待。尽管如此，日本仍然相信使每个国家繁荣的方法是实行商业机会平等原则，日本在世界各地把经济活动的自由性作为原则。将欧美经济活动从东亚排除出去的说法与日本的想法相去甚远，这种事情是完全不可能的。

然而，从现今的观点来看，日本的自然资源稀少、缺乏广泛的国内市场，中国经济依然薄弱，所以两国应该共同合作以确保维持自足政策所需的必要产品。不得不承认，东亚以外国家的经济活动将不得不受到控制。换句话说，出于新秩序下国家团体的国防和经济安全，其他国家的经济活动将不得不屈服于一定的限制，这些活动中不应有政治特权。这种限制的必要性被所有的现代国家认可。我敢肯定，也包括英国和美国，但是即使这些限制实行了，仍会对其他国家的国民开放巨大的商业和经济活动领域。国家经济联合体的形成或存在，比如日本、"满洲国"和中国，决不会缩减与其他国家之间的贸易。相反，其他国家的贸易也会因此大幅增加。

在这点上，我想就"满洲国"的问题多说几句。这个新国家对除了日本以外的其他国家进行封锁的言论明显是谬论。统计数据清楚地表明,在过去几年"满洲国"的贸易呈持续不断的增长趋势,该国的外贸总额1930年为106 000万元,在1937年,其独立前一年,一跃至153 000万元。同一时期,从其他国家进口商品增长达35.3%,从美国进口商品增长达98.9%,从法国进口商品增长达332.2%。特别是机械、工具、车辆、金属制品和木材的进口大幅度增长,被认为是"满洲国"经济建设扩张的需要。我们也应当将通过日本从西方国家进口的商品考虑进去,即使这些在统计数据中并没有体现。再者,我们应该注意"满洲国"与这些年快速发展的英、法殖民地之间的贸易往来。

简而言之,如果所提议的新秩序在东亚建立,不仅可以给这个地区带来持久稳定,我坚信,也会使西方国家在东亚的经济活动有更稳定的基础。

韦伯庭长: 休庭15分钟。

(10:45 休庭。)

(11:00 重新开庭。)

法庭书记官: 远东国际军事法庭现在开庭。

韦伯庭长: 罗伯茨先生。

罗伯茨辩护律师: 我们现在提交辩方第1178号文件作为证据,这是一份1938年12月22日近卫首相关于在华日本人的政策和日本行动的必要性的声明。

韦伯庭长: 内容可能有重复。诺兰先生。

诺兰检察官: 如果法庭允许,这份第1178号文件的内容多是关于新秩序的描述,我们将对其作为证据引入提出异议。

韦伯庭长: 允许通过日本外务大臣声明,表明日本对中国的总体态度及在某些特定情况下的态度或许是相当合理的,但是没有必要重复那些内容了。

罗伯茨辩护律师: 我们相信展示政府多个不同官员关于日本对华政策的声明不可或缺,可以表明这些被告并没有什么总体计划或是阴谋要进行侵略。其肯定可以证明,检方所指控的那些阴谋毫无疑问并不存在。

韦伯庭长: 我们可能很快就要驳回那类声明。检方对你所提交的文件提出异议,我会征求我的同僚的看法。副本还没有分发至各法官手中。

罗伯茨辩护律师: 我想补充一下,有25个人的生命正濒临险境。我认为法庭应考虑所有政府官员的声明,而不仅仅是被告以外的人的声明,这很重要。

韦伯庭长: 每个被告都可能有100种此类的陈述,您不能期望我们全盘接受。

罗伯茨辩护律师: 我同意应该有一个限定范围,而且我认为这可能是我要提交的最后一个或倒数第二个这样的声明了。

韦伯庭长: 我们没有可供判断的副本。代理书记官说他们没有这份文件。

罗伯茨辩护律师: 我想其中存在错误,因为文件的编号难以辨认,看上去似乎可能是第1175号。我认为第1178号被加到辩护阶段的第五部分,并且按照那样被排序。似乎由于编号难以辨认,文件没有被分发。我想要留至后期再提此事。

现在我们提交辩方第1194号文件作为证据,这是一份外务次官于1939年5月3日发表的声明,其内容关于日本在上海的意图,可以表明日本渴望与外国合作。

韦伯庭长: 诺兰先生。

诺兰检察官: 如果法庭允许,我们对第1194号文件提出异议。我认为这是一份外务次官对在东京的英国和美国大使的口头声明的文字整理稿。审阅该文件的话可以发现它几乎只涉及上海公共租界的行政结构和组织。而且我们的问题是，关于这份文件中的内容是否与法庭讨论的问题相关，我们认为驴唇不对马嘴。

罗伯茨辩护律师：辩方认为外务次官向英国和美国大使提出的在上海发展合作的动议，反驳了检方所称把外国人从上海驱逐出去的系统计划。为此我只需要宣读前2页。

韦伯庭长：根据多数原则，异议有效，文件不予采纳。

罗伯茨辩护律师：我们提交辩方文件第1053号作为证据，这是一份外务省关于1939年7月24日英、日会议的通告，英国政府在其中承认中国的实际形势，并承认日本为了确保其国民在中国的安全，有特别要求权。

韦伯庭长：诺兰先生。

诺兰检察官：如果法庭允许，这份第1053号文件，意在说明英国驻东京大使的通告内容。我无法查明这份摘要的准确性，但是任何情况下，如果想要证明英国大使在通告中说了什么，通告本身就是最好的证据。

罗伯茨辩护律师：这份证明书表明这是外务省的官方通告，至于这份英国外交大臣声明是否书面的我们不得而知。

韦伯庭长：根据多数原则，异议有效，文件不予采纳。

罗伯茨辩护律师：现在我有三份文件，从表面上看，它们都受制于法庭的判决。我会念一下文件的编号以便我们能记录下判决结果。我现在提交辩护方第1051、第1035和第1325号文件。

韦伯庭长：诺兰先生。

诺兰检察官：如果法庭允许，检方对辩护律师提到的这三份文件提出异议。

韦伯庭长：异议有效，文件不予采纳。

罗伯茨辩护律师：我们提交辩方第982号文件作为证据，这是一份外务省的声明，来源是1940年6月2日《朝日新闻》，其可以证明法国政府对中国形势的承认。

韦伯庭长：诺兰先生。

诺兰检察官：这份文件默认了翻译上的差别，与刚被驳回的1939年7月24日第1053号文件相同，除了在之前的文件中"法国政府"一词用"英国政府"代替。

韦伯庭长：异议有效，文件不予采纳。

罗伯茨辩护律师：此刻有人告知我第1178号文件有法庭副本，现在我要求将之标记为证据。

韦伯庭长：关于这点我们还没有做出决定。

罗伯茨辩护律师：就像我之前提到过的，这是一份近卫公爵有关在华意图的声明，同时其可以支持被告否认存在任何阴谋或共同计划。

韦伯庭长：根据多数原则，异议无效，采纳该文件，按程序接受。但是这可能马上就会显得重复。

法庭书记官：辩方第1178号文件被法庭接受为第2535号证据。

（前述文件被标以辩方证据第2535号，并被法庭接受。）

罗伯茨辩护律师：我宣读第2535号证据。

（宣读）

总理大臣近卫文麿公爵声明，1938年12月22日。

就如在今年前两份陈述中详尽解释的那样，日本政府会坚决地采取军事行动，以彻底消灭抗日的国民政府，同时继续与那些有远见，并且与我们有着共同的理想和愿望的中国人在东亚建立新秩序。复兴的精神正在中国各地蔓延，重建之热情不断高涨，为了调整日中两国之间的关系，日本政府希望公开其基本方针，这样国内外就能彻底了解他们的意图。

日本，中国和"满洲国"将通过在东亚建立新制度实现邻国和睦，因为反对共产主义和经济合作的共同目标而团结在一起。为了这个目标，首先中国应该消除过去所有的狭隘偏见，抛开排日愚行以及对"满洲国"的不满。换句话说，日本真诚地希望中国能自发考虑与"满洲国"的外交关系。

共产国际在东亚的影响不能被容忍，日本认为这是调整日中关系的必要条件，这个关系应该包括达成一个与日本、德国和意大利之间的反共产国际协定一致的两国协定。为了确保日本实现目标，鉴于目前中国的实际情况，作为反共措施，日本下令日军应该在上述协定生效期间驻扎于指定据点，而内蒙古地区被定为特别反共地区。

至于两个国家之间的经济关系，日本不打算在中国实行经济垄断，也不打算要求中国限制那些了解新东亚的意义且也会依势行事的第三国利益。日本只是设法提出两个国家之间有效的合作。也就是说，日本要求中国依照两个国家之间的公平原则，承认日本公民在中国国内的居住和贸易自由，为的是促进双方人民的经济利益。鉴于两国之间的历史和经济关系，为了中国的自然资源发展，中国应该给予日本便利，特别是在华北和内蒙古地区。

以上给出了日本对中国的总体要求。如果了解日本现今进行的军事行动的真实目的的话，就能清楚地知道日本追求的既非领土也非军事行动的赔偿。日本只是要求中国至少保证作为新秩序参与者发挥作用。日本不仅尊重中国的国家主权，也准备就废除治外法权的问题、及与中国完全独立相关的租界及租界问题作出积极考虑。

我们现在提交辩方第1056号文件，从表面上其似乎受制于法庭之前的判决，但这是一份有关破坏情况的声明，其证明在进行军事行动时不可避免地会造成损失，在许多情况中都有这样的清算，其是具有价值的，应该被采纳为证据。

韦伯庭长：诺兰先生。

诺兰检察官：我们认为这份文件不比之前被法庭驳回的新闻稿更具合理性。如果辩方渴望以此表明事端曾经发生也已解决，我们认为这不是恰当的方法。

罗伯茨辩护律师：首先，这个文件来自于外务省，同样也是一份声明，如我所说，这是一份在意外事件中的破坏情况的声明，事实上破坏已经被协商解决了。这很清楚地表明日本没有忽视外国利益，一旦形成破坏，日方就会承认并且提供赔偿。

韦伯庭长：根据多数原则，异议有效，文件不予采纳。

罗伯茨辩护律师：我们提交文件第 1050 号作为证据，这是一份外交部的公告，其内容大意是法国承认了中国的局势。

韦伯庭长：诺兰先生。

诺兰检察官：如果法庭同意，辩方似乎没有这份文件。

罗伯茨辩护律师：显而易见，这份文件被错误地放在了第五部分第 4 节。您可以按证据顺序，在列表顶端，第五部分第 4 节找到它。

诺兰检察官：请看一下文件第 1050 号，先生，这份文件似乎与之前被驳回的法国发出的公告相同。但是，就像辩方律师指出的那样，阁下，前面被驳回的文件是一份报刊摘录；这是一份外交部公告。

韦伯庭长：在英国和美国案件的裁定中涉及过？

罗伯茨辩护律师：有些类似，庭长阁下。

韦伯庭长：异议有效，文件不予采纳。

罗伯茨辩护律师：我们打算传唤证人平本，但是我装有这份宣誓证词的箱子恐怕仍然在书记官的办公室，这份宣誓证词在最上面，第四部分第 5 节。

韦伯庭长：如果您够细致的话，它应该已经在法庭上了，罗伯茨先生。

罗伯茨辩护律师：今天早晨 8 时 30 时还有人向我保证它会在法庭

开庭之前送到法庭。

塔夫纳检察官： 我想要问一下辩方是否建议删除第 4 节，即下一个分章。显然他们已经从第 3 节跳到第 4 节了。

罗伯茨辩护律师： 不，我们没有要跳过第 4 节，我们只是拿出被错误放在第 5 节的最前面两份文件。

韦伯庭长： 您打算提出的证据与第 4 节相关，是吗？尽管在证据顺序上被错放在第 5 节。

罗伯茨辩护律师： 庭长阁下，我们正在谈论第四部分第 5 节，我们已经将第四部分分为 5 节，都是同一个部分。

韦伯庭长： 我想知道的是，您要提交的证据是不是与第 4 节而不是与第 5 节有关？

罗伯茨辩护律师： 是的。由于在第四部分第 5 节有更多证据，我可以在那部分结束时传唤这位证人，这仍然合乎顺序。

韦伯庭长： 不仅这样的停顿在浪费时间，谈论和解释这些也是在浪费时间。这是我们一贯反对的。在被驳回的证据上浪费时间已经很糟了，当然，我们可以避免这种凌乱进程，我不知道谁该对这件事负责，罗伯茨先生，是你，还是本法庭或法庭事务官。法庭事务官向我保证所有提交到书记官办公室的文件现在都在法庭上。

罗伯茨辩护律师： 现在我请出伊藤先生，他会在这个第 4 节中提出更多证据。

韦伯庭长： 伊藤先生。

……

索 引

A

爱德华八世 221
爱沙尼亚 2
安本特 284,285
安徽 7,67,409
安平 66
安庆 409
安亭 347,348
澳大利亚 3

B

八宝山 22,65,68
《八一宣言》 9,270
八字桥 304,305,314,316,317,325,326,331－334,337,343,345,348,378
八字桥射击事件 333
《巴黎协定》 194－196,204,263
白茆江 98
白逾桓 136
白云机场 405
阪垫淳吉 116
板垣征四郎 119
保安队 7,61,65,85,178,296,297,300,303,304,311,313－315,320,340,341,366,371,372,374
保定 22,61,68,92,95,112,173
鲍罗廷夫人 272
北海 227
北京(北平) 5－8,22－26,29,32,34,36－39,43,45－48,60,61,63－68,70,75,77,78,80,81,89,90,94,95,112,125,131,134,136,138,157,170,195,208,210,227,232,237,242,249,251,274,286,340,372
北京市总工会 249
北京外交团 56
北库页岛 152
北满铁路运输协议 119
北宁铁路 25,208,210,211
北宁铁路局 132,208,211
北平国民废约促进会 249
北平军事委员会分会 134
北平临时政府 49
北苑 22
本田忠雄 300
比利时 185,186
比利时政府 225
币原喜重郎 250

波兰　2
不扩大方针　5,15,65,68,69,80,90,
　　93-96,98,126,178,369
布尔什维克　236,269,286
布鲁塞尔会议　196,224,225,227,
　　228
布雷克尼　22
布鲁克斯　113-116,132,148-150,
　　170,222,228,229,231,232
布鲁伊特　12,14

C

察哈尔(察哈尔省)　8,122,175
柴山兼四郎(柴山)　69,129,130,133
长江流域　178,303
长辛店　68
常熟　36,122
巢鸭监狱(巢鸭)　19,44-46,51,
　　100,192,244,273,310,353,397
朝鲜　13,67,94,97,105-108,111,
　　112,121,158,167,189,270
朝鲜共产党员　269
辰丸事件　236
成都　227
成都事变　151
重庆　14
"出云"号巡洋舰　395
川村芳男　39
川崎　331
川越　273,277,278

D

大阪(大阪府)　199,237,364,398,

大铲岛　405
大井村　157
大连(大连港)　187,207,208,211
大连会议　119,131,206,207,210,
　　212,214
大名　61
大桥　47,56
大山　11,97,102,288,289,303,329,
　　330,334,342,350,351,354-356,
　　359-361,377
大山事件(大山中尉事件、大山案件)
　　97,305,328,329,334,341,359,363,
　　370
德国　11,52,56,103,104,139,153,
　　185,186,224,235,265,275,416
德王　123
抵制活动(抵制运动)　184,185,189-
　　191,194,197-203,238,241,247-
　　251,256,263
抵制日货事件(抵制事件)　184
帝国议会　176,218
帝国政府　89,97,152,232,234,402
帝国主义　9
第二十九军(二十九军)　6,8,22,23,
　　28,35,36,38,43,47,48,60-62,
　　65,67,68,78,90,95,96,126,181-
　　183
第二次上海事变　288,292
第三国际(共产国际)　9,10,153,
　　224,235,258,266,268,271,275,
　　282,416
第三国际第七次代表大会　10

第一次上海事变　341

佃木　48

调查团　184,185,191,195,199-202,204

东北军　7,46,134

东方旅行社　206,208,210,211

《东方杂志》　306

东交民巷　25

东京（东京都）　1,7,22,31,42,44,47-49,51,59,61,67,93,99,100,103,118,129,139-141,143,147,155,192,199,206,222,243,273,293,298,302,310,353,380,386,393,394,397,414

东京帝国大学　207

《东京日日新闻》　215

《东京新闻》　253

东乡茂德（东乡）　44,100,143,192,244,273,310,353,397

东亚　151,152,175,176,179,219-221,223,224,226,231,233-236,264,408,410-412,415,416

董道宁　145

杜鲁门　2,3,287

杜月笙　300

多田　49,113

F

法国　52,56,186,288,297,304,308,324,340,346,395,412,417

法国政府　414,415

法国军队　343

反共产国际协定　52,264,265,274,416

反共产国际协定的附属秘密条约　104

反日会　242,243,245,246,248,249,251

反日会救国基金保管委员会　243

反苏军事同盟　103

《反战公约》　233

范米特　129,134,156,161,165,168

方久　173

防共协定　275

芬兰　2

丰台　7,22-26,28-30,33,38,40,48,60,63,65,67,69,76,79,94,157

丰台事件　15,23,28,29

丰台驻军　28,64

冯治安　36,65

奉山铁路局　207-210

奉天　122,208

奉天事变　189

福尔曼　13

福建省　49,250

福建省政府　250

福州　49,253

弗内斯　14,18

妇女协会　249

G

冈本季正（冈本）　12,73,120,285,292,293,298,299,306,308-310,312,314-318,320,333,337,338,

340,342,359,362,366－369,371,
372,374

冈本清福　47

冈村宁次　119

冈敬纯　244,273,310,397

高岭梅（音）　31,44,172,173,231,
243,368

高斯　296,317,318,367

葛络干　55

格鲁　140,141,292,383,385,387,
389

宫崎　327,328

宫崎县　34,156,157

共产党　9,10,23,36,38,62,65,66,
69,124,131,179,226,227,259－
261,263－272,274－278,280－
285,287

共产党长征　271

共产党军队（共产党武装）　9,46,
274,281,284

共产党员（共产主义者）　36,47,272,
278,282,284,285

共产主义（共产主义运动）　2,9,10,
11,14,61,121,125,151,166,175,
179,184,221,260,262－266,268,
273,276,283,286,287,410,415

共同委员会　64,288,296,297,304,
305,307－314,316,317,320,321,
323,325,326,331,337,339,340,
342,343,345,359,365,371

古山胜夫　206,208

关东军　47,62,67,81,90,118,119,
121－125,134,137,209,211－213

关东州（关东州租借地）　187,211

广安门　38－42,66,67,80,81

广安门事件　7,15,27,34,35,38,66,
68,80,81,92,96

广东　67,92－94,226,252,405,406

广田弘毅　220,255,274,285,286,
381,383,387,391,392

广州　91,92,233,395,397,406,407

桂镇雄　161,162,169,170

国防政府　9

国分友治　256

国际联盟（国联）　5,13,133,195,
196,204,219,230,233,234,238,
402－404,407

国际联盟理事会决议　288

国联大会（国联会议）　195,233,234

国联决议　403

国民党　9,14,136,189－191,199－
202,226,249,260,262,267,270,285

国民党军队　286

国民革命　14

国民政府　8－10,14,49,57,104,
108,137,157,160,226,250,262,
265,282,399,415

国民政府敦睦令　217

国权报社　136

H

哈尔滨　269

海军陆战队　178,288,305,306,315,
321,323,326－334,347,352,353,

356,362-365,368-370,376,378
韩复榘 47,61
韩世元 249
汉口 12,49,92-94,178,227,239,282,284,306,341,377,395
汉口事件 239
汉口作战 92,93,113,116
杭州 11
杭州湾 11,98
何梅协定(梅何协定、梅津-何应钦协定、梅津-美治郎何应钦协定) 133
何应钦 130,132,134,136-138,244
和林 12
和硕庆亲王 52,54
和知鹰二 45
和智恒藏 42-44
和硕庆亲王 52,54
河北 7,8,67,92,95,126,174
河边虎四郎 118,119,126
河边正三 6,19,22,28,31,33,47,60,77
河合 256
河南 7,67,89,111,112
河相达夫 276
荷属东印度群岛 153
亨利·贝尔纳 346
横须贺 404
红军 221,281,282
《红星照耀下的中国》 271
虹口(虹口区、虹口地区) 304,310,326,328
虹桥(虹桥地区) 329,330,334

虹桥机场 303,328,340,341,348,350,358,359
虹桥机场事件 320
虹桥事件 315
胡恩溥 136
胡嘉椿 249
湖北 7
湖州 11,99
虎门机场 406
户塚道太郎 394
华北 5-9,11,16,17,22,23,28,30,44,46-49,61,62,64-67,71-74,78,84,89-94,97,98,106-108,110-112,118,119,121,123-125,131-136,143,157,174,175,178,179,227,233,274,296,302,303,335,336,416
华北方面军(华北派遣部队) 21,51,95,98
华北共产党组织 274
华北开发株式会社 12
华北事变 8,10,90,91,136,138,139,175,180
华北事变连名公书 5
华北政府(华北政权) 33,104,131,137
华北政务委员会(华北政务整理委员会) 124
华北驻屯军 6,8,21,71,81,85
华北自治政府 8
华南 98,178,233,405
华盛顿 141,228

华盛顿会议 203
华中 10,12,21,93,175,233
华中方面军 98
华中振兴株式会社 12
荒木五郎 46
黄渡路(黄陆路) 344,345
黄郛 8,123,124,131,134
霍恩彻奇 405

J

吉富 40
济南 47,60
济南惨案(济南事件) 245,246
济州岛 395
冀察 40,69,89-91,98
冀察政府(冀察政权,冀察政务委员会) 91,96,105,137
冀东 7,8,46,48,61,84,85,123,124,134,157,158,160
"冀东防共自治委员会"("冀东防共自治政府","冀东自治政府","冀东政府","冀东政权") 7,48,61,84,85,123,124,157,158,160
"冀东政府军" 46
嘉兴 11,99
《假面后的日本人》 18,19,141
菅岛高 60,156,159,164
江苏 7,67,250
蒋介石(蒋中正) 8-10,14,49,91,97,98,227,255,261,272,278,283,284,286,296,408
蒋介石政府(蒋政府,蒋介石政权) 49,236,252,284
今井清 108,113
今井武夫 61
金 11-14,37,53,94,106,153,167,185,187-189,198,202,243-245,268,387,409,412
近卫文麿 415
进德社 39,40
晋察 98
《九国公约》 194-196,225,233,234,263
酒井隆 136

K

坎宁安 10,183-185,192-194,196,197,205-207,209,211,213,215-218,223,225-232,235,237-244,247-257,259-261,263,266-287
阚铎 208-210
抗日纲领 281
抗日活动 62,237,248,280
抗日救亡运动(抗日运动) 9,152,227,241,246,251,278,282,284,301
抗日联军 9
抗日统一战线 9,277
抗日战争 9
科尔 12
柯明斯-卡尔 120,123,125,127-130,176,177,180,262,263,265-272,275-287,289-293,297-299,302,307,311,338,340,344-

351,354－359,361,363,365－367, 369－375,377,378

堀义贵　242

傀儡政府　14

奎廉　193－197,205,215－218,224, 230,234－242,246－248,250,273, 274

L

拉脱维亚　2

拉扎勒斯　1－5,15,184

蓝衣社　65,132

廊坊　66－68,78,79

廊坊事件　7,27,39,68,73,78,81, 92,96,146

劳伦斯维尔　295

雷寿荣　208,210

李顿　247

李顿报告书(《李顿调查团报告书》) 185,184,193,197,204,238,241, 247,250

李顿调查团　184,248

李惠文　249

立陶宛　2

《列国对华约章汇编(1894—1919) 52,56

"猎鹰"号汽船　52

林铣十郎(林)　136,223,278,298, 404

林耕宇　40

铃木率道　60

菱刈隆(菱刈)　119

刘雨书　173

刘自珍　36,39

柳泽　43

六国联军　56

龙华　334,342

龙王庙　22,37,63,65

卢沟桥　5,15,22,26,27,37,48,63－ 66,68,74－76,89,95,111,147, 227,232,255

卢沟桥事变　5,8,10,15,17,22,29, 35,36,38,46,47,57,60,61,63,64, 67,70,75,78,81,87,89,97,101, 103,104,126,140,151,178,181, 182,232,298,301,335,336,340

庐山会议　341

陆军医院　39,41

陆战队　11,178,326,328,330,332, 334,337,339,341－345,352

路透社　407

伦敦　252,295,381,393,407

罗伯茨　11,12,287－295,297－303, 306－310,312,314,322,323,326, 327,329,332,336－340,343,345－ 347,349,351,355,358,366－371, 373－378,387,389－391,394, 396－398,400－404,406－410, 412－415,417,418

罗伯特·克雷吉(克雷吉)　18,141, 141,380,381,391,392

洛根　51,264－266

M

马蒂斯　12

马凤威　249

马克奥瑞　318

马克谟　52,56

马歇尔　287

马占山　46

迈克尔·列文（列文）　9,14－22,29,30,33－35,42－47,50－52,54－60,69,71－73,75－77,84－86,103,113,117－121,123,124,126－134,138－148,150,151,155－157,159,161,162,164－166,168－177,180

麦隆·克拉默　369

满洲　73,90,94,105－107,111,112,119,121－123,166,185,187,188,203,204,208－211,244,256,268,269

"满洲国"　11,61,71,73－75,97,105,110,111,118－125,131,132,135,151,152,175,207－210,212,214,219,220,222,223,227,235,410－412,415,416

"满洲国"事件（满洲事变）　131,134,135,233,234

"满洲国"政府　121,122,220

毛泽东　271

梅津　130,132,133,135－137,244

美国　1,3,4,43,54,56,140,141,149,153,185－187,189,191,202,216,224,238,254,271,288,292,295－297,304,305,307,318,378,381－389,391,399,401,411,412,414,417

美国调查委员会　384

美国国会　3

美国国务院　18,388,403

美国海军　43,343,386

美国海军陆战队　305

《美国外交关系》　52,55

美国政府　381,383,385－387,402

美山要藏　139,140

缅甸　153

缅甸方面军　21

民族主义　190,191,200,237,256,271

民族主义活动　189

明治维新　185

莫洛　18,74,106－108,162,165,223,244

莫斯科　270

牟田口廉也（牟田口）　25,36,60

木户侯爵　51

N

内蒙古　11,119,123,416

南次郎　119,122,129

南大寺　25,26

南京　11,14,49,85,91－94,99,109,112,113,132,145,171,227,233,240,242,255,305,316,378,383,390,392,395,397,399－402,407

南京攻略　92

南京国民政府（南京政府）　61,66,84,85,89,90,109,110,112,124,

131,132,137,144-146,151,152,160,175,178,181,226,227,232-234,263,274,341

南京轰炸事件 401

南京事件 240

南满洲铁道株式会社（满铁） 207-210,220

南苑 22,35,38,67,68,157

南苑河村 66

楠本 47

倪征燠 70,208,320,333

牛川善 173

牛兰 267

农民协会 249

农民自治骚动（农民自治运动） 8,124,137

诺兰 15-17,19,34,51,57,58,138-142,144-146,150,155,171-174,181-183,251-253,255,256,259-261,381-383,387-389,392,396,400-404,407-410,412-415,417

O

欧洲 2,186,191,295,357,411

P

"帕奈"号事件（"帕奈"号误炸事件、"帕奈"号炮舰事件） 11,379,381,384,386,388,391,399,400

潘复 46

"瓢虫"号事件 11,379,391,394

平津（平津地区） 8,23,90,91,95,96,97,111

平沼骐一郎 192,244,273,310,397

Q

琦玉县 43

千叶县 133,161,162

乔治五世 221

桥本群 47,58-60,70,73,107

桥本欣五郎 391

秦德纯 36,39,64,69,80,82,122,124

秦皇岛 60

秦皇岛北河口 53

青岛 47,90,92,96,97

青木武 389

清国（大清国） 52-55

邱玉堂（音） 31,44,173,231,243,368

全国反日会 242,244,245

全国各界救国会（全国救国联合会） 273,276

R

热河 123,124,198

日本 1,2,5-8,10-16,18,19,23,24,26,27,29-31,33-36,38,39,41,43-49,52,55,57,59-67,70,71,73-79,82,85,87-92,94-98,100,103-105,107-111,121,122,124,127,128,131,132,134-136,141,143-145,147,149,151-153,

155，157－159，162，163，166－170，172，174－179，181，183－189，191，192，194－204，206－211，215，217－227，229－243，245－253，255－257，260，262－268，270－284，286，288，290，292，294－297，301，303－306，308－316，318－321，324－326，328，330，331，333－335，337，340，341，343，350－354，358，360－368，372，376－384，386，387，392－394，396－398，401－403，407－417

日本帝国主义　246，280

日本海军陆战队　10，11，233，314，317，320，325－327，340，343，356，360，370

日本居民区爆炸事件　227

日本军队（日本部队）　5，22，27，28，33，48，56，62，63，97，147，181，182，305，310，311，341，361，362，380

日本守备队　158，160

日本水兵事件　227

日本天津守备队　155

日本政府　11，15－18，34，71，91，92，105，108－110，112，142，145，146，149－153，160，171，172，175，179，180，195，204，218，220－225，227，229，230，232，233，235，239，242，252，255，262，272，274，276，278，279，289，291，301，312，315，375，379－386，388，389，391－393，401，403，408，410，415

日高　144－146

"日满华经济集团"　409，411

"日满议定书"　121，122

日内瓦　403

日内瓦声明　403

日中协定（日中协议）　14，340

日租界　63，136，173，233

S

萨顿　27，28，30，31，33，133，138，156，157，159，161，164，169，391

三并贞三　398

三浦　272，277，281，284

三文字正平　14

三重县　86

森田　26

山东　8，47，61，121，174，178，190

山海关　6，22，25，26，29，47，53，56，60，63，67，75，208

山内　355，357

山西　7，8，61，221，274

杉山　86，98

陕北　273

陕西　221

汕头　227

单宝善　249

商会　173，190，198，199，251

商民协会　249

商务印书馆事件　320，333

上海　9，11，47，49，90，96－99，113，178，179，187，198，227，233，242，253，268，276，288－290，292－298，

300,301,303-307,309,311-317, 320,321,324,326,328,329,331, 335,336,339-344,347,353,357, 359,360,362-368,370,371,375, 377,378,381,390,395,398,405, 406,413,414

上海罢工事件　270

上海爆炸案　292

上海北火车站　304,330

上海防卫委员会　360

上海虹桥地区爆炸案　290

上海抗日协会　191,201

上海派遣军　97,98,390

上海事变　10,12,92,189,288,313, 360,375

上海停战协定(淞沪停战协定,1932年 5月5日停战协定,1932年协定)　 10

上海战事　290,291,343

神奈川县　338,389

神崎正义　33,169

沈通武(音)　31,44,172,173,231, 243,368

十二月决议　9,270

石川顺　133,134

石原莞尔　23,47

世界大战　188,191,221

水兵失踪事件　327

顺义　67

斯米尔诺夫　4

"斯维里斯特罗伊"号　52

四川　221

四川北路　342,344,345,347

寺平　37

泗礁山群岛　406

松冈洋右　295

松井太久郎　36,48,60,89,182

宋绍韩　249

宋哲元　6,8,9,22,23,28,36,39- 41,43,47,61,63,65,66,70,83,122, 125,126

苏联　2-4,87,102-104,119,122, 151,152,204,219,220,223,224, 258,269,272,274,275,283

苏联共产党　10,258,269

苏联共产党员　269

苏联沿海州区域　121

苏联政府　152,204,220

苏州　11,99,111

苏州河　348,360

绥远　8,277

绥远事变　62

孙俊宇　173

孙科　239

孙中山(孙逸仙)　14,190

T

塔夫纳　1-4,42,45,49,50,52,85, 100-104,106,110,112-116,184, 185,388,396,397,400,406,418

台北　395,405

台湾　13,395

太平洋地区　221

太平洋战争　265

太原　60,95

坦戈梅尔　405

唐山　60,67

塘沽　7,60,62,124,134,215

塘沽协定（塘沽停战协定、塘沽协议）
　　8,119,122,123,130,131,156,160

天津　5－8,22,24,26,31,32,46－
　　48,52－56,60,61,63,64,66－68,
　　78,80,89,90,94,95,97,132,134,
　　136,155,157,171－173,242,246,
　　273

天津市政厅治安委员会　172,173

田代皖一郎（田代）　6,47,60,63,70

通州　6,7,22,24,25,47,48,60,63,
　　64,67,82,85,156－160,162,166－
　　170

通州事件　7,48,85,155,156,166

同盟通讯社　381

土耳其　153

土肥原-秦德纯协定　122,124

土肥原贤二　122

W

瓦西里耶夫　4

外蒙古　87,122,219,220

外滩　329

宛平　22,26,37,63

万宝山事件　189

万春林（音）　31,44,173,231,243,
　　368

万山群岛　405

万晓元（音）　31,44,173,231,243,

368

汪精卫（汪兆铭）　14,215

汪精卫政权　14

王连长　38－42

王成义　249

王宠惠　145

王晓籁　300

威廉姆斯　13

韦伯　1－5,15－22,27－35,42－46,
　　49－52,54－60,69－78,80－86,
　　99－104,106－110,113－121,
　　123－134,138－151,154－157,
　　159－166,168－177,180－185,
　　192－197,205－213,215－218,
　　223－232,234－244,246－264,
　　266－303,306－310,312,314,318,
　　319,321－327,329,331－333,
　　335－340,343－351,353,355,356,
　　358,360,363－367,369－385,
　　387－394,396－398,400－404,
　　406－410,412－415,417,418

违反协定事件　317

维金斯基　9

潍县　47

无锡　11,99

吴淞地区　309

吴淞港（吴淞口）　364,366

吴淞要塞　311,313,320,340

芜湖　391－393

五里店　146

伍德黑德　306

武藤　274,286

武田勇（武田） 304,305,318,321,323,330,332,334,338,344,354,363,371,373-378

X

西安 46,281
西安事变 9,23,36,46,62,227,255,261,272,273,276-278,281,285,296
西伯利亚军区 87
西尾寿造 119
"西原借款" 188
西苑 68
"夕张"号巡洋舰 395
希特勒 2
喜多诚一 300
夏文浑 46
宪兵第四团 132
香港 49,52,187
香月清司 60
萧振瀛 49
小林淑人 404
《辛丑条约》 5
辛亥革命 56,225
新加坡 295
新西兰 228
兴安省 123
兴中株式会社 12
兴中会 190
《星条旗报》 44,354
休·纳奇布尔·许阁森（休,许阁森） 379

徐 40
徐树全 249
徐州 89,93,94,409
徐州作战 92,93
许修直 137
许宜浩 249
学生联合会 190,249

Y

亚洲 2,9,145,151,186,187,236,264,266-268
阎锡山 61
杨虎 341,349
杨树浦 306,364
一木清直 29
一文字山 25-27,36,63,66
伊朗 1
伊藤 10-12,418
仪俄 48
义和团暴动（义和团运动） 44,64
义和团事变议定书（义和拳协议） 5,60
意大利 52,56,185,186,235,265,288,297,304,305,308,416
意大利军队 305
殷汝耕 8,47,48,61,84,123,124
殷同 132,208
印度 153,295
英国 1,3,4,19,52,56,153,185,186,221,224,238-240,252,253,288,295-297,304,305,308,318,342,378-381,391-394,399,405,

411,414,417

英国大使受伤事件（英国驻华大使负伤事件） 380

英国军队 33,343,360

英国政府 252,380,381,414,415

英王 379,380

英租界 46

樱井德太郎 34,35

樱井文雄 165,166,169

永定河 6,37,65,68,89,91,96

永定门 38,48,81

有吉 255

有田八郎 218,234,276,410

俞鸿钧 296,300

虞洽卿 300

宇垣 408

原平县 70

袁 52

远东 1,3,9,10,15,17,31,44,59,73,84,87,100,102,109,118,131,143,155,165,180,192,207,217,220,224,231,235,243,256,262,266,273,280,285,297,310,325,333,346,353,363,373,385,397,410,412

远征军 106

约翰·鲍威尔（鲍威尔） 19,259-261,289-291,358,373

约翰·戈特（戈特） 19,52,133,161

约翰·凯瑟克 296

Z

闸北区 368,370,371

斋藤 39,40,342,350

斋藤弼州（斋藤） 37,39,40,342,350

张彻洲（音） 31,44,173,231,243,368

张充荣 182

张家口 22,60,61

张季鸾 49

张凌云 36

张太真 249

张我军 39

张笑渠 249

张学良 46,134,261,276

张自忠 23,182

张祖德 38-40

《朝日新闻》 204,240,381,414

赵平清（音） 31,44,173,231,243,368

浙江省 11

真如 342,351,356

镇江 399

中部军 21

中村 283

中岛 39,40,69

中岛铁藏 49

中国 1,2,5-16,18,23-27,31,32,35-41,47-49,52,57,58,60-66,68-85,87-98,100,101,103-105,107,109-112,119-124,126,131,132,135-137,141,145-147,151,152,157,158,160,166,170,172-176,178,179,181-185,187-191,194-205,207,208,

210-212,214-217,220-223,225,226,230,232-237,239-242,244,245,247-253,255,256,259-268,270-274,276-278,281-283,286,287,290,292,296-298,300,301,303-305,307-309,311-321,324-328,330-336,340-343,349-351,353-359,361,362,366,371,374,375,377-380,390,395,396,398,399,402,404,408-412,414-417

中国保安队　7,37,161,178

中国报业大厦　368-370

中国部队　8,23,26,27,48,56,65,91,93,111,112,123,146,157,368

中国抵制活动（中国抵制事件）　193,194,238

中国帝国军队　56

中国共产党　9,10,258,260,262-268,270-272,279-281,283

《中国共产党党史》　270

中国共产党纲领　280

中国共产主义分子　264

中国共产主义活动（中国共产主义运动）　2,277

中国军队（中国国民政府军队，中华民国军队，中国正规军）　5-8,11,15,22-24,26-29,31,32,35-38,42,61-67,69,78,89,91,92,95,98,101,108,111,178,179,181,227,232,233,240,269,272,283,291,297,304,306,309-312,314,315,318,324,325,328,330,334,337,341,343,347,368,383,390,395,399,402

中国抗日运动　9,251,271

中国民族主义活动　266

中国派遣军　21,390

中国事变　3,60,87,88,99,134,177,262,265,267,405,408

中国政府（中国中央政府）　8,13,14,19,49,53,104,137,152,179,194,201,202,217,221,223,233,248,251,288,301,316,323,326,351,352,376

《中国周报》　373

中国驻屯军　6,22-24,35,46,60-62,67,69-71,91,94,96,125,126,135,140,155,157,180

中华民国　14,215

"中华民国"（汪记）　14,215

中华民国临时政府　57

中美商业条约　189

中日条约　5

中日战争　10,189

中央军　8,61,66,89-91,111,112,126,132,137,174,175

中央政府（中央政权）　13,47,109,160,218,226,284

中央统帅部（中央部）（日本）　1,2,5-8,10-16,18,19,23,24,26,27,29-31,33-36,38,39,41,43-49,52,55,57,59-67,70,71,72,73-79,82,85,87-92,94-98,100,

103−105,107−111,121,122,124,127,128,131,132,134−136,141,143−145,147,149,151−153,155,157−159,162,163,166−170,172,174−179,181,183−189,191,192,194−204,206−211,215,217−227,229−243,245−253,255−257,260,262−268,270−284,286,288,290,292,294−297,301,303−306,308−316,318−321,324−326,328,330,331,333−335,337,340,341,342,343,350−354,358,360−368,372,376−384,386,387,392−394,396−398,401−403,406−417

中原　399

周思靖　37

周永业　36

《字林西报》　357,361,365,373

自治运动　8

佐藤　278,280,281,283,284

其　他

1932年战事　310

8月9日事件　303

A.D.F.加斯科因　394

J.L.多兹　379